史记菁华录

读《史记菁华录》 品味《史记》经典

（清）姚祖恩 选编　邓加荣 释义　刘彦臣 译文

当代世界出版社

图书在版编目（CIP）数据

史记菁华录／（清）姚祖恩选编；邓加荣释义．—北京：当代世界出版社，2015.2
ISBN 978-7-5090-0949-9

Ⅰ．①史… Ⅱ．①姚… ②邓… Ⅲ．①中国历史—古代史—纪传体 ②《史记》—注释 Ⅳ．①K204.2

中国版本图书馆 CIP 数据核字（2014）第 223333 号

书　　名：	史记菁华录
选　　编：	（清）姚祖恩
释　　义：	邓加荣
译　　文：	刘彦臣
出版发行：	当代世界出版社
地　　址：	北京市复兴路 4 号（100860）
网　　址：	http://www.worldpress.org.cn
编务电话：	(010) 83908456
发行电话：	(010) 83908455
	(010) 83908409
	(010) 83908377
	(010) 83908423（邮购）
	(010) 83908410（传真）
经　　销：	全国新华书店
印　　刷：	北京天正元印务有限公司
开　　本：	710 毫米 × 1000 毫米　1/16
印　　张：	26.5
字　　数：	420 千字
版　　次：	2015 年 2 月第 1 版
印　　次：	2015 年 2 月第 1 次
书　　号：	ISBN 978-7-5090-0949-9
定　　价：	39.80 元

如发现印装质量问题，请与承印厂联系调换。
版权所有，翻印必究；未经许可，不得转载！

目 录

序 文

整理者的话：先向大家讲一段神话故事（邓加荣）……………… (1)
选编者自序：题辞（清·姚祖恩）………………………………… (7)
刊刻者的序：实为读史公书者之一津梁（清·赵承恩）………… (9)
跋一：说《史记》一书（清·姚祖恩）………………………… (10)
跋二：受命刊行，以惠学者（清·吴振棫）…………………… (11)

卷 一

秦始皇本纪 ………………………………………………………… (3)
项羽本纪 …………………………………………………………… (8)
高祖本纪 …………………………………………………………… (32)
高祖功臣年表 ……………………………………………………… (39)
秦楚之际月表 ……………………………………………………… (42)
六国表 ……………………………………………………………… (45)
封禅书 ……………………………………………………………… (50)
河渠书 ……………………………………………………………… (72)
平准书 ……………………………………………………………… (76)

卷 二

越世家 ……………………………………………………………… (89)

陈涉世家 …………………………………………………… (95)

外戚世家 …………………………………………………… (100)

齐王世家 …………………………………………………… (105)

萧相国世家 ………………………………………………… (109)

曹相国世家 ………………………………………………… (117)

留侯世家 …………………………………………………… (122)

陈丞相世家 ………………………………………………… (130)

绛侯周勃世家 ……………………………………………… (135)

卷 三

伯夷列传 …………………………………………………… (143)

老庄申韩列传 ……………………………………………… (147)

司马穰苴列传 ……………………………………………… (151)

商君列传 …………………………………………………… (155)

张仪列传 …………………………………………………… (159)

孟子荀卿列传 ……………………………………………… (163)

孟尝君列传 ………………………………………………… (170)

平原君列传 ………………………………………………… (174)

信陵君列传 ………………………………………………… (179)

范雎蔡泽列传 ……………………………………………… (190)

廉颇蔺相如列传 …………………………………………… (198)

卷 四

屈原贾生列传 ……………………………………………… (209)

刺客列传 …………………………………………………… (216)

张耳陈余列传 ……………………………………………… (220)

淮阴侯列传 ………………………………………………… (227)

韩王信卢绾列传 …………………………………………… (237)

郦生陆贾列传 …………………………………………（241）
刘敬叔孙通列传 ………………………………………（250）
季布栾布列传 …………………………………………（254）

卷　　五

张释之冯唐列传 ………………………………………（265）
扁鹊仓公列传 …………………………………………（274）
魏其武安侯列传 ………………………………………（283）
李将军列传 ……………………………………………（301）
匈奴列传 ………………………………………………（313）
卫霍列传 ………………………………………………（318）
司马相如列传 …………………………………………（324）
淮南列传 ………………………………………………（329）

卷　　六

汲郑列传 ………………………………………………（335）
酷吏列传 ………………………………………………（346）
游侠列传 ………………………………………………（371）
货殖列传 ………………………………………………（381）
滑稽列传 ………………………………………………（388）
太史公自序 ……………………………………………（396）

整理者的话

——先向大家讲一段神话故事

邓加荣

传说，在科举取士的年代，有这么一个书生，家住孔庙附近，读书之余，常于晨昏无人之时到孔庙里散步。在孔庙前面的树林中，生有一株蓍草，蓬连蓊郁，盘根错节，那长长的茎叶临风拂摆时，酷似智慧老人的绿色长髯。书生素知蓍草的灵气，今又见它生得如此硕大丰满，足有百十余根茎子，心中便充满敬意，时常提水前来浇灌。灌后，枝叶益加舒展，绿云霭霭飘浮，洋溢着一片让人一望便心旷神怡的醉意。当他走近时，那长长的茎叶还会朝他摆动，慈祥眷恋地抚摸着书生的衣襟。物我之间，久而久之，便不知不觉地产生了一种超凡脱俗的沟通与感应。

书生在孔庙旁边读书两年，眼见赴省城会考的日期渐渐临近，可令人烦恼的是，文章却一直没有长进。自己暗自发急，师友们也常有不动声色的谏言、讥讽或者是循循善诱的劝告，无奈心灵这把锁却一直是锈渍斑斑，怎么擦拭也开不了窍。

一天深夜，月白风清，庭院寂寂，书生因为心中烦闷，怎么也睡不着觉，就从床上爬起来，也不掌灯，也不燃烛，一个人面对窗前的明月之光，兀自呆呆地发愣，冥思苦索着文章之道。忽然，月下花荫影动，有一皤然老叟穿越庭院中的荒芜杂草，颤颤巍巍地走过来，轻轻敲叩书生的门。书生此时正在凝神沉思着文章之道，所以也没有细想，何以深夜之中会有这么一位老叟走进院子里来？便站起身来，伸手把房门打开。老叟走进来之后，开门见山地问："相公为何深夜不寐，想必是为文章之道而烦恼吧？"书生不加掩饰地说："正是为着此事，悔恨得真有投河跳井之心！"老叟捋着长长的胡须说："相公意欲文章有所长进，实际上，也还是有捷径可走的，只是大多数人都不知道这捷径在哪儿而已!"书生听后,心中怦然一动,说:"晚生从来未闻,从来未闻!但愿老丈不吝赐教!"老丈看出书生是一片虔诚之心,便毫无保留地告诉他说:"你欲文章长进,也有一条捷径可走。人们都道是'书山有路勤为径,学海无涯苦作舟'。我可以泄露天机,毫无保留地对你说,无需再在书山中苦苦攀爬,在册岭上迷路徘徊,你只需将《史记》拿来仔仔细细地阅读,保管你文章自会长进!"书生开始还充满希望,无限喜悦地聆听老叟给自己指点迷津,想凭借老叟的金玉良言,拨亮自己心灵中的智慧明灯。及至听到最后,不禁长叹一声道:"老丈若是三年前告诉我这条明路,我还可以孜孜不倦地奋进,可是时至今日,临大考之日已经不到三个月了,你叫我怎么来读那部上百万言的《史记》呢?"老叟又捋了捋他那光亮如银的长髯笑说:"也不必全部《史记》都通读,你只读其中的一篇《项羽本纪》就可以了。"老叟见书生犹自踟蹰,便又进一步揭秘说:"如果全篇来不及通读,只读其中的三段也行。"书生忙问:"哪三段?"老叟说:"一是巨鹿之战,一是鸿门之宴,一是垓下之围。"老叟说完也不告辞,便悄然离去。

　　书生听信老叟的话,自那之后便捧起《项羽本纪》日日夜夜地苦读畅吟起来,仔仔细细地揣摩里边的语言玑珠与文章结构。果然很灵验,自此之后,他心中那把锈渍斑斑的铜锁真的就被打开了,一个月之后便开始文思大进,文章的铺陈结构之理,一通百通,豁然开朗。三个月后,去省城会考,竟然博得了个举人。第二年进京春试,益发突出,居然高攀到殿试第三名,得了个誉满京城的探花。

　　探花郎好不春风得意。他衣锦还乡,想要找到那位为他点拨迷津、引领暗渡的老叟,好好地向他当面致谢。谁知道找遍了邑中百里之遥,也打听不到那么一位长髯及胸的慈祥老人。可是有一天,他来到孔庙前面的那片树林中,见到了那株长得更加蓬勃的蓍草,只见百茎之上时有青云覆盖,绿叶之间更有祥瑞在氤氲浮动,而那四五尺长的茎子竟然向他不断摇摆。他立时开了窍,知道那位向他指点迷津的智慧老叟不是别人,就是眼前这株蓍草。于是,就将他在京城夸官时所披挂的红彩绸,披挂到蓍草的长长茎子上。

　　故事是很传奇的,是在颂说《易经》中所言的策算之物——蓍草的灵验。这个神灵蓍草的故事,在现实中也是有其极为类似的故事的。原来,在乾隆年间便有过一位很著名的学者,既是哲学家,又是数学家、音韵学家和考据

学家。此人姓戴名震，字东原，世居安徽的休宁，即今之黄山市屯溪区，在那里，现今依然保存有他的纪念馆与墓地。年轻的时候，他的文章写得并不好，虽然勤学苦读，博览群书，但也未能得到明显的长进。所以，一直到了很大年龄，连个县里的秀才都没有考中。后来求师访友，虚心求教，四处奔走想求得一位高人，能够帮助他点拨迷津，指明做好文章的玄关要路。有一天，他来到了江西婺源，拜得了一位名叫江永的高人，给予了他以超凡脱俗、醍醐灌顶的点拨，自此之后，他对文章一道才算开了窍。

江永对他说，博览群书，并不能帮助你找到文章的要领，而且从古至今书山册岭，茫茫然如同烟海，哪里能够通读得完。有多少人皓首穷经，到头来还是个书呆子，一无所得。因此，读书做文章，也如同用兵作战一样，四面出击，不如攻其一点。要想文章有所长进，也得走一条捷径，必须要如此这般地下功夫！

戴震听得这一番话，真就如同梁惠王听到庖丁解牛之道一般，豁然开朗，忙着追问道："先生之言甚善，甚佳，是学生十几年来遍访群贤之中见所未见，闻所未闻的。听了之后，真让人津梁在望，顿开茅塞，知道了今后应当努力的方向。只是在下还有一点不明，诚如先生所言，先攻其一点，不及所余，但不知这一点在哪，还请明示！"

江永高屋建瓴地说："此一点，就是太史公的那部千古不朽之名著《史记》。"停了一会儿，他接着又说，"其实，一部《史记》也不必全看，全看也不一定消化得了，你只选读一篇就可以了！"

戴震急着问："哪一篇？"

江永答道："就是《项羽本纪》。你只要把这篇《项羽本纪》读通了，背熟了，吃透了，琢磨出太史公运笔用墨的精心独到与布局谋篇的奇巧，再加上《管子·内业》篇中的一段话：'思之，思之，又重思之'，不断反复地用心思考、琢磨，你必然会从中悟出写文章的路数和道理来。"

戴震深受感动，不断地重复先生说的那句话："思之，思之，又重思之……"

江永点了点头，又补充说："我还没有说完呢！在《管子》那句话的后边，还有一句话，就是：'思之而不通，鬼神将通之。非鬼神之力也，精气之极也。'你当然会悟得这句话的深刻含义是什么了？"

戴震深得感悟地说:"我知道了,那也就是说,精诚所至,金石为开。"

江永含笑地点了点头。

后来,果然是精诚所至,金石为开。戴震回去之后,找来了司马迁的《史记》,打开了《项羽本纪》这一篇,不断地反复阅读背诵,用心地推敲揣摩,真是思之、思之而又重思之,最后终于学到了布局谋篇、遣词造句的技巧,悟出文章写作的路数来了。于是乎文思大进,下笔千言,隽逸洒脱,纵横捭阖,文采风流。后来,他不仅考中了秀才,接着又考中了举人(虽然晚了一些,直到四十岁才考中),而且不仅如此,还写出了许多很有分量的著作,例如《原善》《孟子字义疏证》《声韵考》《勾股割圆记》《屈原赋》等,一时间名噪文坛,声扬四海,四十六岁时经人推荐,被纪晓岚吸纳为《四库全书》的修纂官,乾隆皇帝也很器重他的才识,对他修纂出的几部书大加赞扬。

通过上边讲的一段神话和一段实话,我们便可知道学写文章的要领了。当然,我们今天学写文章,不是为了科考中举,做官为宦。就是古人也不完全是么认为的,而是将文章视作人生立业的根基,视做学问通古今的必由之路。所以千百年来,人们一直都说:"文章草草皆千古,仕宦匆匆只十年。"多少年来多少代,人们都一直把文章看得比生命财产、富贵荣华更为重要。生活在当今社会里的人,不管从事哪方面工作的人,都是须臾离不开文章的。如果你意欲在事业上取得成功,那是无法摆脱开文章这柄利剑的。所以自古以来的人们,特别是那些有作为和大有作为的人,无一不是把文章视为经邦济世之大业、千古不朽之盛事。人们早已耳熟能详的那句:"文章千古事",早已经把文章的使命及其在人生一世中的地位与作用,牢牢地定格于人们的心目之中了。翻阅古代的文献,我国那些有名的大政治家、大军事家、大思想家和文化界的巨擘,无不有名篇佳作和大块文章传诸后世。因此,文章在我国的文坛上,一直居于盟主和压轴的位置,是一个社会兴旺发达和文教昌明的重要标志。

但是,我国是一个历史悠久的文明古国,在三千多年的历史长河中,优秀的文章浩如烟海,已经不可用车载斗量来形容了。因此,要想继承这份无限丰富的文化遗产,确实不是一件容易的事。纵如古人所说:"朝骋骛乎书林兮,夕翱翔乎艺苑",皓首穷经,也难尽其详;而对于许多初学者,特别是那些爱好古典文学的青少年，就更觉得书山无路、学海无涯。抬眼望，面前是三千六百条路，三百六十座峰，真的不知走哪条路、登哪座峰，才能走到那文章大院里去，且能够登堂入室。迷茫中的人们，有时就像《一千零一夜》中的阿里巴巴那样，站在神山宝库门前不知念几遍"芝麻开花"，才能把那座神秘的宝库打开。

宋代大文豪苏轼曾经说过："书富如大海，百货皆有，人之精力不能兼收尽取，但得其所欲求者尔。"在知识的海洋里巡弋，其情景确实也正如苏东坡老先生之所言，不选择地就读或者不做精细选择地就读，势必事倍功半，枉自劳心费力，古人在求学中不知有多少人走过这种弯路，尝过多少遍这种沉痛的教训；方深感苏轼所作的比喻是如此之贴切，所提示的教诲是万分之重要。清代著名学者章学诚就曾说过："就苏氏之所喻，比于操贾求货，则每过作一意求，是欲初出市金珠，再出市布帛，至于米粟药饵，以次类求矣。如欲求而尽其类欤，虽陶朱猗顿之富，莫能给其贾也！"一个人在恢宏渊博、波澜壮阔的数千年文化古籍面前，可不就像是在百货俱全的大市场里一样吗？你要金珠布帛样样都买，虽然像春秋时候大商人陶朱公那样富有，也是买不尽的！怎么办呢？那只有选择、选择、再选择，精益求精，在姝丽中求绝代，在真金中求足赤。选得最最精美的佳品来学来读，并依照唐代文章大学韩愈所说的"万山磅礴，必有主峰；龙衮九章，但挈一领"来把握。

今天，在众多学子也面临同样困惑之时，我们先为大家讲了那个书生与蓍草的故事，无疑也是十分必要的；然后，再听听戴震和他老师江永的对话，非但是十分的必要，而且还将是你一生受益匪浅的大事。什么是师？韩愈老先生下的那个定义是非常准确的——"师者，所以传道、授业，解惑者也。"江永作为一个老师，便是善于解惑的人。戴震听江永老师的一席话，立时便将他从书山册岭的困惑中解放出来，帮助他找到了一樯苦渡无垠学海的孤帆。这个孤帆是什么？可以明确地告诉大家，就是司马迁的《史记》；而打开《史记》这个文章宝库的钥匙，应当就是当下的这本《史记菁华录》。

由于《史记》过于浩繁，人们不能尽读，于是，有了精中选精的《史记菁华录》的产生。由于它精心地摘撷了如同蓍草老人所讲述的《项羽本纪》中的巨鹿之战、鸿门之宴、垓下之围等最为精彩的段落，置之于本书中，焉能不成为打开锈渍斑斑的心灵之锁的钥匙呢？我们向广大读者推荐的这本

《史记菁华录》，是由清人姚祖恩（号苎田）老先生编选出来的。书成于康熙年间，刊刻后立即广为流传，成为读书人案头必备之书。三百年来，不断为各地翻刻重印，历经无数次的朝代变迁，积累满满的岁月沧桑。世上有许多书皆沉寂在汗牛充栋的书海里，而唯独此书却能经久而不衰。其间，虽然也有其他各种同一类型的选本一而再、再而三地问世，但是都经不住岁月的淘汰，略经几度风雨，便被那一波接一波的浪潮给淹没了。

那么，它经久不衰的谜底在哪里呢？就在于它找到了并指出了苦渡学海的捷径——巨鹿之战、鸿门之宴等最精彩的段落。江永开导戴震的那一番破迷解惑的话，是在《史记菁华录》一书风行于世三十年之后说的，焉知江永老先生不是受到此书的启迪与影响，才悟得出来的呢？至于那篇蓍草与书生的神话故事，也许便是同时代的人为着此书的推广而专门编造出来的。

今天，我们重新把这本书推出来，不仅配上了白话译文，以便于初学写作的朋友阅读；而且还将历代文章大家（也包括此书的编选者姚祖恩在内），对这些精彩段落文章的批注和破解，特别是对于此处笔墨何以精彩、何以要如此遣词造句、布局谋篇的感悟，都附录在文章后面。我们相信，你看了那些破解和感悟，一定会像戴震听了江永老师的一席话似的，很快就茅塞顿开、文思大进，写出一篇篇大好文章来！

选编者自序

——题辞

清·姚祖恩

余少好龙门《史记》，循环咀讽，炙輠而味益深长。顾其夥颐奥衍，既不能束之巾笥；又往哲评林，迄无定本。尝欲抽挹菁华，批导窾郤，使其天工人巧，刻削呈露，俾士之欲漱芳润而倾沥液者，澜翻胸次，而龙门之精神眉宇，亦且郁勃翔舞于尺寸之际，良为快事矣！

客有谂于予者曰："《史记》者，龙门一家言也。而擘摘刺取之，能无剽剪之訾乎？"予曰："客盖未达乎文章之原者也。古者左史记事，右史记言；言为《尚书》，事为《春秋》，此《史记》之名所由昉也。自左氏因《春秋》之文作内、外传，于是言与事始并著于一篇之中。宋真德秀论次文章正宗，特分议论、叙事为两途，实原本《尚书》、《春秋》之遗意而判厥町畦。故其录《左》《国》《史》《汉》之书，一篇之文，有割其事于此而缀其言于彼者。盖《文选》以下，别无荟萃古文；有之，自德秀始，而其法已然。且左氏用编年之法，每自为一篇以尽一事之本末。至杜元凯始分经之年与传之年相符。后世记诵之学亦各取其一节之精妙，而命之曰篇，其来旧矣。顾独与《史记》而疑之乎？盖古人之读书也，既知夫三仓、五车之才，选于千万人而不能以一二遇也。吾生也有涯，而知也无涯，以有涯随无涯，不亦殆乎？又以为古人比事属辞，事奇则文亦奇；事或纷糅，则文不能无冗蔓。故有精华结聚之处，即不能无随事敷衍之处；掇其菁华而略其敷衍，而后知古人之作文甚苦，而我之读之者乃甚甘也。今夫龙门之文，得于善游，夫人而能言之矣。则当其浮长淮，溯大江，极览夫惊沙逆澜、长风怒号、崩击而横飞者，吾于其书而掇取之；望云梦之决洘，睹九嶷之芊绵，苍梧之野，巫山之阳，朝云夕烟，靡曼绰约，吾於其书而掇取之；临广武之墟，历鸿门之坂，访潜龙之巷陌，思霸主之雄图,鹰扬豹变,慷慨悲怀,吾于其文而掇取之;奉使巴、岷,吊蚕丛、鱼凫之疆,扪石栈、天梯之险,萦纡晦窅,巉峭幽深,吾于其文而掇取之;适鲁登夫子之堂,抚琴书,亲杖履,雍容鱼雅,穆如清风,吾于其文而掇取之。若夫后胜未来,前奇已过,于其中间,历荒陧而经破驿,顽山钝水,非其兴会之所属,斯逸而勿登焉。读其文而可以知其游之道如彼,则文之道诚不得不如此也。吾见今之耳傭而目僦者,日置全史于几案之旁,自成童以迄皓首,固有一卷之文。偶值夫钩章棘句,即掩卷不遑卒读者,徒琅琅於《管》《婴》《夷》《屈》数传,又不得其窾郤之所存,犹且号于人曰:'剽剪之不古也。'其为自欺以欺人,岂不足胡卢一笑哉。"客无以难,遂书其语于简端。

  凡《史记》旧文几五十万言,今掇其五之一,评注皆断以鄙意,视他本为最详,约亦数万言。龙门善游,此亦如米海岳七十二芙蓉研山,几案间卧游之逸品也。因目之曰《史记菁华录》云。

康熙辛丑七夕后三日,芋田氏题

刊刻者的序

——实为读史公书者之一津梁

清·赵承恩

《史记菁华录》，盖钱塘姚公苎田先生摘录成帙，刊以行世。其书，颇传于苏、浙间，而一二好古之士，往往爱其书而卒不获见，每深恨焉。

余向尝尽读史公书，萃精殚力，如入武夷、九华诸胜，层折迤逦，奇峰怪石，不可名状；又如涉鄱湖，济洞庭，波涛汹涌，气象万千。全豹之窥，猎涉家非不称快一时；而掩卷之余，或不能使之一一成诵在胸，诚以后人思力，远不逮古作者，矧史公才雄百代，其所为文拆奥疎宕多奇气，视他作颇难记忆，则用力多获益浅，亦毋怪然者。

余久欲购一节钞善本，使便流览，适得斯录，见其削繁就简，不戾史公本旨，则不得谓史公之功臣，而未尝不为读史公书者之一津梁也。

余刻其书以公诸世，即为叙其沿起如此云。

绣谷省庵赵承恩谨序。

跋 一

——说《史记》一书

清·姚祖恩

《史记》一书，学者断不可不读，而亦至不易读者也。盖其文洸洋玮丽，无奇不备，汇先秦以上百家六艺之菁英，罗汉兴以来创制显庸之大略，莫不选言就班，青黄篆组，如游禁籞，如历钧天，如梦前生，如泛重溟；以故谫材谀学无有能阅之终数卷者。前哲虽有评林，要亦丹黄粗及，全豹不呈。不揣荒陋，特采录而详阅之，务使开卷犁然，皆可成诵，间加论断，必出心裁。密宇蝇头，经涉寒暑，幸可成编，固足为雪案之快观也。若所删节者，刊本具存，岂妨翻读。世有三仓四库烂熟胸中之士，吾又安能限之哉？

康熙辛丑长至后三日阅讫题此
钱塘芋田氏

跋 二

——受命刊行，以惠学者

清·吴振棫

此本为吾乡姚公祖恩摘录，比携之入黔，中丞善化贺公见而善之，命校勘刊行，以惠学者。

道光癸卯五月　钱塘吴振棫识

卷 一

秦始皇本纪

秦始皇小传　秦始皇（公元前259—前210），姓嬴名政，十三岁继承王位。开始时，完全由相国吕不韦和太后宠信的宦官专权，及至二十二岁时方得亲政。他亲政后，大力镇压叛乱，罢黜吕不韦，任用能臣李斯为相，整理内政；对外，派出王翦、白起等良将伐灭六国，进行武力统一的战争。灭六国后，建立起中国历史上第一个全国统一的中央集权制的封建国家——秦朝，他自称为"始皇帝"。在地方上推行郡县制，统一法律、度量衡、货币和文字，使"书同文，车同轨"。同时征用大量的劳动力，北筑长城，内修驰道，收天下的兵器，熔铸成金人十二个，置于咸阳；又下令焚书坑儒，实行文化专制。由于推行严刑酷法，徭役繁重，使人民大众痛苦不堪，置身于水深火热之中，因之他病死不久，即爆发了大规模的农民起义，将其建立不久的秦王朝彻底推翻。

秦国统一天下之初，秦王对丞相、御史说："寡人以渺小的身躯，起兵诛伐暴乱，仰赖宗庙祖先的庇佑，六国的国王全都俯首称臣。天下统一安定。如今若不更改名号，就无法同我所取得的功业相称，使它流传后世。你们讨论一下帝王的称号。"丞相王绾、御史大夫冯劫、廷尉李斯等人都说："虽然以前五帝的疆土纵横千里，但王城以外的侯服、夷服地区的诸侯们，却有的向天子朝贡，有的则不朝贡，天子不能控制他们。如今陛下发动正义之战，消灭了残暴的贼子，平定了天下，国内设立郡县，实行统一的法律制度。这是自上古以来不曾有过的功业，是五帝所不能达到的。臣等谨慎地和博士们讨论的结果是：'古代有天皇，有地皇，有泰皇，泰皇最为尊贵。'臣等冒死呈上尊号，王应称为'泰皇'。天子之命称为'制'，天子之令称为'诏'，天子自称叫做'朕'。"秦王说："去掉'泰'字，留用'皇'字，再采用上古'帝'位的称号，尊号叫做'皇帝'。其他就依照你们的建议。"说罢便在他们的上书上批示道："可。"追加尊号称庄襄王为太上皇。又下达制书说："朕听说在上古时候有号而没有谥,中古时有号,死后又按照他的行为定立谥号。像这样,就是儿子评论父亲、臣子评论君主了,这样做很没有讲究,朕不能采取这种做法。从今以后,废除定谥的办法。朕就叫做始皇帝,后世以数字传承,从二世、三世直到万世,无穷无尽传承下去。"

丞相王绾等人上奏说:"诸侯刚刚被消灭,燕、齐、楚地区偏远,若不设置王国,就无法镇守这些地区。请求封立各位皇子作为王,希望皇上能够允许。"始皇帝把这个提议下发给群臣们讨论,群臣们都认为这样做更便于治理。廷尉李斯建议说:"周朝文王、武王所分封的子弟及同姓诸侯非常多,但是后来宗属关系疏远,他们相互攻击如同仇敌一般,诸侯们相互诛杀征伐,周天子不能制止。如今海内仰赖陛下的神灵而成为统一的天下,各地实行郡县制,而国家用赋税收入重赏各位皇族子弟和功臣,这样做就很容易控制他们。使天下没有二心,这才是使国家安定的办法。设置诸侯不便于治理国家。"始皇帝说:"天下的人都饱受了无休无止的战争苦难,就是因为有诸侯王的存在。仰赖祖先庇佑,天下刚刚平定,又要重新设立王国,这是在种下战争的祸根,而想求得天下安宁发展,岂不是非常困难吗!廷尉的意见是正确的。"

秦朝把全国分成三十六郡,郡中设置郡守、郡尉、监御史等官职;把民众改称为"黔首";赏赐天下的人宴饮共同庆贺统一;收缴天下的兵器,聚集到咸阳,熔化以后铸成大钟和十二个大型人形铜柱,各重千石,放置在宫廷中;统一法律和度量衡;统一车轨的尺寸;统一书写的文字。秦朝的版图东到大海及朝鲜,西到临洮、羌中,南到北向户,北方据守黄河作为关塞,沿着阴山直至辽东,又把天下十二万户豪富迁徙到咸阳。各代先祖的陵庙以及章台宫和上林苑都设置在渭水南岸地区。

始皇帝在咸阳宫设置酒宴,有七十位博士上前祝酒。仆射周青臣上前颂扬说:"从前秦国的土地不超过千里,仰赖陛下的神灵圣明,平定了海内,驱逐了蛮夷部族,使日月所能照到的地方,没有人不臣服。把诸侯封国改成了郡县,使百姓安居乐业,没有了战争的祸患,这个伟大的功业流传万世,从上古以来没有人能赶得上陛下的神威和功德。"始皇帝非常高兴。博士齐地人淳于越进言说:"我听说殷、周统治天下一千多年,分封子弟和功臣,来作为

自己的屏障。如今陛下拥有天下，而您的子弟却是匹夫平民，一旦出现了像田常、六卿一样的乱臣，没有藩辅，将用什么来相互救助呢？我从来没有听说过不向前人学习而能长盛不衰的事。如今周青臣又当面奉承而使陛下加重过失，不是忠臣所为。"

　　始皇帝把这件事下发给群臣讨论。丞相李斯说："五帝的政治措施没有彼此重复的，三代的国家制度也没有彼此承袭，而是各自治理国家，他们不是有意相左，而是形势变化的结果。如今陛下创建了伟大的功业，建立了流传万世的功勋，根本就不是愚儒所能理解的。而且淳于越所说的是三代时候的事，又有什么值得取法的？从前是因为诸侯并立争夺天下，所以才用优厚待遇招揽游学之士。如今天下已经平定，法律制度统一，百姓居家就应该努力从事农工生产，士人就应该学习法令刑禁。如今那些儒生不奉行当今的法制而要学习古代制度，来诽议当世，搞乱百姓的思想。丞相李斯冒死进言：古时候天下分散混乱，没有人能够统一，所以使得诸侯并立兴起，世人所言都是称颂过去而批判现实，用粉饰的虚言来搅乱事实，人们只认为他们自己私下所学是正确的，而指责皇上所建立的制度。如今皇帝拥有统一的天下，确定辨别是非黑白的依据是您一人。而那些私家之学相互勾结，非议法令教化，这些人一听到政令发布，就各自用他们所学的主张加以评论，在朝中就在内心指责，出来后就在街巷议论，在君主面前他们夸耀自己所主张的学说来博取名声，用有不同于当今的观念来表示高明，率领着一群追逐者对政府造谣诽谤。这样的情况不加以禁止，就会使君主威势下降，臣子结成朋党。我认为应该制止这种趋势。我请求命令史官把除《秦记》以外的史书都焚毁。不是博士官的职务需要，天下若有人敢于隐藏《诗》《书》、百家典籍的，都应该将这些典籍交到守、尉等地方官府一同焚烧。若有人敢相聚论说《诗》《书》的就要被当众处死。用古事来非议当今的人要被诛灭全族。官吏中若有知道和看见而不检举的人和他们同罪。命令下达后三十天内仍不烧书的人，要被处以黥刑后发配到边疆去修筑长城。所不烧的书籍，是有关医药、卜筮和种植一类的书籍。如果想要学习法律制度，就应拜文吏为师。"皇帝下达制书说："可行。"

原文

秦初并天下，令丞相、御史曰："……寡人以眇眇之身，兴兵诛暴乱，赖宗庙之灵，六王咸伏其辜，天下大定。今名号不更，无以称成功，传后世。其议帝号。"丞相绾、御史大夫劫、廷尉斯等皆曰："昔者五帝地方千里，其外侯服夷服，诸侯或朝或否，天子不能制。今陛下兴义兵，诛残贼，平定天下，海内为郡县，法令由一统，自上古以来未尝有，五帝所不及。臣等谨与博士议曰：'古有天皇，有地皇，有泰皇，泰皇最贵。'臣等昧死上尊号，王为'泰皇'，命为'制'，令为'诏'，天子自称曰'朕'。"王曰："去'泰'，著'皇'，采上古'帝'位号，号曰'皇帝'。他如议。"制曰："可。"追尊庄襄王为太上皇。制曰："朕闻太古有号毋谥，中古有号，死而以行为谥。如此，则子议父，臣议君也，甚无谓，朕弗取焉。自今已来，除谥法。朕为始皇帝。后世以计数，二世三世至于万世，传之无穷。"

丞相绾等言："诸侯初破，燕、齐、荆地远，不为置王，毋以填之。请立诸子，唯上幸许。"始皇下其议于群臣，群臣皆以为便。廷尉李斯议曰："周文、武所封子弟同姓甚众，然后属疏远，相攻击如仇雠，诸侯更相诛伐，周天子弗能禁止。今海内赖陛下神灵一统，皆为郡县，诸子功臣以公赋税重赏赐之，甚足易制。天下无异意，则安宁之术也。置诸侯不便。"始皇曰："天下共苦战斗不休，以有侯王。赖宗庙，天下初定，又复立国，是树兵也，而求其宁息，岂不难哉！廷尉议是。"

分天下以为三十六郡，郡置守、尉、监。更名民曰"黔首"。大酺。收天下兵，聚之咸阳，销以为钟鐻金人十二，重各千石，置宫廷中。一法度衡石丈尺。车同轨。书同文字。地东至海暨朝鲜，西至临洮、羌中，南至北向户，北据河为塞，并阴山至辽东。徙天下豪富于咸阳十二万户。诸庙及章台、上林皆在渭南。

三十四年，……始皇置酒咸阳宫，博士七十人前为寿。仆射周青臣进颂曰："他时秦地不过千里，赖陛下神灵明圣，平定海内，放逐蛮夷，日月所照，莫不宾服。以诸侯为郡县，人人自安乐，无战争之患，传之万世。自上古不及陛下威德。"始皇悦。博士齐人淳于越进曰："臣闻殷周之王千余岁，封子弟功臣，自为枝辅。今陛下有海内，而子弟为匹夫，卒有田常、六卿之臣，无辅拂，何以相救哉？事不师古而能长久者，非所闻也。今青臣又面谀以重陛下之过，非忠臣。"始皇下其议。丞相李斯曰："五帝不相复，三代不相袭，各以治，非其相反，时变异也。今陛下创大业，建万世之功，固非愚儒所知。且越言乃三代之事，何足法也？异时诸侯并争，厚招游学。今天下已定，法令出一，百姓当家则力农工，士则学习法令辟禁。今诸生不师今而学古，以非当世，惑乱黔首。丞相臣斯昧死言：古者天下散乱，莫之能一，是以诸侯并作，语皆道古以害今，饰虚言以乱实，人善其所私学，以非上之所建立。今皇帝并有天下，别黑白而定一尊。私学而相与非法教，人闻令下，则各以其学议之；入则心非，出则巷议，夸主以为名，异取以为高，率群下以造谤。如此弗禁，则主势降乎上，党与成乎下。禁之便，臣请史官非秦记皆烧之。非博士官所职，天下敢有藏《诗》《书》、百家语者，悉诣守、尉杂烧之。有敢偶语《诗》《书》者弃市，以古非今者族。吏见知不举者与同罪。令下三十日不烧，黥为城旦。所不去者，医药、卜筮、种树之书。若欲有学法令，以吏为师。"制曰："可。"

项羽本纪

项羽小传 项羽（公元前232—前202），秦时的下相（今江苏宿迁县西南）人，名籍，字羽，出身于楚国贵族。秦二世元年（公元前209），项羽跟从叔父项梁在吴中（今江苏省苏州）起义。项梁战死后，他杀死卿子冠军上将军宋义，统领全部楚军强渡黄河救赵，于巨鹿一战彻底地摧毁了章邯率领的秦军主力，于是秦军大败。秦亡后，他自立为西楚霸王，实行分封制，复立六国贵族为王。后来他与刘邦争夺皇帝之位，进行了长达五年多史所罕见的楚汉战争。最后，这位不可一世的盖世英雄，终于在公元前202年彻底兵败，被围困在垓下（今安徽省灵璧县南）的乌江边上，突围不成，自刎而死。

项籍是下相人，字羽，开始起事的时候，年纪才二十四岁。他的叔父名叫项梁，项梁的父亲是楚国的将军项燕，被秦国将领王翦所杀害。项氏世代任楚国的将军，被封在项地，因此而姓项。

项羽少年时代，学习认字写字没有什么成就，于是放弃了而去学习剑术，又没有学成。项梁对他发怒。项羽说："认字写字能够用来书写姓名就行了。学好剑术也只能抵抗得住一个人，所以不值得学，我要学能够打败万人的本领。"因此项梁就教授项羽学习兵法，项羽非常喜欢，大略懂得其中的大意以后，又不肯完成学业。

项梁杀了人，就和项羽逃到吴中地区躲避仇人。吴中地区贤士大夫的才能都在项梁之下。吴中地区每遇有大的徭役和丧葬的事，项梁经常做主办人。他暗地里用兵法部署组织宾客和青年，以此来了解他们的才能。秦始皇帝到会稽去巡视，在他渡过浙江的时候，项梁和项羽一起去观看。项羽说："那个人我可以取而代之。"项梁掩住了他的嘴，说："不要胡说，会被灭族的！"项梁因此认为项羽是一个奇才。

项羽身高八尺有余,力气大到能够举起鼎,才气过人,尽管吴中青年刚烈好斗,但都很畏惧项羽。

秦二世元年七月,陈涉等人在大泽乡起义。这一年九月,会稽郡守殷通对项梁说:"长江以西地区都造反了,这也就是上天要灭亡秦国的时机。俗话说:先发者制人,后发者就要被人所制。我想发兵抗秦,派您和桓楚作为将军。"这时桓楚逃亡到大泽去了。项梁说:"桓楚现在逃亡在外,没有人知道他在何处,只有项羽知道他所隐藏的地方。"于是项梁出来,嘱咐项羽带着宝剑在屋外等候。项梁再次进入屋内,和郡守同坐,他说:"请您召见项羽,让他接受您的命令去招来桓楚。"郡守说:"好吧。"项梁把项羽叫了进来。过了一会儿,项梁示意项羽说:"可以动手了!"于是,项羽就拔出宝剑砍下了郡守的头。项梁手持着郡守的头,佩带上郡守的印绶。郡守的部下见状大惊,乱作一团,项羽杀伤近百人。府中所有的人都惊恐地拜伏在地上,没有一个人敢站起来。于是项梁召集以前他熟悉的豪吏,告诉他们为什么要起义反秦的道理,就发动吴中地区的军队起事了。派人去收取郡内的属县,共得精兵八千人。项梁任命吴中地区的豪杰们作为这支军队的校尉、侯、司马等职。其中有一个人没有被任用,他自己到项梁跟前去问。项梁说:"在前些时候某家丧葬时我派您去主办一件事,您没有能力完成,因此我不能任用您。"众人听了都很佩服。于是,项梁就做了会稽郡守,项羽被任用为裨将,率军攻占所辖各县。这时,广陵人召平正替陈涉招抚广陵,广陵人不听招。接着又听说陈涉战败逃走,秦国的军队又将要到来,就渡过长江假托奉陈涉的命令,封拜项梁为楚王的上柱国。他说:"江东地区已经平定,赶快率军向西去攻打秦军。"项梁就率领着八千军队渡过长江向西进发。

居鄹人范增,七十岁,平素在家居住,擅长奇计,去劝导项梁说:"陈涉的失败是理所当然的事。想当初,秦国灭亡了六国,其中楚国是最没有罪过的。自从楚怀王被骗到秦国死在那里后,楚国人直至现在还同情怀念他,因此楚南公说:'楚国即使剩下三户人家,灭亡秦国的也一定是楚国人。'如今陈涉首先起事,不扶立楚王的后代而自立为王,他的势运必定不会长久。现在您起兵江东,楚国各地蜂拥而起的将领都争先归附您的原因,是因为您家世世代代做过楚国大将,大家相信您能够重新扶立楚王的后代。"因此项梁认为他的话对,就在民间寻求到楚怀王的孙子熊心,当时熊心已落魄到为人牧羊的窘境，项梁扶立他仍称为楚怀王，这是为了顺从楚国民众的愿望。

项梁率部从东阿出发，向西进军，抵达定陶，再次打败秦军，项羽等人又斩杀了李由，更加轻视秦军，出现了骄傲的情绪。宋义就劝谏项梁说："取得了战斗的胜利而将领们骄傲、士兵们懒惰的军队必然会失败。如今士兵们有点怠惰，而秦兵一天天地增强，我替您感到害怕。"项梁不听从他的意见。于是派宋义去出使齐国。宋义在行途中遇见齐国的使者高陵君显，说："您将要去会见武信君吗？"高陵君说："是这样。"他又说："我断定武信君的军队必然会大败。您若慢慢行进就可避免被杀死，如急速行进就会赶上灾祸。"秦国果然发动倾国的兵员增加章邯军队的实力，进击楚军，在定陶大败楚军，项梁战死。

当初，宋义所遇到的那位齐国的使者高陵君显正在楚军中，见到楚王后说："宋义断定武信君的军队必然失败，过了几天，军队果真失败。军队还没有作战而能先行预见有失败的征兆，这个人可以称得上是知道用兵的人了。"楚王召见宋义和他共商大计而非常喜欢他，因而就安排他作为上将军；项羽封为鲁公，被任命为次将军；范增被任命为末将军；他们一同率军去救援赵国。此外其他各路军队都归宋义指挥，他的称号为"卿子冠军"。

大军行进到安阳，停留了四十六日不再前进。项羽说："我听说秦军把赵王围困在巨鹿，应立刻率军渡过黄河，楚军在外围攻击秦军，赵军在城内响应，一定能够打败秦军。"宋义说："不是这样。牛虻是来蜇牛的，而不是为了对付那些牛身上的虱子的。如今秦军攻打赵军，秦军战胜了，军队就会疲惫不堪，我们的军队可以趁机攻击他们；假若秦军不胜，我们就可以声势浩大地率领军队向西进攻，一定会全部灭亡秦朝。因此不如先让秦、赵互相厮杀。若是身披坚固的铠甲，手持着锐利的武器上阵杀敌，我宋义不如你，若是坐下来运筹策划，你不如我宋义。"因此他在军中下令说："那些凶猛如虎，狠戾如羊，贪婪如狼，强悍而不能听从差遣的人，都要把他们斩杀掉。"于是派遣他的儿子宋襄到齐国去做国相，亲自送他到无盐，设宴饮酒大会宾客。而当时天气寒冷下起大雨，士兵们又冷又饿。项羽说："现在最重要的事情是集中一切力量与秦军作战，可是我们却长时间逗留，不行动。如今遇到饥荒灾害而百姓贫困，士兵们吃的是甘薯和豆子，军中没有存粮，宋义却饮酒宴会宾客，而不率军渡过黄河依靠赵国提供的粮食，去和赵国合力攻打秦军，却说'等秦军疲惫了再攻打'。以秦军的强大,攻打新建立的赵国,他们势必会全部灭掉赵国。赵国若被平灭而秦军反而强大,有什么疲乏的机会可以利用!况且我国军队刚被打败,国王坐立不安,倾尽国内的军队全部归属将军指挥,国家的安危,在此一举。如今不抚恤士兵却徇私情,他不是安定社稷的贤良之臣。"项羽早晨拜见上将军宋义的时候,就在他的帐中斩了宋义的头,出来在军中发布命令说:"宋义和齐国人阴谋反叛楚国,楚王密令我项羽诛杀他。"在这个时候,诸位将领都畏服项羽,没有人敢抗拒,都说:"首先扶立楚王的,是将军家庭的人,如今将军又诛杀了叛乱之臣。"于是大家一致推举项羽担任代理上将军的职务。项羽派人追赶宋义的儿子,追至齐国境内将他杀死。项羽又派桓楚向楚怀王报告,楚怀王无奈,只好顺水推舟地任命项羽当了上将军,当阳君和蒲将军都归属项羽指挥。

项羽杀了"卿子冠军"宋义以后,威震楚国,名闻诸侯。于是他派遣当阳君、蒲将军率领二万士兵渡过漳河,救援巨鹿。经过交战稍许取得些胜利,陈余再次请求出兵。于是项羽就率领全部人马渡过漳河,把所有的渡船都沉入水底,把做饭的锅碗等炊具砸烂,把住的房屋也全部烧毁,只随身带着三天的口粮,以此向士兵表明一定要决死战斗,没有丝毫的退却之意。因此楚军到达巨鹿就把王离的军队包围了,和秦军遭遇,经过多次激战,断绝了秦军的粮道,打垮了秦军,杀死了苏角,俘获了王离。涉间不投降楚军,自焚而死。正当这个时候,楚国的军队雄冠诸侯。在巨鹿城下援救赵国的诸侯军队有十多支,没有人敢出兵攻秦。等到楚军攻打秦军时,诸将都在壁垒上观望。楚军士兵无不以一当十,呼声震天动地,诸侯的军队无不人人战栗恐惧。于是在楚军攻破秦军之后,项羽召见诸侯将领,他们进入辕门以后,都跪在地上用膝盖前行,没有人敢仰视。项羽从此真正成为了诸侯的上将军,各路诸侯都隶属于他。

项羽命令楚军夜间在新安城南把二十余万秦朝降兵统统活埋了。项羽率军在行进中夺取了秦朝的大片疆土。函谷关有军队把守,没有能够进入。他又听说刘邦已经攻破咸阳城,项羽大怒,派遣当阳君等人率领军队攻击函谷关,函谷关很快被攻下。于是项羽长驱直入,到达戏水西边。刘邦驻军在霸上,还没有和项羽相见。刘邦的左司马曹无伤派人对项羽说:"刘邦想要在关中称王,让子婴为相,秦国的珍宝都归他所有。"项羽大怒,他说:"明天一

早用酒食好好犒劳士兵们,给我打败刘邦的军队!"在这个时候,项羽拥有四十万军队,屯驻在新丰鸿门,刘邦拥有十万军队,屯驻在霸上。范增开导项羽说:"刘邦住在山东地区的时候,贪财好色。如今入关以后,不索取任何财物,不接近女色,这说明他的志向不小。我派人去观望他那边的云气,总是呈现出龙虎的气象,五彩斑斓,这是天子的瑞气。要赶紧向他进攻而不要失掉良机。"

楚国的左尹项伯,是项羽的叔父,平素和留侯张良要好。张良这时跟随刘邦,项伯于是连夜奔到达刘邦军中,私下见到张良,把事情详细告诉了张良,想要叫张良和他一同离去。他说:"不要跟着刘邦一同去送死。"张良说:"我是代表韩王来送刘邦的,如今刘邦有急难,我若逃走就是不仁不义,不可不告诉他。"于是张良就进入军帐,把项伯的话全都告诉刘邦。刘邦非常吃惊,问:"这该怎么办?"张良说:"是谁给大王出把守函谷关这个主意的?"刘邦说:"有个无知的小吏劝我说'把守住函谷关,不让诸侯进入关中,据有秦国的土地就完全可以称王'。因此我才听信了他的计策。"张良说:"估量一下大王的士兵能够敌得过项王的军队吗?"刘邦沉默了一会儿,说:"本来就不如他,那么现在该怎么办呢?"张良说:"请让我前去告诉项伯,说刘邦您不敢背叛项王。"刘邦说:"您怎么会和项伯有交情?"张良说:"秦朝的时候项伯和我交往,项伯杀了人,是我救了他。如今有急难,幸亏他前来告诉我。"刘邦说:"他和您谁年纪大?"张良说:"他比我年纪大。"刘邦说:"请您替我把项伯叫进来,我要用对待兄长的礼节会见他。"张良出来,邀请项伯。项伯立刻进去见刘邦。刘邦捧着酒杯向项伯祝寿,又订立了儿女婚约,刘邦说:"我入关以后,对于秦室的财富秋毫也不敢动,登记了户口,封好了库府,等待项羽将军到来。派遣军队把守函谷关的原因,是防备有其他的盗贼进来和意外的事变发生。我日夜盼望着项羽将军的到来,难道还敢反叛吗?希望项伯对项羽将军详细说明我不敢背德反叛。"项伯应允。他对刘邦说:"明天不可不早早亲自前来向项王认错。"刘邦说:"是。"于是项伯又连夜离去,回到军中,把刘邦所说的话全部报告了项羽。接着他说道:"假若刘邦不先攻破关中,您难道敢进入关中吗?如今别人立有大功却要打击他,这是不仁义的举动,不如趁此时机善待他。"项羽答应了。

第二天清早,刘邦带着百余名随从前来会见项羽。到达了鸿门,刘邦对项羽赔罪说："我和将军合力攻打秦军,将军在河北作战,我在河南作战,但是我自己也没有想到能够先入关中破秦,在这里和将军重又相见。现在有小人进谗言,使将军和我之间产生了隔阂。"项羽说:"那是刘邦的左司马曹无伤说的,不然,我项羽怎么会做到这一步?"项羽当天就留下刘邦一同饮酒。项羽、项伯面东而坐,亚父面南而坐。亚父,就是范增。刘邦面北而坐,张良面向西侧而陪侍。席间范增多次给项羽使眼色,三次举起身上所佩的玉珏示意项羽当机立断杀死刘邦,项羽默然不应。范增起身,出来召唤项庄,对他说:"君王为人心软不忍下手,你进去上前敬酒,敬完酒,请求用剑起舞,趁机在座位上击刺刘邦,杀死他。若不这样,将来你们这些人都要被他所俘获。"项庄就进去敬酒,敬完酒,他说:"君王和沛公饮酒,军中没有什么可以助乐,请求拿舞剑来助兴。"项羽说:"好吧。"项庄拔剑起舞,项伯也拔剑起舞,常常用自己的身体掩护刘邦,项庄不能击杀刘邦。

在这种情况下,张良来到军门,见到了樊哙。樊哙说:"现在事态如何?"张良说:"非常紧急。现在项庄拔剑起舞,他的用意在沛公身上。"樊哙说:"如此说来已经很紧迫了,我要进去和项羽拼命。"樊哙立刻带着宝剑拥着盾牌闯入军门。交戟侍立的卫士想阻止他而不让进入,樊哙侧过他手中的盾牌来撞击他们,卫士们被他撞倒在地,樊哙就进入了军门内。樊哙分开帷帐,面西而立,瞪着眼睛注视着项羽,头发向上竖起,眼角都快要瞪裂。项羽按着宝剑直起上身说:"来客是干什么的?"张良说:"这是沛公的参乘樊哙。"项羽说:"这是一位壮士,赐给他一杯酒。"就给了他一大杯酒。樊哙拜谢,起身,站着饮了这杯酒。项羽说:"赐给他一只猪肘。"就给了他一只生猪肘。樊哙把他手中的盾牌反扣在地上,把猪肘放在上面,拔出宝剑边切边吃。项羽说:"壮士,还能再饮酒吗?"樊哙说:"臣连死都不回避,一杯酒哪值得推辞!秦王有虎狼之心,杀人唯恐不能尽,刑罚人唯恐不重,天下的人都背叛了他。怀王和诸侯相约说:'首先攻破秦军而进入咸阳的人将被封为关中王。'现在沛公首先攻破秦军而进入咸阳,对于秦室的财富毫毛般大小的都不敢沾边,封藏了宫室,退出军队而驻扎在霸上,以便等待大王来临。沛公遣派将领把守函谷关的原因,是为了防备其他的盗贼进入和意外事件的发生。像沛公这样劳苦功高,没有得到封侯的奖赏,而你听信了小人的谗言,想诛杀有功的人。这样做是亡秦的继续,我个人认为大王的这种做法是不可取的。"项羽竟无话可答，只是说："请坐。"樊哙挨着张良坐下。坐了一会儿，刘邦起身去厕所，顺便把樊哙叫了出来。刘邦出来后，项羽派都尉陈平去召刘邦。刘邦说："现在我出来了，没有告辞，这将怎么办？"樊哙说："要办大事不应顾及细谨的小节，讲求大礼就不必在乎小的责难。现在人家正是快刀和砧板，我们是人家宰割的鱼肉，还告辞干什么？"于是就离去了。因而命令张良留下致谢。张良问："大王来时带了什么礼物？"刘邦说："我带来了一双白璧，想要奉献给项王；一双玉斗，准备送给亚父，恰逢他们发怒，没敢奉献。您替我献给他们。"张良说："遵命。"

在这时，项羽驻军在鸿门一带，刘邦驻军在霸上，相距四十里。刘邦就放弃了车骑，一人骑马，樊哙、夏侯婴、靳强、纪信等四人手持剑、盾跟着徒步奔跑，从骊山而下，经过芷阳抄小道行进。临走时刘邦对张良说："从这条道路到达我军中，不过二十里。估计我到达了军中以后，你再回到军帐中告辞。"刘邦已经离去，从小道回到军中。张良入帐辞谢，他说："沛公不胜酒力，不能亲自告辞。委派臣下张良谨奉白璧一双，拜献给大王足下；玉斗一双，拜献给大将军足下。"项羽说："沛公现在什么地方？"张良说："沛公听说大王有意责怪他的过错，独自回去，已经到达军中了。"项羽听后就接受了玉璧，把它放在座位上。亚父接过玉斗，扔到地上，拔剑砍破了它，说："唉！这小子不能够和他共谋大事。夺取项王天下的人，一定是刘邦。我们这些人将要被他俘虏了。"

刘邦到达军中，立刻诛杀了曹无伤。

项羽想要自立为王，就先封手下的将领们为王。他对各位将领说："当初大家发难起事的时候，借助立诸侯的后代来伐灭秦国。但是冲锋陷阵、风餐露宿野战三年，推翻了秦朝而平定天下，都是靠诸位将领和我项羽的力量。义帝虽然没有功绩，但分给他一片土地让他做王，本来也是应该的。"各位将领都说："好。"于是分割天下，立诸位将领为侯王。项羽、范增担心刘邦会据有天下，但由于他们在鸿门已经讲和了，现在也不好反悔，怕由此引起其他诸侯们反叛自己，所以暗中谋划说："巴、蜀地区道路险阻，秦朝被迁贬的人都居住在蜀地。"于是他们说："巴、蜀也是属于关中地区。"因此立刘邦为汉王，统辖巴、蜀、汉中地区，定都南郑，而把关中地区一分为三，立秦的降将为王来阻隔刘邦。项羽自立为西楚霸王，统辖九个郡，以彭城作为都城。

春天，刘邦统率所有反对项羽的各路军队，共五十六万人，向东进军讨伐楚国。项羽听到这个消息，他留下别的将领继续在齐国作战，而他亲自率领三万精兵向南从鲁县穿过胡陵，星夜返回楚国。四月，汉军已经攻入彭城，掳掠了楚国的财宝和美女，每日摆酒宴会高朋。

这时项羽已经到达彭城西面的萧县，第二天一早项羽向东发起进攻，中午时在彭城大破汉军。汉军纷纷溃逃，前后相随掉入谷水、泗水，楚军杀死汉军士兵十多万人。汉军士兵全都向南逃往山地，楚军又追杀到灵璧东面的睢水河岸。汉军后退，被楚军退挤到河边，许多士兵被杀，十余万汉军士兵全都掉入睢水，致使睢水受堵断流。楚军把刘邦包围了三层。就在这个时候有大风从西北方刮起，折树拔屋，飞沙走石，天昏地暗，迎面刮向楚军。楚军大乱，包围圈破散，这使刘邦能够和几十名骑兵逃走。刘邦想要经过沛县，带着家室西逃。而这时楚军也派人追杀到沛县，捉拿刘邦的家人；家人都四散逃亡，没能和刘邦相见。刘邦在路上遇到孝惠帝和鲁元公主，于是就把他们载入车中同行。楚国的骑兵追赶刘邦，刘邦危急，把孝惠帝和鲁元公主推落车下，滕公总是下车把他们二人再放入车中。像这样有过三次。滕公说："虽然情况紧急，车马也不能驱赶得更快些，怎么可以舍弃他们呢？"因此他们姐弟二人才能够逃脱。刘邦等人寻找太公和吕后而没有找到。审食其护送着太公和吕后走小道，也在寻求刘邦，反而遇到了楚军。楚军于是就把他们带回去，报告了项羽，项羽把他们扣留在军中。

刘邦出了荥阳城，又南逃到宛县、叶县，得到九江王黥布的支持，行进途中收聚散亡的汉军，重新进入成皋防守。汉王四年，项羽进兵围困成皋。刘邦逃出来，只和滕公出成皋北门，渡过黄河而逃向修武，来到张耳、韩信的军中。各个将领陆续从成皋逃出，都跟着刘邦。于是楚军攻克了成皋，想要向西进攻。刘邦派军队在巩县阻止楚军，使他们不能向西进犯。这个时候，彭越率军渡过黄河进攻楚国的东阿，杀死楚将薛公。于是项羽就亲自东进攻击彭越的军队。刘邦得到淮阴侯的军队，想要渡过黄河向南。郑忠劝说刘邦在黄河北岸修筑壁垒据守河内。刘邦派刘贾率军协助彭越，焚烧了楚军积聚的物资。项羽向东打败了刘贾，赶跑了彭越。刘邦又率军渡过黄河，重新攻取了成皋，驻军在广武，就近取得敖仓的粮食。等到项羽平定了东海以后又回来，向西攻打，和汉军都在广武驻扎，两军相持了好几个月。就在这个时

卷一

候,彭越多次在梁地反叛,断绝了楚军的粮食,项羽对此感到忧虑,就制作了一个高大的案板,把太公放在上面,告诉刘邦说:"现在你倘若不赶快投降,我就要煮了太公。"刘邦说:"我和项羽一同作为臣子接受怀王的命令,曾说'相约结为兄弟',我的父亲也就是你的父亲,你一定要煮你的父亲,那就请你分给我一杯肉汤。"项羽大怒,想要杀死太公。项伯说:"天下事还不可预知,并且要夺取天下的人是不会顾及家人的,即使杀了他也没有什么益处,只是增添祸患罢了。"项羽听从了项伯的建议。楚汉长久相持胜负未决,壮年男子苦于军旅生涯,老弱疲于粮草的运输。项羽对刘邦说:"天下好几年兴兵动武的原因,只是因为你我二人相争罢了,我希望和刘邦单独挑战,一决雌雄,不要再让天下百姓父子们受苦。"刘邦笑着推辞说:"我宁愿斗智,不能斗力。"项羽命令壮士出营挑战。汉军中有一位擅长骑射的人名叫楼烦,楚军挑战了三次,楼烦都把他们射杀了。项羽大怒,就亲自披甲持戟挑战。楼烦想要射杀,项羽就瞪着眼向他怒吼,楼烦被吓得不敢正视项羽,手不敢发射,就逃回了营中,不敢再出来。刘邦派人打听,才知道是项羽。刘邦大惊。于是项羽找了个机会靠近刘邦,两个人隔着广武涧对话。刘邦列举了项羽的罪过,项羽听后大怒,想决一死战。刘邦不同意,项羽就让预先埋伏下的弓弩手射中了刘邦。刘邦受伤,逃进成皋城中。

这时候,刘邦兵众粮足,而项羽却兵乏粮绝。刘邦派遣陆贾劝说项羽,请求归还太公,项羽不听。刘邦又派遣侯公前去劝说项羽,项羽终于同意与刘邦定立条约,二人平分天下,割让鸿沟以西的地区归汉,鸿沟以东的地区归楚。项羽同意了这个条件,立刻放回刘邦的父母妻子。军兵们都高呼万岁。于是刘邦封侯公为平国君。但侯公却隐匿起来不肯再见。刘邦说:"这个人是天下的辩士,他居住在哪里就可以倾动哪个国家的大政,所以才给他平国君的封号。"项羽订立了盟约以后,就率军撤退东归。刘邦也准备西归,张良和陈平说:"汉已拥有大半天下,而且诸侯又都归附汉王。楚军疲惫而粮食已尽,这是上天要亡楚的良好时机,不如趁此机会消灭楚国。如今释放了楚军而不攻击它,就是养虎为患啊。"刘邦听取了他们的意见。

汉高祖五年,刘邦追击项羽到阳夏南面,停军。刘邦和淮阴侯韩信、建成侯彭越约定日期联合攻击楚军。汉军到达固陵,而韩信、彭越的军队没有前来会合。楚军攻击汉军,大败汉军。刘邦再度逃回营垒,深挖壕沟自行坚守。刘邦对张良说:"诸侯们不遵守盟约,这该怎么办?"张良回答说:"楚军将要被消灭,韩信和彭越却还没有得到分封的地盘,他们不来是必然的。君王您若能和他们共分天下,他们马上能来。如果不能,天下的事势就难以预料了。君王倘若能把从陈县以东到海滨一带的土地,全部封给韩信;从睢阳以北到谷城的土地,划给彭越;使他们各自对楚军作战,那么楚国就很容易被打败了。"刘邦说:"很好。"于是就派遣使者通报韩信和彭越说:"如果能够合力攻打楚军,楚军被消灭以后,从陈县以东至海滨一带的土地给予齐王,从睢阳以北到谷城的土地给予彭相国。"使者到达后,韩信和彭越都回报说:"请求立即出兵。"于是韩信从齐地前往,刘贾的军队从寿春也一同进兵,屠戮城父,到达垓下。大司马周殷叛楚,从舒城起兵屠戮了六地,带领九江全部军队,跟随刘贾、彭越都到垓下会合,进逼项羽。

项羽在垓下筑壁垒驻扎军队,兵少粮尽,汉军和诸侯的军队把他们重重包围。夜晚听到汉军营中四面皆唱楚地的民歌,项羽于是非常惊奇地说:"汉军难道把楚国都占领了?为何汉军营中有这么多楚国人呢!"项羽就在夜中起来,在帐中饮酒。有一位名叫虞姬的美人,经常得到项羽的宠幸而随从项羽;项羽的骏马名叫骓,经常骑着它征战。因此项羽就慷慨悲歌,自己作诗说:"力拔山兮气盖世,时不利兮骓不逝。骓不逝兮可奈何,虞兮虞兮奈若何!"项羽唱了好几遍,美人伴唱。项羽流下一行行热泪,左右人都跟着哭泣,没有人能忍心抬头仰视项羽。于是项羽就跨上战马,部下八百多名壮士骑马跟随,趁着夜色向南突出重围,急驰逃走。天快亮的时候,汉军才发觉,刘邦命令骑兵将领灌婴率领五千骑兵追击他们。项羽渡过淮水,能够跟得上的骑兵只有百余人了。

项羽到达阴陵,迷失了道路,问一位田间老翁,这个老翁骗他说"向左"。项羽向左,于是陷入大沼泽地中。所以汉军追上了他。项羽就又率军向东,到达东城,身边仅有二十八个骑兵。汉军追击的骑兵有几千人。项羽估计自己不能摆脱困境。对他身边的骑兵们说:"我自起兵到现在已经有八年了,亲身经历过七十多次战斗,阻挡我的军队都被我打败,我所进攻的敌人都被我征服,未曾打过败仗,这才称霸天下。可是如今我却被困在这里,这是上天要灭亡我,不是我作战的过失造成的。如今一定要决一死战,我希望为各位痛快决战,一定要连胜汉军几次,让诸位能够突出重围,斩杀敌将,砍断汉军的军旗,好让各位知道是上天要灭亡我,不是我作战的过失造成的。"于是项羽把他的骑兵划分成四队,分别向四个方向突围。汉军把他们重重包围。项羽对他的骑兵们说:"我为你们取汉军一将。"他命令骑士向四方奔驰而下,约定冲到山的东边分三个地点汇合。于是项羽大声呼喊着奔驰而下,汉军都被杀得散乱后退,就斩杀了一员汉军将领。这个时候,赤泉侯杨喜作为骑兵将领,追击项羽,项羽瞪着眼睛向他怒吼,赤泉侯连人带马都受了惊吓,躲避出好几里。项羽就和他的骑士汇聚成三处。汉军不知项羽所在之处,于是就兵分三路,重新包围了楚军。项羽就奔驰在汉军中,又斩杀了汉军的一名都尉,杀死了近百名汉军,又重新聚集起他的骑士,仅损失了两名骑兵。于是对他的骑士们说:"你们看怎么样?"骑士们都敬服地说:"果真像大王说的那样。"

　　于是项羽就想要向东渡过乌江。乌江亭长把船划靠到岸边等候项羽,对项羽说:"江东虽小,土地纵横有千里,民众有几十万,也足以称王了。希望大王能够立即渡江。现在只有我有渡船,汉军到达,没有船可以渡过去。"项羽大笑说道:"天要亡我,我为什么还要渡江呢!并且我项羽曾和江东八千名子弟兵渡江向西。如今没有一人能够回还,纵然江东父兄可怜我而拥立我为王,我又有什么脸面去见他们?纵使他们不说什么,难道我项羽就不问心有愧吗?"于是对亭长说:"我知道您是一位长者。我骑着这匹马有五年了,所向无敌,曾经一日驰行千里,不忍心杀掉它,就把它送给您吧。"于是命令骑士全都下马步行,手持短小的兵器和汉军交战。光是项羽一个人杀死的汉军士兵就有几百人。项羽身上也有十几处创伤。他回头看见汉军骑兵中的司马吕马童,说:"你不是我的老相识吗?"吕马童定睛一看立刻指着项羽对王翳说:"这个人就是项羽。"项羽就说:"我听说刘邦悬赏千金买我的人头,举报者封万户侯,我把这个好处给你吧。"于是项羽就自刎而死。

　　项羽死后,楚地全部归降刘邦,只有鲁地不降。刘邦于是率领天下的军队想要平灭鲁地,因为这个地区的人恪守礼义,为君王誓死守节,于是就拿来项羽的头让鲁人审视,鲁地的百姓才投降了刘邦。当初,楚怀王初次封项羽为鲁公,等到他死后,鲁地又是最后投降,所以用鲁公的名义和葬礼把项羽埋葬在谷城。刘邦为他发丧致哀,哭祭一通然后离去。项氏宗族各支属的人,刘邦都没有诛杀。于是封项伯为射阳侯。桃侯、平皋侯、玄武侯,都是项氏的族人，刘邦赐他们姓刘。

太史公说：我从周生那里听说"舜的每只眼睛都是两个瞳孔"，又听说项羽也是有两个瞳孔。难道项羽是舜的后代吗？不然为什么发迹得这样突然呢？秦朝失却了治国的政道，陈涉首先发难，豪杰们蜂拥而起，争夺天下，数不胜数。但是项羽没有尺寸的封地，乘势兴起于田间，经过三年的时间，率领五路诸侯灭亡了秦朝，分割天下，而封王封侯，一切大政由项羽制定，号称"霸王"，他的事业虽然没有善终，但也是近古以来未曾有过的。等到项羽离开关中而怀思楚地。放逐义帝而自立为王，又埋怨王侯们背叛自己，这样想成就大事就难了。他一意孤行而又不吸取古人的经验，认为霸王的功业，要靠武力征服来治理天下。五年后最终使他的国家灭亡了，身死东城，仍然不能觉悟不能自责，这就错了。他却用"天要亡我，不是我用兵的过错"作为借口，这不是非常荒谬吗？

原文

项籍者，下相人也，字羽。初起时，年二十四。其季父项梁，梁父即楚将项燕，为秦将王翦所戮者也。项氏世世为楚将，封于项，故姓项氏。

项籍少时，学书不成，去学剑，又不成。项梁怒之。籍曰："书足以记名姓而已。剑一人敌，不足学，学万人敌。"于是项梁乃教籍兵法，籍大喜，略知其意，又不肯竟学。

项梁杀人，与籍避仇于吴中。吴中贤士大夫皆出项梁下。每吴中有大繇役及丧，项梁常为主办，阴以兵法部勒宾客及子弟，以是知其能。秦始皇帝游会稽，渡浙江，梁与籍俱观。籍曰："彼可取而代也。"梁掩其口，曰："毋妄言，族矣！"梁以此奇籍。

籍长八尺余，力能扛鼎，才气过人，虽吴中子弟皆已惮籍矣。秦二世元年七月，陈涉等起大泽中。其九月，会稽守通谓梁曰："江西皆反，此亦天亡秦之时也。吾闻先即制人，后则为人所制。吾欲发兵，使公及桓楚将。"是时桓楚亡在泽中。梁曰："桓楚亡，人莫知其处，独籍知之耳。"梁乃出，诫籍持剑居外待。梁复入，与守坐，曰："请召籍，使受命召桓楚。"守曰："诺。"梁召籍入。须臾，梁眴籍曰："可行矣！"于是籍遂拔剑斩守头。项梁持守头,佩其印绶。门下大惊,扰乱,籍所击杀数十百人。一府中皆慴服,莫敢起。①梁乃召故所知豪吏,谕以所为起大事,遂举吴中兵。使人收下县,得精兵八千人。梁部署吴中豪杰为校尉、候、司马。有一人不得用,自言于梁。梁曰:"前时某丧使公主某事,不能办,以此不任用公。"众乃皆伏。②

于是梁为会稽守,籍为裨将,徇下县。广陵人召平于是为陈王徇广陵,未能下。闻陈王败走,秦兵又且至,乃渡江矫陈王命,拜梁为楚王上柱国。曰:"江东已定,急引兵西击秦。"项梁乃以八千人渡江而西。

居鄛人范增,年七十,素居家,好奇计,往说项梁曰:"陈胜败固当。夫秦灭六国,楚最无罪。自怀王入秦不反,楚人怜之至今,故楚南公曰'楚虽三户,亡秦必楚'也。今陈胜首事,不立楚后而自立,其势不长。今君起江东,楚蜂起之将皆争附君者,以君世世楚将,为能复立楚之后也。"于是项梁然其言,乃求楚怀王孙心民间,为人牧羊,立以为楚怀王,从民所望也。

项梁起东阿西北,至定陶,再破秦军,项羽等又斩李由,益轻秦,有骄色。宋义乃谏项梁曰:"战胜而将骄卒惰者败。今卒少惰矣,秦兵日益,臣为君畏之。"项梁弗听。乃使宋义使于齐。道遇齐使者高陵君显,曰:"公将见武信君乎?"曰:"然。"曰:"臣论武信君军必败。公徐行即免死,疾行则及祸。"秦果悉起兵益章邯,击楚军,大破之定陶,项梁死。

初,宋义所遇齐使者高陵君显在楚军,见楚王曰:"宋义论武信君之军必败,居数日,军果败。兵未战而先见败征,此可谓知兵矣。"王召宋义与计事而大说之,因置以为上将军,项羽为鲁公,为次将,范增为末将,救赵。诸别将皆属宋义,号为卿子冠军。

行至安阳,留四十六日不进。项羽曰:"吾闻秦军围赵王巨鹿,疾引兵渡河,楚击其外,赵应其内,破秦军必矣。"宋义曰:"不然。夫搏牛之虻不可以破虮虱。今秦攻赵,战胜则兵罢,我承其敝;不胜,则我引兵鼓行而西,必举秦矣。故不如先斗秦、赵。夫被坚执锐,义不如公;坐而运策,公不如义。"因下令军中曰:"猛如虎,狠如羊,贪如狼,强不可使者,皆斩之。"乃遣其子宋襄相齐,身送之至无盐,饮酒高会。天寒大雨,士卒冻饥。项羽曰:"将戮力而攻秦,久留不行。今岁饥民贫,士卒食芋菽,军无见粮,乃饮酒高会,不引兵渡河因赵食,与赵并力攻秦,乃曰'承其敝'。夫以秦之强,攻新造之赵,其势必举赵。赵举而秦强,何敝之承!且国兵新破,王坐不安席,埛境内而专属于将军，国家安危，在此一举。今不恤士卒而徇其私，非社稷之臣。"项羽晨朝上将军宋义，即其帐中斩宋义头，出令军中曰："宋义与齐谋反楚，楚王阴令羽诛之。"当是时，诸将皆慴服，莫敢枝梧。皆曰："首立楚者，将军家也。今将军诛乱。"乃相与共立羽为假上将军。使人追宋义子，及之齐，杀之。使桓楚报命于怀王。怀王因使项羽为上将军，当阳君、蒲将军皆属项羽。

项羽已杀卿子冠军，威震楚国，名闻诸侯。乃遣当阳君、蒲将军将卒二万渡河，救巨鹿。③战少利，陈馀复请兵。项羽乃悉引兵渡河，皆沉船，破釜甑，烧庐舍，持三日粮，以示士卒必死，无一还心。于是至则围王离，与秦军遇，九战，绝其甬道，大破之，杀苏角，虏王离。涉间不降楚，自烧杀。当是时，楚兵冠诸侯。诸侯军救巨鹿下者十余壁，莫敢纵兵。及楚击秦，诸将皆从壁上观。楚战士无不一以当十，楚兵呼声动天，诸侯军无不人人惴恐。于是已破秦军，项羽召见诸侯将，入辕门，无不膝行而前，莫敢仰视。项羽由是始为诸侯上将军，诸侯皆属焉。

楚军夜击坑秦卒二十余万人新安城南。行略定秦地。函谷关有兵守关，不得入。又闻沛公已破咸阳，项羽大怒，使当阳君等击关。项羽遂入，至于戏西。沛公军霸上，未得与项羽相见。沛公左司马曹无伤使人言于项羽曰："沛公欲王关中，使子婴为相，珍宝尽有之。"项羽大怒，曰："旦日④飨士卒，为击破沛公军！"当是时，项羽兵四十万，在新丰鸿门，沛公兵十万，在霸上。范增说项羽曰："沛公居山东时，贪于财货，好美姬。今入关，财物无所取，妇女无所幸，此其志不在小。吾令人望其气，皆为龙虎，成五采，此天子气也。急击勿失。"

楚左尹项伯者，项羽季父也，素善留侯张良。张良是时从沛公，项伯乃夜驰之沛公军，私见张良，具告以事，欲呼张良与俱去。曰："毋从俱死也。"张良曰："臣为韩王送沛公，沛公今事有急，亡去不义，不可不语。"良乃入，具告沛公。沛公大惊，曰："为之奈何？"张良曰："谁为大王为此计者？"曰："鲰生说我曰'距关，毋内诸侯，秦地可尽王也'。故听之。"良曰："料大王士卒足以当项王乎？"沛公默然，曰："固不如也，且为之奈何？"张良曰："请往谓项伯，言沛公不敢背项王也。"沛公曰："君安与项伯有故？"张良曰："秦时与臣游，项伯杀人，臣活之。今事有急，故幸来告良。"沛公曰：

"孰与君少长?"良曰:"长于臣。"沛公曰:"君为我呼入,吾得兄事之。"张良出,要项伯。项伯即入见沛公。沛公奉卮酒为寿,约为婚姻,曰:"吾入关,秋毫不敢有所近,籍吏民,封府库,而待将军。所以遣将守关者,备他盗之出入与非常也。日夜望将军至,岂敢反乎!愿伯具言臣之不敢倍德也。"项伯许诺。谓沛公曰:"旦日不可不蚤自来谢项王。"沛公曰:"诺。"于是项伯复夜去,至军中,具以沛公言报项王。因言曰:"沛公不先破关中,公岂敢入乎?今人有大功而击之,不义也,不如因善遇之。"项王许诺。

沛公旦日从百余骑来见项王,至鸿门,谢曰:"臣与将军戮力而攻秦,将军战河北,臣战河南,然不自意能先入关破秦,得复见将军于此。今者有小人之言,令将军与臣有隙。"项王曰:"此沛公左司马曹无伤言之;不然,籍何以至此。"项王即日因留沛公与饮。项王、项伯东向坐。亚父南向坐。亚父者,范增也。⑤沛公北向坐,张良西向侍。范增数目项王,举所佩玉玦以示之者三,项王默然不应。范增起,出召项庄,谓曰:"君王为人不忍,若入前为寿,寿毕,请以剑舞,因击沛公于坐,杀之。不者,若属皆且为所虏。"庄则入为寿,寿毕,曰:"君王与沛公饮,军中无以为乐,请以剑舞。"项王曰:"诺。"项庄拔剑起舞,项伯亦拔剑起舞,常以身翼蔽沛公,庄不得击。

于是张良至军门,见樊哙。樊哙曰:"今日之事何如?"良曰:"甚急。今者项庄拔剑舞,其意常在沛公也。"哙曰:"此迫矣,臣请入,与之同命。"哙即带剑拥盾入军门。交戟之卫士欲止不内,樊哙侧其盾以撞,卫士仆地,哙遂入,披帷西向立,瞋目视项王,头发上指,目眦尽裂。项王按剑而跽曰:"客何为者?"张良曰:"沛公之参乘樊哙者也。"项王曰:"壮士,赐之卮酒。"则与斗卮酒。哙拜谢,起,立而饮之。项王曰:"赐之彘肩。"则与一生彘肩。樊哙覆其盾于地,加彘肩上,拔剑切而啖之。项王曰:"壮士,能复饮乎?"樊哙曰:"臣死且不避,卮酒安足辞!夫秦王有虎狼之心,杀人如不能举,刑人如恐不胜,天下皆叛之。怀王与诸将约曰'先破秦入咸阳者王之'。今沛公先破秦入咸阳,毫毛不敢有所近,封闭宫室,还军霸上,以待大王来。故遣将守关者,备他盗出入与非常也。劳苦而功高如此,未有封侯之赏,而听细说,欲诛有功之人。此亡秦之续耳,窃为大王不取也。"项王未有以应,曰:"坐。"樊哙从良坐。

坐须臾,沛公起如厕,因招樊哙出。沛公已出,项王使都尉陈平召沛公。

沛公曰："今者出，未辞也，为之奈何？"樊哙曰："大行不顾细谨，大礼不辞小让。如今人方为刀俎，我为鱼肉，何辞为？"于是遂去。乃令张良留谢。良问曰："大王来何操？"曰："我持白璧一双，欲献项王，玉斗一双，欲与亚父，会其怒，不敢献。公为我献之。"张良曰："谨诺。"

当是时，项王军在鸿门下，沛公军在霸上，相去四十里。沛公则置车骑，脱身独骑，与樊哙、夏侯婴、靳强、纪信等四人持剑盾步走，从郦山下，道芷阳间行。沛公谓张良曰："从此道至吾军，不过二十里耳。度我至军中，公乃入。"沛公已去，间至军中，张良入谢，曰："沛公不胜杯杓，不能辞。谨使臣良奉白璧一双，再拜献大王足下；玉斗一双，再拜奉大将军足下。"项王曰："沛公安在？"良曰："闻大王有意督过之，脱身独去，已至军矣。"项王则受璧，置之坐上。亚父受玉斗，置之地，拔剑撞而破之，曰："唉！竖子不足与谋。夺项王天下者，必沛公也，吾属今为之虏矣。"

沛公至军，立诛杀曹无伤。

项王欲自王，先王诸将相。谓曰："天下初发难时，假立诸侯后以伐秦。然身被坚执锐首事，暴露于野三年，灭秦定天下者，皆将相诸君与籍之力也。义帝虽无功，故当分其地而王之。"诸将皆曰："善。"乃分天下，立诸将为侯王。项王、范增疑沛公之有天下，业已讲解，又恶负约，恐诸侯叛之，乃阴谋曰："巴、蜀道险，秦之迁人皆居蜀。"乃曰："巴、蜀亦关中地也。"故立沛公为汉王，王巴、蜀、汉中，都南郑。而三分关中，王秦降将以距塞汉王。项王自立为西楚霸王，王九郡，都彭城。

春，汉王部五诸侯兵，凡五十六万人，东伐楚。项王闻之，即令诸将击齐，而自以精兵三万人南从鲁出胡陵。四月，汉皆已入彭城，收其货宝美人，日置酒高会。项王乃西从萧，晨击汉军而东，至彭城，日中，大破汉军。汉军皆走，相随入谷、泗水，杀汉卒十余万人。汉卒皆南走山，楚又追击至灵璧东睢水上。汉军却，为楚所挤，多杀，汉卒十余万人皆入睢水，睢水为之不流。围汉王三匝。于是大风从西北而起，折木发屋，扬沙石，窈冥昼晦，逢迎楚军。楚军大乱，坏散，而汉王乃得与数十骑遁去，欲过沛，收家室而西；楚亦使人追之沛，取汉王家。家皆亡，不与汉王相见。汉王道逢得孝惠、鲁元，乃载行。楚骑追汉王，汉王急，推堕孝惠、鲁元车下，滕公常下收载之。如是者三。曰："虽急不可以驱，奈何弃之？"于是遂得脱。求太公、吕后不相遇。审食其从太公、吕后间行，求汉王，反遇楚军。楚军遂与归，报项王，项王常置军中。

汉王之出荥阳，南走宛、叶，得九江王布，行收兵，复入保成皋。汉之四年，项王进兵围成皋。汉王逃，独与滕公出成皋北门，渡河走修武，从张耳、韩信军。诸将稍稍得出成皋，从汉王。楚遂拔成皋，欲西。汉使兵距之巩，令其不得西。是时，彭越渡河击楚东阿，杀楚将军薛公。项王乃自东击彭越。汉王得淮阴侯兵，欲渡河南。郑忠说汉王，乃止壁河内。使刘贾将兵佐彭越，烧楚积聚。项王东击破之，走彭越。汉王则引兵渡河，复取成皋，军广武，就敖仓食。项王已定东海来，西，与汉俱临广武而军，相守数月。当此时，彭越数反梁地，绝楚粮食，项王患之。为高俎，置太公其上，告汉王曰："今不急下，吾烹太公。"汉王曰："吾与项羽俱北面受命怀王，曰'约为兄弟'，吾翁即若翁，必欲烹而翁，则幸分我一杯羹。"项王怒，欲杀之。项伯曰："天下事未可知，且为天下者不顾家，虽杀之无益，只益祸耳。"项王从之。楚汉久相持未决，丁壮苦军旅，老弱罢转漕。项王谓汉王曰："天下匈匈数岁者，徒以吾两人，愿与汉王挑战决雌雄，毋徒苦天下之民父子为也。"汉王笑谢曰："吾宁斗智，不能斗力。"项王令壮士出挑战。汉有善骑射者楼烦，楚挑战三合，楼烦辄射杀之。项王大怒，乃自被甲持戟挑战。楼烦欲射之，项王瞋目叱之，楼烦目不敢视，手不敢发，遂走还入壁，不敢复出。汉王使人间问之，乃项王也。汉王大惊。于是项王乃即汉王相与临广武间而语。汉王数之，项王怒，欲一战。汉王不听，项王伏弩射中汉王。汉王伤，走入成皋。

是时，汉兵盛，食多，项王兵罢食绝。汉遣陆贾说项王，请太公，项王弗听。汉王复使侯公往说项王，项王乃与汉约，中分天下，割鸿沟以西者为汉，鸿沟而东者为楚。项王许之，即归汉王父母妻子。军皆呼万岁。汉王乃封侯公为平国君。匿弗肯复见。曰："此天下辩士，所居倾国，故号为平国君。"项王已约，乃引兵解而东归。汉欲西归，张良、陈平说曰："汉有天下太半，而诸侯皆附之。楚兵罢食尽，此天亡楚之时也，不如因其机而遂取之。今释弗击，此所谓'养虎自遗患'也。"汉王听之。

汉五年，汉王乃追项王至阳夏南，止军，与淮阴侯韩信、建成侯彭越期会而击楚军。至固陵，而信、越之兵不会。楚击汉军，大破之。汉王复入壁，深堑而自守。谓张子房曰："诸侯不从约，为之奈何？"对曰："楚兵且破，信、越未有分地，其不至固宜。君王能与共分天下，今可立致也。即不能，事未可知也。君王能自陈以东傅海，尽与韩信；睢阳以北至谷城，以与彭越：使各自为战，则楚易败也。"汉王曰："善。"于是乃发使者告韩信、彭越曰："并力击楚。楚破，自陈以东傅海与齐王，睢阳以北至谷城与彭相国。"使者至，韩信、彭越皆报曰："请今进兵。"韩信乃从齐往，刘贾军从寿春并行，屠城父，至垓下。大司马周殷叛楚，以舒屠六，举九江兵，随刘贾、彭越皆会垓下，诣项王。

项王军壁垓下，兵少食尽，汉军及诸侯兵围之数重。夜闻汉军四面皆楚歌，项王乃大惊曰："汉皆已得楚乎？是何楚人之多也！"项王则夜起，饮帐中。有美人名虞，常幸从。骏马名骓，常骑之。于是项王乃悲歌慷慨，自为诗曰："力拔山兮气盖世，时不利兮骓不逝。骓不逝兮可奈何，虞兮虞兮奈若何！"歌数阕，美人和之。项王泣数行下，左右皆泣，莫能仰视。于是项王乃上马骑，麾下壮士骑从者八百余人，直夜溃围南出，驰走。⑥平明，汉军乃觉之，令骑将灌婴以五千骑追之。项王渡淮，骑能属者百余人耳。

项王至阴陵，迷失道，问一田父，田父绐曰"左"。左，乃陷大泽中。以故汉追及之。项王乃复引兵而东，至东城，乃有二十八骑。汉骑追者数千人。项王自度不得脱。谓其骑曰："吾起兵至今八岁矣，身七十余战，所当者破，所击者服，未尝败北，遂霸有天下。然今卒困于此，此天之亡我，非战之罪也。今日固决死，愿为诸君快战，必三胜之，为诸君溃围，斩将，刈旗，令诸君知天亡我，非战之罪也。"乃分其骑以为四队，四向。汉军围之数重。项王谓其骑曰："吾为公取彼一将。"令四面骑驰下，期山东为三处。于是项王大呼驰下，汉军皆披靡，遂斩汉一将。是时，赤泉侯为骑将，追项王，项王瞋目而叱之，赤泉侯人马俱惊，辟易数里与其骑会为三处。汉军不知项王所在，乃分军为三，复围之。项王乃驰，复斩汉一都尉，杀数十百人，复聚其骑，亡其两骑耳。乃谓其骑曰："何如？"骑皆伏曰："如大王言。"

于是项王乃欲东渡乌江。乌江亭长檥船待，谓项王曰："江东虽小，地方千里，众数十万人，亦足王也。愿大王急渡。今独臣有船，汉军至，无以渡。"项王笑曰："天之亡我，我何渡为！且籍与江东子弟八千人渡江而西，今无一人还，纵江东父兄怜而王我，我何面目见之？纵彼不言，籍独不愧于心乎?"乃谓亭长曰:"吾知公长者。吾骑此马五岁,所当无敌,尝一日行千里,不忍杀之,以赐公。"乃令骑皆下马步行,持短兵接战。独籍所杀汉军数百人。项王身亦被十余创。顾见汉骑司马吕马童,曰:"若非吾故人乎?"马童面之,指王翳曰:"此项王也。"项王乃曰:"吾闻汉购我头千金,邑万户,吾为若德。"乃自刎而死。

项王已死,楚地皆降汉,独鲁不下。汉乃引天下兵欲屠之,为其守礼义,为主死节,乃持项王头视鲁,鲁父兄乃降。始,楚怀王初封项籍为鲁公,及其死,鲁最后下,故以鲁公礼葬项王谷城。汉王为发哀,泣之而去。诸项氏枝属,汉王皆不诛。乃封项伯为射阳侯。桃侯、平皋侯、玄武侯皆项氏,赐姓刘氏。

太史公曰:吾闻之周生曰"舜目盖重瞳子",又闻项羽亦重瞳子。羽岂其苗裔邪?何兴之暴也!夫秦失其政,陈涉首难,豪杰蜂起,相与并争,不可胜数。然羽非有尺寸,乘势起陇亩之中,三年,遂将五诸侯灭秦,分裂天下,而封王侯,政由羽出,号为"霸王",位虽不终,近古以来未尝有也。及羽背关怀楚,放逐义帝而自立,怨王侯叛己,难矣⑦。自矜功伐,奋其私智而不师古,谓霸王之业,欲以力征经营天下,五年卒亡其国,身死东城,尚不觉寤而不自责,过矣。乃引"天亡我,非用兵之罪也",岂不谬哉!

批注

①夹叙二项,各各须眉欲活,写生妙手。

②古文摹写人处,往往大处不写,写一二小事,顿觉神情欲活。此,类颊上三毫法也,不必谓实有是事。

〔释义〕 《史记》开篇叙述项梁、项羽起义时,是梁、羽二人穿插地讲,文气很是生动活泼,每个人都写得栩栩如生,真可以算得上是上等的写生妙手。古代人描写人物,常常是大处不写,只写一二小事,从而就使文章立刻见精神,使纸上的人物呼之欲出。这就是晋代顾恺之画人像的"三毫法"。相传,恺之为一位长者裴楷画像,画儿虽然画得毕肖毕俏,但他觉得人物的风韵神采还没有完全表现出来,于是就将裴楷面颊上的三根毫毛也画上,于是乎人物顿时呼之欲出。清代文章大家章学诚在其所著《文史通义·古文十弊》中明确地指出了这一点:"推微知著,固相士之玄机;搜间传神,亦文家之妙用也。但必得其神志所在,则如图画名家,颊上妙于增毫;苟徒慕前人文辞之佳,强寻猥琐,以求其似,则如见桃花而有悟,遂取桃花作饭,其中岂复有神妙哉?"他讥笑某些空自摹仿前人的艳词佳句,写文章时故作姿态,那就好比是一个人面对桃花因有所感悟,就将桃花摘下拿来当做饭吃一般。

③巨鹿之战,羽所以成伯业也,故史公用全力为他,写得精神百般,万世如睹。"当是时"三字重提起,笔力奇恣;"冠诸侯"略一锁,一再展开,皆故作奇恣之笔,以出色描画也。

〔释义〕 古人做文章,讲究关锁之法。所谓关锁,就是前一段文章煞住,略微地一顿,并于同时提出或埋伏下一个新的问题,然后把这一问题解开,谓之解锁,或者简称为解。例如此处的文章,详述了项羽如何破釜沉舟,烧庐舍,仅存三日粮,决心与秦军死战,于是九败章邯,生擒王离。写到这里,已经是酣畅淋漓,有声有色地写出了这一场史所罕见的大野鏖兵了。但到此处,却突然将文笔顿住,不再往下继续详写秦、楚之争,而改用"当是时"三字锁住前文,伏下此时诸侯之兵是何状况。转笔又不是急转,而是先提出一个问题:"楚兵冠诸侯。"让读者醒目,并将思考一下,为何楚兵会成为诸侯诸军之冠?接下来便解锁曰:"诸将皆从壁上观。"原来,诸侯的兵在秦、楚两军交战之际,皆都战栗得不敢动弹,都伏在墙壁上观战。楚兵得胜之后诸侯自然惧服,"无不膝行而前",跪着走进项羽的帐下。此情此景,楚军怎能不成为诸侯之冠?

④特下"旦日"二字,为下二"夜"字、二"旦日"字、一"即日"字作引子。古文伏脉之法都如此。

〔释义〕 此处讲的是《史记》中最精彩一段文章鸿门之宴的铺陈脉络,因此,我们很需要做仔细的揣摩才能领会到其中的奥妙。吕祖恩着眼于"旦日"二字的伏笔与伏脉。他说,项王听到刘邦闭关落锁不让楚军入城时,大怒曰:"旦日飨士卒,为击破沛公军!"这个"旦日"是个伏笔,为下文的两个"夜"字(一个是项伯闻言"夜驰之沛公军";一个是项伯将此情报转告给刘邦之后"复夜去")、两个"旦日"(一个是项伯临走时告诫沛公"旦日不可不早自来谢项王";一个是沛公闻讯后"旦日从百余骑来见项王")和一个"即日"(沛公至,"项王即日因留沛公与饮")做了伏笔,打下了埋伏。

⑤无端将座次描出。次用"亚父"二字,一唤摇摆出"范增也"三字来,便将当日沛公、张良之刺心刺目神情,一齐托出纸上。此史公冥心独造之文也。

〔释义〕 为什么要将鸿门宴上的座次一一地讲述出来呢?初看起来似乎是画蛇添足,完全没有必要在这万分紧张的氛围下添此烦琐之笔。其实是作者用心良苦才做出了此一安排,他是想借几个关键人物的座次,特别是点出亟起杀意的亚父范增所坐的位子,便可以明显地看出沛公当时所处的岌岌可危的位子和他们在当时那样让人触目惊心的神情了。

这即是所谓的"烘云托月法"。明是写此,实则是为着烘托出彼来。清人毛纶在批注《琵琶记》时对于此法的运用及其作用,做出了清晰可辨的论述,说:"才子之文,有着笔在此,而注意在彼者。譬之画家,花可画而花之香不可画,于是舍花而画花旁之蝶。非画蝶也,仍是画花也。雪可画,而雪之寒不可画,于是舍雪而画雪中拥炉之人。非画炉也,仍是画雪也。月可画,而月之光不可画,于是舍月而画月下看书之人。非画书也,仍是画月也。"

清人冯李骅亦对这种烘云托月法,做出了深刻而又细腻的描述。他将这种烘云托月,比之为镜中之花,水中之月,指出"镜花水月之妙,全在若合若离之间"。"如花照镜中,月浸水底。俄焉,波纹如縠,月亦在水中荡漾;庭砌风回,花亦在镜中摇曳也……如四面皆水水皆月,四围皆镜镜皆花。宛然,月徘徊于斗牛,花绰约于栏槛矣。""如半日镜中看花,蓦然回首,绿影参差之地,奇葩竞吐,愈觉婀娜可爱……"(见其所著《春秋左绣》)

⑥以下皆子长极意摹神之笔,非他传可比。

〔释义〕 姚祖恩批得对,整个垓下之围这一大段,几乎全是用出神入化的细节铺陈描写手法写出来的;而且他也说得很准确,细思那项王夜坐帐中与虞姬饮酒赋诗之事,何人见之,何书能够传之,还不都是"子长(司马迁之字)极意摹神之笔"!

⑦由"难矣",至"过矣",终以"岂不谬哉",三层贬法。虽列三段,然只是二段之后作一反掉,以总其一生之事,皆足以致亡,而纯靠用兵,必不足以立大业也。

〔释义〕 金圣叹批注《史记》,全是对"太史公赞"或"太史公曰"最后一段文字而发的。他在此处说，太史公对项羽一生事业的评价着重在最后的三小段话上：第一段是"及羽背关怀楚，放逐义帝而自立，怨王侯叛己，难矣"。第二段是"自矜功伐，奋其私智而不师古，谓霸王之业，欲以力征经营天下，五年卒亡其国，身死东城，尚不觉悟而不自责，过矣"。第三段是"乃引天亡我，非用兵之罪也"，岂不谬哉？这三段，都是在作层层的褒贬。但从文法和语气来说，虽是三段，实际上也只是两段，第一段和第二段可以连在一起看，都是总结项羽一生招致失败的原因，最主要的是，他只想单纯地凭借武力来统一天下，而不效法自古以来兴建大业的经验。直到这两小段说完之后作者才一转笔，直截了当地揭出项羽至死不犹不醒悟，不察自己之过，完全归罪于天，岂不是重大的错误。

太史公的整个赞语，采用的是抑扬顿挫不断交替的手法。从赞语的一开头"吾闻之周生曰"，一直到"近古以来未尝有也"，都是"扬"；一直到了"难矣"之处，开始了抑，到了"过矣"之处，又是一抑。到了"岂不谬哉"之处，便是总的一抑，所以说，太史公的赞语是"一扬三抑"之法。

补注

①凡读古书，皆须两本对看。如，《史记》采《国语》《左传》《国策》；《汉书》采《史记》，其增改易置，要非漫然下笔。即此，可以增长见识。《史记·项羽本纪》叙鸿门之会，凡一千三百八十四字；于《樊哙列传》复叙一番，才二百七十三字，而当时情事亦了晰无遗。（清·黄本骥：《读文必得》）

〔释义〕　古人强调，读书要将几本书对照地来看，做一番比较的功夫，才能看出各位作者不同的写法，不同的取舍态度，也能够比较出孰优孰劣来。《史记》是采取《左传》《国语》《国策》等诸多著作写成的，但《史记》与《国语》等书比较起来，就可以看出他的增添删削与移位换笔功夫，都不是随随便便就能做出来的，都是有其呕心沥血的精心独到之处。

仅就《史记·项羽本纪》中叙述鸿门宴会一段来说，作者只用了1384个字，在《史记·樊哙列传》中，又从另外一个角度叙述了这次宴会，但也只用了273个字，二者加在一起，仅仅用了1657个字，但已就把当时的情景，

一目了然地表现出来，真是只有匠心独运的史公才能做得到。

②司马迁的《史记》与班固《汉书》相比较，"如写鸿门之事，马备载沛公、张良、项羽、樊哙等对答之'家人絮语'、'娓娓情语'、'谁诿相属语'、'惶惑偶语'之类，'班胥略去，遂尔不逮'。其论文笔之绘声传神是也。"（清·钱谦益：《牧斋初学集》）

〔释义〕　清初著名诗人、戏剧家钱谦益（字牧斋），将《史记》与《汉书》中的那段鸿门之宴文章做了比较，认为《史记》大大高出于《汉书》之上。《史记》中，将宴会中的沛公、张良、项羽、樊哙等人互相答对的繁言絮语、娓娓情话、互相推诿与惶惑恐慌之语，皆都一一地娓娓道出，很是生动活泼；而班固写《汉书》时将这些细语皆省略去，这样，就没有了《史记》文中的那种绘声绘色、传神入化的气势了。

③对于文中"项王乃悲歌慷慨。……美人和之"一段，周亮工批注曰："余独谓垓下是何等时，虞姬死而子弟散，匹马逃亡，身迷大泽，亦何暇更作歌诗？即有作，亦谁闻之，而谁记之欤？吾谓此数语者，无论事之有无，应是太史公'笔补造化，代为传神'。语虽过当，而引李贺'笔补造化'句，则颇窥'伟其事''详见跡'之理，故取之。"（清·周亮工：《尺牍新钞》）

〔释义〕　清人周亮工对于项王与虞卿歌别一段，颇有感触地说，在垓下之围那样紧急境况下，项王哪里有闲工夫饮酒赋诗？即使赋了，谁听见了？谁又为他记下来？毫无疑问，是司马迁代他书写的。但是，根据唐人李贺诗中提倡的"笔补造化"的立意，作者还是可以因崇伟霸王的事业，详细地推他当时的心迹和气概，然后进行揆情度理的创作的。

④对《史记·项羽本纪》中"诸将皆从壁上观。楚战士无不以一当十，楚军呼声动天，诸侯军无不从慴恐。于是已破秦军，项羽召见诸侯将，诸侯将入辕门，无不膝行而前"一段，陈仁锡曰：迭用三"无不"字，有精神！《汉书》去其二，遂乏气魄。按，陈氏评是，数语有如火如荼之观。马迁行文，深得累迭之妙，如本篇末写项羽"自度不能脱"，一则曰"此天之亡我，非战之罪也"；再则曰"令诸军知天亡我，非战之罪也"；三则曰："天之亡我，我何渡为！"心已死而意犹未平，认输而不服气，故言之不足，再三言之也。（钱钟书：《管锥编·史记会注考证》）

〔释义〕　钱钟书在评论《史记·项羽本纪》巨鹿之战的写法时说过，

前人陈仁锡说，司马迁在此处连用三个"无不"字，很有精神；而班固作《汉书》时，几乎全部挪用此文，但是去了二个"无不"，只用了一个，于是文章便缺乏了气势。钱钟书是很同意陈仁锡的这个批注的，他说，司马迁很懂得累迭地使用几个字的妙处。巨鹿之战写得好，全仗着迭用那三个"无不"：一是楚战士无不一以当十，二是诸侯军无不慑恐，三是诸侯军各将领无不膝行而前。有这三个"无不"，文章就有气势，写得如火如荼；去了这三个"无不"，巨鹿之战一篇文章就显得没气力了。

同样，司马迁写垓下之围时，也连用三个"天之亡我"，故能突出地显现出项羽的英雄气概及其短绌的见识，生动地刻画出他是心已死而气难平，认输而不服气的形象来。迭用这三个"天之亡我"，把项羽的神情面貌淋漓尽致地表现出来。

⑤此文中"范增曰：'唉，竖子不足与谋！夺项王天下者，必沛公也。吾属今为之虏矣！'"按上文，增召项庄曰："因击沛公，于座杀之；不者，若属且为所虏。"始曰"若属"，继曰"吾属"，层次映带，神情语气之分寸缓急，盎现字里行间。不曰"将"，而曰"今"，极言其迫在目前。……"今者"，未来之最逼近而几如现在。（钱钟书：《管锥编·史记会注考证》）

〔释义〕 钱钟书先生认为，鸿门宴一段文章中，范增前后的几句话，很见声色，语气逼人，须要仔细地琢磨，才能感到那些词语的分量。他第一次对项庄说，你必须在座中杀死沛公，不然的话，"若属"（即像我们这些人）即将成为他的俘虏。第二次，他见项羽不听他的话放走了沛公，气急败坏地说："这小子不能为他出谋划策，将来沛公必夺得天下，吾属（即我们）将成为他的俘虏了。"前面说"若属"，后面说"吾属"，语气逐渐逼近，直接点明到我等的头上，用以表示事情危机到什么程度，关系到众人未来的命运将是何等的严重。在"吾属今为之虏矣"句子中，不用"将"，而用"今"，更是表明了这一事态的严重性，其恶果不是必将发生于未来，而是就在眼前和当下里发生。

高祖本纪

刘邦小传　汉高祖刘邦（公元前256—前195），字季，秦时的泗水郡沛（今江苏省沛县）人。他出身于农家，早年，曾当过本乡的亭长。为人有胆有识，豁达大度。秦时，因为私自释放了刑徒而亡匿于芒砀山中。秦二世元年（公元前209）九月，刘邦在沛县聚众响应陈胜、吴广的起义，自号为沛公。后与项羽等共同拥立楚怀王为帝，分路进军咸阳。灭秦后，与项羽争夺天下，历经五年多的时间，终于在汉王五年冬，约会韩信、彭越等各路诸侯军队，共同围攻楚军于垓下。项羽率部突围不能得脱，至乌江自刎。汉王六年二月，刘邦即帝位，最初建都洛阳，不久即迁至长安，史称西汉，死后谥号为高皇帝。

汉高祖，高鼻梁而面有龙相，胡须很美，左腿上生有七十二颗黑痣。他的性情仁厚爱人，喜好施舍，心胸豁达，常常表现出大度宽宏的心志，不肯干平常人家的生产和经营的事。成年以后，曾试着去做官，当了泗水亭长，对官府中的官吏没有不加以轻侮戏弄的。他喜欢饮酒和女色，经常在王媪和武负的酒店中赊酒。他醉倒躺下以后，王媪和武负经常看见他的上面有龙出现，他们感到奇怪。高祖每次来买酒，都要留在酒店中畅饮，这天卖出的酒总要比平常多出几倍。等见到高祖醉卧出现奇怪现象以后，年底算账时，这两家酒店经常折断记账的竹简，放弃高祖所欠的酒钱。

高祖曾经到咸阳出差役，看到秦始皇帝出巡时的威武，他慨然叹道："啊，大丈夫应该是这样啊！"

单父人吕公和沛县县令交好，他为了避开仇人而来到沛县县令家里做客，后来就在沛县安下了家。沛县地区的豪杰和官吏们听说县令有贵客来临，全都前去祝贺。萧何作为县令的主吏，负责收受贺礼，他对各位宾客说："送贺礼不足千钱的人，在堂下就座。"高祖作为亭长，平素看不起县中官吏，于是写了一张礼单假称"贺钱一万",实际上他没有带来一文钱。他入门拜谒,吕公见到他就非常惊奇,起身,在门前迎接他。吕公这个人,喜好替人相面,看到高祖的相貌,就很敬重他,引他进堂入座。萧何说:"刘季常说大话,能够做成的事很少。"高祖则趁机把满座的客人个个戏弄一番,而后就坐在上座,无所谦让。酒宴要到结束时,吕公用眼神示意请高祖一定要留下来。高祖喝完了酒,留到最后。吕公说:"我从小喜好给人看相,让我相面的人已有很多了,还没有人能比得上你刘季的相貌,希望你能够好自珍爱。我有一亲生女儿,我愿意把她嫁给你。"酒宴结束,吕媪对吕公发怒道:"你平常总说这个女儿与众不同,要把她嫁给贵人。沛县令和你相交友善。他来求婚你都没有把女儿给他,为什么你自己盲目地把女儿许嫁给刘季呢?"吕公说:"这件事不是你们女人家所能懂的。"他最终把女儿嫁给了刘季。吕公的女儿就是吕后,她生了孝惠帝和鲁元公主。

高祖在当亭长的时候,有一次请假回家种田。吕后和两个孩子一起在田间除草。有一位老人路过那里讨水喝,吕后顺便还给了他一些饭吃。老人仔细审视了吕后的相貌后说:"夫人是天下的贵人。"吕后请他替两个孩子相一相面,老人看着孝惠帝说:"夫人之所以能成为贵人,正是因为这个孩子。"又为鲁元公主看相,也是贵人相。老人离去以后,恰巧高祖从一旁的田舍走来,吕后对他详细地讲述了过路老人相面的事情,说有一位客人为我们母子看相,认为我们都是大贵人。高祖问:"这个人现在在哪里?"吕后回答说:"还没有走远。"于是高祖追上了老人,向老父询问自己的面相。老人说:"刚才我看过的夫人和孩子都和你的面相相似,你的相貌更是贵不可言。"高祖感激地说:"如您所说,我不会忘记您的恩德。"等到高祖成为高贵的天子以后,却不知道这位老人在什么地方了。

高祖十二年,十月,高祖在会甄打败黥布的军队,黥布逃走,高祖就命令其他的将军继续追击黥布。高祖回师,路过沛县,停留下来。在沛宫中设置酒席,招待所有的故人父老子弟纵情畅饮,征集到沛地一百二十个少年,教他们唱歌。酒酣之时,高祖亲自击筑奏乐,自己作歌唱道:"大风起兮云飞扬,威加海内兮归故乡,安得猛士兮守四方!"命令那些少年们都学唱这支歌。高祖在少年们的歌声中起舞,慷慨伤怀,流下了行行热泪。高祖对沛地的父兄们说:"在外的游子一想到故乡就感到悲伤。我虽然定都在关中,但将

来死后我的魂魄还是会思念沛地。此外,我是以沛公的职位开始诛除暴逆,最终才拥有了天下,因此要把沛地作为我的汤沐邑,免除沛县百姓的赋税徭役,世世代代不必交税服役。"沛县的父老乡亲们每日畅饮尽欢,讲述过去的故事回味作乐。十几天以后,高祖准备离去,沛县的父老们恳请挽留高祖。高祖说:"我带的人很多,如果过多停留,家乡父老们不能承担起他们的供给。"他离去时,沛县的父老们倾城出动,大家都拿着酒食到城西向高祖进献。高祖又留了下来,在城外搭起帷帐而和他们饮酒三日。沛县的父老们都向高祖叩首请求说:"沛县有幸能免除赋税徭役,但是丰邑还没有能免除赋税徭役,请陛下可怜可怜他们吧。"高祖说:"丰邑是我所生长的地方,是我最不能忘却的,我只是因为他们随从雍齿反叛我而归附于魏的缘故才不予免除。"沛地父老们坚持恳请,丰邑才一同免除了赋税徭役,标准上一切比照沛县。

太史公说:"夏朝政治的特点是忠厚。忠厚发展到极点是使百姓粗野而缺乏礼节,所以殷朝承续夏政而奉行恭敬。恭敬发展到极点,是使百姓相信鬼神,所以周朝承续殷政而奉行礼仪。礼仪发展到极点,是使百姓讲究文饰而不诚信,所以解救不诚信的弊端莫如奉行忠厚。三王的治国之道如同循环往复,终而复始。在周秦交替之际,可以说是礼仪制度破坏严重。秦国政治措施对这点不加更改,反而施行残酷的刑法,这难道不是很错误吗?所以汉朝兴起,矫正了过去的弊病,使得人们毫不倦怠,这正是得到了天道循环的道统的。"

原文

高祖为人①,隆准而龙颜,美须髯,左股有七十二黑子。仁而爱人,喜施,意豁如也。常有大度,不事家人生产作业。及壮,试为吏,为泗水亭长,廷中吏无所不狎侮,好酒及色。常从王媪、武负贳酒,醉卧,武负、王媪见其上常有龙,怪之。高祖每酤留饮,酒雠数倍。及见怪,岁竟,此两家常折券弃责。

高祖常繇咸阳,纵观,观秦皇帝,喟然太息曰:"嗟乎,大丈夫当如此也!"

单父人吕公善沛令，避仇从之客，因家沛焉。沛中豪桀吏闻令有重客，皆往贺。萧何为主吏，主进，令诸大夫曰："进不满千钱，坐之堂下。"高祖为亭长，素易诸吏，乃绐为谒曰"贺钱万"，实不持一钱。谒入，吕公大惊，起，迎之门。吕公者，好相人，见高祖状貌，因重敬之，引入坐。萧何曰："刘季固多大言，少成事。"高祖因狎侮诸客，遂坐上坐，无所诎。酒阑，吕公因目固留高祖。高祖竟酒，后。吕公曰："臣少好相人，相人多矣，无如季相，愿季自爱。臣有息女，愿为季箕帚妾。"酒罢，吕媪怒吕公曰："公始常欲奇此女，与贵人。沛令善公，求之不与，何自妄许与刘季？"吕公曰："此非儿女子所知也。"卒与刘季。吕公女乃吕后也，生孝惠帝、鲁元公主。

高祖为亭长时，常告归之田。吕后与两子居田中耨，有一老父过请饮，吕后因餔之。老父相吕后曰："夫人天下贵人。"令相两子，见孝惠，曰："夫人所以贵者，乃此男也。"相鲁元，亦皆贵。老父已去，高祖适从旁舍来，吕后具言客有过，相我子母皆大贵。高祖问，曰："未远。"乃追及，问老父。老父曰："乡者夫人婴儿皆似君，君相贵不可言。"高祖乃谢曰："诚如父言，不敢忘德。"及高祖贵，遂不知老父处。

十二年，十月，高祖已击布军会甄，布走，令别将追之。高祖还归，过沛，留。置酒沛宫，悉召故人父老子弟纵酒，发沛中儿得百二十人，教之歌。②酒酣，高祖击筑，自为歌诗曰："大风起兮云飞扬，威加海内兮归故乡，安得猛士兮守四方！"令儿皆和习之。高祖乃起舞，慷慨伤怀，泣数行下，谓沛父兄曰："游子悲故乡。吾虽都关中，万岁后吾魂魄犹乐思沛。且朕自沛公以诛暴逆，遂有天下，其以沛为朕汤沐邑，复其民，世世无有所与。"沛父兄诸母故人日乐饮极欢，道旧故为笑乐。十余日，高祖欲去，沛父兄固请留高祖。高祖曰"吾人众多，父兄不能给"。乃去。③沛中空县皆之邑西献。高祖复留止，张饮三日。沛父兄皆顿首曰："沛幸得复，丰未复，唯陛下哀怜之。"高祖曰："丰吾所生长，极不忘耳，吾特为其以雍齿故反我为魏。"沛父兄固请，乃并复丰，比沛。

太史公曰：夏之政忠。忠之敝，小人以野，故殷人承之以敬。敬之敝，小人以鬼，故周人承之以文。文之敝，小人以僿，故救僿莫若以忠。三王之道若循环，终而复始。周秦之间，可谓文敝矣。秦政不改，反酷刑法，岂不缪乎？故汉兴，承敝易变，使人不倦，得天统矣。

批注

①汉室定鼎，诛伐大事，皆详于诸功臣《世家》《列传》中；及《高祖本纪》，则多载其细微时事及他神异符验。所以其文繁而不杀，灵而不滞。叹后世撰实录者不敢复用此格，而因以竟无可传之文也。

②项羽方攘得关中，即云"富贵不归故乡，如衣锦夜行"；及垓下之败，慷慨歌诗，英雄气尽。此纪一段，正语与彼对照。群雄之与真主，气象一一如绘。史公之惠后学，千古无穷也！

③凡叙事酝浓之法，须先分节次，逐段加搁，则其味愈浓。不解此，即如嚼蜡矣。

[释义] 汉高祖从沛县起义，击秦灭楚，建立起汉家一统江山，应当说，当时的每一场战争，每一件大事，都与他有关，如果依次地写下来，不免臃肿不堪，累赘重迭，与其他人的传记放到一起，便不免有些比例失调，不甚和谐与相称。故而，太史公采用了一种新的写作方法，将兴邦立国的大业，征讨诛伐和争战等事，都分别地写在汉兴的诸功臣传记中，《高祖本纪》中便不再重复，而只写了他的出身、为人、行事等一些细微小事和能够显现其性格的细节。另外，再加上他身边发生的一些神异的传闻与仙符灵验等事，用以加强文章的可读性。所以，《史记》的文章"繁而不杂，灵而不滞"。这种写法，称之为"分润法"。可惜，后来写历史传记和纪实文章的人不懂得或是不敢用这种手法，于是书写出来的文章不是繁杂臃肿，便是呆滞不活，因之也就不能传诸于后世。

此文的另一特点，就是将高祖与项羽两人常常是对照着来写，高祖忍辱负重，百折不挠，执意进取，善用贤臣；而项羽则恃能强霸，忌用良才，只以力征，不谋长远，刚刚占得了咸阳，便说"富贵不归故乡，如同衣锦夜行"，于是便放弃了关中这一战略要地，还归于楚国的彭城，终于招致于兵败如山倒的残祸。到了垓下之时，饮酒赋诗，已经是英雄气尽了。司马迁将两人对照来写，更加凸显了刘邦作为一代真主的胆略才识，一桩桩一件件都如同画面一般地展现出来。太史公的这种写作方法，对于后人学习文章，真是有着千古无穷的益处。

《高祖本纪》的文章还有一个鲜明特点，就是段落清楚，层次分明，然后逐层地进行涂抹渲染，或重或轻，或缓或急，完全根据每段的情景来铺展叙述。一般地来说，写行军打仗，文笔简略；写到骨肉亲情与还归故里时，则是极尽其详。使读者如见其人，如闻其声。因此，阅读这篇文章时，要逐段地分析揣摩，越是细辨，越能感到其中的滋味；如果不是这样的解读，那就是味同嚼蜡了。

补注

①"赞"又极庄重，极雅驯。史公文曰："夏之政忠。忠之敝，小人以野，故殷人承之以敬。"批曰，殷所以得统。史公文曰："敬之敝，小人以鬼，故周人承之以文。"批曰，周所以得统。史公文曰："周秦之间，可谓文敝矣。"批曰，周之必有或继之者，宣圣所以不讳也。史公文曰："故汉兴，承敝易变，使人不倦。"批曰，二句八字，明是"忠"字，却不说出。好，好！（清·金圣叹：《评点才子全集·西汉文》）

〔释义〕 《史记》的每一篇传记后面，都有一段太史公的评论。这些评论，有的写"太史公赞"；有的写"太史公曰"，其作用都是作者在写完一篇传记后对于该文所作一综合性的评述。

金圣叹在此处批注说，太史公的赞语，说得非常庄重，又非常典雅，因为一开头就讲起夏、商、周三代兴衰的根由来，且都归之于"忠"、"敬"、"文"三字，概括得既简洁而又深厚。而最后那段"承敝易度，使人不倦"八个字，明明讲的是要恢复夏代所秉持的那个"忠"字，但文章却便不说出来，只让人们仔细地琢磨体会，知道这正是在阐明天道循环往复的大道理。

②抑史家有激射隐显之法，其义始于太史公。如汉高祖得天下之有天幸，而见意于《项羽本纪》，借项羽之口以吐之曰："非战之罪也，天也！"叙平原君之好客，而见意于《魏公子列传》，借公子之言以刺之，曰"平原君之游，徒豪举耳！"事隐于此而著于彼，激射映发，以见微旨。（钱子泉：《现代中国文学史序》）

〔释义〕 国学大师钱子泉（钱钟书之父）评论此篇文章说，历史学家写史，经常使用激射与隐显的方法，都是从太史公那里学来的。例如，汉高祖得天下，实则是有老天相助之力，但文章中却一字也没说出来，而却巧妙地在《项羽本纪》中借项王之口，反复地说出"天之亡我，非战之罪也"等语。

在《信陵君列传》中，也借信陵君之口，贬抑了徒有好客虚名的平原君。这一类的文章章法，称之为"激射法"或"隐显法"。

所谓"激射法"，即是用此事来影射彼事，在这里隐下来，却在另外一个地凸显出来，所以又叫"隐显法"。这在古人行文中是常用的，它通过已经说出来的话，来透露和影射出没有说出来的那些不便于或不敢说出来的话。用这种激射的手法来写，能够让人体会出没有直接叙述出来的隐情和苦衷，其喻义就更为深远；因之，它给读者留下的印象也就更为深刻。激射之文，常常会引起人们反复阅读和细心揣摩的趣味。

高祖功臣年表

太史公说：古代臣子的功劳分为五等，用德行建立宗庙，安定社稷的叫做勋；用思想言论辅佐的叫做劳；用武力建功的叫做功；能够帮助明确礼仪制度的叫做伐；长年累月忠诚尽心的叫做阅。高祖封爵时候的誓词说："即使黄河干枯得像衣带，泰山小得像磨刀石，只要国家永远安宁，福泽就会施给你的后代。"这说明开始的时候是想把这些封侯国稳固下来，但由于他们的子孙逐渐衰微而使这些封侯国变得弱小了。

太史公读高祖封侯功臣的记载，考察他们当初受封和后来失去爵位的原因之后，说："我知道的情形与古时真是不同啊！"《尚书》上说"要使所有的邦国都和谐相处"。延续到夏代、商代，有的侯国已经有几千年的历史了。大概周代封了八百个侯国，到幽王、厉王以后，诸侯的后代在《春秋》中还可以见到。《尚书》中记载有唐、虞时代的侯伯，经历三代，一千多年，有的仍能保持爵位，做天子的屏藩，难道这不是因为他们在仁义方面非常笃重，奉守天子的法制规范吗？汉朝兴起，功臣受到封侯的有一百多人。天下刚刚平定，大城名都由于战乱人口逃亡，户口能够计数的只有从前的十分之二三，因此大的封侯也不过有一万家，小的封侯就只有五六百户。后来经过几代的休养生息，民众都回归到了乡里，户口日益增多，像萧何、曹参、周勃、灌婴这一类侯家有的达到了四万户，小的侯家也比初封时的户数增加了一倍，财富丰厚的程度和人口增长的比例大致相同。他们的子孙们就骄纵越轨了，忘记了祖先的创业艰难。到武帝太初年间，仅一百多年时间，只有五个当时受封的侯还存在，其余的都因为犯法而丧命、丧失了封地，赏赐被完全耗尽了。尽管，国家的法律比过去更严了，然而也怪侯王们自身没有小心谨慎地遵守国家法令。

处在当今的时代，记住古代的道义，是想作为一种借鉴，古今情况未必完全相同。做帝王的人各自采取不同的礼制来实现不同的任务，总之是要拿事业的成功作纲纪，怎能混为一谈呢？而观察当今的人臣为什么有些人受到尊敬宠爱和为什么又有些人受到废弃屈辱，也可以得到丰富的经验教训，何必一定去寻找古时的闻见？于是我慎重地叙述事情的始终，用表格来反映他们的事迹，有些事不能完全了解它的本末，对事实明确的就都著述下来，有疑惑的就空下来。如果以后有人想在这方面继续研究，就可以参考这个表了。

原文

太史公曰：古者人臣功有五品，以德立宗庙、定社稷，曰勋；以言，曰劳；用力，曰功；明其等，曰伐；积日，曰阅。封爵之誓曰①："使河如带，泰山若厉。国以永宁，爰及苗裔。"始未尝不欲固其根本，而枝叶稍陵夷衰微也。

余读高祖侯功臣，察其首封，所以失之者，曰：异哉所闻！《书》曰"协和万国"，迁于夏商，或数千岁。盖周封八百，幽、厉之后，见于《春秋》。《尚书》有唐虞之侯伯，历三代千有余载，自全以蕃卫天子，岂非笃于仁义，奉上法哉？汉兴，功臣受封者百有余人。天下初定，故大城名都散亡，户口可得而数者十二三，是以大侯不过万家，小者五六百户。后数世，民咸归乡里，户益息，萧、曹、绛、灌之属或至四万，小侯自倍，富厚如之。子孙骄溢，忘其先，淫嬖。至太初百年之间，见侯五，余皆坐法殒命亡国，耗矣。网亦少密焉，然皆身无兢兢于当世之禁云。

居今之世，志古之道，所以自镜也，未必尽同。帝王者各殊礼而异务，要以成功为统纪，岂可绲乎？观所以得尊宠及所以废辱，亦当世得失之林也，何必旧闻？于是谨其终始，表其文，颇有所不尽本末；著其明，疑者阙之。后有君子，欲推而列之，得以览焉。

短评

孝武弹括利源，尊显卜式；而功臣、列侯莫肯输财助边，于是元鼎五年，坐酎金夺爵者百余人，而高祖功臣尽矣。亡非其罪，所谓"网亦少密"也。知此，则是篇宛转叹息之意，雪亮。

批注

① "从古功臣封誓引入。一腔忠厚之意，盎然言下，正与汉之少恩作激射，可谓工于立言。《史记》凡用数叠之法，最显笔力。后人为之，非排即弱。"

〔释义〕 《史记》中常有重叠累进的句子，例如此文之开头："以德立宗庙、定社稷，曰勋；以言，曰劳；用力，曰功；明其等，曰伐；积日，曰阅"，等等。一般的人却难以做得到，逢到这些地方，不是写得铺张排比，就是写得气势羸弱。

汉武帝时国家囊括了天下一切财源，重用卜式、桑弘羊等大兴盐铁国有、平准天下货殖等善于为国理财的官员；而对于那些开国功臣和各诸侯的后裔，因为他们不肯缴纳钱粮资助天子用兵于边疆，汉武帝便于元鼎五年（前111），借口各诸侯缴纳祭祀祖庙的贡金不足为由，都将他们削了爵夺回了封地。原有百十余家的诸侯国现已尽皆消失，存者仅有五户。法网设得未免过于密了。但是，司马迁在《武帝本纪》中，却没有一个字言及这些寡恩少义之事，而却在此篇文章中亦怨亦叹地表露出来，这就是我们前边着力介绍的"激射法"。

秦楚之际月表

太史公阅读秦、楚之间的历史文献的时候，说：最初发难的是陈涉，用暴力的手段灭亡秦朝的是项羽；拨除纷乱诛杀残暴，平定了天下，最后登上帝位，建立汉王朝的是刘邦。五年的时间内，发号施令的人更换了三次，有史以来，不曾有过帝王之位变化得像这样急剧的。

当初虞、夏兴起时候的，他们积累善德和功劳要经过几十年，百姓都受到了他们恩德的润泽，他们代替天子处理政事，受到上天意志的考察，这样以后才能登临帝位。商汤、周武王能够获得天下，是由于从他们的先祖契、后稷开始修行仁义，经过了十多代，到了像周武王伐纣的时候，没有约定时期，就有八百个诸侯会聚到孟津，即使德行的影响到了这种程度，他们还认为改朝换代的时机未到，回去继续修德。就这样又过了好久，商汤才把夏桀流放武王才灭了殷纣。秦国兴起在襄公受封的时候，文公、缪公的时候已经显示出强大的实力，献公、孝公以后，它逐渐开始蚕食六国，经过一百多年，到了秦始皇的时候才统一天下。虞、夏、汤、武凭借德行兴起，秦国依靠武力兴起，可见完成统一天下的大业是很艰难的。

秦始皇称帝后，他认为战乱不断，是因为诸侯割据，于是他废除了分封制，一点土地也不分封给别人，还毁坏了一些有名的城池，销毁兵刃与箭镞等武器，铲除了地方豪强，希望以此来维护万世的安全。然而帝王功业的兴起，却是从平民百姓的间巷间冒出来了，他们联合起来进行讨伐暴秦，成功的速度比夏商周三代都快。而秦朝推行的禁令，恰好能够帮助刘邦驱除成功道路上的障碍，使他得以发挥才能并成为天下的主宰，哪里像有些人所说没有封土就不能称霸天下呢？这大概就是古书中所说的大圣人吧？这难道不是天意吗？这难道不是天意吗？不是大圣人，谁能够这么快地接受天命而成为帝王呢！

原文

太史公读秦楚之际①，曰：初作难，发于陈涉；虐戾灭秦，自项氏；拨乱诛暴，平定海内，卒践帝祚，成于汉家。五年之间，号令三嬗。自生民以来，未始有受命若斯之亟也。

昔虞、夏之兴，积善累功数十年，德洽百姓，摄行政事，考之于天，然后在位。汤、武之王，乃由契、后稷修仁行义十余世，不期而会孟津八百诸侯，犹以为未可，其后乃放弑。秦起襄公，章于文、缪、献、孝之后，稍以蚕食六国，百有余载，至始皇乃能并冠带之伦。以德若彼，用力如此，盖一统若斯之难也。

秦既称帝②，患兵革不休，以有诸侯也，于是无尺土之封，堕坏名城，销锋镝，锄豪桀，维万世之安。然王迹之兴，起于闾巷，合从讨伐，轶于三代，乡秦之禁，适足以资贤者为驱除难耳。故愤发其所为天下雄，安在无土不王？此乃传之所谓大圣乎？岂非天哉，岂非天哉！③非大圣孰能当此受命而帝者乎？

批注

①题目曰"秦楚之际"，试问二世即亡，汉国未建，此时号令所出，非项羽而谁？又当山东蜂起，六国复立，武信初兴，沛公未兆，此时号令所出，非陈胜而谁？故不可言秦，不可言楚，谓"之际"者，凡以陈、项两雄也。表为两雄而作，却以记本朝创业之由，故首以三家并起，而言下轩轾自明。次引古反击一段，然后收归本朝，作赞叹不尽之语以结之。布局之工，未易测也。

②西汉文字雅，不用排比，故连叙三四事必句句变调；非有意作奇，其笔性自高也。故学文自秦、汉入者必不堕六朝俳体。至史公，则又字字称量铢黍，而后出之。

〔释义〕　开头一段，太史公详细地叙述了由秦亡至汉兴中间这五年的过渡时期。由于，当时还没有建立起统一的王朝，因而无法用国号纪元，这便是需要开列出一个《秦楚之际月表》的原因。在秦朝末年，天下义兵蜂起，已亡之六国复立,这都是听谁的号令呢?自然是出自陈涉。分兵进剿,卒灭秦国,是谁在起作用?自然是项羽。最后扫荡诸侯殄灭强楚、建立起统一王朝的,自然是汉家了。因此,表是由陈、项、刘三家并列开始,终以汉家独践帝祚。这一体例,完全是司马迁集聚一片苦衷之思而后创立起来的。

文章是按时间顺序叙述的:先陈、次项、归结于汉,最后,作出了由古至今纵观一语的慨叹,即综述说,这是有史以来,从未有过如此的王朝更替之情况!司马迁的这段文字,其布局安排是非常工整和巧妙的,其行文的变化,也是鬼神莫测的。不是煞费一番苦心,是决然做不到的。

西汉时候继承先秦的文风,文字都是很雅洁的,完全没有骈体的弊病,所以,《史记》的文章自始至终没有一处是骈俪排比的句式。正因为如此,他连起来讲三四件事情时,必须是每一件事都变换句法和语式,例如此文一开头连讲陈涉、项羽、刘邦三件事,句式都在变换,毫无排比的痕迹。这就更加需要有字斟句酌的苦功夫。

③后半只作一气贯注之笔,赶出两个"天"字。两个"大圣"来,错互迷离。数十字中,恰有万仞陡注之势,其得力只在中间一句宕开,一笔兜转。千钧力!

〔释义〕 后面一段文章,是一气呵成、一笔贯通之作,犹如天河开闸、倾盆而下,势不可挡。在这万钧之力的气势下,激荡出两个"天"字和两个"大圣"来,又让人产生跌宕起伏、变化迷离莫测之感。而这个跌宕的产生,全在于中间那句"于是无寸土之封"一句的宕开,与"故愤发其所为天下雄,安在无土不王"一句给兜转回来。这一宕漾开与收拢回来,便使文章产生出千钧的气力来。秦始皇自以为废封建、立郡县,无寸土之封,就可以维系万世了,谁知王迹可以起于平民百姓之中,无土也可以为王。他以为销毁天下兵器,就可以长治久安了,怎知义军是揭竿而起的,不用铜铁刀器。他以为焚书坑儒,愚昧天下人,便无贤者首倡义举了,岂知这也是枉费心机的。正如唐代诗人章碣《焚书坑》中所说:"竹帛烟消帝业虚,关山空锁祖龙居。坑灰未冷山东乱,刘项原来不读书。"

六国表

　　太史公读《秦记》，读到犬戎部族打败周幽王，迫使周的京都往东迁徙到洛邑，秦襄公被封为诸侯，建造西畤用来祭祀天帝的时候，就发觉秦国僭越的端倪已经显现出来了。《礼记》上说："天子可以祭祀天地之神，诸侯只能够祭祀他们领地内名山大川的神灵。"现在秦国还杂糅着戎、狄民族的习俗，尊崇暴力，轻仁义，处在诸侯的地位却陈设等同于天子的郊祀，看到这种情况有识之士已经感到忧惧了。到秦文公跨越陇山，抗御着夷狄部族的侵犯，尊奉陈宝，在岐、雍之间的地区进行营建，到秦穆公的时候修明政治，秦的势力发展东部边境已经到达黄河西岸，和中原的齐桓公、晋文公的地位和影响并驾齐驱了。后来各个诸侯国的臣子掌握了政权，大夫世世代代享受爵禄，六卿专断了晋国的权力，在征伐和会盟中，他们的威势比诸侯还要重。等到田常杀了简公以相的身份独断齐国，对这样的背逆行为各个诸侯国都表现平静，没有人来出面讨伐，天下就已经只在战功方面争强斗胜了。三国终于完全瓜分了晋国。田和灭掉了齐国并占有了它，魏、韩、赵、楚、燕、齐六国的兴盛从这个时候就开始了。各国都致力于加强军队兼并敌人，谋诈的主张被采用而纵横家有关短长的学说由此兴起。矫称君命的状况大量出现，彼此之间誓词盟约也不遵守，虽然是设置了质子（或质臣）剖分了符契，还是不能约束人的行动。秦国开始的时候只是一个偏远小国，各个中原诸侯国家都排斥它，把它比作戎、狄一类的部族，但到了秦献公以后它常常在诸侯国中称雄。就秦国的德义程度而论，它还不如鲁国、卫国的暴戾措施符合德义，衡量一下秦国的兵力，它也不如韩、赵、魏三国那样强大，然而秦国最终并吞了天下，其原因不一定就是险固的地理位置和形势条件对它有利，而好像是上天对它有所帮助。

　　有人说"东方是万物开始生长的地方，西方是万物最后成熟的地方"。兴起事业的人一定会出现在东南方，收到事业实际功利的人常常是出现在西北

方。所以夏禹兴起在西羌,商汤起事在亳地,周朝称王天下是凭借丰、镐之地讨伐殷朝,秦国称帝是因为从雍州兴事,汉家的兴起是自蜀汉开始。

秦得到天下之后,烧掉天下的《诗》《书》,诸侯各国的历史记载烧得更加严重,这是因为它们对秦国有些讽刺的话语。《诗》《书》能够重新见到的原因,是它们大多收藏在平常人家,而历史记载是唯独收藏在周家朝廷,所以被毁灭。可惜呀,可惜呀!只有《秦记》,又没有记载日月,它的文辞简略不详。然而战国时代的权谋变化之术也有可以大加采录的,为什么一定需要上古的文献呢?秦取得天下的手段是多用暴力,然而随着时代的变迁和政治上的变法,秦的事业取得了巨大成功。书传上说:"要效法后代的王",这是为什么呢?因为他们的时代接近我们而且习俗的变化相类似,议论卑浅但是易于施行。儒家的学者们受到自己见闻的局限,只看到秦朝统治时间不长,就不认真考察它兴衰发展的原因,从而对它的所有方面来加以嘲笑,不敢对其贡献称道,这和那些蠢人想用耳朵吃饭有什么两样呢?真是可悲呀!

我于是根据《秦记》,接续在《春秋》之后,自周元王元年,表列六国时代的史事,直到秦二世,总共二百七十年,著述我所知道的有关政治兴衰的缘由。以便后世的有识之士阅览。

原文

太史公读《秦记》,至犬戎败幽王,周东徙洛邑,秦襄公始封为诸侯,作西畤用事上帝,僭端见矣。①《礼》曰:"天子祭天地,诸侯祭其域内名山大川。"今秦杂戎翟之俗,先暴戾,后仁义,位在藩臣而胪于郊祀,君子惧焉。及文公逾陇,攘夷狄,尊陈宝,营岐雍之间,而穆公修政,东竟至河,则与齐桓、晋文中国侯伯侔矣。是后陪臣执政,大夫世禄,六卿擅晋权,征伐会盟,威重于诸侯。及田常杀简公而相齐国,诸侯晏然弗讨,海内争于战功矣。三国终之卒分晋,田和亦灭齐而有之,六国之盛自此始。②务在强兵并敌,谋诈用而从衡短长之说起。矫称蜂出,誓盟不信,虽置质剖符犹不能约束也。秦始小国僻远,诸夏宾之,比于戎、翟,至献公之后常雄诸侯。论秦之德义不如鲁、卫之暴戾者,量秦之兵不如三晋之强也,然卒并天下,非必险固便形势利也,盖若天所助焉。

或曰③："东方物所始生，西方物之成孰。"夫作事者必于东南，收功实者常于西北。故禹兴于西羌，汤起于亳，周之王也以丰、镐伐殷，秦之帝用雍州兴，汉之兴自蜀汉。

秦既得意，烧天下《诗》《书》，诸侯史记尤甚，为其有所刺讥也。《诗》《书》所以复见者，多藏人家；而史记独藏周室，以故灭。惜哉，惜哉！独有《秦记》，又不载日月，其文略不具。然战国之权变亦有可颇采者，何必上古？秦取天下多暴，然世异变，成功大。传曰"法后王"，何也？以其近己而俗变相类，议卑而易行也。学者牵于所闻，见秦在帝位日浅，不察其终始，因举而笑之，不敢道，此与以耳食无异。悲夫！

余于是因《秦记》，踵《春秋》之后，起周元王，表六国时事，讫二世，凡二百七十年，著诸所闻兴坏之端。后有君子，以览观焉。

批注

①秦之兴，僭乱何可胜纪？此特拈"西畴用事上帝"起，所以暗伏中间"若有天助"一段也；次拈"逾陇营歧"之事，所以伏中间"收功实者常于西北"一段也，文章脉络，摘出朗若列眉矣。

②叙秦用三股文字，其气一段紧一段；叙六国亦用三段文字，其气亦一段紧一段。史公文极雄放，然细寻其脉，却复极谨严也！

③一猜"天助"，再猜"地利"，然前则云"盖若"，后则冠以"或曰"，其意直谓秦无可兴之理，所以深恶而痛斥之也。贵得其运笔之法。

〔释义〕　秦国的兴起过程中，僭乱之事不可胜数，而文章却仅从建立西畴祭祀上帝这一件小事说起，这便是草蛇灰线，是一桩大伏笔，它暗喻秦国后来之所以能够灭六国、成大业者，全靠天助也。讲述秦文公翻越陇东，抗击夷狄和经营雍歧之地的一段文字，也是为后文"夫作事者必于东南，收功实者常于西北"这一论断埋下伏笔。由此可见，太史公的文章脉络是非常清晰的，差不多如同画人的眉目一般。这就是清代桐城派文章大家所说的："譬名手作画，无不交代蹊径道路明白者。"

姚祖恩在批注二中讲到，《六国表》中叙及秦国之事用三段文字，叙及到六国之事也用三段文字，文章的气势都是一段紧似一段，完全没有丝毫的松

懈和呆滞之处，亦正如清人林云铭评介贾谊的《过秦论》时所说："雄直之气，汪洋如万顷陂，一泻而下，莫之能御，此所谓阳刚之文。"

贾谊和司马迁是西汉时候的两位文章巨擘，他们相距秦亡时刻都不甚远，对于秦国的暴政都有深刻的体会，下笔时候不免都怀有冲动的感情，因之能够奋笔疾书而一泻千里，势不可遏。但是两人的文章，不论是贾谊的《过秦论》也好，还是司马迁的《六国表》也好，不管其文势是如何的奔放疾驰，但其脉络却都是清晰可辨的，一环扣紧一环，纹丝不乱；而且也有如物体降落时可以产生加速度的力气一般，越是发展下去，越是一段紧似一段，一环紧似一环，读起来几乎让人无喘歇之处，非一口气读完了不可。

补注

①文章有从正面来比喻的，也有从反面来比喻的，如《史记·六国表》中："学者牵于所闻，见秦在位日浅，不察其终始，因举而笑之，不敢道，此与耳食无异。"耳不能吃东西，说耳食，是用被否定的事来作比喻，用来否定崇古非今的说法。（周振甫：《文章例话》）

〔释义〕　比喻，是文章中常用的，也是最能生效的一种手法。刘勰的《文心雕龙》中说："夫比之为义，取类不常：或喻于声，或方于貌，或拟于心，或譬于事。宋玉《高唐》云：'纤条悲鸣，声似竽籁'，此比声之类也；枚乘《菟园》云：'焱焱纷纷，若尘埃之间白云'，此则比貌之类也；贾生《鵩鸟赋》云：'夫祸之与福兮，何异纠纆'，此以物比理者也；王褒《洞箫》云：'优柔温润，如慈父之畜子也'，此以声比心者也；马融《长笛》云：'繁缛络绎，范蔡之说也'，此以响比辩者也；张衡《南都》云：'起郑舞，茧曳绪'，此以容比物者也。"

于此可见，比喻的方法是很多的，有横比与纵比，也有正比与反比。详解可见前面所引用《文心雕龙》中的那段话。它的意思是说，宋玉在《高唐赋》中所说，纤细的树枝临风摇曳发出悲鸣，犹如笙箫之声，这是以声比声，以音比音。枚乘在《菟园》中说，空中白鸟的纷飞，犹如天上的白云翻卷，这是用不同事物的相同状貌来作比喻的；贾谊的《鵩鸟赋》中说，祸福之相依，犹如同三股绳拧在一起一般，这是用物体的形状来比喻事理；王褒的

《洞箫》中，则又是以思想感情来比喻洞箫之声；马融的《长笛》中，则是用战国时舌辩之士范雎、蔡泽的滔滔不绝的辩论，来形容绵延不绝的笛声；张衡的《南都》中，则是用如茧抽丝来比喻郑女之善舞。而周振甫先生则认为，这些比喻还都是正比，即借比喻以增强它的印象和感染力。而《史记》中的"耳食"，却是反比，是用一种比喻来减弱和完全否定所叙述的事物。因为，吃饭用的是口，用耳朵吃饭只能是用非所当，适得其反。

封禅书

　　自古以来受命于天的帝王，哪有不封禅的？没有见到的祥瑞就行封禅礼的大有人在，而从来没有已经看到祥瑞而不去封禅的。有的帝王虽然承受天命当了帝王，但自己的功业没有成就，有的帝王功业有成，但道德还达不到应有的高度，有的帝王功业、道德全都齐备了，但他又没来得及去，所以真正能到泰山封禅的帝王很少。古书上说："三年不用礼制，礼制就会荒废；三年不用乐律，乐律就会混乱。"每逢盛世，则举行封禅礼以报答上天的恩德，而国运衰微就停止。这种典礼有时一中断就是上千年，短的也有几百年，所以封禅活动的具体仪式缺乏记载，其细节情形谁也说不清。

　　自周朝灭殷以后十四代，朝政日趋衰败，礼乐废弃，诸侯恣意行事，而周幽王被犬戎打败，周朝都城只好东迁到洛邑。秦襄公攻打犬戎援救周天子，才被封为诸侯。秦襄公成为诸侯之后，居住在西部边陲，自以为应该主持祭祀西方之神少皞，于是修建西畤，祭祀西方的天神白帝，也就是少皞氏，祭祀用的牺牲是红马驹、黄牛、羝羊各一头。过了十六年，秦文公到东方打猎，来到汧、渭二水汇合处，占卜询问是否可在此定居，结果获得吉兆。秦文公梦见有一条黄蛇，自天而降，嘴巴垂在鄜城的山坡上。秦文公问太史敦，太史敦回答说："这是天神的象征，请您祭祀它。"于是建立了鄜畤，用牛、羊、猪为祭品祭祀白帝。

　　在建造鄜畤以前，雍城旁吴山之南原有武畤，雍城东有好畤，都已废弃无人祭祀。有人说："自古以来，由于雍州地势高，被认为是神明聚居处，所以立畤来祭祀天神，其他诸神的祠庙也都聚集在这里。黄帝时就曾在这里祭祀，直到周朝末年还有人祭祀。"这些话不见于经典，官僚士大夫也不提及。鄜畤建成后九年，秦文公得到一块质似石头的东西，在陈仓山北坡的城邑中祭祀它。这位神灵有时一年也不来，有时一年来好几次，来到时常常在夜晚，发出像流星一样的光芒，从东南方向飞来落在祠城中，样子像只公鸡，发出殷殷叫声。这位神灵一到,四处的野鸡就都跟着叫起来。祭祀这位神灵,是用牛、羊、猪各一头,这位神灵名为"陈宝"。

齐桓公成为霸主之后,在葵丘召集诸侯会盟,想要举行封禅大典。管仲说:"古时候封泰山禅梁父的有七十二家,而我说得出的只有十二家。以往无怀氏封泰山,禅云云山;伏羲封泰山,禅云云山;神农封泰山,禅云云山;炎帝封泰山,禅云云山;黄帝封泰山,禅亭亭山;颛顼封泰山,禅云云山;帝喾封泰山,禅云云山;尧封泰山,禅云云山;舜封泰山,禅云云山;禹封泰山,禅会稽山;汤封泰山,禅云云山;周成王封泰山,禅社首。都是受天命为帝王以后才得以封禅。"齐桓公说:"我向北征伐山戎,经过孤竹;向西讨伐大夏,远涉流沙河,勒马停车,登上卑耳山;向南征伐到召陵,登上熊耳山,眺望长江、汉水。我曾三次召集诸侯军队会同作战,六次召集诸侯协商政事,前后九次号令诸侯,匡扶周天子,诸侯无一人敢违抗我。与以往夏、商、周三代帝王接受的天命相比,又有什么两样?"这时管仲看出对桓公不可能以言辞去说服,于是便想用一些不可能的事情来搪塞他,管仲说道:"古时候封禅,需要用鄗上的黍,北里的粟,作为祭祀用的粮食;用江淮之间生长的三脊茅,编织祭神的席子。要有从东海来贡比目鱼,西海来贡比翼鸟,然后还有不求自来的十五种吉祥物出现。如今凤凰、麒麟没有降临,祥瑞的谷物也不生,而田野中的蓬蒿杂草茂盛,猫头鹰等恶鸟多次飞来,这时候想要封禅,是否有点儿不太合适?"于是齐桓公打消了封禅的念头。这一年,秦缪公送夷吾回国立为晋君。此后秦缪公三次协助晋国立君主,平定了晋国的内乱。缪公在位三十九年而死。

此后过了一百多年,有孔子论述《诗》《书》《礼》《乐》《易》《春秋》六种经典,有的书中曾简略地记述了七十多位历代改朝换姓的帝王,封泰山、禅梁父的情况,但对祭祀时的细节记载得不够明确,大概也是很难说清吧。

秦始皇统一天下称帝后,有人说:"黄帝于五行中得土德,所以当时有黄龙和大蚯蚓出现。夏朝得木德,所以当时有青龙降落在都城郊外,草木长得格外茁壮茂盛;殷朝得金德,所以当时有白银从山中流出;周朝得火德,所以当时有红色乌鸦这种祥瑞产生。如今秦朝取代了周朝天,是水德的时代,以前秦文公出外打猎,曾得到一条黑龙,这就是水德的吉祥物。"于是秦把黄河的名字改为"德水",把冬季十月作为每年的开端,颜色崇尚黑色,器物以

六为单位，音乐崇尚大吕律，政事崇尚法令。

秦始皇做皇帝的第三年，东巡各郡县，在驺峄山祭天，刻石赞颂秦朝的功业。于是他召集齐鲁之地的儒生、博士七十人为随从，来到泰山下。有儒生建议说："古时候封禅，乘坐用蒲草包裹车轮的车子，是怕伤害了山上的土石草木；把地面打扫干净，作为祭祀场地，席子用秸编成，这说明古礼是很容易遵循的。"秦始皇听到这些议论各自乖异离奇，难以实行，由此罢黜儒生，而命人修理行车道路，从南面阳坡山下一直修到泰山的顶峰，并立石碑歌颂自己的功德，表明他应该封禅的道理。始皇从阴坡下山，在梁父山禅祭地神。封禅的仪式有许多是采用太祝在雍城祭祀天神所用的仪式，这些礼仪记载都秘而不宣，世人无法知晓并记录下来。

秦始皇登泰山时，在山腰处遇到暴风雨，曾在大树下避雨。诸儒生已经被贬退，不能参与封禅大典，心中有气，听说秦始皇上山时半路遇风雨，就编了些故事讥笑他。

封禅完毕，秦始皇继续东行到海边游览，一路祭祀名山、大川和八神，并寻找羡门子高一类的仙人。

从齐威王、齐宣王的时候起，驺衍等人就著书立说，论述朝代更替与五行相应，五德相生相克变化。到秦始皇称帝时，有齐国人把这套学说上奏，被秦始皇采用了。而另一批人像宋毋忌、正伯侨、充尚、羡门高等，他们都是燕国人，讲述炼丹成仙的法术，宣扬脱胎换骨，灵魂升天的欺人之说。驺衍靠阴阳交替、主宰王朝命运的学说在诸侯中名声显赫；而燕齐之地大讲仙术的方士们尽管拿不出证据来，但却吊起帝王贵族们的胃口，能够捞取一些功名富贵，因此一些荒诞怪异、阿谀逢迎的骗子从此多起来了，其人数之多不可胜数。

自从齐威王、齐宣王、燕昭王以来，就不断派人入海寻找神仙居住的蓬莱、方丈、瀛洲三山。这三座仙山，相传在渤海之中，离人世间并不远，困难在于将到时，就会有海风把船吹得远离仙山。据说曾有人到过那里，众仙人以及长生不老药那里都有。山上的物产禽兽都是白色的，用黄金和白银建造宫殿。到山上以前，望过去如同一片云海；来到跟前，见三座仙山反而在海水以下。人们想要登上山，则每每被海风把船吹走，终究不能到达。世间的帝王无不对此念念不忘。秦始皇统一天下后，到海上游览，向秦始皇谈及这些事的方士不计其数。秦始皇自以为亲自到海上也不见得就能找到三座仙山，于是派人带着童男童女到海上寻找。船到海中，都因为遇风不能到达，都说虽没到达，但确实看到了三座仙山。第二年，秦始皇重游海上，到琅邪，路过恒山，取道上党而回。三年后，秦始皇巡游碣石山，查问入海寻找三座仙山的方士，从上郡返回京城。又过了五年，秦始皇南游到了湘山，接着登上了会稽山，并来到海上，希望能得到海上这三座神山中的长生不老药，没能如愿，回来的路上在沙丘病死。

秦二世元年，秦二世向东巡游到碣石沿海南下，经过泰山，到达会稽，每处都按礼仪祭祀神灵，在秦始皇所立石碑上勒文纪事，以颂扬秦始皇的功德。这年秋天，诸侯起兵背叛秦朝，三年后秦二世遇弑而死。

秦始皇封禅后的第十二年，秦朝灭亡。那些儒生们痛恨秦始皇焚书坑儒，百姓怨恨秦朝的严酷法律，天下人都背叛秦朝，因而都讹传说："秦始皇上泰山时，被暴风雨所阻，没能行封禅礼。"这难道不就是没有德行却举行封禅之礼的帝王吗？

到了汉朝，由于高祖还是贫民时曾经杀死一条大蛇，于是有神物化作人形说："这条蛇，是白帝的儿子，杀它的是赤帝的儿子。"高祖刚起兵时，曾在于丰县的枌榆社坛祈祷。攻下沛县后，称为沛公，就祭祀蚩尤，用牲血涂染战旗和战鼓。两年后的十月他率兵到达灞上，与诸侯们共同平定了咸阳，被立为汉王。因此把十月作为一年的开始，颜色崇尚赤色。

高祖二年，高祖东征被项羽打败后，返回关中，问道"过去秦朝时祭祀的天神是什么？"管事人回答说："秦朝供奉白帝、青帝、黄帝、赤帝四位神灵。"高祖说："我听说天有五帝，秦朝为什么只供奉四帝？"谁也回答不出来。高祖说："我知道了，是等待我来凑足五帝之数啊。"于是他又兴建了黑帝祠，命名为北畤。由主管官员负责祭祀，皇帝不亲自前往。高祖召集以往秦朝的祝官，重新设置了太祝、太宰，仪礼也与以往相同。他又命各县设置祭祀鬼神的公用社坛，下诏书说："我特别重视祭祀，如今对天神的祭祀以及应当祭祀的山川诸神，各州县要按时令进行祭祀。"

鲁国人公孙臣上书说："当初秦朝是水德，如今汉取代了秦朝。若按五德终始来推算，汉朝应当是土德，受土德的符应是出现黄龙。应该更改立法，更换服色，崇尚黄色。"当时丞相张苍爱好乐律和历法，认为汉朝是水德的开始,河水决口于金堤,便是水德的符兆。以冬十月为一年的开端,颜色崇尚外黑内赤,能与水德相符合。像公孙臣所说的,是错误的。于是公孙臣的上书就被否决了。没想到三年后,黄龙真的在成纪出现了。于是文帝召见公孙臣,拜他为博士,与诸儒生一起起草更改历法和服装颜色的事宜。当年夏天,文帝下诏说:"今有异类的神灵出现于成纪,对百姓没有伤害,且使每年得到好收成。朕欲郊祀天神诸神,礼官商议一下具体事宜,不要怕使我辛劳而有所忌讳。"主管官员都说:"古时候天子在夏季亲自在南郊祭祀天神,所以称为郊祀。"于是在夏季四月,文帝首次到雍城的五畤祠郊祀,衣冠都用的是红色。

第二年,赵国人新垣平因为擅长观测云气得以朝见文帝,说道:"长安城的东北方有神气,色呈五彩,形状像人的礼帽一样。有人说东北方是神明居住的地方;西方是神明的坟墓。现在天降祥瑞,应该立祠庙祭天神,以与祥瑞相应合。"于是文帝在渭阳作"五帝庙",五帝同庙而居,每帝居一殿,各开一扇门,门的颜色与殿内所祭该帝的名号相合。祭祀所用祭品及礼仪也都与雍城的五畤相同。

这年夏季四月,文帝亲自到灞、渭二水汇合处祭拜渭阳五帝。五帝庙南临渭水,从庙的北部开渠引渭水入蒲池,先点燃烽火而后文帝出来祭祀,遍地的火光好像一直连到天上。文帝非常高兴,于是封新垣平为上大夫,赏赐累计达千金,又派博士和儒生们搜集《六经》中有关资料撰成《王制》,开始研究巡游和封禅的事宜。

文帝从长门出来,仿佛见到有五个人立于道路的北边,于是就在他们所站的地方的正北方建了一座"五帝坛",用牛、羊、猪来祭祀他们。

第二年,新垣平派人捧着玉杯到宫门前上书进献。在此之前,新垣平预先对文帝说:"宫门前有玉气呈现。"事后,检查各处给皇帝的进献,果然发现有献玉杯的,杯上面刻着"人主延寿"四个字。新垣平又说:"我观测太阳在一日之内将会出现二个中午。"过了不久,太阳过午以后,果然向东逆行,重又出现了一个中午。于是文帝把十七年改为"后元元年",命令天下人尽情聚饮庆贺。

新垣平对文帝说:"周鼎失落在泗水之中,如今黄河水泛滥通泗水,臣望见东北方汾阴地区有金宝气,推想难道是周鼎要出现了吗?虽然征兆已经出现，如不去迎接，它就不会来。"于是文帝派人在汾阴南修了一座庙，临河而立，希望通过祭祀祈求周鼎的出现。

后来有人上书告发新垣平所说的种种望神气之事都是骗局，文帝把新垣平交给司法官员审理，杀死新垣平，并灭其族。从此以后，文帝对于更改历法、服色、祭祀神明等事再也没有兴趣了，把渭阳、长门的五帝庙交给祠官管理，按时祭祀，自己不再亲往了。

本朝皇帝初次到雍城，郊祭五畤神灵。以后常常是每隔三年郊祀一次。当时皇帝寻访到一位"神君"，把她供奉在上林苑中的蹄氏观。神君原是长陵邑的一女子，因难产而死，显灵在宛若身上。宛若在家中供奉它，百姓多到她家里来祭祀。皇帝的外祖母平原君曾去祭祀神君，她的后世子孙后来都位尊名显。到本朝皇帝即位，就以隆重的礼节在宫中设庙祭祀神君。人们能听到神君的说话声，却看不到它的身影。

当时李少君也以祭祀灶神、辟谷不食、长生不老等法术被皇帝召见，受到皇帝的尊重。李少君原来是深泽侯的舍人，曾给人看病。他隐瞒了自己的年龄和经历，经常自称是七十岁年纪，能驱使鬼物，长生不老。他用自己的法术遍交诸侯。李少君没有妻子儿女。人们听说他能驱使鬼物还能长生不死，就不断赠送给他一些礼物，于是他金钱衣食丰盈。不知情者都以为他不为生计所忙，反而很富裕，又不知道他的来历出身，对他更加信奉，争相尊崇他。李少君天生喜好法术，善于伺机发言，并常常应验。李少君曾经到武安侯家赴宴，宴席中有一位九十多岁的老人，李少君就与这位老人谈论早先与他祖父一起游玩射猎的地方，这位老人年幼时曾跟随祖父，还能记得这些地方，宴会上所有的人都惊讶不止。李少君拜见皇帝，皇帝有一件古铜器，问李少君是否认识，李少君说："这件铜器是齐桓公十年时在柏寝台上的陈设品。"皇帝仔细查看铜器上的铭文，果然是齐桓公时的器物，整个皇宫的人都惊呆了，认为李少君是活神仙，是几百岁的人。

李少君对皇帝说："祭祀灶神能招来致神异之物，招来神物后丹砂就能炼成黄金，用变化来的黄金打造饮食器皿，使用后就能延年益寿。延年益寿才能见到蓬莱的仙人，见仙人后再行封禅礼就能长生不老了。黄帝就是一个例证。我曾经在海中游历，见到过安期生，他吃的一种枣，像瓜一样大。安期生是位仙人，往来于蓬莱岛中，缘分投合就与人相见，不合就隐而不见。"于是皇帝开始亲自行祭灶神，派遣方士到海中寻找安期生等仙人，并从事于炼丹砂为黄金的活动。

过了一段时间，李少君病死了。皇帝还认为李少君没有死，而是羽化成仙了，指派黄锤、史宽舒学习李少君的方术。那些派去寻找蓬莱岛、寻找安期生的人，虽然什么都没有找到，但沿海的燕齐两地方士们纷纷前来，向皇帝讲述修炼神仙的事儿。

又过了一年，皇帝在鼎湖病得很厉害，太医们都千方百计加以治疗，始终不见好转。游水发根说，上郡有一位神巫，医病时会有鬼神相助。皇帝召来此巫，供奉在甘泉宫建的祠庙里。此次得病，便派人问神君吉凶如何。神君说道："皇帝不要为病担心，等你病体稍愈，勉强起身与我在甘泉宫相会。"于是皇帝的病好些了，就起身驾临甘泉宫。皇帝的病果然完全康复了。于是皇帝大赦天下，为神君建造寿宫。在寿宫神君之中最尊贵的是太一神，他的辅佐是大禁、司命等人都跟随着他。人们看不到神君的样子，却能听到他的说话声，与普通人没有区别。神君有时去有时来，来的时候有飒飒风声。神君住在室内帷帐中，有时白天说话，但经常是在夜间说话。当皇帝要见他的时候，需要在外面做一些净身活动以后才进入庙中。由巫负责祠庙的日常事务，给神君送饮食。神君有什么话，由巫来传递。又建造了寿宫的北宫，在宫中张挂羽旗，设置供具，用以供祀神君。神君说的话，皇帝派人记录下来，称为"画法"。它说的话，都是世俗人所知道的，没有特殊之处，然而独有皇帝心里喜爱。事情很隐秘，世间无人知晓。

皇帝既已杀掉文成，又后悔他死得太早，惋惜他的法术没有全部使用出来，及至见到栾大，很是高兴。栾大长得高大俊美，言谈中有许多谋略，而又敢于说大话，若有其事，曾自吹说："我经常往来于海上，会见安期生、羡门这些仙人。他们因为我的地位低贱，不相信我的话。又以为康王不过是一个诸侯，不足以把神仙方术交给他。我曾多次对康王说，康王又不肯重用我。我的师父说：'黄金可以炼成，河水的决口可以堵塞，不死之药可以得到，仙人可以请来。'但是我恐怕再走文成的老路，被诛而死，就会使方士人人掩口不言，怎么还敢再谈方术！"皇帝说："文成是吃马肝死的，不是朕杀了他。先生倘若真能修成他的方术，我怎么会吝惜金钱与禄位呢！"栾大说："我的师父从不求人，而是人们有求于他。陛下如果一定要招他来，就要让我先尊贵起来，让我先有家室，对我以礼相待，不能鄙视我，让我佩戴王侯的印信，这样我才能替您向神仙传话。当神仙看到连我都能受到这样的待遇，您说他们想不想来呢？总之您只有先让我阔起来，才有可能迎来神仙。"皇帝让他先演示小方术，于是栾大演示斗棋，棋子果然能自动相互撞击。

当时皇帝正为黄河水决口而忧虑，而炼砂成金又不成功，就封栾大为"五利将军"。过了一个月，栾大得到了四颗官印，除五利将军印之外，他还佩有天士将军、地士将军、大通将军印。皇帝下诏书给御史大夫说："以前大禹能够疏导九江，挖开四条水道。这些年来黄河水经常泛滥淹没岸边的陆地，修筑堤坝的劳役一直没能停息。朕在帝位二十八年，如果上天委派贤才辅佐我，而栾大就是其中之一。《乾》卦称：'飞龙在天'，'鸿雁渐近涯岸'，朕现在得到的栾大，就接近于这个样子。朕以二千户封将军栾大为乐通侯。"赐给栾大列侯的宅第，僮仆千人。皇帝又把自己所用的车马、帷帐等器物拨给栾大了一些。皇帝还把自己的女儿卫长公主嫁给栾大作妻子，送给黄金一万斤作陪嫁，把卫长公主的封号改名为当利公主。皇帝亲自驾临到栾大家以示尊崇。派到栾大家里慰问、赏赐物品的使者，更是络绎不绝。朝廷的将军、丞相等官员，也都到栾大家置办酒席，馈赠给他贵重的礼物。皇帝又刻了一枚"天道将军"的玉印，命使者穿着羽衣，夜间站在白茅草的上面，五利将军也穿着羽衣，夜间站在白茅上接受五印，以此表示不把他当臣子看待。而佩戴"天道"将军印，是为了给皇帝引导天神。于是五利时常夜间在家中祭祀，欲请神仙下降。神仙没有降临，各种鬼却聚集来了，然而五利将军很会驱使诸鬼。此后栾大整理行装上路，东行到海上，去求见他的师父。栾大被引见给皇帝后几个月的时间里，佩戴六颗大印，其尊贵程度震动天下，使沿海的燕齐一带的众方士，无不摩拳擦掌自称有秘方，能够修炼成神仙。

到海上寻找蓬莱仙岛的那些人说到蓬莱的路程不远，而总也不能到达的原因，可能是看不到仙山的云气。于是皇上派遣善于望气的人帮助他们观察云气。

那年秋天，皇上来到雍城，将要祭天。这时有人说："五帝是太一神的助手，应该建立太一庙，皇上亲自祭祀。"皇上犹豫不决。齐国人公孙卿说："今年得到了宝鼎，冬季辛巳日十一月初一是冬至节，与黄帝时的历象完全一样。"公孙卿有一块木简上面写道："黄帝在冤朐城得到宝鼎和神策，向鬼臾区询问,鬼臾区回答说:'黄帝得到了宝鼎和神策的筹码,这一年己酉日是初一,早晨恰值冬至。您得到了天赐历法,一年一年地推算下去。'于是黄帝按日月朔望推算,以后大约每二十年重又出现初一早晨交冬至,共推算二十个次,总计三百八十年,黄帝便成仙上天而去。"公孙卿想通过所忠把此事上奏皇上,所忠看他的言辞荒诞不经,怀疑是他妄造的假书,推辞说:"宝鼎的事已经定下来了,还要这个干什么?"公孙卿又通过别的皇帝的宠臣上奏,皇上很是高兴,就召问公孙卿,公孙卿回答说:"这木简是申公传授给我的,如今申公已然去世。"皇上说:"申公是什么人?"公孙卿说:"申公是齐国人。与安期生相交往,亲自接受黄帝的教诲,没有其他记载,只有这鼎上书写的字。其中说'汉朝兴盛于黄帝时的年名重新出现的时候'。又说'汉朝的圣人出现在高祖皇帝的孙子或曾孙之中。宝鼎出现后就能与神沟通,并行封禅大礼。古来行封禅礼的共有七十二个帝王,但只有黄帝得以登上泰山祭天'。申公说:'汉朝皇帝也应当上泰山祭天,登上泰山封祭就能成仙登天了。黄帝时诸侯上万,其中神灵被封的占七千。天下有名山八座,其中三座在蛮夷境内,五座在中原。在中原的有华山、首山、太室、泰山、东莱山,这五座山是黄帝经常游历的地方,在那里与神相会。黄帝一边作战一边学习修仙,恐怕百姓有对仙道非议者,就断然把非难鬼神的人杀掉。经过百多年的修炼然后能与神仙往来了。黄帝在雍城郊祭天神,住了三个月。鬼臾区号称大鸿,死后葬在雍城,所以那里才有鸿冢。此后黄帝在明廷迎接万神。明廷就是甘泉山。所谓寒门,就是谷口。黄帝采掘首山的铜矿,在荆山脚下铸鼎。宝鼎铸成后,天上有一条龙垂下长长的胡须来迎接黄帝。黄帝攀援而上骑在龙背上,群臣以及后宫妃嫔随他登上龙背的有七十多人,龙就向天上飞去。其余级别低的官员上不去,都抓住龙须不放手,龙须被拉断,从空中落下,黄帝的弓也落了下来。百姓仰面望见黄帝已经上天去,于是抱着他的弓和龙须嚎啕大哭,所以后世把这个地方称为鼎湖,弓的名字叫做乌号。'"听了公孙卿的这些话,皇帝说:"啊呀!我要是能像黄帝那样升天,我将把离开妻子儿女只当作是扔掉一只鞋子一样容易。"就封公孙卿为郎官,派他到东面太室山去迎候神仙。

自从得到宝鼎以后,皇上就与公卿大臣及儒生们商议封禅的事情。由于封禅之礼很少举行,荒废已久,无人知道礼仪的详细情形,儒生们主张采取《尚书》《周官》《王制》等书中记录的望祭和射牛的礼仪封禅。齐国有位九

十多岁的丁公说："封禅，就是长生不死的别名。秦始皇因风雨没能登上泰山祭天。陛下若一定上山，上到一定高度，如果无风雨的话，就即刻上山封禅。"皇上于是命诸儒生们演习射牛的礼仪，起草封禅的程式。几年以后，终于到了将要封禅的日子。皇帝曾经听公孙卿以及方士的话，说黄帝以前的帝王封禅，都招来吉祥之物与神相通。所以想仿照黄帝以前的帝王招蓬莱方士以迎神仙，以表明自己的德行可与上古的九皇相比，他又希望采用一些儒家学说作为文饰。而儒生们既不能把封禅的仪式搞明白，又拘泥于《诗》《书》等古文的记载，不能变通。皇上亲自设计了封禅用的祭器让儒生们观看，有的儒生说："与古时候不同"，一个名叫徐偃的人又说："太常儒生们演习的礼不如鲁礼好"，周霸则想自己另搞一套。于是皇上把徐偃、周霸免官，所有儒生也被罢黜不用。

这年三月，皇帝向东驾临缑氏县，按照礼仪登上中岳太室山举行祭祀。随从官员在山下似乎听到有人呼喊"万岁"的声音。问山上的人，说没喊；问山下的人，也说没喊。于是皇帝将三百户人家划为太室山封邑来供奉祭祀，命名为崇高邑。皇帝继续东行到泰山，此时泰山上的草木还没有长出叶子，皇帝派人将石碑从山下一直运到山顶，立在了泰山顶上。

接着皇上沿着海边向东巡游，一路之上行礼祭祀八神。这时齐国人上书谈论神怪和奇异方术的人数以万计，然而没有一件能够得到证实。于是增派船只，让那些谈论海中神山的数千人去寻求蓬莱山的仙人。皇帝出行，常常由公孙卿手持皇帝的符节先行到达。到了东莱县之后，他说夜间看到了一个异常高大的人，身长数丈，走近后却看不到了，只留下一个很大的足迹，形状像是禽兽的足印。群臣还有的说见到一个老人牵着狗，说："我想见一见皇上"，说完忽然不见踪影。皇上亲自看了大足印，还不肯相信，等到又听群臣讲述牵狗老人的时候，才深信真的有仙人。皇上在海边留宿下来，希望能与仙人奇遇，同时准予方士乘坐驿传的车子以来往报信，陆续派出求仙的人数以千计。

公孙卿说："仙人本来可以看到，而皇上来往匆匆忙忙，因此才看不到。如今陛下可以建一座大楼台，像缑城一样，上面摆上肉脯、枣，神人理应可以请到。而且仙人喜欢住在楼上。"于是皇上命在长安建造蜚廉观和桂观，在甘泉则建造益寿观和延寿观，使公孙卿持皇帝符节在上面设立供具，迎候神仙。又建造通天台,台下设置祭祀用品,用来招致仙人。于是在甘泉宫又建了前殿,开始扩建各处的宫殿。夏季,在甘泉殿的房中长出了灵芝草。皇帝以为是由于亲自堵塞黄河决口,建通天台,而产生的祥瑞感应,就下诏书说:"甘泉宫房中长出一株九茎灵芝,大赦天下,免去劳役。"

十一月乙酉日,柏梁殿发生火灾。十二月甲午初一日,皇上亲自到高里禅祭,祭祀后土。来到渤海岸边,想遥望祭祀蓬莱山的仙人,希望自己终有一日到达仙境。

皇上回到京都,由于柏梁殿发生了火灾,于是皇帝改在甘泉宫接受天下郡国上计吏的述职。公孙卿说:"黄帝建造成青灵台,才十二天被火烧掉,黄帝就又建造了明廷。明廷就是甘泉宫。"方士们很多人都说古时帝王有在甘泉建都的。于是皇帝又在甘泉宫接见诸侯,并让诸侯们在甘泉建造的官邸。越人勇之又说:"越地的风俗是发生火灾后,重新盖屋必须比原来的更大,用以镇住火灾。"于是建造了建章宫,有千门万户。前殿比未央宫还高。东面建有凤阙,高达二十多丈。西面建有"唐中宫",方圆数十里辟为虎圈。北面开凿了一个很大的水池,其中有渐台,高二十多丈,称为太液池,池中有蓬莱、方丈、瀛洲、壶梁四岛,以象征海中的神山龟鱼之类。南面有玉堂、璧门等建筑以及大鸟的塑像。又建造了神明台、井干楼,都高达五十丈,楼台间有御道相互连接。

当今皇帝首次封禅开始的十二年以来,遍祭五岳、四渎之神。而迎候并祭祀神人的方士,以及入海寻求蓬莱山的,终究没有效验。如公孙卿那样的候神者,还能用巨人的脚印来辩解,再无其他效验。这样皇帝越来越厌倦方士们怪诞奇谈,然而仍和他们往来不断,希望有一天真能遇到神仙。从此以后,方士们谈论神仙和祭祀的更多了,然而其效验自可想见了。

太史公说:我曾跟随皇帝巡视并祭祀天地诸神和名山大川还参与了封禅礼。在寿宫陪祭并等候神君说话,认真观察了方士祠官们的意图,于是退而论述自古以来祭祀鬼神的事,全部记载他们的仪式和过程,使后世君子,得以观览。至于用什么祭器、装什么供品以及如何行礼等各种细节,各主管机构都保存有详细记载。

原文

自古受命帝王，曷尝不封禅？①盖有无其应而用事者矣，未有睹符瑞见而不臻乎泰山者也。虽受命而功不至，至梁父矣而德不洽，洽矣而日有不暇给，是以即事用希。传曰："三年不为礼，礼必废；三年不为乐，乐必坏。"每世之隆，则封禅答焉，及衰而息。厥旷远者千有余载，近者数百载，故其仪阙然堙灭，其详不可得而记闻云。

周克殷后十四世，世益衰，礼乐废，诸侯恣行，而幽王为犬戎所败，周东徙洛邑。秦襄公攻戎救周，始列为诸侯。秦襄公既侯，居西垂，自以为主少皞之神，作西畤，祠白帝，其牲用骝驹黄牛羝羊各一云。其后十六年，秦文公东猎汧、渭之间，卜居之而吉。文公梦黄蛇自天下属地，其口止于鄜衍。文公问史敦，敦曰："此上帝之征，君其祠之。"于是作鄜畤，用三牲郊祭白帝焉。

自未作鄜畤也，而雍旁故有吴阳武畤，雍东有好畤，皆废无祠。或曰："自古以雍州积高，神明之隩，故立畤郊上帝，诸神祠皆聚云。盖黄帝时尝用事，虽晚周亦郊焉。"其语不经见，缙绅者不道。作鄜畤后九年，文公获若石云，于陈仓北阪城祠之。其神或岁不至，或岁数来，来也常以夜，光辉若流星，从东南来集于祠城，则若雄鸡，其声殷云，野鸡夜雊。以一牢祠，命曰陈宝。

齐桓公既霸，会诸侯于葵丘，而欲封禅。管仲曰："古者封泰山禅梁父者七十二家，而夷吾所记者十有二焉。②昔无怀氏封泰山，禅云云；虙羲封泰山，禅云云；神农封泰山，禅云云；炎帝封泰山，禅云云；黄帝封泰山，禅亭亭；颛顼封泰山，禅云云；帝喾封泰山，禅云云；尧封泰山，禅云云；舜封泰山，禅云云；禹封泰山，禅会稽；汤封泰山，禅云云；周成王封泰山，禅社首。皆受命然后得封禅。"桓公曰："寡人北伐山戎，过孤竹；西伐大夏，涉流沙，束马悬车，上卑耳之山；南伐至召陵，登熊耳山以望江、汉。兵车之会三，而乘车之会六，九合诸侯，一匡天下，诸侯莫违我。昔三代受命，亦何以异乎？"于是管仲睹桓公不可穷以辞，因设之以事，曰："古之封禅，鄗上之黍，北里之禾，所以为盛；江淮之间，一茅三脊，所以为藉也。东海致比目之鱼，西海致比翼之鸟，然后物有不召而自至者十有五焉。今凤皇麒麟不来，嘉谷不生，而蓬蒿藜莠茂，鸱枭数至，而欲封禅，毋乃不可乎？"于是桓公乃止。是岁，秦缪公内晋君夷吾。其后三置晋国之君，平其乱。缪公立三十九年而卒。

其后百有余年，而孔子论述六艺，传略言易姓而王，封泰山禅乎梁父者七十余王矣，其俎豆之礼不章，盖难言之。

秦始皇既并天下而帝，或曰："黄帝得土德，黄龙地螾见。夏得木德，青龙止于郊，草木畅茂。殷得金德，银自山溢。周得火德，有赤乌之符。今秦变周，水德之时。昔秦文公出猎，获黑龙，此其水德之瑞。"于是秦更命河曰"德水"，以冬十月为年首，色上黑，度以六为名，音上大吕，事统上法。

即帝位三年，东巡郡县，祠驺峄山，颂秦功业。于是征从齐、鲁之儒生博士七十人，至乎泰山下。诸儒生或议曰："古者封禅为蒲车，恶伤山之土石草木；埽地而祭，席用菹秸，言其易遵也。"始皇闻此议各乖异，难施用，由此绌儒生。而遂除车道，上自泰山阳至巅，立石颂秦始皇帝德，明其得封也。从阴道下，禅于梁父。其礼颇采太祝之祀雍上帝所用。而封藏皆秘之，世不得而记也。

始皇之上泰山，中阪遇暴风雨，休于大树下。诸儒生既绌，不得与用于封事之礼，闻始皇遇风雨，则讥之。

于是始皇遂东游海上，行礼祠名山大川及八神，求仙人羡门之属。

自齐威、宣之时，驺子之徒论著终始五德之运，及秦帝而齐人奏之，故始皇采用之。而宋毋忌、正伯侨、充尚、羡门高最后，皆燕人。为方仙道，形解销化，依于鬼神之事。驺衍以阴阳主运显于诸侯，而燕、齐海上之方士传其术不能通，然则怪迂阿谀苟合之徒自此兴，不可胜数也。

自威、宣、燕昭使人入海求蓬莱、方丈、瀛洲。此三神山者，其传在勃海中，去人不远；患且至，则船风引而去。③盖尝有至者，诸仙人及不死之药皆在焉。其物禽兽尽白，而黄金银为宫阙。未至，望之如云；及到，三神山反居水下。临之，风辄引去，终莫能至云。世主莫不甘心焉。及至秦始皇并天下，至海上，则方士言之不可胜数。始皇自以为至海上而恐不及矣，使人乃赍童男女入海求之。船交海中，皆以风为解，曰未能至，望见之焉。其明年，始皇复游海上，至琅邪，过恒山，从上党归。后三年，游碣石，考入海

方士,从上郡归。后五年,始皇南至湘山,遂登会稽,并海上,冀遇海中三神山之奇药。不得,还至沙丘,崩。

二世元年,东巡碣石,并海南,历泰山,至会稽,皆礼祠之,而刻勒始皇所立石书旁,以章始皇之功德。其秋,诸侯畔秦。三年而二世弑死。

始皇封禅之后十二岁,秦亡。诸儒生疾秦焚《诗》《书》,诛僇文学,百姓怨其法,天下畔之,皆讹曰:"始皇上泰山,为暴风雨所击,不得封禅。"此岂所谓无其德而用事者邪?

汉兴,高祖之微时,尝杀大蛇。有物曰:"蛇,白帝子也,而杀者赤帝子。"高祖初起,祷丰枌榆社。徇沛,为沛公,则祠蚩尤,衅鼓旗。遂以十月至灞上,与诸侯平咸阳,立为汉王。因以十月为年首,而色上赤。

二年,东击项籍而还入关,问:"故秦时上帝祠何帝也?"对曰:"四帝,有白、青、黄、赤帝之祠。"高祖曰:"吾闻天有五帝,而有四,何也?"莫知其说。于是高祖曰:"吾知之矣,乃待我而具五也。"乃立黑帝祠,命曰北畤。有司进祠,上不亲往。悉召故秦祝官,复置太祝、太宰,如其故仪礼。因令县为公社。下诏曰:"吾甚重祠而敬祭。今上帝之祭及山川诸神当祠者,各以其时礼祠之如故。"

鲁人公孙臣上书曰:"始秦得水德,今汉受之,推终始传,则汉当土德,土德之应黄龙见。宜改正朔,易服色,色上黄。"是时丞相张苍好律历,以为汉乃水德之始,故河决金堤,其符也。年始冬十月,色外黑内赤,与德相应。如公孙臣言,非也。罢之。后三岁,黄龙见成纪。文帝乃召公孙臣,拜为博士,与诸生草改历服色事。其夏,下诏曰:"异物之神见于成纪,无害于民,岁以有年。朕祈郊上帝诸神,礼官议,无讳以劳朕。"有司皆曰"古者天子夏亲郊,祀上帝于郊,故曰郊"。于是夏四月,文帝始郊见雍五畤祠,衣皆上赤。

其明年,赵人新垣平以望气见上,言"长安东北有神气,成五采,若人冠绕焉。或曰东北神明之舍,西方神明之墓也。天瑞下,宜立祠上帝,以合符应"。于是作渭阳五帝庙,同宇,帝一殿,面各五门,各如其帝色。祠所用及仪亦如雍五畤。

夏四月,文帝亲拜霸、渭之会,以郊见渭阳五帝。五帝庙南临渭,北穿蒲池沟水,权火举而祠,若光辉然属天焉。于是贵平上大夫,赐累千金。而使博士诸生刺六经中作《王制》，谋议巡狩封禅事。

文帝出长门，若见五人于道北，遂因其直北立五帝坛，祠以五牢具。

其明年，新垣平使人持玉杯，上书阙下献之。平言上曰："阙下有宝玉气来者。"已视之，果有献玉杯者，刻曰"人主延寿"。平又言"臣候日再中"。居顷之，日却复中。于是始更以十七年为元年，令天下大酺。

平言曰："周鼎亡在泗水中，今河溢通泗，臣望东北汾阴直有金宝气，意周鼎其出乎？兆见不迎则不至。"于是上使使治庙汾阴南，临河，欲祠出周鼎。

人有上书告新垣平所言气神事皆诈也。下平吏治，诛夷新垣平。自是之后，文帝怠于改正朔服色神明之事，而渭阳、长门五帝使祠官领，以时致礼，不往焉。

今上初至雍，郊见五畤。后常三岁一郊。是时上求神君，舍之上林中蹄氏观。神君者，长陵女子，以子死，见神于先后宛若。宛若祠之其室，民多往祠。平原君往祠，其后子孙以尊显。及今上即位，则厚礼置祠之内中。闻其言，不见其人云。

是时李少君亦以祠灶、谷道、却老方见上，上尊之。少君者，故深泽侯舍人，主方。匿其年及其生长，常自谓七十，能使物，却老。其游以方遍诸侯。无妻子。人闻其能使物及不死，更馈遗之，常余金钱衣食。人皆以为不治生业而饶给，又不知其何所人，愈信，争事之。少君资好方，善为巧发奇中。尝从武安侯饮，坐中有九十余老人，少君乃言与其大父游射处，老人为儿时从其大父，识其处，一坐尽惊。少君见上，上有故铜器，问少君。少君曰："此器齐桓公十年陈于柏寝。"已而案其刻，果齐桓公器。一宫尽骇，以为少君神，数百岁人也。

少君言上曰："祠灶则致物，致物而丹沙可化为黄金，黄金成以为饮食器则益寿，益寿而海中蓬莱仙者乃可见，见之以封禅则不死，黄帝是也。臣尝游海上，见安期生，安期生食巨枣，大如瓜。安期生仙者，通蓬莱中，合则见人，不合则隐。"于是天子始亲祠灶，遣方士入海求蓬莱安期生之属，而事化丹沙诸药齐为黄金矣。

居久之，李少君病死。天子以为化去不死，而使黄锤、史宽舒受其方。求蓬莱安期生莫能得，而海上燕、齐怪迂之方士多更来言神事矣。

明年,天子病鼎湖甚,巫医无所不致,不愈。游水发根言上郡有巫,病而鬼神下之。上召置祠之甘泉。及病,使人问神君。神君言曰:"天子无忧病。病少愈,强与我会甘泉。"于是病愈,遂起,幸甘泉。病良已,大赦,置寿宫神君。寿宫神君最贵者太一,其佐曰大禁、司命之属,皆从之。非可得见,闻其言,言与人音等。时去时来,来则风肃然。居室帷中。时昼言,然常以夜。天子祓,然后入。因巫为主人,关饮食。所以言,行下。又置寿宫、北宫,张羽旗,设供具,以礼神君。神君所言,上使人受书其言,命之曰"画法"。其所语,世俗之所知也,无绝殊者,而天子心独喜。其事秘,世莫知也。

天子既诛文成,后悔其蚤死,惜其方不尽,及见栾大,大悦。大为人长美,言多方略,而敢为大言,处之不疑。大言曰:"臣常往来海中,见安期、羡门之属。顾以臣为贱,不信臣。又以为康王诸侯耳,不足与方。臣数言康王,康王又不用臣。臣之师曰:'黄金可成,而河决可塞,不死之药可得,仙人可致也。'然臣恐效文成,则方士皆奄口,恶敢言方哉!"上曰:"文成食马肝死耳。子诚能修其方,我何爱乎!"大曰:"臣师非有求人,人者求之。陛下必欲致之,则贵其使者,令有亲属,以客礼待之,勿卑,使各佩其信印,乃可使通言于神人。神人尚肯邪不邪。致尊其使,然后可致也。"于是上使验小方,斗棋,棋自相触击。

是时,上方忧河决,而黄金不就,乃拜大为五利将军。居月余,得四印,佩天士将军、地士将军、大通将军印。制诏御史:"昔禹疏九江,决四渎。间者河溢皋陆,堤繇不息。朕临天下二十有八年,天若遗朕士而大通焉。《乾》称'蜚龙','鸿渐于般',朕意庶几与焉。其以二千户封地士将军大为乐通侯。"赐列侯甲第,僮千人。乘舆斥车马帷幄器物以充其家。又以卫长公主妻之,赍金万斤,更命其邑曰当利公主。天子亲如五利之第。使者存问供给,相属于道。自大主将相以下,皆置酒其家,献遗之。于是天子又刻玉印曰"天道将军",使使衣羽衣,夜立白茅上,五利将军亦衣羽衣,夜立白茅上受印,以示不臣也。而佩"天道"者,且为天子道天神也。于是五利常夜祠其家,欲以下神。神未至而百鬼集矣,然颇能使之。其后装治行,东入海,求其师云。大见数月,佩六印,贵震天下,而海上燕、齐之间,莫不搤掔而自言有禁方,能神仙矣。

入海求蓬莱者，言蓬莱不远，而不能至者，殆不见其气。上乃遣望气佐候其气云。

其秋，上幸雍，且郊。或曰"五帝，太一之佐也，宜立太一而上亲郊之"。上疑未定。齐人公孙卿曰："今年得宝鼎，其冬辛巳朔旦冬至，与黄帝时等。"卿有札书曰："黄帝得宝鼎宛朐，问于鬼臾区。鬼臾区对曰：'黄帝得宝鼎神策，是岁己酉朔旦冬至，得天之纪，终而复始。'于是黄帝迎日推策，后率二十岁复朔旦冬至，凡二十推，三百八十年，黄帝仙登于天。"卿因所忠欲奏之。所忠视其书不经，疑其妄书，谢曰："宝鼎事已决矣，尚何以为！"卿因嬖人奏之。上大说，乃召问卿。对曰："受此书申公，申公已死。"上曰："申公何人也？"卿曰："申公，齐人。与安期生通，受黄帝言，无书，独有此鼎书。曰'汉兴复当黄帝之时'。曰'汉之圣者在高祖之孙且曾孙也。宝鼎出而与神通，封禅。封禅七十二王，唯黄帝得上泰山封'。申公曰：'汉主亦当上封，上封则能仙登天矣。黄帝时万诸侯，而神灵之封居七千。天下名山八，而三在蛮夷，五在中国。中国华山、首山、太室、泰山、东莱，此五山，黄帝之所常游，与神会。黄帝且战且学仙。患百姓非其道者，乃断斩非鬼神者。百余岁然后得与神通。黄帝郊雍上帝，宿三月。鬼臾区号大鸿，死葬雍，故鸿冢是也。其后黄帝接万灵明廷。明廷者，甘泉也。所谓寒门者，谷口也。黄帝采首山铜，铸鼎于荆山下。鼎既成，有龙垂胡髯下迎黄帝。黄帝上骑，群臣后宫从上者七十余人，龙乃上去。余小臣不得上，乃悉持龙髯，龙髯拔，堕，堕黄帝之弓。百姓仰望黄帝既上天，乃抱其弓与胡髯号，故后世因名其处曰鼎湖，其弓曰乌号。'"于是天子曰："嗟乎！吾诚得如黄帝，吾视去妻子如脱屣耳。"乃拜卿为郎，东使候神于太室。

自得宝鼎，上与公卿诸生议封禅。封禅用希旷绝，莫知其仪礼，而群儒采封禅《尚书》《周官》《王制》之望祀射牛事。齐人丁公年九十余，曰："封禅者，合不死之名也。秦皇帝不得上封，陛下必欲上，稍上即无风雨，遂上封矣。"上于是乃令诸儒习射牛，草封禅仪。数年，至且行。天子既闻公孙卿及方士之言，黄帝以上封禅，皆致怪物与神通，欲放黄帝以上接神仙人蓬莱士，高世比德于九皇，而颇采儒术以文之。群儒既已不能辨明封禅事，又牵拘于《诗》《书》古文而不能骋。上为封禅祠器示群儒，群儒或曰"不与古同"，徐偃又曰"太常诸生行礼不如鲁善"，周霸属图封禅事，于是上绌偃、霸，而尽罢诸儒不用。

三月，遂东幸缑氏，礼登中岳太室。从官在山下闻若有言"万岁"云。问上，上不言；问下，下不言。于是以三百户封太室奉祠，命曰崇高邑。东上泰山，泰山之草木叶未生，乃令人上石立之泰山巅。

上遂东巡海上，行礼祠八神。齐人之上疏言神怪奇方者以万数，然无验者。乃益发船，令言海中神山者数千人求蓬莱神人。公孙卿持节常先行候名山，至东莱，言夜见大人，长数丈，就之则不见，见其迹甚大，类禽兽云。群臣有言见一老父牵狗，言"吾欲见巨公"，已忽不见。上即见大迹，未信，及群臣有言老父，则大以为仙人也。宿留海上，予方士传车及间使求仙人以千数。

公孙卿曰："仙人可见，而上往常遽，以故不见。今陛下可为观，如缑城，置脯枣，神人宜可致也。且仙人好楼居。"于是上令长安则作蜚廉桂观，甘泉则作益延寿观，使卿持节设具而候神人。乃作通天茎台，置祠具其下，将招来仙神人之属。于是甘泉更置前殿，始广诸宫室。夏，有芝生殿房内中。天子为塞河，兴通天台，若见有光云，乃下诏："甘泉房中生芝九茎，赦天下，毋有复作。"

十一月乙酉，柏梁灾。十二月甲午朔，上亲禅高里，祠后土。临勃海，将以望祀蓬莱之属，冀至殊廷焉。

上还，以柏梁灾故，朝受计甘泉。公孙卿曰："黄帝就青灵台，十二日烧，黄帝乃治明廷。明廷，甘泉也。"方士多言古帝王有都甘泉者。其后天子又朝诸侯甘泉，甘泉作诸侯邸。勇之乃曰："越俗有火灾，复起屋必以大，用胜服之。"于是作建章宫，度为千门万户。前殿度高未央。其东则凤阙，高二十余丈。其西则唐中，数十里虎圈。其北治大池，渐台高二十余丈，命曰太液池，中有蓬莱、方丈、瀛洲、壶梁，象海中神山龟鱼之属。其南有玉堂、璧门、大鸟之属。乃立神明台、井干楼，度五十丈，辇道相属焉。

今上封禅，其后十二岁而还，遍于五岳、四渎矣。而方士之候祠神人，入海求蓬莱，终无有验。而公孙卿之候神者，犹以大人之迹为解，无有效。天子益怠厌方士之怪迂语矣，然羁縻不绝，冀遇其真。自此之后，方士言神祠者弥众，然其效可睹矣。

太史公曰④：余从巡祭天地诸神名山川而封禅焉。入寿宫侍祠神语，究观方士祠官之意,于是退而论次自古以来用事于鬼神者,具见其表里。后有君子,得以览焉。若至俎豆珪币之详,献酬之礼,则有司存。

短评

《封禅书》,千古奇文,而读者不能明其中之逐段自成结构,只是通长看去。又因其文甚长,眼光不定,遂如入迷楼者,只知千门万户,复道交通,终不能举其要领所在,未免有矮人观场之诮。今特用摘截之法,单就精神团结、筋脉联贯处,细为批摘,而安枝布叶之精,斗角钩心之巧,豁然呈露。欲观其全局,则线装充栋,岂限上智之批寻哉?附识于此。文中云:"三神山不远,舟欲近,风辄引之去。"读此篇者,当作如是观,此即史公自状其文也。

批注

①加土于山之上,而藏玉检之书,以纪受命之符,曰封;除地于山之阴而祭,曰禅。史公因武帝求神仙致方士等事而附会之,杂撰其事曰《封禅书》。其文颇曼衍补苴,故先以"其详不可得闻"提纲也。

②首段实砌封禅掌故。所谓"受命"与"无其应而用事"、"睹符瑞而臻泰泰山"者,大略具见,是为全书背面铺粉之笔也。

③描写三神山,一句一境,使人即之不得,离之不能,诡幻缠绵。其文笔之妙,即是风云溟渤矣。千古绝笔!详写始皇求仙之勤,乃以为武帝前车之鉴尔。其三游海上,亦是三叠文法,写来转觉苍劲,绝无排比之迹。

④《赞》语不作褒刺,以褒刺之旨具见书中也。

〔释义〕 此文是继《项羽本纪》之后,又一篇绝妙文章。司马迁生于汉,又为汉武帝的近臣,他对于汉之兴有许多天助的偶然机会和武帝的穷兵黩武、迷信方士等事,素有看法,但又不能直书其事于两位皇帝的本纪之中,于是便都婉转地使用激射之法铺陈于其他的篇章之中。高祖的事差不多都集中地埋伏在《项羽本纪》之中;而武帝之事,则差不多都埋伏于此篇《封禅书》之中。故而说这两篇文章,文意婉转曲折,隐尽了无穷的欲言又止、欲说不能的言外之意。文笔洸洋恣肆、浪涌波翻；在布局谋篇上，则如批语中所说"尽五花八门之巧"，迷离委婉，曲径通幽，让不细心的读者看来，"遂如入迷楼者，只知千门万户，复道交通"，看不到"其要领所在"。可以说，作者在这里是极尽"安枝布叶之精，斗角钩心之巧"。

本篇名曰《封禅书》，按照篇名应当是只讲国家的封禅大典的，这本是朝廷中的一桩既庄严而又隆重的大事，但因其主要仪式是通过祭天拜神的形式进行的，因之太史公便将许多求神仙、致方士的迷信之事也续接到这篇文章里来，这是一个很为费尽心思而安排出的结构，它既让人无话可说，而又能够感觉出其隐藏的心意。因为这些事都是迷信之举，史公为了给自己的文章打圆场，"故先以'其详不可得闻'提纲也"。

太史公大写、特写秦始皇是如何受方士之骗，累次三番地派人去海外求长生不老药而无效，但始终不悔。这实际上，则是用秦始皇来影射汉武帝，"详写始皇求仙之勤，乃以为武帝前车之鉴尔"。因为史公是生于汉武之时，他不能直书武帝的这些荒唐无稽的劳民伤财举动，只能婉转地大讲特讲前朝之事罢了。

补注

①文、章、诗、画，总属一理，必于一笔之中，各具四面；一句之内，必分数层，所谓横看成岭侧看成峰也。若止得正面一层，则画如死灰，诗如嚼蜡，一过而已，岂堪再三。如《封禅书》，初看叙事平直，再看则各有关合。（清·吴见思：《史记论文·封禅书》）

〔释义〕　写文章跟作诗、绘画一样，都要在用笔的浓淡虚实之间，分出个层次来，不能那么平直如板，滞凝如呆，淡而无味得犹如一杯白开水一样。所以，古人早就有言："文如看山不喜平。"文章贵于要有波澜，要有跌宕起伏，要有正面反面，要有话里话外，要有激射隐显，要有暗中呼应，就像苏东坡游庐山时之所见："横看成岭侧成峰，远近高低各不同。"应当说，《封禅书》就是这样一篇好文章。它初看起来叙事平直，但是你仔细分析一下，却是有关有合，有正面有反面，明于说此，却是暗注于彼，明里是说秦始皇，暗中却是讽喻汉武帝。试以下面一段为例：

"自威、宣、燕昭使人入海，求蓬莱、方丈、瀛洲。此三神山者，其传在渤海中，去人不远。患且至，则船风引而去。盖尝有至者，诸仙人及不死之药皆在焉。其物禽兽尽白，而黄金银为宫阙。未至，望之如云；及到，三神山反居水下。临之，风辄引去，终莫能至云。"

文章先从秦始皇以前的那些帝王（齐威王、齐宣王、燕昭王）说起，他们早就想长生不老，不断派人到海上神山去求药。而且把那些神山写得神乎其神，煞有其事。这段文章表面上看来，好像是在宣扬求神药为可行之事，实则却是在揭露方士们暗中捣鬼，本来都是玄而又玄之事。文章先说三神山"在渤海中，去人不远"；因为有人屡去烦扰他们，所以船将到岸就让一阵风把船吹走。接着，又把话题转过来，让人信其有，说"盖常有至者，诸仙人及不死之药皆在焉"；而且还详细地描写了神山的奇异景象，说得活灵活现，但是归结到底，又都推诿出去，说人们将要赶到跟前时，那"三神山反居水下"，人们是"终莫能至。"

这样若明若暗、若有若无地写，既在暗喻那些方士捣鬼有术，他们能够把事情说得煞有其事，让人宁愿信其有不愿信其无；同时也在嘲笑那些帝王，包括当今的汉武帝在内，虽然也感觉到了那些方士的话玄而又玄，不无骗人欺世之处，但是因为乞求长生不死之药已经入了迷，即便是感到其中有些鬼诈，而仍然愿意上当，而且是从古至今，一再地上当，从不罢休。

②大家之文，于文之去路，不惟能发异光，而且长留余味，其最擅长者无若《史记》。《史记》于收束之笔，不名一格，如本文饱叙妄诞之事，结束还他到底妄诞，却用一冷隽之笔闲闲点醒，如《封禅书》之收笔是也。（清·林纾：《春觉斋论文》）

〔释义〕 《封禅书》的妙处，还在于它在结尾处能给人留有余味，犹如同一首好的曲子，奏过唱过之后，仍然有余音绕梁；又如吃橄榄和榴莲，食尽之后口中仍有余香。史公在通篇文章中，都是大写特写上至战国时期的齐威、燕昭诸王，下至秦皇、汉武，总是明知上当还是执迷不悟去求海上仙药，事情越说越怪诞，越说越荒唐，但这些帝王却总是于荒唐之中其心不死，执意地去做乞求。太史公在结尾处，并没有直接揭穿此事之荒唐与帝王之愚昧，而只是冷冷地以一笔入海求蓬莱，终无有验而收场。所有前边背底敷粉的话，一句也没讲，全留作余味待人去深思了。

③苏轼在《仇池笔记》中论及此文时说:"汉武帝恶巫蛊如仇雠,盖夫妇、君臣、父子之间,嗷嗷然不聊生矣!然……己且为巫蛊,何以责臣下?此最可笑。"其说甚有识力。马迁载其事于《封禅书》,亦见祝此之寿考者,即可诅彼之死亡,如反覆之为云雨。堂皇施之郊祀,则为封禅;密勿行于官间,则成巫蛊,要皆出于崇信方士之术。巫蛊之兴起与封禅之提倡,同归而殊途者欤!(钱钟书:《管锥编·史记会注考证》)

〔释义〕　苏东坡在《仇池笔记》一书中说,汉武帝非常厌恶巫术,曾因此事而使夫妇、君臣、父子之间反目成仇,上下左右一片哗然,不得安生;可是他自己却好神仙之道,封禅山岳,寻求不死之药。对己如此,何以责其下?钱钟书认为苏轼此说很有见识,司马迁详细状述此事于《封禅书》中,实际上也即在暗喻这样一层意思:那些祝皇上百年长寿的,也是暗中咒诅他早日死亡的人。司马迁在此文中也在不言而喻地暗示出,汉武帝厌恶的巫术和他所大力提倡的封禅与乞求神药,实则是殊途而同归。

河渠书

　　《夏书》记载：禹治理洪水经历了十三年，过家门而不入。他走陆路时乘车，走水路乘船，走泥路踏橇，走山路坐轿，走遍了所有地方。他进而划分了九州边界，随山势地形，疏浚河道，根据土地物产确定了赋税等级。他开通了九州的道路，筑起了九州各湖泊的堤岸，测量了九州山峰。然而黄河泛滥成灾，给中原造成很大危害。于是禹把治理黄河作为当务之急，引导黄河水自积石山经过龙门，南行到华阴县，东下经砥柱山到达孟津、洛汭，到达大邳山。禹以为大邳以上黄河流经的地区地势高，水流湍急，难以在大邳以东的平地经过，否则会时常败堤破岸，造成水灾，于是将黄河分流成二条河以减小水势，在北边，把黄河水引到高地上，经过降水，到达大陆，把山东地区的黄河分为九条河流又汇聚在一起，称为逆河，流入渤海。九州河流都已疏通，九州大泽都筑了障水堤岸，华夏诸国平安无事，其功绩使夏、商、周三代受益不绝。

　　西门豹也曾引漳水灌溉邺郡的农田，使魏国的河内地区富裕起来。

　　韩国听说秦国好兴各种工程，想以此消耗秦国的国力，使它无力向东攻打自己，于是派水利工匠郑国做间谍，劝说秦王，让他凿渠引泾水自中山到瓠口，修一条水渠，沿着北山向东流入洛水，全长三百多里，用来灌溉农田。修渠的进程中，韩国的阴谋被发觉，秦王要杀郑国，郑国说："臣开始是为韩国做奸细而来，但渠修成以后确实对秦国有利。"秦王认为他说得对，最后命他继续把渠修成。渠修成后，引淤积混浊的泾河水灌溉两岸低洼的盐碱地四万多顷，亩产都达到了六石四斗。从此关中沃野千里，再没有饥荒之年，秦国因而富强起来，最后并吞了诸侯各国，于是把此渠命名为"郑国渠"。

　　从黄河在瓠子决口后二十多年，农业因水涝连年歉收，梁楚地区更为严重。皇帝自元封元年登封泰山，并巡行祭祀了其他名山大川，第二年，天大旱少雨。于是皇帝派汲仁、郭昌调发兵卒数万人堵塞瓠子决口，皇帝在万里沙祠祷神以后，回来的路上亲临黄河决口处，把白马、玉璧沉入河中祭奠河神，命群臣及随从官员自将军衔以下，都背负柴草，填塞决口。当时东郡百姓烧草做炊，柴草很少，于是皇帝下令砍伐淇园的竹子用以编制堵塞决口的竹笼。

天子亲眼看到了黄河决口的情景，痛惜治河没有成功，作歌道："瓠子河决口啊有何办法，浩浩汗汗啊民居已尽为河。尽为河啊地方不安，治河工程无休止啊吾山已经凿平。吾山凿平啊钜野洪水四溢，到处都是鱼啊又快到冬天了。河道废弛啊水离常流，蛟龙驰骋啊正远游。水归旧道啊神福滂沛，若不封禅啊怎知此事！替我问河伯啊因何不仁，泛滥不止啊愁煞人。河浸啮桑啊淮水、泗水满，久不归故道啊唯愿水流稍缓。"另一首是："河水浩浩荡荡啊流得急，北渡回曲啊疏浚难。取长茭堵决口啊沉美玉来祭河神，河伯纵许息水啊奈薪柴不足。薪柴不足啊卫人获罪，民烧柴尚不足啊如何御水！伐淇园之竹啊楗阻石柱，堵塞宣房啊万福来。"最后终于堵住了瓠子决口，并在这段新堤上建了一座宫殿，取名为宣房宫。又把黄河分成两条水道，恢复成大禹时代的样子，使梁、楚地区重又得到安宁，没有水灾了。

太史公说：我曾南游登上庐山，看过大禹疏导的九江，随后到会稽郡，上到姑苏台眺望五湖；东行考察了洛汭、大邳，逆河而上，走过淮水、泗水、济水、漯水和洛水；西行考察了蜀地的岷山和离碓的水利工程；北行自龙门一直上行到朔方。我深切感到：水与人的利害关系太大了！我曾跟随皇帝背柴草堵塞宣房所在的黄河决口，有感于皇帝所作的《瓠子》诗，而写下了这篇《河渠书》。

原文

《夏书》曰①：禹抑洪水十三年，过家不入门。陆行载车，水行载舟，泥行蹈毳，山行即桥。以别九州，随山浚川，任土作贡。通九道，陂九泽，度九山。然河灾衍溢，害中国也尤甚。唯是为务。故道河自积石历龙门，南到华阴，东下砥柱，及孟津、洛汭，至于大邳。于是禹以为河所从来者高，水湍悍，难以行平地，数为败，乃厮二渠以引其河。②北载之高地，过降水，至于大陆，播为九河，同为逆河，入于渤海。九川既疏，九泽既洒，诸夏艾安，

功施于三代。

西门豹引漳水溉邺，以富魏之河内。

而韩闻秦之好兴事，欲罢之，毋令东伐，乃使水工郑国间说秦，令凿泾水自中山西邸瓠口为渠，并北山东注洛三百余里，欲以溉田。中作而觉，秦欲杀郑国。郑国曰："始臣为间，然渠成亦秦之利也。"秦以为然，卒使就渠。渠就，用注填阏之水，溉泽卤之地四万余顷，收皆亩一钟。于是关中为沃野，无凶年，秦以富强，卒并诸侯，因命曰"郑国渠"。

自河决瓠子后二十余岁，岁因以数不登，而梁、楚之地尤甚。天子既封禅巡祭山川，其明年，旱，干封少雨。天子乃使汲仁、郭昌发卒数万人塞瓠子决。于是天子已用事万里沙，则还自临决河，沉白马玉璧于河，令群臣从官自将军已下皆负薪置决河。是时东郡烧草，以故薪柴少，而下淇园之竹以为楗。

天子既临河决，悼功之不成，乃作歌曰："瓠子决兮将奈何？皓皓旰旰兮闾殚为河！殚为河兮地不得宁，功无已时兮吾山平。吾山平兮钜野溢，鱼沸郁兮柏冬日。延道弛兮离常流，蛟龙骋兮方远游。归旧川兮神哉沛，不封禅兮安知外！为我谓河伯兮何不仁，泛滥不止兮愁吾人？啮桑浮兮淮、泗满，久不反兮水维缓。"一曰："河汤汤兮激潺湲，北渡污兮浚流难。搴长茭兮沉美玉，河伯许兮薪不属。薪不属兮卫人罪，烧萧条兮噫乎何以御水！颓林竹兮楗石灾，宣房塞兮万福来。"于是卒塞瓠子，筑宫其上，名曰"宣房宫"。而道河北行二渠，复禹旧迹，而梁、楚之地复宁，无水灾。

太史公曰：余南登庐山，观禹疏九江，遂至于会稽太湟，上姑苏，望五湖；东窥洛汭、大邳，迎河，行淮、泗、济、漯、洛渠；西瞻蜀之岷山及离碓；北自龙门至于朔方。曰：甚哉，水之为利害也！③ 余从负薪塞宣房，悲《瓠子》之诗而作《河渠书》。

短评

《封禅书》极写武帝荒侈，《河渠书》极写武帝励精，然其雄才大略，正复彼此可以参看，非彼绌而此伸也。特采《瓠子》两歌，缠绵掩抑，格自沈雄。先辈谓子长所以能成《史记》者，亦以当时文章足供撷拾，谅哉言也！

①《河渠书》本以志秦、汉治渠之利害,乃先从大禹治水之源流说入,此自是文体宜然,非有风刺,与《封禅书》援引不同。

②其字法奇古,变化之妙,出笔自能古雅!

③足遍天下,详观水势,而一语断之曰:"甚哉,水之为利害也!"善于笔括,笔力最大。

〔释义〕 司马迁是"二十而游江淮,上会稽,探禹穴,窥九嶷,浮于沅湘,北涉汶泗,讲业齐鲁之都,观孔子遗风,乡射邹峄,厄困鄱、薛、彭城,过梁、楚以归",几乎是游遍了大半个中国,所以他写的《史记》文章,便篇篇绝佳,段段奇妙,既有强烈的感染力,又具有深刻的哲理。而其中,尤以这篇《河渠书》最为显著。

由于他二十岁左右尚没有接替他父亲司马谈担任太史公一职,便游历了大江上下、淮河两岸,泛舟于湘江、沅江之上,涉渡于汶水、泗水之间,对于我国的主要河流几乎都考察了个遍,因此写这篇《河渠书》,便自然是水到渠成,洸洋恣肆。而且因为他身临其境,详细地考察过当地的水利与民情,所以才能说出"甚哉,水之为利害也"的感慨极深的话。

同时,正因为他对实地情况有着亲身的感受,亲自参加过汉武帝率领群臣堵塞黄河决口时的工程,所以这篇文章才又写得如此的缠绵掩抑,并别具一格,并于文章中全文地引用了汉武帝在塞河失败时所作的两首《瓠子》之歌,让人读起来全身心地浸透于其中,感同身受。而且,他又是刚正凛然地秉史家之笔,"爱而知其恶,憎而知其善",既扬人之善,亦不隐人之过;反过来说也是如此,既迹人之过,亦不掩人之善,对于汉武帝的整个描述,更是如此。他既在《封禅书》中极力地状写了武帝求神仙,遣方士的许多荒唐愚昧之事;而在这篇文章里,又怀着深厚感情地详叙了武帝堵塞决口、治理河渠中的许多旷世功绩。

平准书

　　汉朝初兴时,承继的是秦朝的破败局面,壮年男子参加军队,老弱的人运送粮饷,战争频繁而财政匮乏,天子备不齐一辆四匹同样颜色马拉的车子,将相乘坐牛车,老百姓家中没有任何积蓄。因秦钱太重不便流通,国家改令百姓另铸轻便的钱币,又规定一锭黄金为一斤,简化法令,省约禁条。而那些不守法令、唯利是图的商人囤积居奇,以致物价飞涨,米价涨到每石一万钱,一匹马高达一百锭金子。

　　天下平定后,汉高祖便下命令,商人不许穿丝绸,不许乘车,加重征收他们的租税,使他们经济遭困境,人格受侮辱。孝惠帝与高后执政时期,因为天下初得安定,重又放宽限制商人的条律,然而商人的子孙仍不许当官。国家计算官吏俸禄和其他开支,向百姓按需收税。而山林园池及从天子以至各诸侯王的封邑都各自用来作为经费,不从国家经费中支出。所以从崤山以东通过水陆运输来供给京都的各官府的粮食,每年不过几十万石。

　　到孝文帝时,民间铸造的小钱越来越多,而且分量越来越不够,于是国家下令另铸四铢钱,钱面上铸文是"半两",允许百姓可以随意自行仿造。所以吴只是个诸侯国,但它依铜山铸钱,富可与天子相比拟,后来终于叛乱。邓通只是个大夫,凭着铸钱,财产超过了诸侯王。所以吴国、邓氏的钱遍布天下,导致了禁止私自铸钱法令的产生。

　　匈奴常常侵扰北部边境,在那里屯驻很多戍守的士兵,边境屯粮连必需的供应都难以满足。于是朝廷招募百姓能纳粮给官府或者运送粮食到边疆的封拜爵位,最高的可做到大庶长。

　　孝景帝时,上郡以西发生旱灾,为此国家又重新修订了卖爵令,降低爵位价格以招徕百姓;由重罪减刑为官役的罪犯,可以向官府缴纳粮食得以免罪。接着,汉朝又大量建造牧场养马备战,与此同时皇帝的宫殿、亭台以及车马等修建添置也越来越多。

当今皇上即位多年，距汉朝建国七十多年了，国家太平无事，如果没有水旱灾害，老百姓家给人足，各郡县的粮仓堆得满满的，府库中贮藏了许多财物。京城积聚的钱币千千万万，以致穿钱的绳子朽烂了，无法计数。太仓中的陈粮加陈粮，有的溢出仓外，以致腐烂不能食用。大街小巷中的百姓也有马匹，田野中的马匹更是成群，以致乘母马的人受排斥，不许参加体面人的聚会。看守里巷大门的人也吃细粮和肉，做官的人在任几十年，任期内把子孙养大，官做得久了就以官为姓氏名号。因此人人知道自爱，把犯法看得很重，崇尚行义，厌弃做耻辱的事。那时候，法网宽疏而百姓殷实，因而产生了利用财物骄傲放纵的人，有的人甚至兼并土地，土豪巨党，以武力横行于乡里。皇室宗室、有封地的王侯、公卿大夫以下的官员们，争相攀比奢侈，宅第、车马、服饰超过了自身等级，没有限度。凡事盛极则衰，这种变化是必然的。

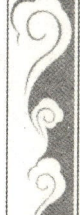

从此以后，严助、朱买臣等招抚东瓯，又平定了对闽越、南越，使得江淮之间开支浩大，从而变得萧条而骚乱。唐蒙、司马相如开通去西南夷的道路，为此凿山修路一千多里，以扩大疆域以及巴蜀与外界的联系，巴蜀的百姓疲惫不堪了。接着彭吴拓殖朝鲜，穿越秽貊之地，设置了沧海郡，燕齐一带纷纷骚动起来。等到王恢在马邑设计谋袭击匈奴时，匈奴与汉断绝和亲关系，不断侵扰北部边境，战争接连不断，无法和解，天下百姓苦于繁重的劳役，而战争还是日甚一日。出征的人自带供给，留下的人要输送物资，内外扰攘骚动，都为战争而忙碌，百姓贫穷，不得不舞弊钻法律的空隙，财物衰竭消耗不足。缴纳财物的可以做官，出钱的人免罪，选官制度被破坏，廉耻不分，有武力者被重用，法律严酷而命令繁琐，刮财谋利的官员从此产生了。

皇帝为讨伐匈奴而大量养马，光在长安饲养的马多达数万匹，关中地区养马的马夫不足，就从附近各郡调发。而投降来的匈奴人都靠官府供给衣食，官府财力不足，连皇帝也都减少自己的膳食费用，减少自己御用的车马，并拿出内廷府库的钱财来供养他们。

第二年，崤山以东地区遭受水灾，老百姓大多陷于饥饿困乏之中，于是天子派遣使者取空各郡国仓库中的物资赈济贫民。物资仍不够用，又招募豪富人家借粮给贫民，还是不能救灾民脱困境，就把贫民迁徙到关西，或充实到朔方郡以南的新秦中地区去，共七十余万人，衣食都靠官府供给。数年之

间，官府借给他们土地农具，派使者分部管理他们，一批批使者的车子往返络绎不绝。费用数以亿计，不可计算。

当时国库财力告竭。然而富商大贾却趁机囤积居奇，奴役贫民，前呼后拥，运货车乘百余辆到处买进卖出，诸侯王对他们也都俯首低眉仰仗他们供给物资。有的商人冶铁煮盐，家财积累到万金，而不帮助国家的急难，黎民百姓陷于重困之中。于是天子与公卿们商议，另造钱币来补充财用，并打击那些飞扬跋扈奢华贪婪的商人。那时皇帝苑囿中有白鹿，少府中有许多银锡。自孝文帝改造四铢钱以来，已有四十多年，从建元年间以来，用度不足，官府往往在产铜多的山旁冶铜铸钱，百姓也乘机偷铸钱，数目很大。钱越来越多而且越来越不值钱，货物越来越少而且贵。有关机构的官员说："古时候有一种皮币，诸侯用来行聘享之礼时使用。金有三等，黄金是上等，白金为中等，赤金为下等。如今的半两钱法定重量是四铢，不法之徒磨钱背面以取铜屑，钱更轻薄物价更贵，远方用钱很不方便。"于是以白鹿皮一尺见方，四周有彩色刺绣，制成"皮币"，值四十万钱，规定王侯宗室进京朝见天子时，必须用这种"皮币"垫玉璧进献才行。

同时又用银锡制成"白金"，认为天所用最重要的是龙，地所用最重要的是马，人所用最重要的是龟，所以把白金分作三等，第一等重八两，圆形，花纹为龙，名为"白选"，值三千钱；第二等重量较小，方形，花纹是马，值五百钱；第三等又小一些，椭圆形，花纹是龟，值三百钱。命令各官府销毁半两钱，另铸三铢钱，面值与重量相同。盗铸各种金钱的一律是死罪，但是盗铸"白金"的官吏和百姓仍是不可胜数。于是武帝任命东郭咸阳、孔仅为大农丞，兼管盐铁；桑弘羊因擅长计算被任命为侍中。东郭咸阳，是齐地煮盐的大商人，孔仅是南阳地区冶铸业的首户，他们有价值千金的产业，所以郑当时才向朝廷推荐了他们。桑弘羊，是洛阳商人的儿子，因善于心算，十三岁就当了侍中。这三人讲求财利的事那真可说是精细入微，察见毫末了。

这时武帝又想起了卜式讲过的话，就任命他为中郎，赐给他左庶长的爵位，赏农田十顷，还布告天下，使每个人都知道这件事。卜式是河南人，以种田养畜为业。父母去世后，留下一个年少的弟弟。等弟弟长大成人，就与他分了家，卜式自己只要了百余只羊，其余田地、房屋等全都留给弟弟。从此卜式入山牧羊，经过十多年，羊繁育到一千多只，买了田地宅舍。他的弟

78

弟却家业尽破，卜式每每再分给他一些。这时候朝廷正数次遣将出兵对匈奴作战，卜式上书说，愿意把一半家产交给官府作为边境作战费用。天子派使者问他："你是想做官吗？"卜式说："为臣自幼放牧，不熟习官场的事，不愿做官。"使者问："是家中有冤屈，有话要对天子说吗？"卜式道："臣生来与人无争，我的同乡们有贫穷的我就借贷给他们，不善良的人，我就教导他们，使他们从善，邻里人都愿听我的话，我怎会受人冤屈！没有要对天子说的话。"使者说："果真如此，你捐了这么多家产，究竟为了何事？"卜式道："天子要讨伐匈奴，我认为应该有力的出力，有钱的出钱，这样才能灭掉匈奴。"使者把他的话回报了天子。天子又转告丞相公孙弘。公孙弘说："这不合人情。这种不守本分的人，不可以作天下楷模而扰乱了法纪，愿陛下不要再去理会他。"于是天子很久没给卜式答复，数年后，打发他离开京城。卜式回家后，依旧种田放牧。过了一年多，由于汉军屡次出征，浑邪王等人来降，官府花费很大，府库空虚。第二年，贫民大举迁徙，都靠官府供给，官府没有力量全部负担起来。卜式拿着二十万钱交给河南太守，作为被迁百姓的花费。河南太守上报富人资助贫人的名册，天子见到上面有卜式的名字，尚能记得，说道："这是前些日子要献一半家产助边的那个人。"于是赐给卜式相当于四百人的劳役费。卜式又把它全都交给了官府。那时富豪人家争着隐匿家产，唯有卜式总是捐资帮助官府。于是天子认为卜式的确是位有德行的人，才给他显官尊荣以教化百姓。

起初，卜式不愿当中郎。天子说："我在上林苑中也有羊，想请你到那里放牧。"卜式才答应当了中郎，却仍穿着布衣草鞋放羊。一年多后，羊群肥壮且繁殖了很多。天子路过这里看到羊群，夸奖他一番。卜式道："不但是牧羊，治理百姓与这是同样的道理：让他们按时起居，不断把凶恶的家伙除掉，不要让他危害一大群。"天子听了很是惊奇，封他为缑氏令来试一试他的本领，果然缑氏百姓反映很好。于是卜式升任为成皋令，办理漕运的政绩又被评为全国第一。天子认为卜式为人朴实忠厚，就让他做了齐王的太傅。

齐国相卜式上书说："为臣曾闻说天子有忧虑，是臣子的耻辱。如今南越反叛，我愿意和我儿子跟随齐国水兵一起赴南越战场为国效死。"天子下诏说："卜式虽然是个耕田放牧人，并不以此求利，有了剩余就帮助官府缓解经费的困难。如今国家不幸有危急的事发生，而卜式奋勇请求父子为此献身，

虽然我没有让他去参战，但他的大义凛然的精神已表现出来了。特赏赐给他关内侯的爵位，黄金六十斤，农田十顷。"布告天下，但仍没有人响应。当时全国受封的诸侯有几百名，没有一人要求参军征讨西羌或南越。到了皇帝祭祀，各诸侯献酎金时，少府检查诸侯所献金子的成色，列侯由于金子成色或分量有问题被削夺侯位的有一百多人。而卜式又被任命为御史大夫。

卜式上任之后，见到许多郡国反映官府管理盐铁的坏处，如铁器质量差，价钱贵，还有的强迫百姓买卖。而且船有赋税，以船运货的商人少，商品昂贵，于是孔仅通过上书反映船只赋税的事。天子不再喜欢卜式了。

又过了一年，即元封元年，卜式被降职为太傅。而桑弘羊当上了治粟都尉，代行大司农的职权，完全代替孔仅掌管全国的盐铁专卖。由于各地官员们自做买卖，相互争利，导致价格上涨，而各地所缴赋税有的还不够偿还雇工运输的费用。桑弘羊于是请求设立大司农部丞官数十名，分部主管各郡国的大司农事务。各郡国又设立均输官和盐铁官，当边远地区都以物价贵时，商人从该地区向外地贩运的物品的价格缴纳为赋税，而由政府互相转输。在京城设立平准官，总管收受各地运来的物品。召雇工官制造车辆等器物，都由大司农供给费用。大司农所属各个机构全部垄断了天下的货物，贵则卖出，贱则买入。这样，富商大贾无从牟取大利，就会返本务农，而所有商品都不会出现价格忽涨忽落的现象。由于物品价格都受抑制的缘故，所以称为"平准"。天子认为有道理，答应了他的请求。于是天子巡游向北到朔方郡，向东到太山，又巡行海上，以及北部边郡，然后回到京城。这一路上光用于赏赐，就发出了一百多万匹帛，和数以亿计的金钱，全由大司农提供。

接着，桑弘羊又建议允许各级官吏用缴纳粮食可升官，罪人可以纳粮赎罪。百姓能够向甘泉宫的仓库缴纳一定数额粮食的，可得以免除终身赋役，并不受告缗令的影响。其他郡县的百姓则各自向急需处缴纳，而各处的农官都各自给朝廷纳粮，山东漕运到京的粮食每年增加了六百万石。一年之中，太仓、甘泉宫仓堆满了粮食，边境剩余的粮食和其他物品，按均输法折为帛五百万匹。不用百姓增加赋税而国家财用充足。于是皇帝赐给桑弘羊左庶长的爵位，赐黄金二百斤。

这一年有轻微的旱灾，天子派遣官员求雨。卜式说道："国家应该以租税来维持用度，如今桑弘羊却使官吏坐于市井之中买卖货物，求取利润，将桑弘羊下锅煮了,老天才会下雨。"

太史公说:自从有了农业、工业、商业之间的交流,也就产生了龟、贝、金、钱、刀、布等货币形式。这种情况由来已久,自高辛氏以前年代太远,无从记述。所以《尚书》讲到唐虞时期事,《诗经》讲到殷周时期事,一般是国泰民安就重视学校教育,重农抑商,以礼义道德来约束营利;世道变乱就会与此相反。所以物太盛就会转为衰落,时事达到极点就会转变,时而崇尚质朴,时而讲求文采,这就是事物周而复始的变化。《禹贡》中的九州,各自根据其土地所适宜、人口多少缴纳贡赋。商汤和周武王承前朝弊政之后有所改变,治理百姓从不懈怠,各自都小心谨慎地致力于自己所从事的事业,而与禹时相比,却也逐渐走向衰落了。齐桓公采用管仲的计谋,平衡物价,开采山海的盐铁,使诸侯来朝见,利用小小的齐国成就了霸主的威名。魏国任用李克,充分利用地力,发展农业生产,成了强国。从此以后,在战国时期天下互相争夺,以诡诈武力为贵,轻视仁义道德,以富有之道为先,以谦让等礼仪为后。所以百姓中间富有的积财产上亿计,而贫穷的糟糠之食尚不能满足;诸侯国强大的或至并吞诸小国而使诸侯称臣,弱小的有的甚至于断嗣而亡国。一直到秦朝,终于使海内统一。虞夏时的货币,金有三种,有的黄、有的白、有的赤;此外用钱、用布币、用刀币、用龟贝。到了秦朝,全国货币分为二等:黄金以镒为单位,是上等货币;另一种是铜钱,钱面上铸文为"半两",实际重量与铸文相同,是下等货币。而珠玉、龟贝、银锡之类作为器物的装饰、作为宝藏,不能当做货币使用。然而其价格随时代不同,高低无常。后来秦始皇对外发动讨伐夷狄的战争,在国内各种建设,以致全国男子尽力耕种粮饷仍不够,全国女子努力织布仍不能提供足够的衣服。古时曾经竭尽全国的资财供奉天子,天子仍以为不够使用的情况。没有别的缘故,就是事物发展变化和时代风气造成的,没有什么可奇怪的。

原文

汉兴,接秦之弊,丈夫从军旅,老弱转粮饷,作业剧而财匮,自天子不能具钧驷,而将相或乘牛车,齐民无藏盖。于是为秦钱重难用,更令民铸钱,一黄金一斤,约法省禁。而不轨逐利之民,蓄积余业以稽市物,物踊腾粜,

米至石万钱,马一匹则百金。

天下已平,高祖乃令贾人不得衣丝乘车,重租税以困辱之。孝惠、高后时,为天下初定,复弛商贾之律,然市井之子孙亦不得仕宦为吏。量吏禄,度官用,以赋于民。而山川园池市井租税之入,自天子以至于封君汤沐邑,皆各为私奉养焉,不领于天下之经费。漕转山东粟,以给中都官,岁不过数十万石。

至孝文时,荚钱益多,轻,乃更铸四铢钱,其文为"半两",令民纵得自铸钱。故吴,诸侯也,以即山铸钱,富埒天子,其后卒以叛逆。邓通,大夫也,以铸钱财过王者。故吴、邓氏钱布天下,而铸钱之禁生焉。

匈奴数侵盗北边,屯戍者多,边粟不足给食当食者。于是募民能输及转粟于边者拜爵,爵得至大庶长。

孝景时,上郡以西旱,亦复修卖爵令,而贱其价以招民;及徒复作,得输粟县官以除罪。益造苑马以广用,而宫室列观舆马益增修矣。

至今上即位数岁,汉兴七十余年之间,国家无事,非遇水旱之灾,民则人给家足,都鄙廪庾皆满,而府库余货财。京师之钱累巨万,贯朽而不可校。太仓之粟陈陈相因,充溢露积于外,至腐败不可食。众庶街巷有马,阡陌之间成群,而乘字牝者傧而不得聚会。守闾阎者食粱肉,为吏者长子孙,居官者以为姓号。故人人自爱而重犯法,先行义而后绌耻辱焉。当此之时,网疏而民富,役财骄溢,或至兼并豪党之徒,以武断于乡曲。宗室有土公卿大夫以下,争于奢侈,室庐舆服僭于上,无限度。物盛而衰,固其变也。①

自是之后,严助、朱买臣等招来东瓯,事两越,江淮之间萧然烦费矣。唐蒙、司马相如开路西南夷,凿山通道千余里,以广巴蜀,巴蜀之民罢焉。彭吴贾灭朝鲜,置沧海之郡,则燕齐之间靡然发动。及王恢设谋马邑,匈奴绝和亲,侵扰北边,兵连而不解,天下苦其劳,而干戈日滋。行者赍,居者送,中外骚扰而相奉,百姓抏弊以巧法,财赂衰耗而不赡。入物者补官,出货者除罪,选举陵迟,廉耻相冒,武力进用,法严令具。兴利之臣自此始也。

天子为伐胡,盛养马,马之来食长安者数万匹,卒牵掌者关中不足,乃调旁近郡。而胡降者皆衣食县官,县官不给,天子乃损膳,解乘舆驷,出御府禁藏以赡之。

其明年,山东被水灾,民多饥乏,于是天子遣使者虚郡国仓廥以赈贫民。

犹不足，又募豪富人相贷假。尚不能相救，乃徙贫民于关以西，及充朔方以南新秦中，七十余万口，衣食皆仰给县官。数岁，假予产业，使者分部护之，冠盖相望。其费以亿计，不可胜数。

于是县官大空，而富商大贾或蹛财役贫，转毂百数，废居居邑，封君皆低首仰给。冶铸煮盐，财或累万金，而不佐国家之急，黎民重困。于是天子与公卿议，更钱造币以赡用，而摧浮淫并兼之徒。是时禁苑有白鹿而少府多银锡。自孝文更造四铢钱，至是岁四十余年，从建元以来，用少，县官往往即多铜山而铸钱，民亦间盗铸钱，不可胜数。钱益多而轻，物益少而贵。有司言曰："古者皮币，诸侯以聘享。金有三等，黄金为上，白金为中，赤金为下。今半两钱法重四铢，而奸或盗摩钱里取鋊，钱益轻薄而物贵，则远方用币烦费不省。"乃以白鹿皮方尺，缘以藻缋，为皮币，直四十万。王侯宗室朝觐聘享，必以皮币荐璧，然后得行。

又造银锡为白金。以为天用莫如龙，地用莫如马，人用莫如龟，故白金三品：其一曰重八两，圆之，其文龙，名曰"白选"，直三千；二曰以重差小，方之，其文马，直五百；三曰复小，椭之，其文龟，直三百。令县官销半两钱，更铸三铢钱，文如其重。盗铸诸金钱罪皆死，而吏民之盗铸白金者不可胜数。于是以东郭咸阳、孔仅为大农丞，领盐铁事；桑弘羊以计算用事，侍中。咸阳，齐之大煮盐，孔仅，南阳大冶，皆致生累千金，故郑当时进言之。弘羊，雒阳贾人子，以心计，年十三侍中。故三人言利事析秋豪矣。

天子乃思卜式之言，召拜式为中郎，爵左庶长，赐田十顷，布告天下，使明知之。初，卜式者，河南人也，以田畜为事。亲死，式有少弟，弟壮，式脱身出分，独取畜羊百余，田宅财物尽予弟。式入山牧十余岁，羊致千余头，买田宅。而其弟尽破其业，式辄复分予弟者数矣。是时汉方数使将击匈奴，卜式上书，愿输家之半县官助边。天子使使问式："欲官乎？"式曰："臣少牧，不习仕宦，不愿也。"使问曰："家岂有冤，欲言事乎？"式曰："臣生与人无分争。式邑人贫者贷之，不善者教顺之，所居人皆从式，式何故见冤于人！无所欲言也。"使者曰："苟如此，子何欲而然？"式曰："天子诛匈奴，愚以为贤者宜死节于边，有财者宜输委，如此而匈奴可灭也。"使者具其言入以闻。天子以语丞相弘。弘曰："此非人情。不轨之臣，不可以为化而乱法，愿陛下勿许。"于是上久不报式，数岁，乃罢式。式归，复田牧。岁余，会军数出，浑邪王等降，县官费众，仓府空。其明年，贫民大徙，皆仰给县官，无以尽赡。卜式持钱二十万予河南守，以给徙民。河南上富人助贫人者籍，天子见卜式名，识之，曰"是固前而欲输其家半助边"，乃赐式外繇四百人。式又尽复予县官。是时富豪皆争匿财，唯式尤欲输之助费。天子于是以式终长者，故尊显以风百姓。

初，式不愿为郎。上曰："吾有羊上林中，欲令子牧之。"式乃拜为郎，布衣屩而牧羊。岁余，羊肥息。上过见其羊，善之。式曰："非独羊也，治民亦犹是也。以时起居；恶者辄斥去，毋令败群。"上以式为奇，拜为缑氏令试之，缑氏便之。迁为成皋令，将漕最。上以为式朴忠，拜为齐王太傅。

齐相卜式上书曰："臣闻主忧臣辱。南越反，臣愿父子与齐习船者往死之。"天子下诏曰："卜式虽躬耕牧，不以为利，有余辄助县官之用。今天下不幸有急，而式奋愿父子死之，虽未战，可谓义形于内。赐爵关内侯，金六十斤，田十顷。"布告天下，天下莫应。列侯以百数，皆莫求从军击羌、越。至酎，少府省金，而列侯坐酎金失侯者百余人。乃拜式为御史大夫。

式既在位，见郡国多不便县官作盐铁，铁器苦恶，贾贵，或强令民卖买之。而船有算，商者少，物贵，乃因孔仅言船算事。上由是不悦卜式。

元封元年，卜式贬秩为太子太傅。而桑弘羊为治粟都尉，领大农，尽代仅管天下盐铁。弘羊以诸官各自市，相与争，物故腾跃，而天下赋输或不偿其僦费，乃请置大农部丞数十人，分部主郡国，各往往县置均输盐铁官，令远方各以其物贵时商贾所转贩者为赋，而相灌输。置平准于京师，都受天下委输。召工官治车诸器，皆仰给大农。大农之诸官尽笼天下之货物，贵即卖之，贱则买之。如此，富商大贾无所牟大利，则反本，而万物不得腾踊。故抑天下物，名曰"平准"。天子以为然，许之。于是天子北至朔方，东到太山，巡海上，并北边以归。所过赏赐，用帛百余万匹，钱金以巨万计，皆取足大农。

弘羊又请令吏得入粟补官，及罪人赎罪。令民能入粟甘泉各有差，以复终身，不告缗。他郡各输急处，而诸农各致粟，山东漕益岁六百万石。一岁之中，太仓、甘泉仓满。边余谷诸物均输帛五百万匹。民不益赋而天下用饶。于是弘羊赐爵左庶长，黄金再百斤焉。

是岁小旱，上令官求雨，卜式言曰："县官当食租衣税而已，今弘羊令吏

坐市列肆，贩物求利。亨弘羊，天乃雨。"

太史公曰：农工商交易之路通，而龟贝金钱刀布之币兴焉。所从来久远，自高辛氏之前尚矣，靡得而记云。故《书》道唐虞之际，《诗》述殷周之世，安宁则长庠序，先本绌末，以礼义防于利；事变多故而亦反是。是以物盛则衰，时极而转，一质一文，终始之变也。②《禹贡》九州，各因其土地所宜，人民所多少而纳职焉。汤武承弊易变，使民不倦，各兢兢所以为治，而稍陵迟衰微。齐桓公用管仲之谋，通轻重之权，徼山海之业，以朝诸侯，用区区之齐显成霸名。魏用李克，尽地力，为强君。自是以后，天下争于战国，贵诈力而贱仁义，先富有而后推让。故庶人之富者或累巨万，而贫者或不厌糟糠；有国强者或并群小以臣诸侯，而弱国或绝祀而灭世。以至于秦，卒并海内。虞夏之币，金为三品，或黄，或白，或赤；或钱，或布，或刀，或龟贝。及至秦，中一国之币为二等，黄金以溢名，为上币；铜钱识曰半两，重如其文，为下币。而珠玉、龟贝、银锡之属为器饰宝藏，不为币。然各随时而轻重无常。于是外攘夷狄，内兴功业，海内之士力耕不足粮饷，女子纺绩不足衣服。古者尝竭天下之资财以奉其上，犹自以为不足也。无异故云，事势之流，相激使然，曷足怪焉。

批注

①先极言物力富盛，因及于上下骄淫；而后继之以喜功好事之臣开边邀赏，天下骚动，财匮势绌，然后使心计之臣得投间而售其商贾之智。而前言"自爱而畏法，先行义，绌耻辱"，后言"廉耻相冒"、"法严令具"，又所以著人心世道之升降也。中间只用"物盛而衰，因其变也"，八字过峡，无限感慨！言富足，累累百十言不已；今言疲困，亦累累百十言不已。笔力详赡而又疏古，班、范辈所远不及也！

②历叙夏、商以来，利源之所以渐开，利权之所以渐并，如掌上之螺纹，精细可数。人但知史公之疏宕奇横处，而不知其细密之妙，有非后人所能梦见者也。

文章最妙在相间处，一段臆陈，一番淡宕，文之为道毕矣！

〔释义〕　所谓平准，即是由国家统一调配商品于各地，用以平抑各地物价水平。汉武帝时，由于连年用兵边境，国库空虚，一些善于经济运作的财臣，如卜式、桑弘羊等人，便推出这平准政策来，平抑了物价，也为国家争得了相当大数量的财源，用以支持连兵用兵的巨耗。由于这项新政与儒家的"不与民争利"的传统观念不符，所以长期以来议论纷纭，说好说坏的都有，而且各个时期的人心倾向也有所不同。

补注

古人作史，有不待论断而于叙事之中即见其指者，惟太史公能之。《平准书》未载卜式语，《王翦传》未载客语，《荆轲传》未载鲁勾践语，《晁错传》未载邓公与景帝语，《武安侯田蚡传》未载武帝语，皆史家于序事中寓论断法也。后人知此法者，鲜矣。（清·顾炎武：《日知录》）

〔释义〕 汉武帝时，实行桑弘羊等人推行的平准法，天下大富，"民不益赋，而天下用饶"，但是保守的卜式却反对，值天旱时武帝让他求雨，他说："烹弘羊，天乃雨。"司马迁于此话后，未加任何评语，便转叙他事了。显而易见，司马迁认为卜式这话说得过于苛刻和恶毒，不用评论，人们也会知道其荒谬无比，而且是别有用心的。这即是顾炎武所说的"于叙事中寓论断法"。在《史记》中，像这样在叙事中不加论断而论断自明的例子，还有很多，在《王翦传》《荆轲传》《武安侯田蚡传》中，都有这种手法的巧妙运用。

卷 二

越世家

范蠡小传　范蠡（公元前536—前448），字少伯，春秋时期楚国宛（今河南省南阳市）人。他既能治国用兵，又深通经济与商贾之道，是春秋战国期间智谋胆识都属最高的一个完人。先期他辅助勾践卧薪尝胆、忍辱负重、发愤图强、精诚进取廿余年，最后，终于消灭吴国而称霸于天下。功成后，范蠡认为盛名之下，与越王难以于富贵中久居共处，于是，乘舟泛湖而去。后至齐，他同儿子协力从事商贾之业，致家产达数十万金。齐人闻其贤，使为相。范蠡坚辞不就，乃移居于陶（今山东定陶西北，另一说法为山东肥城县陶山），又经商积资巨万，人称"陶朱公"。

　　范蠡侍奉越王勾践，劳苦身体、勤奋不懈，与勾践运筹谋划二十多年，终于灭亡了吴国，洗雪了会稽的耻辱。越军向北进军，渡过淮河，兵临齐、晋边境，号令中原各国，尊崇周王室，勾践称霸，范蠡做了上将军。回国后，范蠡以为盛名之下，难以长久，况且勾践的为人，可与之同患难，难与之同安乐，便写信辞别勾践说："我听说，君王忧愁臣子就应该劳苦，君主受辱臣子就该死。过去您在会稽受辱，我之所以未死，是为了报仇雪恨。当今既已雪耻，臣请求领受会稽受辱的死罪。"勾践说："我将和你平分越国。你若不接受，就要加罪于你。"范蠡说："君主可执行您的命令，臣想依从自己的意愿。"于是他装上细软珠宝，带上随从从海上乘船离去，始终未再返回越国。勾践为表彰范蠡，把会稽山作为他的封邑。

　　范蠡乘船飘海到了齐国，更名改姓，自称"鸱夷子皮"，在海边耕作，吃苦耐劳，努力生产，父子合力治理产业。他住了不久，积累财产达几十万。齐国人听说他贤能，让他做国相。范蠡叹息道："住在家里就积累千金财产，做官就达到卿相高位，这是平民百姓能达到的最高地位了。长久享受尊贵的名号，不吉祥。"于是他归还了相印，全部发散了自己的家产，送给知音好友同乡邻里，携带着贵重财宝，秘密离去，到陶地住下来。他认为这里是天下的中心，交易买卖的道路通畅，经营生意可以发财致富。于是他自称陶朱公，又约定好父子耕种畜牧，囤积货物等待时机，转卖货物以获得十分之一的利润。过了不久，家资又积累巨万，天下人都称他为陶朱公。

朱公住在陶地，生了小儿子。小儿子成人时，朱公的二儿子杀了人，被楚国拘捕。朱公说："杀人者抵命，这是常理。可是我听说家有千金的儿子不会被杀在闹市中。"于是他安排小儿子探视二儿子，便打点好一千镒黄金，装在褐色器具中，用一辆牛车载运。他将要派小儿子出发时，朱公的长子坚决请求去，朱公不同意。长子说："家里的长子叫家督，现在弟弟犯了罪，父亲不派我去，却派小弟去，这说明我是不肖之子。"长子说完想自杀。他的母亲替他说情："现在派小儿子去，未必能救二儿子命，却先丧失了大儿子，怎么办？"朱公不得已就派了长子，写了一封信要长子送给旧日的好友庄生，并对长子说："到楚国后，要把千金送到庄生家，一切听从他去办理，千万不要与他发生争执。"长子走时，也私自携带了几百镒黄金。

长子到达楚国，庄生家在楚都城郊，披开野草才能到达庄生家门，庄生居住条件很差。尽管如此，长子还是送上书信，向庄生进献了千镒黄金，完全照父亲所嘱去做了。庄生说："你可以赶快离去了，千万不要留在此地！等弟弟释放后，不要问原因。"长子离去，不再探望庄生，但私自留在了楚国，把自己携带的黄金送给了楚国主事的达官贵人。

庄生虽然住在穷乡陋巷，却由于廉洁正直而在楚国很闻名，从楚王以下无不尊奉他为老师。朱公献上黄金，他并非有心收下，只是想事成之后再归还给朱公以示讲信用。所以黄金送来后，他对妻子说："这是朱公的钱财，如果我突然病逝，来不及转交朱公，你事后一定归还给他，不要动用。"但朱公长子不知庄生的意思，以为黄金送给庄生不会起什么作用。

庄生选择适当时机入宫拜见楚王，说："某星宿移到某处，这将对楚国有危害。"楚王平时十分信任庄生，就问："现在怎么办？"庄生说："只有实行仁义道德才可以免除灾害。"楚王说："您不用多说了，我将照办。"楚王就派使者查封贮藏三钱的府库。楚国那位接受财礼的权贵吃惊地告诉朱公长子说："楚王将要实行大赦。"长子问："怎么见得呢？"权贵说："每当楚王大赦时，常常先查封贮藏三钱的仓库。昨晚楚王已派使者查封了。"朱公长子认为既然大赦，弟弟自然可以释放了，一千镒黄金等于白白扔给庄生，没有发挥作用，于是又去见庄生。庄生惊奇地问："你没离开吗？"长子说："始终没离开。当初我为弟弟一事前来，今天楚国正商议大赦，弟弟自然得到释放，所以我特意来向您告辞。"庄生知道他的意思是想拿回黄金，说："你自己到房间里去取黄金吧。"大儿子便入室取走黄金离开，并暗自庆幸黄金失而复得。

庄生被小儿辈出卖深感羞耻，就又入宫拜见楚王说："我上次所说的某星移位的事，您说想用做好事来回报它。现在，我在外面听路人都说陶地富翁朱公的儿子杀人后被楚囚禁，他家派人拿出很多金钱贿赂君王左右的人，所以君王并非体恤楚国人民而实行大赦，却是因为朱公儿子才大赦的。"楚王大怒道："我虽无德，怎么会为了朱公的儿子而布施恩惠呢！"就下令先杀掉朱公儿子，第二天才下达赦免的诏令。朱公长子最终携带弟弟尸体回家了。

回到家后，母亲和乡邻们都十分悲痛，只有朱公笑着说："我本来就知道他一定救不了弟弟！他不是不爱自己的弟弟，只是有不能忍心放弃的东西。他年幼就与我生活在一起，经受过各种辛苦，知道谋生的艰难，所以把钱财看得很重。而他的小弟弟呢，一生下来就看到我十分富有，乘坐上等车子，骑骏马，射狡兔，哪里知道钱财从何处来，所以把钱财看得极轻，弃之也毫不吝惜。原来我打算让小儿子去，是因为他舍得弃财，但长子不能弃财，所以终于害了自己的弟弟，这很合乎事理，不值得悲痛。我本来日日夜夜盼的就是二儿子的尸首送回来。"

范蠡曾经三次搬家，闻名天下，他不是随意离开某处，而是所到之处必定成就功名。他最后老死在定陶，所以世人相传叫他陶朱公。

原文

范蠡事越王勾践，既苦身戮力，与勾践深谋二十余年，竟灭吴，报会稽之耻，北渡兵于淮以临齐、晋，号令中国，以尊周室，勾践以霸，而范蠡称上将军。还反国，范蠡以为大名之下，难以久居，且勾践为人可与同患，难与处安，为书辞勾践曰："臣闻主忧臣劳，主辱臣死。昔者君王辱于会稽，所以不死，为此事也。今既以雪耻，臣请从会稽之诛。"勾践曰："孤将与子分国而有之。不然，将加诛于子。"范蠡曰："君行令，臣行意。"乃装其轻宝珠

玉,自与其私徒属乘舟浮海以行,终不反。于是勾践表会稽山以为范蠡奉邑。

范蠡浮海出齐,变姓名,自谓鸱夷子皮,耕于海畔,苦身戮力,父子治产。居无几何,致产数十万。齐人闻其贤,以为相。范蠡喟然叹曰:"居家则致千金,居官则至卿相,此布衣之极也。久受尊名,不祥。"乃归相印,尽散其财,以分与知友乡党,而怀其重宝,间行以去,止于陶,以为此天下之中,交易有无之路通,为生可以致富矣。于是自谓陶朱公。复约要父子耕畜,废居,候时转物,逐什一之利。居无何,则致赀累巨万。天下称陶朱公。

朱公居陶,生少子。少子及壮,而朱公中男杀人,囚于楚。朱公曰:"杀人而死,职也。然吾闻千金之子不死于市。"告其少子往视之。乃装黄金千溢,置褐器中,载以一牛车。且遣其少子,朱公长男固请欲行,朱公不听。长男曰:"家有长子曰家督,今弟有罪,大人不遣,乃遣少弟,是吾不肖。"欲自杀。其母为言曰:"今遣少子,未必能生中子也,而先空亡长男,奈何?"朱公不得已而遣长子,为一封书遗故所善庄生,曰:"至则进千金于庄生所,听其所为,慎无与争事。"长男既行,亦自私赍数百金。

至楚,庄生家负郭,披藜藋到门,居甚贫。然长男发书进千金,如其父言。庄生曰:"可疾去矣,慎毋留!即弟出,勿问所以然。"长男既去,不过庄生而私留,以其私赍献遗楚国贵人用事者。

庄生虽居穷阎,然以廉直闻于国,自楚王以下皆师尊之。① 及朱公进金,非有意受也,欲以成事后复归之以为信耳。故金至,谓其妇曰:"此朱公之金。有如病不宿诫,后复归,勿动。"而朱公长男不知其意,以为殊无短长也。

庄生间时入见楚王,言"某星宿某,此则害于楚"。楚王素信庄生,曰:"今为奈何?"庄生曰:"独以德为可以除之。"楚王曰:"生休矣,寡人将行之。"王乃使使者封三钱之府。楚贵人惊告朱公长男曰:"王且赦。"曰:"何以也?"曰:"每王且赦,常封三钱之府。昨暮王使使封之。"朱公长男以为赦,弟固当出也,重千金虚弃庄生,无所为也,乃复见庄生。庄生惊曰:"若不去邪?"长男曰:"固未也。初为事弟,弟今议自赦,故辞生去。"庄生知其意欲复得其金,曰:"若自入室取金。"长男即自入室取金持去,独自欢幸。

庄生羞为儿子所卖,乃入见楚王曰:"臣前言某星事,王言欲以修德报之。今臣出,道路皆言陶之富人朱公之子杀人囚楚,其家多持金钱赂王左右,故王非能恤楚国而赦，乃以朱公子故也。"楚王大怒曰："寡人虽不德耳，奈何以朱公之子故而施惠乎！"令论杀朱公子，明日遂下赦令。朱公长男竟持其弟丧归。

至，其母及邑人尽哀之，唯朱公独笑，曰："吾固知必杀其弟也！彼非不爱其弟，顾有所不能忍者也。是少与我俱，见苦，为生难，故重弃财。至如少弟者，生而见我富，乘坚驱良逐狡兔，岂知财所从来，故轻弃之，非所惜吝。前日吾所为欲遣少子，固为其能弃财故也。而长者不能，故卒以杀其弟，事之理也，无足悲者。吾日夜固以望其丧之来也。"

故范蠡三徙，成名于天下，非苟去而已，所止必成名。卒老死于陶，故世传曰陶朱公。

短评

以陶朱公家务终《越世家》，有味哉其言之也！夫天下未有不能弃，而可遂其欲得之情者也。当日檇李连兵，夫椒再举，其一片雄心，早已吞姑苏而笼泗上矣。乃其苦心焦思，但不敢觑于吴，而并不敢有其越。非但不敢有其国，而并不敢有其身与其子若女。此能弃之极也！弃之极，而后所取者乃百千倍于向之所失，而不啻操右券以资之偿耳。朱公长男，少有悭惜，不惟杀一弟，而并干没私卖之数百金，庸奴诚败乃公事，使越用斯人，其亡久矣。此附传之微意也。

批注

①此段用带叙带议论笔法，开后人无限法门。韩（愈）、欧（阳修）四家，多摹仿之。

〔释义〕　《越王勾践世家》本来是写越王勾践父子两代与吴结深仇，最后经过卧薪尝胆几十年的艰苦奋斗，终于消灭了吴国，完成了称霸中原之大事的，而文字却收结于范蠡知道"勾践为人可与同患，难与处安"，坚辞越王之分赏，私自乘舟浮海以去。后来到了齐国、楚国等处去经商，三次迁徙，皆都成为富甲天下之人，故而结《史记》曰："故范蠡三徙，成名于天下，非苟去而已，所止必成名。"《史记》用范蠡经商成名的事，来收结越王勾践世家的国事，岂不是有些离题了吗？实际不然，这是司马迁的别有所托寄。他的用意在哪儿呢？最后在其赞语中微露其意，曰："范蠡三迁，皆有荣名，名垂后世。臣主若此，欲无显，得乎？"司马迁说，大臣和君主若都能像范蠡和勾践这样有能耐，有抱负，有本领，若不显达那也是不可能的。此语之中已把大臣放在君主前面，其言外之意已经十分明显，越国灭吴的功绩，大多出自大臣范蠡。文章收尾之处的余味，是很耐人揣度琢磨的。

陈涉世家

陈涉吴广小传 陈涉（公元前？—前208）名胜，字涉，是秦末首先揭竿而起反抗暴秦的起义军领袖，原籍为阳城（今河南省汝阳县）人。吴广（公元前？—前208）字叔，原籍阳夏（今河南省淮滨县）人。秦二世元年七月，二人率领戍卒九百人，在蕲县（今湖北省蕲州市大泽乡）共同发难，诈称秦长公子扶苏与楚将项燕复出，声讨那矫诏伪立的秦二世胡亥，号召各地起兵抗秦。一时间从者如云，深深地动摇了秦国的严酷统治。不久，陈涉占领陈县（今河南省淮阳县），自立为王，国号张楚，从而也就进一步促进了全国范围内反秦斗争的高涨，加速了秦朝的灭亡。

陈胜是阳城人，字涉。吴广是阳夏人，字叔。陈涉年轻的时候，曾经和别人一起被雇佣耕田。有一次田埂上休息时，他愤恨不平地说："假如谁将来富贵了，大家相互不要忘记。"和他一起受雇佣的伙伴们笑话他说："你是被雇给人家耕田的，哪能富贵呢？"陈涉叹息着说："唉！小燕雀怎么能知道鸿鹄一飞冲天的远大志向呢！"

秦二世元年七月，朝廷征发贫民去屯守渔阳，同行者有九百人驻扎在大泽乡。陈胜、吴广都被编入这次征发的行列之中，还当上了小队长。恰遇大雨，道路不通，他们估计已经误了到达渔阳规定的期限。过了规定的期限，按照当时法律规定是都该杀头的。陈胜、吴广就商量说："如今逃走也是死，起义干一番大事业也是死，同样都是死，为自己打天下而死好不好？"陈胜说："天下百姓受秦朝残暴统治之苦已经很久了。我听说二世皇帝是始皇帝的小儿子，不应该他来继位，应该继位的应该是长子扶苏。扶苏因为屡次规劝皇上的缘故，皇上派他领兵在外地驻守。如今有人听说他并没有什么罪，却被二世皇帝杀害了。老百姓都听说他很贤德，不知道他已经死了。项燕原是楚国的将军，多次立功，爱护士兵，楚国人都很爱戴他。有的人以为他已经死了，有的人以为他逃亡在外。现在如果我们冒用公子扶苏和项燕的名义，向天下人民发出起义的号召，应该会有很多人响应。"吴广认为很对。于是他就去占卜吉凶。占卜的人知道他们的意图，说道："你们的事都能成，能够建功立业。然而你们向鬼神问过吉凶了吗？"陈胜、吴广很高兴，考虑藉助鬼神的事情，说："这是教我们先在众人中树立威望。"于是就用朱砂在一块白绸子上写上"陈胜王"三个字，塞进别人用网捕来的鱼肚子里。戍卒买鱼回来煮着吃，发现了鱼肚中的帛书，觉得很奇怪。陈胜又暗中派吴广到驻地附近一草木丛生的古庙里，夜里点燃篝火，模仿狐狸的声音叫喊道："大楚兴，陈胜王。"戍卒们在深更半夜听到这种鸣叫声，都很惊恐。第二天早晨，戍卒们谈起这件事，都指指点点地看着陈胜。

　　吴广一向关心别人，戍卒中很多人愿为他出力。押送队伍的军官喝醉了酒，吴广故意多次扬言要逃跑，以激怒军官，惹他当众侮辱自己，借以激怒众人。那军官果然鞭打吴广，军官又拔出佩剑，吴广奋起夺剑杀死了军官。陈胜帮助他，合力杀死了两个军官。随即他们召集众戍卒说："各位在这里遇上大雨，大家都已经误了期限，误期按规定要杀头。即使不被杀头，但将来戍边死去的肯定也得十分之六七。再说大丈夫不死便罢，要死就要名扬后世，王侯将相难道都是祖传的吗！"众戍卒都说："我们愿听从您的差遣。"于是陈胜、吴广就假托公子扶苏和楚将项燕的名义举行起义，以顺应民众的愿望。大家都露出右臂作为标志，号称"大楚"。他们又筑起高台盟誓，用军官的头祭祀上天。陈胜自立为将军，吴广作都尉。首先进攻大泽乡，攻克后又攻打蕲县。蕲县攻克后，陈胜派符离人葛婴率兵攻取蕲县以东的地方。而他自己和吴广率军西进一连攻克了铚、酂、苦、柘、谯等地。他们一面进军，一面不断补充兵员扩大队伍，等行进到了陈县的时候，已拥有兵车八七百辆，骑兵一千多，步卒好几万人。攻打陈县时，那里的郡守、县令都不在，只有郡丞领兵与起义军在城门下作战。结果郡丞兵败身死，于是起义军就进入城中占领了陈县。过了几天，陈胜下令召集德高望重的三老和地方豪杰都来开会议事。与会的人都说："将军您身披铠甲，手执锐利的武器，讨伐无道昏君，诛灭暴虐的秦王朝，重新建立了楚国的政权，论功劳应该称王。"陈胜于是就自立为王，国号为张楚。

　　在这个时候，各个郡县受不了秦朝官吏暴政之苦的人，都逮捕宣判秦朝官吏的罪状，把他们杀死来响应陈胜。

陈胜称王总共六个月的时间。他当了王之后，以陈县为国都。从前一位曾经与他一起受雇佣给人家耕田的伙计听说他做了王，来到了陈县，敲着宫门说："我要见陈涉。"守宫门的长官要把他捆绑起来。经他反复解说，才放开他，但仍然不肯为他通报。等陈王出门时，他拦路呼喊陈涉的名字。陈王听到了，才召见了他，与他同乘一辆车子回宫。走进宫殿，看见殿堂房屋、帷幕帐帘之后，客人说："夥颐！陈涉做了大王，宫殿真是高大深邃啊！"楚地人把"多"叫做"夥"，所以天下流传"夥涉为王"的俗语，就是从陈涉开始的。这客人在宫中出出进进越来越放肆，常常跟人讲陈涉从前的一些旧事。有人就对陈王说："您的客人愚昧无知，专门胡说八道，有损于您的威严。"陈王就把来客杀死了。从此之后，陈王的故旧知交都纷纷自动离去，没有再亲近陈王的人了。陈王任命朱房做中正，胡武做司过，专管考核纠察群臣。将领们攻占了土地，回来履命，稍有不遵从命令者，就抓起来治罪。他们以苛刻地考察群臣的过失来表达对陈王的忠心。凡是他俩认为不好的人，不交给下面负责司法的官吏去审理，就擅自予以惩治。陈王却很信任他们。将领们因为这些缘故就不再亲近依附他了。这就是陈王失败的原因。

陈胜虽然已经死了，他所封立派遣的侯王将相终于灭掉了秦王朝，这是由于陈涉首先起义反秦的结果。汉高祖时，在砀县安置了三十户人家为陈涉守墓，至今仍按时杀猪宰羊祭祀他。

原文

陈胜者，阳城人也，字涉。吴广者，阳夏人也，字叔。陈涉少时，尝与人佣耕，辍耕之垄上，怅恨久之，曰："苟富贵，无相忘。"庸者笑而应曰："若为庸耕，何富贵也？"陈涉太息曰："嗟乎，燕雀安知鸿鹄之志哉！"

二世元年七月，发闾左谪戍渔阳，九百人屯大泽乡。陈胜、吴广皆次当行，为屯长。会天大雨，道不通，度已失期。失期，法皆斩。陈胜、吴广乃谋曰："今亡亦死，举大计亦死，等死，死国可乎？"陈胜曰："天下苦秦久矣。吾闻二世少子也，不当立，当立者乃公子扶苏。扶苏以数谏故，上使外将兵。今或闻无罪，二世杀之。百姓多闻其贤，未知其死也。项燕为楚将，

数有功,爱士卒,楚人怜之。或以为死,或以为亡。今诚以吾众诈自称公子扶苏、项燕,为天下唱,宜多应者。"吴广以为然。乃行卜。卜者知其指意,曰:"足下事皆成,有功。然足下卜之鬼乎!"陈胜、吴广喜,念鬼,曰:"此教我先威众耳。"乃丹书帛曰"陈胜王",置人所罾鱼腹中。卒买鱼烹食,得鱼腹中书,固以怪之矣。又间令吴广之次所旁丛祠中,夜篝火,狐鸣呼曰"大楚兴,陈胜王。"卒皆夜惊恐。旦日,卒中往往语,皆指目陈胜。

  吴广素爱人,士卒多为用者。将尉醉,广故数言欲亡,忿恚尉,令辱之,以激怒其众。尉果笞广。尉剑挺,广起,夺而杀尉。陈胜佐之,并杀两尉。召令徒属曰:"公等遇雨,皆已失期,失期当斩。藉弟令毋斩,而戍死者固十六七。且壮士不死即已,死即举大名耳,王侯将相宁有种乎!"徒属皆曰:"敬受命。"乃诈称公子扶苏、项燕,从民欲也。袒右,称大楚。为坛而盟,祭以尉首。陈胜自立为将军,吴广为都尉。攻大泽乡,收而攻蕲。蕲下,乃令符离人葛婴将兵徇蕲以东。攻铚、酂、苦、柘、谯,皆下之。行收兵。比至陈,车六七百乘,骑千余,卒数万人。攻陈,陈守令皆不在,独守丞与战谯门中。弗胜,守丞死,乃入据陈。数日,号令召三老、豪杰与皆来会计事。三老、豪杰皆曰:"将军身被坚执锐,伐无道,诛暴秦,复立楚国之社稷,功宜为王。"陈涉乃立为王,号为张楚。

  当此时,诸郡县苦秦吏者,皆刑其长吏,杀之以应陈涉。

  陈胜王凡六月。已为王,王陈。其故人尝与庸耕者闻之,之陈,扣宫门曰:"吾欲见涉。"宫门令欲缚之。自辩数,乃置,不肯为通。陈王出,遮道而呼涉。陈王闻之,乃召见,载与俱归。入宫,见殿屋帷帐,客曰:"夥颐!涉之为王沉沉者!"楚人谓多为夥,故天下传之,夥涉为王,由陈涉始。客出入愈益发舒,言陈王故情。或说陈王曰:"客愚无知,颛妄言,轻威。"陈王斩之。诸陈王故人皆自引去,由是无亲陈王者。陈王以朱房为中正,胡武为司过,主司群臣。诸将徇地,至,令之不是者,系而罪之,以苛察为忠。其所不善者,弗下吏,辄自治之。陈王信用之。诸将以其故不亲附,此其所以败也。

  陈胜虽已死,其所置遣侯王将相竟亡秦,由涉首事也。高祖时为陈涉置守冢三十家砀,至今血食。

短评

涉之佣耕陇上，与泗上亭长亦复何远？然高祖以沛公起事，至还定三秦之后，犹守项羽故封，此其器识宏远。虽复绵蕞仪成，搏髀而欢，知为皇帝之贵，而其初未尝欲妄自尊也。陈涉甫得数县之偏陲，而三老称功，居然南面。盖蹄涔之量，洞酌已盈，更无可一毫展布，则夥涉沉沉亦徒饱佣奴之饿眼耳，曷足贵乎？惟为群雄倡首，史公故特立"世家"。以余论之：陈王家且无存，何有于世？岂以庚桑畏垒，俎豆芒砀，遂为此带砺永宁之特笔乎？项羽可以"本纪"，陈涉可以"世家"，毕竟史公好奇之过也。

补注

陈胜首事是极匆匆之时，千端百绪，各处纷来，一时已难支应。况时止六月，事有六月中毕者，有六月不能即叙完者，有一时并起一笔不能双写者。倏然之间，如何收合？他却逐件齐入，即随手放倒，如蜃楼海市，忽有忽无，而中有线索贯串，不见其堆垛，不见其杂沓，笔法绝人。（清·吴见思：《史记论文》）

〔释义〕　陈涉首创起义，其时其事确实是匆匆杂乱的，但是作者却能于匆匆杂乱之中写得井然有序，丝毫不乱，是他运笔的独到功夫。他首先是把派出去的几路人马捋理得清清楚楚，有根有梢，有枝有蔓。第一路是派葛婴带兵向东进军，自己向北进军。而其中，又以自己这一路作中心，用中心作纲，来提挈带领着派出去的其他各路。接着，陈涉派出吴广西击荥阳，派武臣向赵国故地进发，派邓宗向九江进攻，派周市向魏国故地进发，派周文向西进攻。写各路军队的进展，都有起有伏，有成有败。这些军队其胜与败，又都与中心部位的陈胜王联系着，这样便虽是纷杂而不错乱，虽抛撒得很广而终不离开中心——陈王的兴盛与衰亡，这就是吴见思所说的"忽有忽无，而中有线索贯串，不见其堆垛，不见其杂沓，笔法绝人。"

外戚世家

窦太后小传

窦太后（公元前205－前135），清河郡（今河北清河县）人，年幼应召入宫。公元前195年，高祖刘邦驾崩，吕后挑选一些宫女出宫赏赐给诸侯王，每个王五名，窦氏也在选中之列。她去了代国。虽然这不是她的心愿，但到达代国后，深得代王刘恒喜欢，先与其生长女刘嫖，后又生了两个儿子：刘启和刘武。窦太后崇奉黄老思想，在她的影响下，西汉政权能继续发扬刘邦时期定下的与民休息、无为而治的精神。

卫子夫原是平阳公主的歌女，汉武帝到访平阳公主家时临幸了她，并把她带入宫中。元朔元年（公元前128年）卫子夫生下刘据，遂被立为皇后，征和三年（公元前90年），卫子夫因巫蛊事变而自杀。大司马、大将军卫青是她的弟弟，大司马、骠骑将军霍去病是她的外甥。

窦太后，是赵国清河县观津人。吕太后执政时，窦姬以良家女子的身份选入宫中服侍太后。后来太后把宫女遣送出宫赐给各诸侯王，每王五人，窦姬就在这批宫女之中。窦姬家在清河，想到赵国以便离家较近，就请求主管遣送的宦官："一定把我列入派往赵国的名册。"结果那个宦官把这件事忘了，错把她的名字放到派往代国的行列中。名册上奏，吕太后下诏说可以，应该启程了。窦姬痛哭流涕，埋怨那个宦官，不想去，强制她走，她才肯动身。到了代国，代王惟独宠爱窦姬，生下女儿叫嫖（piāo），后来又生了两个男孩。代王的王后生了四个男孩子。在代王尚未入朝立为皇帝之前王后就死了。代王做了皇帝不久，王后所生的四个男孩子也接连病死。孝文帝即位几个月之后，公卿大臣请求立太子，窦姬的长子刘启年龄最大，被立为太子。窦姬也被立为皇后，女儿刘嫖后来被称为长公主。第二年，窦皇后的小儿子刘武被封为代王，不久又迁徙到梁国，这就是梁孝王。

窦皇后的双亲早已去世,葬在观津。于是薄太后就下诏有关官员,追尊窦皇后父亲为安成侯,母亲为安成夫人,命令清河县设置二百户作为陵园的俸邑,由县令、县丞负责祭祀保护陵园,一切都按薄太后父亲灵文侯陵园的规制办。

窦皇后的哥哥窦长君,弟弟叫窦广国,字少君。少君四五岁的时候,家境贫穷,被人掠去后出卖,他家中不知他被卖在何处。此后,他又被转卖了十几家,卖到宜阳。少君为主人进山烧炭,晚上和一百多人躺在山崖下睡觉,山崖崩塌,把睡在下边的人全都压死了,只有少君脱险,没有被压死。他自己算了一卦,数日后将被封侯,于是就跟随主人家去了长安。听说窦皇后是刚被封立的,她的家乡在观津,姓窦氏。广国离家时年龄虽小,也还知道县名和自家的姓,又曾和姐姐一起采桑,从树上掉下来,于是把这些事作为证据,上书陈述自己的经历。窦皇后把这件事告诉了文帝,广国即被召见,问他,他详细说明了情况,果然不错。皇后又问他还有什么凭证?他回答说:"姐姐离开我西去长安的时候,在驿站中和我诀别,姐姐要来一盆水给我洗头,又要来一碗饭给我吃,然后才上车走了。"这时窦后就拉住弟弟广国的手,挥泪如雨。左右侍奉的宫女、太监也都趴伏在地上哭泣,一起为皇后助哀。于是文帝赏赐他很多田地、房屋和金钱,封赏窦氏兄弟,让他们迁居到长安。

绛侯周勃、将军灌婴等人说:"我们这些人当初没有被吕氏杀死,不想如今的命运却又悬在窦氏兄弟的手里了。这俩人出身低微,一定为他们挑选良师益友,不能让他们再像吕氏那样篡权乱政。"于是文帝就挑选年长有德、品行端正的人和他俩在一起。窦长君、少君从此成为谦逊礼让的君子,不敢倚仗他们的尊贵对人骄横傲慢。

卫皇后字子夫,身世微贱不明。她们家自称卫氏,卫子夫在平阳侯封地内长大后成为平阳公主的歌姬。武帝虽即位时间不长但也好几年没有儿子。平阳公主挑选了十几个良家女子,将她们装扮起来,安置在家里。武帝在霸上参加除灾求福的祭祀后回来,顺便到平阳公主家。公主让侍奉的美人都出来见武帝,武帝都不喜欢。饮酒之后,歌姬进来,武帝看见后,唯独喜欢卫子夫。这天,武帝起身上厕所,子夫侍奉武帝,受到了宠幸。武帝回到座位上,特别高兴,赐给平阳公主黄金千斤。公主趁机奏请把卫子夫奉送入宫。

子夫上车后,平阳公主抚着她的背说:"走吧,注意饮食,努力吧!如果尊贵了,别把我忘了。"卫子夫入宫一年多,竟然没有再得亲幸。武帝把不中用的宫人挑出来,让她们出宫回家。卫子夫因而得见武帝,她哭泣着请求出宫。皇上怜爱她,再次亲幸,于是有了身孕,一天比一天更受尊宠。武帝召见她的哥哥卫长君和弟弟卫青任侍中。子夫后来长时间得到武帝的亲幸,备受宠爱,共生了三个女儿一个儿子,儿子名叫据。

当初,武帝做太子的时候,娶了长公主的女儿做妃子,他即位为皇帝,妃子就成了皇后,皇后姓陈,没有生子。武帝能够继承帝位,大长公主出力不小,因此陈皇后骄横高傲。听说卫子夫大受亲幸,非常气愤,好几次几乎要寻死。武帝对陈皇后的这种表现也越来越生气。陈皇后为了争宠而施用惑人的巫术,武帝对此事颇有觉察,于是就废了陈皇后,立卫子夫为皇后。

陈皇后的母亲大长公主是景帝的姐姐,多次责备武帝的姐姐平阳公主说:"皇帝没有我就不能即位,即位以后竟抛弃了我的女儿,怎么这样忘恩负义不自爱呢!"平阳公主说道:"是陈皇后没有儿子的缘故才被废的。"陈皇后渴求得子,送给医生的钱有九千万之多,可是始终没能生子。

卫子夫立为皇后的时候,她的哥哥卫长君在此前已经死了,就让卫青为将军,因抗击匈奴有功,被封为长平侯。他的三个儿子还在襁褓之中,也都被封为列侯。至于卫皇后的姐姐卫少儿的儿子叫霍去病,因有战功被封为冠军侯,号称骠骑将军。卫青号称大将军。卫皇后的儿子刘据被立为太子。卫皇后的家族以军功起家,有五人被封为侯。

原文

窦太后,赵之清河观津人也。吕太后时,窦姬以良家子入宫侍太后。太后出宫人以赐诸王,各五人,窦姬与在行中。窦姬家在清河,欲如赵近家,请其主遣宦者吏:"必置我籍赵之伍中。"宦者忘之,误置其籍代伍中。籍奏,诏可,当行。窦姬涕泣,怨其宦者,不欲往,相强,乃肯行。至代,代王独幸窦姬,生女嫖,后生两男。而代王王后生四男。先代王未入立为帝而王后卒。及代王立为帝,而王后所生四男更病死。孝文帝立数月,公卿请立太子,而窦姬长男最长,立为太子。立窦姬为皇后,女嫖为长公主。其明年,立少子武为代王，已而又徙梁，是为梁孝王。

窦皇后亲早卒，葬观津。①于是薄太后乃诏有司，追尊窦后父为安成侯，母曰安成夫人。令清河置园邑二百家，长丞奉守，比灵文园法。

窦皇后兄窦长君，弟曰窦广国，字少君。少君年四五岁时，家贫，为人所略卖，其家不知其处。传十余家，至宜阳，为其主入山作炭，暮卧岸下百余人，岸崩，尽压杀卧者，少君独得脱，不死。自卜数日当为侯，从其家之长安。闻窦皇后新立，家在观津，姓窦氏。广国去时虽小，识其县名及姓，又常与其姊采桑堕，用为符信，上书自陈。窦皇后言之于文帝，召见，问之，具言其故，果是。又复问他何以为验？对曰："姊去我西时，与我决于传舍中，丐沐沐我，请食饭我，乃去。"于是窦后持之而泣，泣涕交横下。侍御左右皆伏地泣，助皇后悲哀。乃厚赐田宅金钱，封公昆弟，家于长安。

绛侯、灌将军等曰："吾属不死，命乃且县此两人。两人所出微，不可不为择师傅宾客，又复效吕氏大事也。"于是乃选长者、士之有节行者与居。窦长君、少君由此为退让君子，不敢以尊贵骄人。

卫皇后字子夫，生微矣。盖其家号曰卫氏，出平阳侯邑。子夫为平阳主讴者。武帝初即位，数岁无子。平阳主求诸良家子女十余人，饰置家。武帝祓霸上还，因过平阳主。主见所侍美人。上弗说。既饮，讴者进，上望见，独说卫子夫。是日，武帝起更衣，子夫侍尚衣轩中，得幸。上还坐，欢甚。赐平阳主金千斤。主因奏子夫奉送入宫。子夫上车，平阳主拊其背曰："行矣，强饭，勉之！即贵，无相忘。"入宫岁余，竟不复幸。武帝择宫人不中用者，斥出归之。卫子夫得见，涕泣请出。上怜之，复幸，遂有身，尊宠日隆。召其兄卫长君、弟青为侍中。而子夫后大幸，有宠，凡生三女一男。男名据。

初，上为太子时，娶长公主女为妃。立为帝，妃立为皇后，姓陈氏，无子。上之得为嗣，大长公主有力焉，以故陈皇后骄贵。闻卫子夫大幸，恚，几死者数矣。上愈怒。陈皇后挟妇人媚道，其事颇觉，于是废陈皇后，而立卫子夫为皇后。

陈皇后母大长公主，景帝姊也，数让武帝姊平阳公主曰："帝非我不得立，已而弃捐吾女，壹何不自喜而倍本乎！"平阳公主曰："用无子故废耳。"陈皇后求子，与医钱凡九千万，然竟无子。

卫子夫已立为皇后，先是卫长君死，乃以卫青为将军，击胡有功，封为长平侯。青三子在襁褓中，皆封为列侯。及卫皇后所谓姊卫少儿，少儿生子霍去病，以军功封冠军侯，号骠骑将军。青号大将军。立卫皇后子据为太子。卫氏枝属以军功起家，五人为侯。

批注

①《外戚传》虽为后之昆弟而立，然必以皇后为主，但文字苦无出色处。史公往往用"略其大而详其细，实处虚而虚处实"之法。如《窦太后传》，大节目只是生女嫖及两男，并爱立等事，以数行毕之，却就广国见后处，写得浓至动人，则全篇皆极灵警，所谓射雕巧手也。

〔释义〕 要想文章写得生动，要紧之处是要有生动的细节。古往今来的文章巨匠，无一例外都是注意在细节下功夫的。这篇《外戚传》亦是如此。欲写外戚，必得先从外戚的至亲某个皇后说起，文帝时的窦长君、少君即是如此。他们都是汉之重臣，而其贵，则皆因为有窦太后之故，所以必得先写窦太后。而太后又没有多少事好写，只写了她的出身，如何进宫以及生了几个子女等事。这样写下去必然枯燥无味，难得有生动的笔墨。但是，当史公挖掘到窦少君小时候因家贫被人拐卖之事时，顿觉思路大开，于是浓笔重墨地大加渲染，详细地描述了姐弟之间那些悲欢离合、曲折动人的细节，这即是批者所说的"略其大而详其细，实处虚而虚处实"之法。因为，越是细微之处写得细腻，其效果越佳，例如，让窦少君在与姐姐窦太后重逢时回忆起，当初他们姐弟讨饭时，讨得水来姐姐如何为弟洗澡，讨得饭来如何为弟进食等等，这一番详述，能不让读者为之心酸泪下，文章能不有声有色、深刻动人吗？

齐王世家

刘章小传 刘章（公元前？—前177），西汉初年宗室，汉高祖刘邦的孙子，齐悼惠王刘肥的次子。吕后称制期间被封为朱虚侯，后来由于在诛灭吕氏的过程中有功而被加封为城阳王。他去世后谥号景王。

朱虚侯刘章二十岁时，就勇武有力，因刘氏得不到职位而愤愤不平。他曾入宫侍奉吕太后宴饮，吕后令朱虚侯刘章当酒吏。刘章亲自请求说："臣是武将的后代，请允许我按军法行酒令。"吕后说："可以。"到酒兴正浓的时候，刘章献上助兴的歌舞。然后又说："请让我为太后唱耕田歌。"吕后把他当做孩子看待，笑着说："想来你的父亲知道种田的事，如果你生下来就是王子，怎么知道种田的事呢？"刘章说："臣知道。"吕后说："试着给我说说种田的事。"刘章说："深耕密种，留苗稀疏，不是同类，坚决铲锄。"吕后听了默默不语。过了一会儿，吕氏族人中有一人喝醉了，逃离了酒席，刘章追过去，拔剑把他斩杀了，然后回来禀报说："有一个人逃离酒席，臣谨按军法把他斩了。"吕后和左右大臣都大为吃惊，既然已经准许他按军法行事，也就无法治他的罪。饮宴也因而结束。从此以后，吕氏家族的人都惧怕刘章，即使是大臣也都依仗刘章。刘氏的势力又渐渐强盛起来。

齐厉王的母亲是纪太后。纪太后把她弟弟纪氏的女儿嫁给成齐王为后，齐王不喜欢纪氏的女儿。纪太后想让纪氏家族世代受宠，就让她的长女纪翁主进入王宫，整顿后宫的秩序，不准其他嫔妃接近齐王，想让齐王只能接近纪氏的女儿。齐王却趁机和他的姐姐纪翁主通奸。

齐国有个叫徐甲的宦官，入宫侍奉汉武帝的母亲王太后。王太后有个女儿叫修成君，修成君不是出于刘氏，太后怜爱她。修成君有个女儿名叫娥，太后想把她嫁给诸侯，于是徐甲就请求出使齐国，让齐王上书请求娶娥。王太后很高兴，就派徐甲前往齐国。当时齐国人主父偃知道徐甲出使齐国是为了娶王后的事,也趁机对徐甲说:"如果事情成功了,希望说一说我的女儿愿去齐王后宫当嫔妃。"徐甲到齐国之后说明来意。纪太后听到后大怒,说:"齐王已有王后,后宫嫔妃俱全。徐甲原是齐国的贫民,穷困已极才去做宦官,入朝侍奉汉宫,没有做出任何有益齐国的事情,却想来扰乱我们齐王之家!至于主父偃算什么人?竟然也想让女儿进入后宫!"徐甲非常尴尬,回朝禀报王太后说:"齐王已经愿意娶娥,但是有一种后患,恐怕像燕王一样。"燕王是指刘定国,由于他和自己的几个女儿通奸,刚刚论罪处死,封国被撤除,所以徐甲用燕王的事刺激王太后。王太后说:"不准再说把娥嫁给齐王的事了。"事情渐渐传到天子耳中。主父偃从此也与齐国有了仇怨。

主父偃正受到武帝的宠信,专断政事,趁机对武帝说:"齐国的临菑有十万户,集市贸易租税千金,人口多而且富足,超过了长安,这种地方如果不是天子的亲兄弟或爱子不应在此为王。如今齐王和皇族日益疏远了。"接着又不慌不忙地说:"吕太后的时候齐国就想反叛,吴、楚反叛时孝王近乎叛乱。现在又听说齐王和他的姐姐有乱伦的事。"于是天子就任命主父偃为齐丞相,并且要查办这件事。主父偃来到齐国之后,就加紧审问齐王后宫的宦官中帮助齐王和姐姐翁主私通的人,让他们在供词和证据中都牵涉到齐王。齐王年少,害怕因大罪被官吏拘捕诛杀,就饮毒药自杀了。他子嗣断绝没有后人。

汉武帝的弟弟赵王刘彭祖见主父偃一出任齐相就废除了齐国,担心他要离间汉家骨肉,于是就上书告发主父偃受贿以及因私怨故意害人的事。武帝因此囚禁了主父偃之后。公孙弘说:"齐王被主父偃逼死,绝了后代,封国已归入朝廷,不诛杀主父偃无法平复天下人的怨恨之心。"于是武帝诛杀了主父偃。

原文

朱虚侯年二十,有气力,忿刘氏不得职。尝入侍高后燕饮,高后令朱虚侯刘章为酒吏。章自请曰:"臣,将种也,请得以军法行酒。"高后曰:"可。"酒酣,章进饮歌舞。已而曰:"请为太后言耕田歌。"高后儿子畜之,笑曰:"顾而父知田耳。若生而为王子,安知田乎?"章曰:"臣知之。"太后曰:"试为我言田。"章曰:"深耕穊种,立苗欲疏,非其种者,锄而去之。"

吕后默然。顷之，诸吕有一人醉，亡酒，章追，拔剑斩之，而还报曰："有亡酒一人，臣谨行法斩之。"太后左右皆大惊。业已许其军法，无以罪也。因罢。自是之后，诸吕惮朱虚侯，虽大臣皆依朱虚侯，刘氏为益强。

齐厉王，其母曰纪太后。①太后取其弟纪氏女为厉王后。王不爱纪氏女。太后欲其家重宠，令其长女纪翁主入王宫，正其后宫，毋令得近王，欲令爱纪氏女。王因与其姊翁主奸。

齐有宦者徐甲，入事汉皇太后。皇太后有爱女曰修成君，修成君非刘氏，太后怜之。修成君有女名娥，太后欲嫁之于诸侯，宦者甲乃请使齐，必令王上书请娥。皇太后喜，使甲之齐。是时齐人主父偃知甲之使齐以取后事，亦因谓甲："即事成，幸言偃女愿得充王后宫。"甲既至齐，风以此事。纪太后大怒，曰："王有后，后宫具备。且甲，齐贫人，急乃为宦者，入事汉，无补益，乃欲乱吾王家！且主父偃何为者？乃欲以女充后宫！"徐甲大穷，还报皇太后曰："王已愿尚娥，然有一害，恐如燕王。"燕王者，与其子昆弟奸，新坐以死，亡国，故以燕感太后。太后曰："无复言嫁女齐事。"事浸浔不得闻于天子。主父偃由此亦与齐有郤。

主父偃方幸于天子，用事②，因言："齐临菑十万户，市租千金，人众殷富，巨于长安，此非天子亲弟爱子不得王此。今齐王于亲属益疏。"乃从容言："吕太后时齐欲反，吴楚时孝王几为乱。今闻齐王与其姊乱。"于是天子乃拜主父偃为齐相，且正其事。主父偃既至齐，乃急治王后宫宦者为王通于姊翁主所者，令其辞证皆引王。王年少，惧大罪为吏所执诛，乃饮药自杀。绝无后。

是时赵王惧主父偃一出废齐，恐其渐疏骨肉，乃上书言偃受金及轻重之短。天子亦既囚偃。公孙弘言："齐王以忧死，毋后，国入汉，非诛偃无以塞天下之望。"遂诛偃。

批注

①篇首连叙三事，事事有曲折，看其无处不写到，笔随事曲，事随笔显，真奇绝之文。

②齐之亡，亡于主父偃。而偃之怨齐，起于不得纳女后宫。偃之欲纳女

后宫,原于徐甲之为修成君女画嫁齐之策。文,步步用倒生出来之法,然其罪戾之端,则纪翁主启之,故先叙在前。可知此等文字,史公亦先给安排布置,有成竹于胸中而后写出,故能缩千头万绪于尺幅之中也。

〔释义〕 文章一开头就连讲了三件事:一,厉王之母是纪太后;二,太后将其娘家侄女嫁给厉王;厉王不爱纪女,于是太后又将纪家的长女纪翁纳入王宫,告她不准接近厉王,但齐王爱纪翁,遂与之私通,后来事情败露,遭致恶果。由于事情曲曲折折,文字亦随事情的曲折而转换笔调。笔到之处,曲折的事情也便生动地凸现出来。这便是文章妙手的绝妙之处。而主父偃与徐甲一节,是采用"倒生出来"法写成的,实际上即是"因果法"。即先叙述事情的原因,再及结果。而此事的因果关系是连锁式的,即由甲而引起乙;由于乙的原因又引起丙,此篇即循着这条连锁式的因果关系逐一地描写下去,故而显得脉络清晰,转承自然有序,看起来似有水到渠成之势。

萧相国世家

萧何小传 萧何（公元前257—公元前193），秦时的沛丰（今江苏省丰县）人，西汉初期的著名政治家、法律家，与张良、韩信齐名，被称之为汉初三杰。早年曾任沛县狱吏，后参加起义军，辅佐刘邦降秦灭楚，大有功于汉室。当刘邦被项羽削封为汉王据守汉中时，任萧何为丞相，萧何极力推荐韩信为大将军，从而还定三秦，东征齐、赵。楚汉战争时期，他留守关中，治理地方，使关中成为汉军的巩固后方，不断地输送士卒与粮饷支援前方作战，对于刘邦最后终于战胜项羽，建立汉家江山起了重要作用。汉朝建立后，刘邦认为他的功劳最高，封赏为"酂侯"，位居诸侯之首，食邑八千户。他在朝中长时期充任相国，直至汉惠帝二年（前193年）时病卒，谥号"文终侯"。

相国萧何，沛县丰邑人。因为他通晓法律条文而又不刻毒，做了沛县的功曹。

汉高祖刘邦还是平民百姓时，萧何多次凭着官吏的职权保护他。刘邦当了亭长，萧何常常帮助他。有一次刘邦到咸阳出公差，其他官吏都奉送他三百钱，唯独萧何送他五百钱。

秦朝的御史到泗水郡督察郡的工作时，萧何跟着他办事，经常把事情办得有条有理、清清楚楚。于是萧何被提升到泗水郡担任管理文书的卒史，在公务考核中萧何名列第一。御史打算推荐萧何入朝为官，萧何一再辞谢，才没有被调走。

等到高祖刘邦起事做了沛公时，萧何担任县丞，帮助他处理各种事务。刘邦进了咸阳，将领们都争先奔向府库，分取金帛财物，唯独萧何首先进入宫室收取秦朝丞相及御史掌管的律令图书，并珍藏起来。刘邦做了汉王，任命萧何为丞相。项羽和诸侯军队进入咸阳烧杀一番就离去了。刘邦之所以能够详尽地了解天下的险关要塞，人口的多少，各地诸方面的强弱，民众的疾苦等，就是因为萧何完好地得到了秦朝的文献档案的缘故。萧何还向刘邦推荐了韩信，刘邦任命韩信为大将军。此事记载在《淮阴侯列传》中。

　　刘邦领兵东进，平定三秦，萧何以丞相的身份留守治理巴蜀，安抚民众，发布政令，供给军队粮草。汉二年，刘邦与各路诸侯攻打楚军，萧何守卫关中，侍奉太子，治理栎阳。制定法令、规章，建立宗庙、社稷、宫室、县邑，每做一件事，萧何总是先禀报刘邦，得到刘邦同意，准许施行这些政事。如果来不及禀报刘邦，他就酌情处理，等刘邦回来再向他汇报。萧何在关中管理户籍人口，征集粮草运送给前方军队。刘邦多次弃军败逃，萧何常常征发关中壮丁补充军队的缺额。刘邦因此专门委任萧何处理关中政事。

　　汉高祖三年，刘邦与项羽对峙于京县、索城之间，刘邦多次派遣使者慰劳萧何。有个叫鲍生的人对萧何说："汉王在前线风餐露宿，却多次派使者来慰劳您，这是有怀疑您的心意。为您着想，不如派遣您的子孙兄弟中能拿起武器的人都到军营中效力，汉王必定更加信任您。"于是萧何听从了他的建议，刘邦非常高兴。

　　汉高祖五年，已经消灭了项羽，平定了天下，于是论功行赏。群臣争功，一年多也没能决定下来功劳的大小。刘邦认为萧何的功劳最显赫，封他为酂侯，给予的食邑最多。功臣们都说："我们身披战甲，手执兵器，亲身参加战斗，多的身经百战，少的交锋数十战役，攻占城池，夺取地盘，都立了大小不等的战功。如今萧何没有这样的汗马功劳，只是舞文弄墨，发表议论，不参加战斗，封赏倒反在我们之上，这是为什么呢？"高帝说："诸位懂得打猎吗？"群臣回答说："懂得打猎。"高帝又问："知道猎狗吗？"群臣说："知道。"高帝说："打猎时，追咬野兽的是猎狗，但发现野兽踪迹，指出野兽所在地方的是猎人。而今大家仅能捉到野兽而已，功劳不过像猎狗。至于萧何，发现野兽踪迹，指明猎取目标，功劳如同猎人。再说诸位只是自己追随我，多的不过一家两三个人。而萧何让自己本族里的几十人都来随我打天下，这种功劳是不能忘的。"群臣都不再言语了。

　　列侯均已受到封赏，等到评定列侯们的位次时，群臣都说："平阳侯曹参身受七十处创伤，攻城夺地，功劳最多，应该排在第一位。"刘邦已经在前面压制过一回众人的意见，较多地赏封了萧何，到评定位次时就没有再反驳大家，但心里还是想把萧何排在第一位。关内侯鄂千秋进言说："各位大臣的主张是不对的。曹参虽然有转战各处、夺取地盘的功劳，但这不过是一时的事情。皇上与楚军相持五年，常常将士伤亡，败逃好几次。然而萧何常从关中派遣军队补充前线，这些都不是皇上下令让他做的，数万士卒开赴前线时正值大王最危急的时刻，这种情况已有多次了。汉军与楚军在荥阳对垒数年，军中没有粮食，萧何从关中用车船运来粮食，使汉军军粮供应从不匮乏。陛下虽然多次失掉崤山以东的地区，但萧何一直保全关中等待着陛下，这是万世不朽的功勋啊。如今即使没有上百个曹参这样的人，对汉室又有什么损失？汉室得到了这些人也不一定得以保全。怎么能让一时的功劳凌驾在万世功勋之上呢！应该是萧何排第一位，曹参居次。"刘邦说："好。"于是便确定萧何为第一位，特恩许他带剑穿鞋上殿，上朝时可以免掉小步快走的礼节。

刘邦说："我听说推荐贤才要受上等的奖赏。萧何的功劳虽然很高，但经过鄂君的推荐才让更多的人认识。"于是根据鄂君原来受封的关内侯食邑，加封他为安平侯。当天，萧何父子兄弟十多人都得到封邑。后又额外加封萧何两千户，这是因为刘邦过去到咸阳出差时，萧何多送给自己二百钱的缘故。

汉高祖十一年，陈豨反叛，刘邦亲自率军到了邯郸。平叛尚未结束，淮阴侯韩信又在关中谋反，吕后采用萧何的计策，杀了韩信，此事记载在《淮阴侯列传》中。刘邦已经听说淮阴侯被杀，派遣使者拜丞相萧何为相国，加封五千户，并令一名都尉带领五百名士卒给萧何做卫队。为此许多人都来祝贺，唯独召平却来警告萧何。召平原是秦朝的东陵侯。秦朝灭亡后，他沦为平民，家中贫穷，在长安城东种瓜。他种的瓜味道甜美，所以社会上的人称它为"东陵瓜"，这是根据召平的封号来命名的。召平对萧何说："祸患从此开始了。皇上统军在外作战，而您留守朝中，未遭战事之险，反而增加您的封邑并设置卫队，这是因为目前淮阴侯刚刚在京城谋反，皇上怀疑您的心就产生了。设置卫队保护您，并非以此宠信您，希望您辞让封赏不受，把家产、资财全都捐助军队，那么皇上心里就会高兴。"萧何听从了他的建议。刘邦对此果然非常欢喜。

汉高祖十二年的秋天，黥布反叛，刘邦亲自率军征讨他，多次派人来询问萧何在做什么。萧何因为皇上率军在外，就在后方安抚勉励百姓，把自己的家财全都捐助军队，和平定陈豨时一样。有一个门客劝告萧何说："您灭族的日子不远了。您位居相国，功劳数第一，还能够再加功吗？您当初进入关中就深得民心，至今十多年了，民众都亲附您，您还是那么勤勉地做事，与百姓关系和谐，受到爱戴。皇上之所以屡次询问您的情况，是害怕您的威信震撼关中。如今您何不多买田地，采取低价、赊借等手段来败坏自己的声誉？这样，皇上的心才会安定。"于是萧何听从了他的主意，刘邦这才放心，高兴了起来。

刘邦征灭黥布返回长安，民众拦路上书，说萧何低价强买百姓田地房屋数千万。刘邦回到宫中，萧何进见。刘邦笑着说："你这个相国竟是这样'利民'！"刘邦把民众的上书都交给萧何，说："你自己向百姓们谢罪吧。"萧何趁这个机会为民众请求说："长安一带土地狭窄，上林苑中有很多空地，已经废弃荒芜，希望让百姓们进去耕种打粮，留下禾秆作为禽兽的饲料。"刘邦大怒说："相国你大量地接受了商人的财物，就替他们请求占用我的上林苑！"于是就把萧何交给廷尉，用镣铐拘禁了他。几天以后，一个姓王的卫尉侍奉刘邦时，上前问道："相国犯了什么大罪，陛下把他拘禁得如此严酷？"刘邦说："我听说李斯辅佐秦始皇时，有了成绩归于主上，出了差错自己承担。如今相国大量地收受奸商钱财而为他们请求占用我的苑林，以此向民众讨好，所以把他铐起来治罪。"王卫尉说："在自己职责范围内，如果有利于百姓而为他们请求，这确是宰相分内的事，陛下怎么怀疑相国收受商人钱财呢！况且陛下与楚军相持数年，陈豨、黥布反叛时，陛下又亲自带兵前往平叛，当时相国留守关中，他只动一动手脚，那么函谷关以西的地盘就不归陛下所有了。相国不趁着这个时机为己谋利，现在却反而贪图商人的钱财吗？再说秦始皇正因为听不到自己的过错而失去天下，这是李斯分担过错的结果，又哪里值得效法呢？陛下为什么怀疑宰相到如此浅薄的地步！"刘邦听后自觉有愧。当天，刘邦派人持节赦免释放了萧何。萧何上了年纪，一向谦恭谨慎，赤脚步行入朝向刘邦谢罪。刘邦说："算了吧！相国为民众请求苑林，我不答应，我不过是个桀、纣那样的君主，而你则是个贤相。我之所以把你用镣铐拘禁起来，是想让百姓们知道我的过错。"

萧何平常与曹参相互不容，到萧何病重时，孝惠帝亲自去探视相国病情，趁便问道："您百年之后了，谁可以接替您呢？"萧何回答说："了解臣下的莫过于君主了。"孝惠帝说："曹参怎么样？"萧何叩头说："陛下得到最合适的人选了！我死也不遗憾了！"

萧何购置田地住宅必定处在贫苦偏僻的地方，建造家园不修筑围墙。他说："我的后代子孙如果贤能，就学习我的俭朴；后代如果不贤能，可以不被有权势的人家所夺取。"

孝惠帝二年，萧何去世，谥号为文终侯。萧何的后代因为犯罪而失去侯爵封号的有四世，每次丢爵之后，皇上总是再寻找一个萧何的后代，续封为酇侯，汉朝功臣中没有谁能比得上萧何的。

太史公说：相国萧何在秦朝时仅是个文职小吏，平平庸庸没有什么惊人的作为。等到汉王朝兴起，仰仗高祖皇帝日月般的光辉，萧何谨守自己的职责，根据民众痛恨秦朝苛法这一情况，顺应潮流，更改旧法，颁布新律。韩信、黥布等被诛灭后，萧何的功勋更显得灿烂。他的地位为群臣之冠，声望延及后世，能够跟闳夭、散宜生等人媲美了。

原文

萧相国何者，沛丰人也。①以文无害为沛主吏掾。

高祖为布衣时，何数以吏事护高祖。高祖为亭长，常左右之。高祖以吏繇咸阳，吏皆送奉钱三，何独以五。

秦御史监郡者与从事，常辨之。何乃给泗水卒史事，第一。秦御史欲入言征何，何固请，得毋行。

及高祖起为沛公，何常为丞督事。沛公至咸阳，诸将皆争走金帛财物之府分之，何独先入收秦丞相御史律令图书藏之。沛公为汉王，以何为丞相。项王与诸侯屠烧咸阳而去。汉王所以具知天下厄塞，户口多少，强弱之处，民所疾苦者，以何具得秦图书也。何进言韩信，汉王以信为大将军。语在《淮阴侯》事中。

汉王引兵东定三秦，何以丞相留收巴蜀，填抚谕告，使给军食。汉二年，汉王与诸侯击楚，何守关中，侍太子，治栎阳。为法令约束，立宗庙社稷宫室县邑，辄奏上，可，许以从事；即不及奏上，辄以便宜施行，上来以闻。关中事计户口转漕给军，汉王数失军遁去，何常兴关中卒，辄补缺。上以此专属任何关中事。

汉三年，汉王与项羽相距京索之间，上数使使劳苦丞相。鲍生谓丞相曰："王暴衣露盖，数使使劳苦君者，有疑君心也。为君计，莫若遣君子孙昆弟能胜兵者悉诣军所，上必益信君。"于是何从其计，汉王大说。

汉五年，既杀项羽，定天下，论功行封。群臣争功，岁余功不决。高祖以萧何功最盛，封为酂侯，所食邑多。功臣皆曰："臣等身被坚执锐，多者百余战，少者数十合，攻城略地，大小各有差。今萧何未尝有汗马之劳，徒持文墨议论，不战，顾反居臣等上，何也？"高帝曰："诸君知猎乎？"曰："知之。""知猎狗乎？"曰："知之。"高帝曰："夫猎，追杀兽兔者，狗也；而发踪指示兽处者，人也。今诸君徒能得走兽耳，功狗也。至如萧何，发踪指示，功人也。且诸君独以身随我，多者两三人。今萧何举宗数十人皆随我，功不可忘也。"群臣皆莫敢言。

列侯毕已受封，及奏位次，皆曰："平阳侯曹参身被七十创，攻城略地，功最多，宜第一。"上已挠功臣，多封萧何，至位次未有以复难之，然心欲何第一。关内侯鄂君进曰："群臣议皆误。夫曹参虽有野战略地之功，此特一时之事。夫上与楚相距五岁，常失军亡众，逃身遁者数矣。然萧何常从关中遣军补其处，非上所诏令召，而数万众会上之乏绝者数矣。夫汉与楚相守荥阳数年，军无见粮，萧何转漕关中，给食不乏。陛下虽数亡山东，萧何常全关中以待陛下，此万世之功也。今虽亡曹参等百数，何缺于汉？汉得之不必待以全。奈何欲以一旦之功而加万世之功哉！萧何第一，曹参次之。"高祖曰："善。"于是乃令萧何第一，赐带剑履上殿，入朝不趋。

上曰："吾闻进贤受上赏。萧何功虽高，得鄂君乃益明。"于是因鄂君故所食关内侯邑封为安平侯。是日，悉封何父子兄弟十余人，皆有食邑。乃益封何二千户，以帝尝繇咸阳时"何送我独赢奉钱二"也。

汉十一年，陈豨反，高祖自将，至邯郸。未罢，淮阴侯谋反关中，吕后用萧何计，诛淮阴侯，语在《淮阴》事中。上已闻淮阴侯诛，使使拜丞相何为相国，益封五千户，令卒五百人一都尉为相国卫。诸君皆贺，召平独吊。召平者，故秦东陵侯。秦破，为布衣，贫，种瓜于长安城东，瓜美，故世俗谓之"东陵瓜"，从召平以为名也。召平谓相国曰："祸自此始矣。上暴露于外而君守于中，非被矢石之事而益君封置卫者，以今者淮阴侯新反于中，疑君心矣。夫置卫卫君，非以宠君也。愿君让封勿受，悉以家私财佐军，则上心说。"相国从其计,高帝乃大喜。

汉十二年秋,黥布反,上自将击之,数使使问相国何为。相国为上在军,乃拊循勉力百姓,悉以所有佐军,如陈豨时。客有说相国曰:"君灭族不久矣。夫君位为相国,功第一,可复加哉?然君初入关中,得百姓心,十余年矣,皆附君,常复孳孳得民和。上所为数问君者,畏君倾动关中。今君胡不多买田地,贱贳贷以自污?上心乃安。"于是相国从其计,上乃大说。

上罢布军归,民道遮行上书,言相国贱强买民田宅数千万。上至,相国谒。上笑曰:"夫相国乃利民!"民所上书皆以与相国,曰:"君自谢民。"相国因为民请曰:"长安地狭,上林中多空地,弃,愿令民得入田,毋收槀为禽兽食。"上大怒曰:"相国多受贾人财物,乃为请吾苑!"乃下相国廷尉,械系之。数日,王卫尉侍,前问曰:"相国何大罪,陛下系之暴也?"上曰:"吾闻李斯相秦皇帝,有善归主,有恶自与。今相国多受贾竖金而为民请吾苑,以自媚于民,故系治之。"王卫尉曰:"夫职事苟有便于民而请之,真宰相事,陛下奈何乃疑相国受贾人钱乎!且陛下距楚数岁,陈豨、黥布反,陛下自将而往,当是时,相国守关中,摇足则关以西非陛下有也。相国不以此时为利,今乃利贾人之金乎?且秦以不闻其过亡天下,李斯之分过,又何足法哉。陛下何疑宰相之浅也。"高帝不怿。是日,使使持节赦出相国。相国年老,素恭谨,入,徒跣谢。高帝曰:"相国休矣!相国为民请苑,吾不许,我不过为桀、纣主,而相国为贤相。吾故系相国,欲令百姓闻吾过也。"

何素不与曹参相能,及何病,孝惠自临视相国病,因问曰:"君即百岁后,谁可代君者?"对曰:"知臣莫如主。"孝惠曰:"曹参何如?"何顿首曰:"帝得之矣!臣死不恨矣!"

何置田宅必居穷处,为家不治垣屋。曰:"后世贤,师吾俭;不贤,毋为势家所夺。"

孝惠二年,相国何卒,谥为文终侯。后嗣以罪失侯者四世,绝,天子辄复求何后,封续酂侯,功臣莫得比焉。

太史公曰:萧相国何于秦时为刀笔吏,录录未有奇节。及汉兴,依日月之末光,何谨守管籥,因民之疾秦法,顺流与之更始。淮阴、黥布等皆以诛灭,而何之勋烂焉。位冠群臣,声施后世,与闳夭、散宜生等争烈矣。

批注

①酂侯为汉元功第一。于其始，默识高祖于稠人之中处，故用"常"字、"独"字、"数"字。草蛇灰线，历落叙来。而以"固请，得毋行"一语，表其深心高识，便为第一注脚。令人瞥然自见，初未尝为品藻也，真正高手。

〔释义〕　萧何是汉初功臣第一名。他最初就独具慧眼识得风尘，早识高祖还在其于草莽之中，所以在文中屡用"常"、"独"、"数"等字眼，这是史公一开笔就草蛇灰线、埋下伏笔于其后的章法。而在"固请，得毋行"一句，更见萧何心思的广远，早已下定跟随高祖前后于一生的志愿。这些伏笔，粗看起来不易察觉，以为平铺直叙没有什么味道，而认真地前后联系起来看，才知道其中的奥妙，知道这才是文章的高手之所在。

补注

太史公至处，班固不能到。即如《萧相国世家》，"以帝尝繇咸阳时，萧何送我，独赢俸钱二也"一句，太史公语未了，忽入高帝口气，摹画玲珑，而文法奇绝。（清·姚范：《援鹑堂笔记》）

〔释义〕　汉高祖刘邦在秦朝时，曾经到京城咸阳去服劳役。跟刘邦在一起的小吏皆送他俸钱三个，只有萧何送了五个。到刘邦做了皇帝，论功行赏时，刘邦又加封萧何二千户，只为他曾经多送两个俸钱的缘故。在此段文章里，前面一句"以帝尝徭咸阳时"，是作者司马迁的叙述，而后面插入刘邦的口气：'何送我独赢俸钱二也。'则是于作者叙述的话语中，忽然插入刘邦的话，并将其混在一起，显得活泼自然，从而使文章更为声情并茂，活灵活现。

曹相国世家

曹参小传 曹参(公元前?—前190),是继萧何之后的汉代第二位相国,早年,曾随汉高祖刘邦起兵,史称其"身被七十创,攻城略地,功最多,宜第一。"高祖六年(公元前201年),他受封为平阳侯,食邑一万零六百三十户。惠帝二年(公元前193年),萧何于临终前,向汉惠帝举荐他为丞相。他在位期间,继续执行萧何既定的方针政策,不做丝毫改变,被史家称之为"萧规曹随"。

孝惠帝元年,废除了诸侯国设相国的法令,改命曹参为齐国丞相。曹参做齐国丞相时,齐国有七十座城邑。当时天下刚刚平定,而悼惠王又很年轻,曹参把齐国的最有名望的读书人都召来,询问安抚百姓的办法。但齐国原有的那些读书人数以百计,众说纷纭,曹参无所适从。他听说胶西有位盖公,精研黄老学说,就派人带着厚礼把他请来。曹参见到盖公后,盖公对他说,治理国家的办法贵在清静无为,百姓们自然安定。以此类推,具体而详细地把这方面的道理都讲了。于是曹参让出自己办公的正堂,让盖公住在里面。此后,曹参治理国家的要领就是采用黄老的学说,所以他当齐国丞相九年,齐国安定繁荣,人们都称赞他是贤明的丞相。

孝惠帝二年,萧何去世。曹参听到这个消息,就告诉他的家人赶快整理行装,说:"我将要入朝当相国去了。"过了不久,朝廷果然派人来召曹参。曹参离开时,嘱咐后任齐国丞相说:"请在齐国保留狱市,以作为某些人寄托之所,不要轻易干涉。"后任丞相说:"治理国家没有比这件事更重要的吗?"曹参说:"不是这样。狱市是善恶并容的,如果您严加干涉,坏人在哪里容身呢?我因此把这件事摆在首位。"

曹参当初做小吏的时候,跟萧何关系很好,等到各自做了将军、相国,便有了隔阂。到萧何临终时,萧何向孝惠皇帝刘盈推荐的贤臣只有曹参。曹参接替萧何做了汉朝的相国，做事情没有任何变更，一概遵循萧何制定的法令。

曹参从各郡和诸侯国中挑选一些质朴而不善文辞的厚道人，立即召来任命为丞相的属官。对官吏中那些言语文字苛求细枝末节，想一味追求声誉的人，就予以裁撤。曹参自己整天饮美酒，不理政事。有的大臣和宾客们见这种情况，想进言劝谏。可是这些人一到，曹参就立即拿美酒给他们喝，稍有空隙时，有的人想说话，曹参又劝他们喝酒，直到喝醉后离去，始终没给开他们开口劝谏的机会，如此习以为常。

相国府的后花园靠近其他官吏的宅院，官吏们整天在宅院里饮酒歌唱，大呼小叫。曹参的随从官员们很厌恶这件事，但对此也无可奈何，于是就请曹参到后花园中游玩，果然听到了那些官吏们醉酒高歌、狂呼乱叫的声音，随从官员们希望曹参把他们召来加以制止。不料曹参叫人取酒陈设坐席痛饮起来，并且也高歌呼叫，与那些官吏们相应和。

曹参见别人有细小的过失，总是替别人隐瞒遮盖，因此相府中平安无事。

曹参的儿子曹窋做中大夫。孝惠帝埋怨曹相国不理政事，觉得相国是否看不起自己，于是对曹窋说："你回家后，试着私下随便问问你父亲说：'高皇帝刚刚逝去，新皇帝又很年轻，您身为相国，整天喝酒，没有任何事情奏请，您是怎么样关心天下大事的呢？'但这些话不要说是我告诉你的。"于是曹窋假日休息时回家，趁着空闲无人的时候，把孝惠帝的意思变成自己的话规劝曹参。曹参听了大怒，打了曹窋二百板子，说："快点儿进宫侍奉皇上去，国家大事不是你应该说的。"到上朝的时候，孝惠帝责备曹参说："您为什么要打曹窋呢？是我让他规劝你的。"曹参脱帽谢罪说："请陛下自己仔细考虑一下，您和高帝相比谁更圣明英武？"孝惠帝说："我怎么敢跟先帝相比呢！"曹参又说："陛下看我和萧何谁更贤能？"孝惠帝说："您好像不如萧何。"曹参说："陛下说对了。当初高皇帝与萧何平定了天下，制订了各种规章制度，现有明确的法令条文，陛下尽管袖手清闲，我等谨守各自的职责，遵循原有的法令而不随意更改，这不是很好吗？"孝惠帝说："说得好。今天就到这儿吧！"

曹参做汉朝相国，前后有三年时间，死后，被谥为懿侯。曹参之子曹窋接替了他的侯位。百姓们歌颂曹参的事迹说："萧何制定法令，明确划一；曹

参接替萧何为相，遵守萧何制定的法度而不改变。曹参施行他那清静无为的政策，百姓因而安宁不乱。"

平阳侯曹窋在吕后时任御史大夫。孝文帝即位后，免去御史大夫的职位而在家为侯。曹窋为侯二十九年后去世，谥号为静侯。曹窋的儿子曹奇接替侯位，为侯七年去世，谥号为简侯。曹奇的儿子曹时接替侯位。曹时娶了平阳公主，生儿子曹襄。曹时得了疠病，不能住在京城，回到自己的封地。曹时为侯二十三年去世，谥号为夷侯。曹时的儿子曹襄接替侯位。曹襄娶了卫长公主，生儿子曹宗。曹襄为侯十六年去世，谥号为共侯。曹襄的儿子曹宗接替侯位。征和二年，曹宗因太子兵变一事的牵连，获罪被处死，封国被废除。

太史公说：曹相国的战功之所以如此之多，是因为他跟着淮阴侯韩信作战的缘故。等到韩信被杀以后，靠着战功封侯的人中，唯独曹参善于保持其名望。曹参作为汉朝相国，极力主张清静无为的道家学说。百姓摆脱秦朝的酷政以后，曹参给予他们休养生息的时机，无为而治，所以天下的人都称颂他的美德。

原文

孝惠帝元年，除诸侯相国法，更以参为齐丞相。参之相齐，齐七十城。天下初定，悼惠王富于春秋，参尽召长老诸生，问所以安集百姓，如齐故俗。诸儒以百数，言人人殊，参未知所定。闻胶西有盖公，善治黄老言，使人厚币请之。既见盖公，盖公为言治道贵清静而民自定，推此类具言之。参于是避正堂，舍盖公焉。其治要用黄老术，故相齐九年，齐国安集，大称贤相。

惠帝二年，萧何卒。参闻之，告舍人趣治行，"吾将入相"。居无何，使者果召参。参去，属其后相曰："以齐狱市为寄，慎勿扰也。"后相曰："治无大于此者乎？"参曰："不然。夫狱市者，所以并容也，今君扰之，奸人安所容也？吾是以先之。"

参始微时，与萧何善；及为将相，有郤。至何且死，所推贤唯参。参代何为汉相国，举事无所变更，一遵萧何约束。

择郡国吏木诎于文辞，重厚长者，即召除为丞相史。吏之言文刻深，欲务声名者,辄斥去之。日夜饮醇酒。卿大夫已下吏及宾客见参不事事,来者皆欲有言。至者,参辄饮以醇酒,间之,欲有所言,复饮之,醉而后去,终莫得开说,以为常。

相舍后园近吏舍,吏舍日饮歌呼。从吏恶之,无如之何,乃请参游园中,闻吏醉歌呼,从吏幸相国召按之。乃反取酒张坐饮,亦歌呼与相应和。

参见人之有细过,专掩匿覆盖之,府中无事。

参子窋为中大夫。惠帝怪相国不治事,以为"岂少朕与"?乃谓窋曰:"若归,试私从容问而父曰:'高帝新弃群臣,帝富于春秋,君为相,日饮,无所请事,何以忧天下乎?'然无言吾告若也。"窋既洗沐归,闲侍,自从其所谏参。参怒,而笞窋二百,曰:"趣入侍,天下事非若所当言也。"至朝时,惠帝让参曰:"与窋胡治乎?乃者我使谏君也。"参免冠谢曰:"陛下自察圣武孰与高帝?"上曰:"朕乃安敢望先帝乎!"曰:"陛下观臣能孰与萧何贤?"上曰:"君似不及也。"参曰:"陛下言之是也。且高帝与萧何定天下,法令既明,今陛下垂拱,参等守职,遵而勿失,不亦可乎?"惠帝曰:"善。君休矣!"

参为汉相国,出入三年。卒,谥懿侯。子窋代侯。百姓歌之曰:"萧何为法,顜若画一;曹参代之,守而勿失。载其清净,民以宁一。"

平阳侯窋,高后时为御史大夫。孝文帝立,免为侯。立二十九年卒,谥为静侯。子奇代侯,立七年卒,谥为简侯。子时代侯。时尚平阳公主,生子襄。时病疠,归国。立二十三年卒,谥夷侯。子襄代侯。襄尚卫长公主,生子宗。立十六年卒,谥为共侯。子宗代侯。征和二年中,宗坐太子死,国除。

太史公曰①:曹相国参攻城野战之功所以能多若此者,以与淮阴侯俱。及信已灭,而列侯成功,唯独参擅其名。参为汉相国,清静,极言合道。然百姓离秦之酷后,参与休息无为,故天下俱称其美矣。

批注

①此"赞",言简而意甚长,不满平阳意最为显著。

补注

"太史公赞",一半写战功,一半写相业,俱不甚许曹参。而忽然为淮阳洒泪,大奇!须知,此是史公故作之笔。"及信已灭"此四字,却于曹相国赞中,寄慨无穷。"清静,极言合道",此六字非便是写参相业,乃写参生平性之所近。"休息无为",莫便是"清静合道"耶?上句,下一"然"字;下句,下一"故"字,史公笔墨斟酌,固自有其分寸矣!(清·金圣叹:《评点才子全集·西汉文》)

〔释义〕 姚祖恩与金圣叹的批注,都集中在"太史公赞"一段文字上。因为这段赞语,最为简短而寓意深长。为什么呢?姚祖恩提出来而没有道破;金圣叹提出来并破解甚详。他说,赞语既写曹参战功又写其相业,在话语中都对曹参含不满之意,但都没有明说,只在讲到淮阴侯韩信时,抛洒了一掬同情之泪。这看起来很奇怪,岂知这正是太史公的故作之笔。他有意借曹参而激射韩信。因为史书上说曹的战功最多,数第一;而事实上,他的战功与韩信相当,且远不如韩信。而韩信被杀,曹参却独擅美名,这怎能叫人平心静气呢?在相业上亦是如此,西汉初年,人民刚刚摆脱暴秦酷政,亟需休养生息、恢复民力之时,他秉承萧何的前制,放手让人民发展生产,恢复经济就行了,不要行什么新政,只要"清静合道"、无为而治就可以收到天下大治的实效了。这也就是说,他的相业功劳,也是白捡来的,并不是他真有什么治国的能耐。太史公前一句"然百姓离秦之酷后",下一句"故天下俱称其美矣",便将其全部含意,俱包容于其中了!由此可见,史公之笔那真是字字千金呀!

留侯世家

张良小传 张良（约公元前251—前186），字子房，与萧何、韩信齐名，被人称之为汉初三杰，是一位伟大的政治家、谋略家。楚汉战争期间，他提出了联合英布、彭越，重用韩信等策略，调动起天下诸侯之力，各路出兵，包剿合击，终于围困项羽于垓下，尽歼楚军，建立起汉室的天下。刘邦曾称赞其"运筹策帷幄之中，决胜千里外，吾不如子房"。汉朝建立，被封为留侯。他见刘邦对所封的故旧亲近，尽行诛杀祸灭，曾经极力谏阻，但未为刘邦采纳，于是便尽力回避朝政，闲散于文林隐士之间。

留侯张良，他的先人是韩国人。祖父张开地，做过韩昭侯、宣惠王、襄哀王三朝的丞相。父亲张平，做过釐王、悼惠王两朝的丞相。悼惠王二十三年，张平去世。此后二十年，秦国灭亡了韩国。张良当时年纪轻，没有在韩国做官。韩国灭亡后，张良家有奴仆三百人，弟弟死了不厚葬，用全部财产寻求勇士谋刺秦王，为韩国报仇，这是因为他的祖父、父亲仕过五朝韩国丞相的缘故。

张良曾经在淮阳学习礼法，又到东方拜见过仓海君，找到了一位大力士，为他打造了一个一百二十斤重的大铁锤。秦始皇到东方巡游，张良与大力士在博浪沙这个地方袭击秦始皇，误中了秦始皇侍从所乘的车。秦始皇大怒，在全国大肆搜捕，一定要捉到刺客，这就是张良他们干的。于是张良改名换姓，逃到下邳躲藏起来。

张良曾信步闲游到下邳桥上，有一个老人，穿着粗布衣裳，走到张良跟前，故意把他的鞋甩到桥下，回过头来对张良说："小伙子，下去把鞋捡上来！"张良有些惊讶，想打他，因为见他年老，勉强地忍了下来，下去捡了鞋。老人说："给我把鞋穿上！"张良心想既然我已经捡了上来了，就给他穿吧，于是他跪着给老人穿好了鞋。老人伸着脚穿好鞋后，笑着离去了。张良目送老人背影，心里十分惊讶。老人离开了约有一里路，又返回来，说："你这个小伙子是可以教导的啊。五天以后天刚亮时，你我在这里相会。"张良越发觉得这件事奇怪，跪下来说："遵命。"到了第五天，天刚亮，张良到桥头去了。老人已先在那里，生气地对张良说："跟老年人约会，反而后到，为什么呢？"说完转身就走，并说："五天以后早早来会面。"五天后鸡一叫，张良就来到桥头了。老人又先在那里了，更生气地说："又来晚了，这是为什么？"说完转身便走，并说："五天后再早点儿来。"五天后，张良不到半夜就到桥头了。过了一会儿，老人来了，高兴地说："就应该这样。"老人拿出一部书交给张良说："读了这部书就可以做帝王的老师了。十年以后将有王者兴起。再过十三年，你到济北见我，谷城山下的黄石就是我。"说完便走了，没有别的话留下，从此也没有见到这位老人。天明时张良一看老人送的书，原来是《太公兵法》。张良因而觉得这部书非同寻常，经常学习、诵读它。

　　张良住在下邳时，行侠仗义。项羽的叔叔项伯当时杀了人，就跑到张良这里躲藏起来。

　　过了十年，陈涉等人果然起兵了，张良也聚集了一百多个青年反秦。这时，景驹自立为代理楚王，驻在留县。张良打算前去跟随他，半道上遇见了刘邦。刘邦率领几千人，夺取下邳以西的地方，张良便归附了他。刘邦任命张良做厩将。张良多次根据《太公兵法》向刘邦献策，刘邦很赏识他，经常采用他的计谋。这些话张良也对别人讲过，但别人都不能领悟。张良说："沛公的智慧大概是上天授予的。"于是张良追随了刘邦。

　　刘邦得到汉中地区。刘邦要到封国去了，张良他们送到褒中，刘邦让张良返回韩国。临别时张良便劝告刘邦说："大王为何不烧断所经过的栈道，向天下表示不再回来的决心，以此哄得项羽对您放心？"于是刘邦便让张良在返回的路上边走边烧，整个栈道都被烧光了。

　　张良回到韩国时，因为韩王成当初让张良跟随了刘邦，项羽怀恨在心，始终不派韩王成回韩国，让他跟随自己一起东去彭城。张良对项羽说："刘邦烧断了栈道，已经没有返回的意思了。"张良便把齐王田荣反叛之事上书报告项羽。项羽由此不再担忧西边的刘邦，因而起兵北上攻打齐国。

　　项羽始终不肯派韩王成回韩国，并把他贬为侯，又在彭城杀了他。张良闻风而逃，抄小路回到刘邦那里，刘邦这时也已回军平定了三秦。刘邦又封张良为成信侯，跟着东征楚国。到了彭城，汉军战败向西撤军。来到下邑，刘邦下马倚鞍问道："我打算把函谷关以东一些地盘作为封赏，谁能够同我一起破楚立功呢？"张良进言说："九江王黥布是楚国的猛将，同项羽有矛盾；彭越与齐王田荣相勾结，正在梁地反楚。这两个人可立即利用。您的部下将领中唯有韩信可以托付大事，能独当一面。您果真要拿出一些地盘，就可以分给这三个人，那么楚国就可以打败了。"刘邦于是派随何去游说九江王黥布，又派人去联络彭越。等到魏王豹反叛，刘邦派韩信率兵攻打他，乘势攻占了燕、代、齐、赵等国的大片地区。刘邦最终打败项羽靠的就是这三个人的力量。

张良体弱多病，不曾独立带兵作战，一直作为出谋划策的臣子，经常跟随在刘邦的身边。

汉高祖六年正月，封赏开国功臣。张良不曾有战功，高帝说："出谋划策于营帐之中，制胜于千里之外，这就是张良的功劳。你可以在齐地选择三万户作为自己的封邑。"张良说："当初我在下邳起兵，与您在留县相遇，这是上天把我交给陛下的。陛下采用我的计谋，侥幸经常有效，我愿只受封留县就足够了，不敢承受三万户的封赏。"于是刘邦封张良为留侯，同萧何等人一起受封。

张良体弱多病，便修炼道家的导引吐纳之术，不食五谷，闭门不出有一年多。

刘邦想废掉太子刘盈，另立戚夫人生的儿子赵王如意为太子。很多大臣进谏劝阻，都没能改变刘邦的态度。吕后很惊恐，不知该怎么办。有人对吕后说："张良善于出谋划策，皇上信任他。"吕后就派建成侯吕泽胁迫张良说："您一直是皇上的谋臣，现在皇上打算更换太子，您怎么能高枕而卧袖手旁观呢？"张良说："当初皇上多次处在危急之中，侥幸采用了我的计谋。如今天下安定，由于偏爱的原因想更换太子，这是皇室至亲骨肉之间的事，即使同我一样的有一百多人进谏又有什么用。"吕泽竭力要挟说："一定得给我出个主意。"张良说："这件事是很难用口舌来谏诤的。皇上不能招致而来的，天下有四个人。这四个人已经年老了，都认为皇上对人傲慢，所以逃避躲藏在山中，他们按照道义不肯做汉朝的臣子。但是皇上很敬重这四个人。现在您果真能不惜金玉璧帛，让太子写一封信，言辞要谦恭，并预备舒适的马车，再派有口才的人恳切地聘请，他们应当会来。来了以后，把他们当做贵宾，让他们时常跟着入朝，叫皇上见到他们，那么皇上一定会感到惊异并询问他们。一问他们，皇上知道这四个人贤能，那么这对太子是一种帮助。"于是吕后让吕泽派人携带太子的书信，用谦恭的言辞和丰厚的礼品，迎请这四个人。四个人来了，作为贵客就住在建成侯吕泽的府第中。

汉高祖十二年，刘邦打败黥布带着军队回来后，病势更加沉重，想更换太子的心情就更加迫切了。张良劝谏，刘邦不听，就托病不再理政事了。叔孙太傅引证古今事例进行劝说，甚至想用最后一死保全太子。刘邦假装答应了他，但还是想更换太子。等到刘邦设置酒席时，太子在旁侍候。那四位老人跟着太子，他们的年龄都已八十多岁，须眉洁白，衣冠非常壮美奇特。刘邦感到奇怪，问道："你们几个是什么人？"四个人向前对答，各自说出姓名，叫东园公、角里先生、绮里季、夏黄公。刘邦于是大惊说："我访求各位好几年了，各位都躲避着我，现在你们为何跟我儿交往呢？"四人说："陛下轻慢士人，喜欢骂人，我们讲求义理，不愿受辱，所以惶恐地逃躲。我们私下听说太子为人仁义孝顺，谦恭有礼，喜爱士人，天下士人没有一个人不愿意为他拼死效力的，因此我们就来了。"刘邦说："烦劳诸位始终如一地好好调教照护太子吧。"

四个人向刘邦敬酒祝寿已毕，一起退去。刘邦望着他们的背影，召唤戚夫人过来，指着那四个人的背影对她说道："我想更换太子，可是那四个人辅佐他，太子的羽翼已经形成，不能再动了。看来吕后真是你的主人了。"戚夫人哭泣起来，刘邦说："你为我跳楚舞，我为你唱楚歌。"刘邦唱道："鸿鹄高飞，振翅千里。羽翼已成，翱翔四海。翱翔四海，当可奈何！虽有强弩，又有何用！"刘邦唱了几遍，戚夫人抽泣流泪，刘邦起身离去，酒宴结束。刘邦最终没更换太子，根本在于张良出主意，请来这四个人发生了效力。

张良自己说："我家世代为韩国丞相，韩国灭亡后，我不惜万金家财，替韩国向强秦报仇，天下为此震动。如今凭借三寸之舌为帝王军师，封邑万户，位居列侯，这对一个平民是至高无上的，我张良已经非常满足了。我愿丢却人世间的事情，打算随赤松子去遨游。"于是张良学辟谷之术，意想飞升。高祖刘邦死后，吕后感激张良的恩德，便竭力让他进食，说："人生一世，有如白驹过隙一样迅速，何必自找苦吃到这种地步啊！"张良不得已，勉强听命

进食。

又过了八年，张良去世，谥号为文成侯。他儿子张不疑袭封为侯。

十三年后，张良跟随高帝经过济北时，果然见到谷城山下有块黄石，便把它取回，奉至宝地祭祀它。张良去世，家人就把这块黄石与他一起安葬了，以后每逢扫墓以及冬夏节日祭祀张良的时候，也同时祭祀那块黄石。

太史公说：学者大多认为没有鬼神，却认为有精怪。至于像张良遇见老人赠书的事，也可以说是一怪了。汉高祖多次遭遇困境，而张良常在这种危急时刻建功效力，难道说这不是天意吗？刘邦说："出谋划策于营帐之中，决定胜负在千里之外，我比不了张良。"我原以为张良是高大威武的样子，等到看见他的画像，相貌却像个美丽的女子。孔子说过："按照相貌来评判人，我对待子羽上就有所失误。"对于张良，我也差点犯了这样的错误。

原文

留侯张良者，其先韩人也。大父开地，相韩昭侯、宣惠王、襄哀王。父平，相釐王、悼惠王。悼惠王二十三年，平卒。卒二十岁，秦灭韩。良年少，未宦事韩。韩破，良家僮三百人，弟死不葬，悉以家财求客刺秦王，为韩报仇，以大父、父五世相韩故。

良尝学礼淮阳。东见仓海君。得力士，为铁椎重百二十斤。秦皇帝东游，良与客狙击秦皇帝博浪沙中，误中副车。秦皇帝大怒，大索天下，求贼甚急，为张良故也。良乃更名姓，亡匿下邳。

良尝闲从容步游下邳圯上，有一老父，衣褐，至良所，直堕其履圯下，顾谓良曰："孺子，下取履！"良愕然①，欲殴之。为其老，强忍，下取履。父曰："履我！"良业为取履，因长跪履之。父以足受，笑而去。良殊大惊，随目之。父去里所，复还，曰："孺子可教矣。后五日平明，与我会此。"良因怪之，跪曰："诺。"五日平明，良往。父已先在，怒曰："与老人期，后，何也？"去，曰："后五日早会。"五日鸡鸣，良往。父又先在，复怒曰："后，何也？"去，曰："后五日复早来。"五日，良夜未半往。有顷，父亦来，喜曰："当如是。"出一编书，曰："读此则为王者师矣。后十年兴。十三年孺子见我济北，谷城山下黄石即我矣。"遂去，无他言，不复见。旦日视其书，乃《太公兵法》也。良因异之，常习诵读之。

居下邳，为任侠。项伯常杀人，从良匿。

后十年，陈涉等起兵，良亦聚少年百余人。景驹自立为楚假王，在留。良欲往从之，道还沛公。沛公将数千人，略地下邳西，遂属焉。沛公拜良为厩将。良数以《太公兵法》说沛公，沛公善之，常用其策。良为他人言，皆不省。良曰："沛公殆天授。"故遂从之。

汉王之国，良送至褒中，遣良归韩。良因说汉王曰："王何不烧绝所过栈道，示天下无还心，以固项王意。"乃使良还。行，烧绝栈道。

良至韩，韩王成以良从汉王故，项王不遣成之国，从与俱东。良说项王曰："汉王烧绝栈道，无还心矣。"乃以齐王田荣反书告项王。项王以此无西忧汉心，而发兵北击齐。

项王竟不肯遣韩王，乃以为侯，又杀之彭城。良亡，间行归汉王，汉王亦已还定三秦矣。复以良为成信侯，从东击楚。至彭城，汉败而还。至下邑，汉王下马踞鞍而问曰："吾欲捐关以东等弃之，谁可与共功者？"良进曰："九江王黥布，楚枭将，与项王有郄；彭越与齐王田荣反梁地：此两人可急使。而汉王之将独韩信可属大事，当一面。即欲捐之，捐之此三人，则楚可破也。"汉王乃遣随何说九江王布，而使人连彭越。及魏王豹反，使韩信将兵击之，因举燕、代、齐、赵。然卒破楚者，此三人力也。

张良多病，未尝特将也，常为画策臣，时时从汉王。

汉六年正月，封功臣。良未尝有战斗功，高帝曰："运筹策帷帐中，决胜千里外，子房功也。自择齐三万户。"良曰："始臣起下邳，与上会留，此天以臣授陛下。陛下用臣计，幸而时中，臣愿封留足矣，不敢当三万户。"乃封张良为留侯，与萧何等俱封。

留侯性多病，即道引不食谷，杜门不出岁余。

上欲废太子，立戚夫人子赵王如意。大臣多谏争，未能得坚决者也。吕后恐，不知所为。人或谓吕后曰："留侯善画计策，上信用之。"吕后乃使建成侯吕泽劫留侯，曰："君常为上谋臣，今上欲易太子，君安得高枕而卧乎？"留侯曰："始上数在困急之中，幸用臣策。今天下安定，以爱欲易太子，骨肉之间，虽臣等百余人何益。"吕泽强要曰："为我画计。"留侯曰："此难以口舌争也。顾上有不能致者，天下有四人。四人者年老矣，皆以为上慢侮人，故逃匿山中，义不为汉臣。然上高此四人。今公诚能无爱金玉璧帛，令太子为书，卑辞安车，因使辩士固请，宜来。来，以为客，时时从入朝，令上见之，则必异而问之。问之，上知此四人贤，则一助也。"于是吕后令吕泽使人奉太子书，卑辞厚礼，迎此四人。四人至，客建成侯所。

汉十二年，上从击破布军归，疾益甚，愈欲易太子。留侯谏，不听，因疾不视事。叔孙太傅称说引古今，以死争太子。上详许之，犹欲易之。及燕，置酒，太子侍。四人从太子，年皆八十有余，须眉皓白，衣冠甚伟。上怪之，问曰："彼何为者？"四人前对，各言名姓，曰东园公，角里先生，绮里季，夏黄公。上乃大惊，曰："吾求公数岁，公辟逃我，今公何自从吾儿游乎？"四人皆曰："陛下轻士善骂，臣等义不受辱，故恐而亡匿。窃闻太子为人仁孝，恭敬爱士，天下莫不延颈欲为太子死者，故臣等来耳。"上曰："烦公幸卒调护太子。"

四人为寿已毕，趋去。上目送之，召戚夫人指示四人者曰："我欲易之，彼四人辅之，羽翼已成，难动矣。吕后真而主矣。"戚夫人泣，上曰："为我楚舞，吾为若楚歌。"歌曰："鸿鹄高飞，一举千里。羽翮已就，横绝四海。横绝四海，当可奈何！虽有矰缴，尚安所施！"歌数阕，戚夫人嘘唏流涕，上起去，罢酒。竟不易太子者，留侯本招此四人之力也。

留侯乃称曰②："家世相韩，及韩灭，不爱万金之资，为韩报仇强秦，天下振动。今以三寸舌为帝者师，封万户，位列侯，此布衣之极，于良足矣。愿弃人间事，欲从赤松子游耳。"乃学辟谷，道引轻身。会高帝崩，吕后德留侯，乃强食之，曰："人生一世间，如白驹过隙，何至自苦如此乎！"留侯不得已，强听而食。

后八年卒，谥为文成侯。子不疑代侯。

子房始所见下邳圯上老父与《太公书》者，后十三年从高帝过济北，果见谷城山下黄石，取而葆祠之。留侯死，并葬黄石冢。每上冢伏腊，祠黄石。

太史公曰：学者多言无鬼神，然言有物。至如留侯所见老父予书，亦可怪矣。高祖离困者数矣，而留侯常有功力焉，岂可谓非天乎？上曰："夫运筹策帷帐之中，决胜千里外，吾不如子房。"余以为其人计魁梧奇伟，至见其图，状貌如妇人好女。盖孔子曰："以貌取人，失之子羽。"留侯亦云。

批注

①曰"愕然",曰"殊大惊",曰"因怪之",曰"因异之",一线穿法,意思却不同。此种章法,惟《史记》有之。

②此段只详子房成功后善刀而藏之,妙!其文离奇幻忽,独与他传结处迥殊。盖他传多详其世次,此自不疑外无闻,却以黄石并葬终之。子房乎?老人乎?一而二,二而一矣。

说到此篇文章的结尾处,也与他篇迥异。他篇,都是详述传主的子孙后代如何沿承世袭等事;而此篇文章中只说到他的儿子名叫不疑,其他毫无所见,而于末尾处,却虚幻迷离地说,他死后与黄石葬在一起,家人上坟时,既祭祀他,也祭祀黄石。可见司马迁的文章善于变化,从不拘泥于一个格调和一种格式。

补注

太史公之"赞",总是不能定留侯人物,意在笔外。留侯脚色,奇;此"赞",亦写得恍惚甚奇。前叙老父予书,不信又信;后叙状如妇女,信又不信,总是照此一人脚色。(清·金圣叹:《评点才子全集·西汉文》)

〔释义〕 太史公的这段赞语,写得奇谲恍惚,对张良这个人物一直未予肯定或否定。前段说他与黄石公一事,于众人皆不敢肯定之中,他予以肯定;而后一段,说及他状貌妇女时,则又不敢相信图像画的是真的。

陈丞相世家

陈平小传 陈平(公元前?—前178),秦时阳武(今河南省原阳县东南)人,是一位出色的谋略家,西汉王朝的开国功臣。他先后参加了楚汉战争和平定异姓王侯叛乱等诸役,曾为汉高祖刘邦六出奇计,皆获全胜。陈平少时喜读书,有大志,曾为乡里分肉,公平分配,受到父老称赞,他感慨地说:"使平得宰天下,亦如此肉矣!"

陈丞相名平,阳武县户牖乡人。年轻时家中贫穷,却很喜欢读书。家有田地三十亩,陈平与哥哥陈伯住在一起。陈伯平常在家种地,支持陈平四处求学。陈平长得身材高大,相貌英俊。有人开玩笑问他:"你家里那么穷,吃了什么长得这么魁梧?"陈平的嫂子恼恨陈平不顾家事劳动,就说:"也不过吃糠咽菜罢了,有这样的小叔子,还不如没有。"陈伯听到这些话,就把妻子赶出家门休弃了。

等到陈平长大成人该娶妻子了,富有的人家没有谁肯把女儿嫁给他,娶穷人家的媳妇陈平又感到羞耻。过了好长时间,户牖有个叫张负的富人,他的孙女嫁了五次人,丈夫都死了,没有人再敢娶她。陈平却想娶她。同乡中有人家办丧事,陈平因为家贫,就去帮忙料理丧事,靠着早去晚归多得些报酬以贴补家用。张负在办丧事的人家见到他,相中了这个高人魁梧的陈平;陈平也因为想得到张负的赏识故意走得很晚。张负跟着陈平到了陈家,陈家住在靠近外城城墙的穷巷子里,拿一张破席当门,但门外却有很多有身份的人留下的车轮印迹。张负回家后,对他的儿子张仲说:"我打算把孙女嫁给陈平。"张仲说:"陈平又穷又不从事生产劳动,全县的人都耻笑他的所作所为,为什么偏把孙女嫁给他?"张负说:"哪有仪表堂堂像陈平这样的人会长久贫寒卑贱的呢?"终于将孙女嫁给了陈平。因为陈平穷,张家就借钱给他作为聘礼,还给他置办酒宴的钱来娶亲。张负告诫他的孙女说:"不要因为陈家穷的

缘故，侍奉人家就不小心。侍奉兄长陈伯要像侍奉父亲一样，侍奉嫂嫂要像侍奉母亲一样。"陈平娶了张家女子以后，资财日益宽裕，交游也越来越广。

在乡里的神社中，陈平主持分割祭祀肉，他把祭肉分配得很均匀。父老乡亲们说："好，陈家孩子真会分割祭肉！"陈平说："唉，假使让我陈平主宰天下，也会像分祭肉一样公平合理啊！"

孝文帝即位后，认为太尉周勃亲自率兵诛灭吕氏宗族，功劳大；陈平也想把最高的职位让给周勃，于是称病引退。当时孝文帝刚刚即位，觉得陈平病得奇怪，就去探问他。陈平说："高祖时期，周勃的功劳不如我陈平。到诛灭吕氏宗族时，我的功劳也就不如周勃了。我愿把右丞相的职位让给周勃。"于是孝文帝就任命绛侯周勃为右丞相，位次名列第一；陈平降为左丞相，位次名列第二。赏赐陈平黄金千斤，加封食邑三千户。

过了一段时间，孝文皇帝已经渐渐熟悉处理国家大事，在一次接受群臣朝见时问右丞相周勃说："全国一年中判决的案件有多少？"周勃谢罪说："不知道。"孝文帝又问："全国一年中钱粮的开支收入各有多少？"周勃又谢罪说不知道，急得汗流浃背，惭愧自己没能回答皇帝的问题。于是孝文帝又问左丞相陈平。陈平说："有主管的人。"孝文帝说："主管的人又是谁？"陈平说："陛下若问判决案件的情况，可询问廷尉；问钱粮收支的情况，可询问治粟内史。"孝文帝说："如果各自有主管的人，那么您所主管的是些什么事呢？"陈平谢罪说："主管群臣。陛下不以我才智低劣，把我放在宰相的职位。宰相一职，对上辅佐天子调理阴阳，顺应四时，对下培育万物适时生长，对外镇抚四夷和诸侯，对内爱护团结百姓，使公卿大夫各自能够胜任他们的职责。"孝文帝称赞他回答得好。而右丞相周勃非常惭愧，出宫后埋怨陈平说："您怎么不在平时教我回答皇上的这些话！"陈平笑着说："您身居相位，不知道丞相的职责吗？假如皇上再问起长安城中盗贼的数目，您也要勉强对答吗？"这时绛侯周勃知道自己的才能比陈平差远了。过了不久，绛侯周勃托病请求免去右丞相的职务，而由陈平独自担任丞相的职务。

孝文帝二年（前178），丞相陈平去世，谥号为献侯。他的儿子共侯陈买接替侯位。陈买为侯二年去世，他的儿子简侯陈恢接替侯位。陈恢为侯二十三年去世，他的儿子陈何接替侯位。陈何为侯二十三年时，犯了抢占他人妻子的罪，处以死刑，封国被废除。

当初陈平曾经说过:"我经常使用诡秘的计谋,这是道家所禁忌的。我的后代如果被废黜爵位,终归不能再兴起,因为我暗中积下了很多阴祸。"此后陈平的曾孙陈掌靠着是大将军卫青的亲戚的关系,希望能够接续陈家原来的封号,但终究未能实现。

太史公说:丞相陈平年轻的时候就喜欢黄帝、老子的学说。当他在神社分割祭肉的时候,就已经表现出他的远大志向。他曾彷徨于楚国、魏国之间,最终归附高皇帝。他常常为高皇帝想出妙计,解救纷乱的危难,消除国家的祸患。到了吕后执政时期,诸事多有变故,但陈平能自免于祸,安定宗庙社稷,终身保持荣耀的名望,被称为贤相,难道这不是善始善终吗!假若没有才智和谋略,谁能做到这一步呢?

原文

陈丞相平者,阳武户牖乡人也。少时家贫,好读书,有田三十亩,独与兄伯居。①伯常耕田,纵平使游学。平为人长大美色。人或谓陈平曰:"贫何食而肥若是?"其嫂嫉平之不视家生产,曰:"亦食糠覈耳。有叔如此,不如无有。"伯闻之,逐其妇而弃之。

及平长,可娶妻,富人莫肯与者,贫者平亦耻之。久之,户牖富人有张负,张负女孙五嫁而夫辄死,人莫敢娶。平欲得之。邑中有丧,平贫,侍丧,以先往后罢为助。张负既见之丧所,独视伟平,平亦以故后去。负随平至其家,家乃负郭穷巷,以弊席为门,然门外多有长者车辙。张负归,谓其子仲曰:"吾欲以女孙予陈平。"张仲曰:"平贫不事事,一县中尽笑其所为,独奈何予女乎?"负曰:"人固有好美如陈平而长贫贱者乎?"卒与女。为平贫,乃假贷币以聘,予酒肉之资以内妇。负诫其孙曰:"毋以贫故,事人不谨。事兄伯如事父,事嫂如母。"平既娶张氏女,赍用益饶,游道日广。

里中社,平为宰,分肉食甚均。父老曰:"善,陈孺子之为宰!"平曰:"嗟乎,使平得宰天下,亦如是肉矣!"

孝文帝立,以为太尉勃亲以兵诛吕氏,功多;陈平欲让勃尊位,乃谢病。孝文帝初立,怪平病,问之。平曰:"高祖时,勃功不如臣平。及诛诸吕,臣功亦不如勃。愿以右丞相让勃。"于是孝文帝乃以绛侯勃为右丞相,位次第一；平徙为左丞相，位次第二。赐平金千斤，益封三千户。

居顷之，孝文皇帝既益明习国家事，朝而问右丞相勃曰："天下一岁决狱几何？"勃谢曰："不知。"问："天下一岁钱谷出入几何？"勃又谢不知，汗出沾背，愧不能对。于是上亦问左丞相平。平曰："有主者。"上曰："主者谓谁？"平曰："陛下即问决狱，责廷尉；问钱谷，责治粟内史。"上曰："苟各有主者，而君所主者何事也？"平谢曰："主臣！陛下不知其驽下，使待罪宰相。宰相者，上佐天子理阴阳，顺四时，下育万物之宜，外镇抚四夷诸侯，内亲附百姓，使卿大夫各得任其职焉。"孝文帝乃称善。右丞相大惭，出而让陈平曰："君独不素教我对！"陈平笑曰："君居其位，不知其任邪？且陛下即问长安中盗贼数，君欲强对邪？"于是绛侯自知其能不如平远矣。居顷之，绛侯谢病请免相，陈平专为一丞相。

孝文帝二年，丞相陈平卒，谥为献侯。子共侯买代侯。二年卒，子简侯恢代侯。二十三年卒，子何代侯。二十三年，何坐略人妻，弃市，国除。

始陈平曰："我多阴谋，是道家之所禁。吾世即废，亦已矣，终不能复起，以吾多阴祸也。"然其后曾孙陈掌以卫氏亲贵戚，愿得续封陈氏，然终不得。

太史公曰：陈丞相平少时，本好黄帝、老子之术。方其割肉俎上之时，其意固已远矣。倾侧扰攘楚、魏之间，卒归高帝。常出奇计，救纷纠之难，振国家之患。及吕后时，事多故矣，然平竟自脱，定宗庙，以荣名终，称贤相，岂不善始善终哉！非知谋孰能当此者乎？

批注

①《淮阴侯传》先载漂母及市中年少等琐事，后一一应之；此传亦先载伯兄之贤、张负之识，以后无一笔照顾，而独一阴祸绝世为一传之结。夫阴祸，固与长厚背驰者也。削此存彼，史公于之乎岂不严哉！凡此，须于无文字处会之。

〔释义〕 《淮阴侯传》中，先详述少年时受漂母一饭之恩，受恶少胯下之辱，后文对此都有所交代；此传也是先讲兄长之贤、张负之能识人，但是后文中对兄长与张负之事，却无一字的交代，只在结尾处说他能够如何阴隐避祸。而阴祸，是与长者厚道之风背道而驰的。史公削去他对少年时知遇之恩的报答，只详写他的阴祸，便是不作谴责的谴责。

补注

①陈平"少时本好黄老"，此一句，断得最定。却是史公何处看将出来？岂便以"割肉俎上"为验耶？史公眼色，比他人煞是奇绝，莫谓《史记》容易作也。史公于《赞》中，节节极许平，却总在"割肉"、"已远"句中，早自看透。史公眼力如许！（清·金圣叹：《评点才子全集·西汉文》）

〔释义〕 金圣叹对陈平的看法，与姚祖恩不同，他从司马迁的文章中看到的是"史公极许陈平"，这也正是史公文字的深寓厚涵之处；也正是仁者见仁、智者见智之处。金圣叹看来，陈平因少时即好黄老之术，故而志向高远，这从他分割社肉一事便可以看出。从此也就可以充分地看出史公的眼力过人，而其笔力亦大大地过人，他那句"割肉俎上之时，其意固已远矣"，便是字字千钧，最为得力之笔，没有巨匠之材，是难以撰写得来的。

②陈平佐汉，志在社内；李斯亡秦，兆端厕鼠。推微知著，固智士之相机；搜间传神，亦文家之妙用也。但必得其神志所在，则如图画名家，颊上妙于增毫。苟徒慕前人文辞之佳，强寻猥琐，以求其似，则如见桃花而有悟，遂取桃花作饭，其中岂复有神妙哉！（清·章学诚：《文史通义·古文十弊》）

〔释义〕 《史记·陈丞相世家》写陈平少年时主管社祭分肉，分得很匀，得到人们普遍的赞扬，陈平深有感慨地说："如果有一天让我主宰天下，我也会分得很均匀的。"这个分肉的细节很重要，也用得好，他说明陈平少年时候就有心怀天下的大志。正因为他有这个大的抱负，才奋力帮助刘邦完成了大业，最后他也确实当了丞相，主宰天下。因有祭社分肉一段细节，便使陈平这个人物更加生动地凸现出来了。

绛侯周勃世家

周勃周亚夫小传

周勃（公元前？—前169），与汉高祖刘邦同乡，同为泗水郡沛（今江苏省沛县）人，是秦末汉初的军事家和政治家，袭封为条侯，是西汉的开国功臣，灭楚后，被汉高祖封为绛侯。

周亚夫（公元前199—前143），是名将绛侯周勃的次子，西汉时期的著名军事家。他德才兼备，因细柳营阅兵一事而声震天下。后来，周亚夫经过精心细致的运筹谋划，终于平定了吴王刘濞等人的七国之乱。

孝文帝即位之后，任命周勃为右丞相，赐给黄金五千斤，食邑一万户。过了一个多月，有人劝说周勃："您已诛灭了吕氏家族，拥立代王为天子，威震天下。您受到丰厚的赏赐，处在尊贵的地位，这样的受宠，时间长了将会有灾祸降到您的身上。"周勃一听很害怕，自己也感到处境危险，于是就请求辞职归还相印。文帝答应他的请求。过了一年多，丞相陈平去世，皇帝又让周勃任丞相。又过了十几个月，文帝说："前些天我下令让列侯都到自己的封地去，可是有些人还没有走，丞相您是我很器重的人，希望您带头先去吧！"于是周勃被免去丞相职位回到自己的封地了。

回到封地一年多，每当河东郡守和郡尉巡视到达绛县的时候，绛侯周勃自己害怕被杀害，经常披挂铠甲，命令家人准备好武器之后才出来会见他们。后来有人上书告发周勃要反叛，孝文帝把此事交给负责刑狱的长官廷尉处理，廷尉又把此事交给了长安令，长安令逮捕了周勃并对他进行审问。周勃恐惧，不知道怎么回答。狱吏渐渐欺凌侮辱他。周勃拿千金送给狱吏，于是狱吏在木简背面写几个字提示他："请公主为你作证。"公主就是孝文帝的女儿，周勃的长子胜之娶她为妻，所以狱吏教周勃让她出来作证。周勃把加封所受的赏赐都送给了薄太后之弟薄昭。等案子到了紧要关头，薄昭为周勃向薄太后说情，太后也认为不会有谋反的事。孝文帝朝见太后，太后顺手抓起头巾向孝文帝扔去,说:"原来绛侯身上带着皇帝的印玺,在北军领兵,他不在那时反叛,如今他住在一个小小的县里,反倒要叛乱吗?"孝文帝已经看到绛侯的供词,便向太后谢罪说:"狱吏刚好查证清楚,要放他出去了。"于是派使者带着符节赦免绛侯,恢复他的爵位和食邑。绛侯出狱以后说:"我曾经率领百万大军,哪里知道狱吏还有这么大的权威呀!"

文帝后元六年,匈奴大举入侵边境。孝文帝便任命宗正刘礼为将军,驻军霸上;任命祝兹侯徐厉为将军,驻军棘门;任命河内郡守周亚夫为将军,驻军细柳,以便防备匈奴。孝文帝亲自去慰劳军队,到了霸上和棘门的军营,一直奔驰进入,将军和官兵下马迎送。之后銮驾向细柳军营而来,营中官兵都披持铠甲,兵刃锐利,弓弩张开,弓弦拉满。天子的前导来到军营,不能进入。前导说:"天子就要到了!"军门都尉说:"我们将军命令说'在军中只能听将军的命令,不听天子的诏令'。"过了不久,孝文帝到了,仍不能进入。于是孝文帝便派使者手持符节给周亚夫下诏令:"皇帝要进去慰劳军队。"周亚夫这才传话打开军营大门。营门的守卫士官对皇帝的随从说:"将军有规定,军营里不准驱马奔驰。"于是孝文帝告诉侍从们拉紧缰绳慢慢行进。到了营中,将军周亚夫手拿兵器拱手行礼说:"穿戴盔甲的将士不能跪拜,请允许我以军礼参见皇上。"孝文帝被他感动了,马上变得面容庄重,扶着车前的横木向官兵致意,并派人向周亚夫致谢说:"皇帝特来慰劳将军。"周亚夫完成劳军的礼仪后离去。他一出营门,群臣都惊魂未定。孝文帝说:"这才是真正的将军呀!此前在霸上和棘门军营看到的,简直像是儿戏,那里的将军本来完全可能受袭击被俘虏。至于周亚夫,谁能侵犯得了呢!"文帝称赞他很久。过了一个多月,三支军队都撤除了。孝文帝便授予周亚夫中尉的官职。

孝文帝将要去世的时候,告诫太子说:"如果发生危急情况,周亚夫是能真正担当领兵重任的。"孝文帝去世后,周亚夫被授予车骑将军的官职。

窦太后对景帝说:"皇后的哥哥王信可以封侯了。"景帝推辞说:"起初南皮侯(窦彭祖)、章武侯(窦广国)先帝都没封为侯,等到我即位之后才封他们。王信现在还不能封啊。"窦太后说:"君主们都是各自按照当时的情况行事。我哥哥窦长君在世的时候,竟不能被封侯,死后他的儿子窦彭祖反倒封侯了,这件事我非常遗憾,皇上还是赶快封王信为侯吧!"景帝说:"这件事需要和丞相商议一下。"景帝就与丞相商议,周亚夫说:"当初高皇帝规定

'不是刘氏家族的人不能封王,不是有功之人不能封侯,谁不遵守这个规定,天下人共同攻击他。'如今王信虽然是皇后的哥哥,但没有立功,封他为侯是违背规约的。"景帝听了默默无言,只好作罢。

后来匈奴王唯徐卢等五人投降汉朝。景帝想要封他们为侯以鼓励后来的人。丞相周亚夫说:"那几个人背叛他们的君主投降陛下,陛下如果封他们为侯,那还怎么去责备不守节操的臣子呢?"景帝说:"丞相的意见不能采用。"于是把唯徐卢等人全都封为列侯。周亚夫对此不满称病退居在家中。

景帝中元三年,周亚夫因病被免去丞相职务。不久,景帝在皇宫中召见周亚夫,赏赐酒食。席上只放了一大块肉,既没有切碎的肉,也不放筷子。周亚夫心中不满,扭头就叫管宴席的官拿筷子来。景帝看到后冷笑着说:"这些还不能满足您的需要吗?"周亚夫脱下帽子谢罪。皇帝怒而起身,周亚夫见此情景快步走出。景帝盯着他的背影说:"这个遇事就不满意的人不能任少主的大臣啊!"

过了不久,周亚夫的儿子从专为宫廷服务的制造厂给父亲买了五百件殉葬用的盔甲盾牌。搬运的雇工很受累,可是不给钱。雇工们知道这是偷买皇家用的器物,一怒就上告周亚夫的儿子要反叛,事情自然牵连到周亚夫。景帝看过上告信后,把这个案子交给执法的官吏查办。官吏拿着簿书责问周亚夫,周亚夫拒不回答。景帝责骂他说:"不用你对簿了。"下令把周亚夫交到廷尉那里去受审。廷尉责问周亚夫说:"您是想造反吗?"周亚夫说:"我所买的器物都是殉葬用的,怎么说是要造反呢?"旁边的小吏说:"您纵使不在地上造反,也要到地下去造反吧!"接着他们越来越厉害地迫害周亚夫。起初,狱吏逮捕周亚夫的时候,周亚夫就想自杀,夫人制止了他,因此没有死,到了廷尉的监狱中,周亚夫五天不进食,吐血而死。他的封地被废除。

周亚夫的爵位中断了一年后,景帝又改封绛侯周勃的另一个儿子周坚为平曲侯,接续周勃的爵位。周坚为平曲侯十九年后去世,谥号是共侯。他的儿子周建德继承侯爵。十三年后,周建德任太子太傅。元鼎五年,因为所献的助祭宗庙的黄金品质不佳,被判有罪,封地被废除。

条侯周亚夫果然是饿死的。他死后,景帝便封王信为盖侯。

太史公说:绛侯周勃原来做平民的时候,是个粗陋朴实的人,才能不过平庸之辈。等到随从高祖平定天下,就身居将相之位,吕氏家族想谋反作乱,周勃挽救国家危难，使朝廷恢复正常。这样的功勋即使伊尹、周公这样的贤人，也难以超过他。周亚夫的用兵，一直保持威严庄重，坚韧不拔，即使司马穰苴这样的名将也难以超过他？可惜他自满自足而不虚心学习，能谨守节操但不知恭顺，最后以穷途困窘而告终，真令人悲伤啊！

原文

文帝既立，以勃为右丞相①，赐金五千斤，食邑万户。居月余，人或说勃曰："君既诛诸吕，立代王，威震天下，而君受厚赏，处尊位，以宠，久之即祸及身矣。"勃惧，亦自危，乃谢请归相印。上许之。岁余，丞相平卒，上复以勃为丞相。十余月，上曰："前日吾诏列侯就国，或未能行，丞相吾所重，其率先之。"乃免相就国。

岁余，每河东守尉行县至绛，绛侯勃自畏恐诛，常被甲，令家人持兵以见之。其后人有上书告勃欲反，下廷尉。廷尉下其事长安，逮捕勃治之。勃恐，不知置辞。吏稍侵辱之。勃以千金与狱吏，狱吏乃书牍背示之，曰"以公主为证"。公主者，孝文帝女也，勃太子胜之尚之，故狱吏教引为证。勃之益封受赐，尽以予薄昭。及系急，薄昭为言薄太后，太后亦以为无反事。文帝朝，太后以冒絮提文帝，曰："绛侯绾皇帝玺，将兵于北军，不以此时反，今居一小县，顾欲反邪！"文帝既见绛侯狱辞，乃谢曰："吏方验而出之。"于是使使持节赦绛侯，复爵邑。绛侯既出，曰："吾尝将百万军，然安知狱吏之贵乎！"

文帝之后六年，匈奴大入边。乃以宗正刘礼为将军，军霸上；祝兹侯徐厉为将军，军棘门；以河内守亚夫为将军，军细柳。以备胡。上自劳军。至霸上及棘门军，直驰入，将以下骑送迎。已而之细柳军，军士吏被甲，锐兵刃，彀弓弩，持满。天子先驱至，不得入。先驱曰："天子且至！"军门都尉曰："将军令曰'军中闻将军令，不闻天子之诏'。"居无何，上至，又不得入。于是上乃使使持节诏将军："吾欲入劳军。"亚夫乃传言开壁门。壁门士吏谓从属车骑曰："将军约，军中不得驱驰。"于是天子乃按辔徐行。至营，将军亚夫持兵揖曰："介胄之士不拜，请以军礼见。"天子为动，改容式车。使人称谢："皇帝敬劳将军。"成礼而去。既出军门，群臣皆惊。文帝曰："嗟乎，此真将军矣！曩者霸上、棘门军，若儿戏耳，其将固可袭而虏也。至于亚夫，可得而犯邪！"称善者久之。月余，三军皆罢。乃拜亚夫为中尉。

孝文且崩时，诫太子曰："即有缓急，周亚夫真可任将兵。"文帝崩，拜亚夫为车骑将军。

窦太后曰："皇后兄王信可侯也。"景帝让曰："始南皮、章武侯先帝不侯，及臣即位乃侯之。信未得封也。"窦太后曰："人主各以时行耳。自窦长君在时，竟不得侯，死后乃封其子彭祖顾得侯。吾甚恨之。帝趣侯信也！"景帝曰："请得与丞相议之。"丞相议之，亚夫曰："高皇帝约'非刘氏不得王，非有功不得侯。不如约，天下共击之'。今信虽皇后兄，无功，侯之，非约也。"景帝默然而止。

其后匈奴王唯徐卢等五人降，景帝欲侯之以劝后。丞相亚夫曰："彼背其主降陛下，陛下侯之，则何以责人臣不守节者乎？"景帝曰："丞相议不可用。"乃悉封唯徐卢等为列侯。亚夫因谢病。

景帝中三年，以病免相。顷之，景帝居禁中，召条侯，赐食。独置大胾，无切肉，又不置箸。条侯心不平，顾谓尚席取箸。景帝视而笑曰："此不足君所乎？"条侯免冠谢。上起，条侯因趋出。景帝以目送之，曰："此怏怏者非少主臣也！"

居无何，条侯子为父买工官尚方甲楯五百被可以葬者。取庸苦之，不予钱。庸知其盗买县官器，怒而上变告子，事连污条侯。书既闻上，上下吏。吏簿责条侯，条侯不对。景帝骂之曰："吾不用也。"召诣廷尉。廷尉责曰："君侯欲反邪？"亚夫曰："臣所买器，乃葬器也，何谓反邪？"吏曰："君侯纵不反地上，即欲反地下耳。"吏侵之益急。初，吏捕条侯，条侯欲自杀，夫人止之，以故不得死，遂入廷尉。因不食五日，呕血而死。国除。

绝一岁，景帝乃更封绛侯勃他子坚为平曲侯，续绛侯后。十九年卒，谥为共侯。子建德代侯，十三年，为太子太傅。坐酎金不善，元鼎五年，有罪，国除。

条侯果饿死。死后，景帝乃封王信为盖侯。

太史公曰：绛侯周勃始为布衣时，鄙朴人也，才能不过凡庸。及从高祖定天下，在将相位，诸吕欲作乱，勃匡国家难，复之乎正。虽伊尹、周公，何以加哉！亚夫之用兵，持威重，执坚刃，穰苴曷有加焉！足己而不学，守节不逊，终以穷困。悲夫！

批注

①高祖功臣中,推勃最朴至,故帝亦以"厚重少文"称之。……史公画勃之拙厚处,栩栩欲活,可谓写生。

此处写周勃朴实拙厚之处,也是如此。当吕后执政执意消除异姓之王和兴汉之功臣时,他既没有像张良那样机警明智地自作清高而隐退,又没有像某些人那样曲意地上前迎合,只是笨拙地躲藏在自己封地里。有守尉来时,他还笨拙地让家丁披甲执枪地出来接待。这不是自做把柄给人吗?所以,姚祖恩在批语中说:"史公画勃之拙厚处,栩栩欲活,可谓写生。"

补注

太史公"赞"中,写周勃,先抑后扬;写亚夫,先扬后抑。(清·金圣叹:《评点才子全集·西汉文》)

〔释义〕 史公之"赞"中,先说周勃为布衣时,是如何的鄙朴、平庸,但到他在相位时,却能够匡正诸吕之乱,使国家由危转安,这是可与历史上的伊尹、周公相比的。周亚夫善于用兵,擅机而动,也是可以与历史上的兵家司马穰苴相比的;但是后来却因为知足而不学,因为不学便守节不逊,终于穷困。所以说,对周勃的赞语是先抑后扬;对亚夫是先扬后抑。而文中的两个"何以加哉"与"曷有加焉",对仗用语又是何等的鲜明与有力,巧妙与整齐,这都是文章大家才能做得到的。

卷 三

伯夷列传

伯夷叔齐小传 伯夷、叔齐,约为公元前2000年左右时候的人,与周文王、周武王同时。二人都是殷代孤竹君(其封地在今秦皇岛一带)之子。孤竹君生前已确立叔齐为君,父卒,叔齐欲让位于长兄伯夷,伯夷因有父命在先,便逃去。叔齐闻兄走,自己也逃去,将其位让于二哥。二人闻听周文王惜老怜贫,便一齐投奔至西周去。至周,听得文王已死,其子武王继位,并将欲车载父尸去征伐殷纣王。他们认为以臣伐君是为不义,便出来谏阻。但武王不听谏言,二人由此而耻食周粟,决心归隐于首阳山,薄采蕨薇等野菜而食,最终饿死于首阳山上。

　　学者们记载历史的书籍虽然很多,但仍要把"六经"作为鉴别取舍的标准。《诗经》《尚书》虽然残缺不全,但是还可以从记载虞、夏两代的记载还是能够看到的。尧将要退位时,准备把帝位让给虞舜。后来舜把帝位让给禹时候,都是四方的诸侯和各州的长官提出推荐,而后先让他们代行帝王的职位,主持国政几十年,功绩卓著以后,才正式把帝位传给他。由此可见政权是极贵重的宝器,帝王是天下的主宰,所以传授政权是极为审慎的事!可是有的传说中讲:尧想把天下让给许由,许由不接受,他认为是一种耻辱,于是逃走隐居起来。到了夏朝,又出现了卞随、务光两个不接受帝位的人。这几个人的行为为什么会受到赞扬呢?太史公说:"我登上过箕山,山上有许由的坟墓。孔子提到过许多古代的仁圣贤人,如吴太伯、伯夷等,讲得都非常详细。据我所听到的有关许由、务光的传说,其节义也是很高的,但是儒家的经典里连一点大略的文字记载也见不到,这是为什么呢?"

　　孔子说:"伯夷、叔齐不记以往的仇恨,因而怨恨也就少了。"又说:"他们追求仁德,就得到了仁德,又有什么怨恨呢?"我对伯夷、叔齐的经历感到悲哀,当我看到他们遗留下来的诗句时又感到很诧异。他们的传记上说:

伯夷、叔齐是孤竹国君的两个儿子。父亲在世时想让小儿子叔齐继位，等到父亲死了，叔齐要把君位让给大哥伯夷。伯夷说："这是父亲的遗命啊！"于是逃走了。叔齐也不肯继承君位逃走了。国人只好拥立孤竹君的二儿子为国君。这时，伯夷、叔齐听说西伯姬昌善于收养贤士，就去投奔他。可是他们到了那里，西伯姬昌已经死了，他的儿子武王追尊西伯姬昌为文王，并把他的灵牌载在兵车上，向东方进兵去讨伐殷纣。伯夷、叔齐勒住武王的马缰劝阻说："你父亲刚死还没有安葬，就发动战争，能说是孝吗？作为臣子去讨伐君主，能说是仁义吗？"武王身边的随从人员要杀掉他们。太公姜尚说："这可是两位有节义的人啊。"于是把他们搀扶开了。等到武王灭掉了商纣后，天下都归顺了周朝，可是伯夷、叔齐却认为做周朝的臣子是耻辱的事情，他们坚决不吃周朝的粮食，隐居在首阳山上，靠采摘野菜充饥。等到他们快要饿死的时候，作了一首歌，那歌词是："登上那西山啊，采摘那里的薇菜。以暴臣换暴君啊，竟认识不到那是错误。神农、虞、夏的太平盛世转眼消失了，哪里才是我们的归宿？啊，我们将要死去了啊，命运是这样的可怜啊！"于是二人饿死在首阳山。从他们留下的这首诗看来，他们是有怨呢还是没有怨呢？

　　有人说："老天爷没有偏心眼，谁有道德他就帮助谁。"像伯夷、叔齐应该说是好人呢，还不能算是好人呢？他们如此地积累仁德，保持高洁的品行，最后竟被饿死！再说，孔子七十多名高徒中，只有颜渊被推崇为好学，然而颜渊却一辈子处在穷困之中，连粗劣的食物都吃不饱，最后还是过早地死去了。上天对好人的报偿又是怎样的呢？盗跖成天杀无辜的人，吃人肉，凶残放纵，聚集党徒几千人在天下横行，竟然长寿而终。这是遵循的什么标准呢？这些都是非常显著的例子啊。至于说到近代那些品行不端、专门违法犯禁的人，却能终生安逸享乐，过着富裕优厚的生活，世代不绝。而有的人，选好地方才肯迈步，适宜的机会才肯说话，走路从来不抄小道，不是公正的事决不去做，像这样小心审慎而遭祸灾的人，数都数不过来。我简直不能理解。如果说有所谓的天道，究竟存不存在呢？

　　孔子说："志向不同的人不能共同谋划大业。"也只有各人按着自己的意志去做。所以他又说："假如富贵是可以求得的，即使做个卑贱的赶车人，我也愿去做；假如寻求不到，我就去做我喜欢的事。""天气寒冷，才知道松柏是最后凋谢的。"整个社会混乱污浊的时候，品行高洁的人才会呈现出来。难道不是因为他们把道德操行看得那样重,所以才把贫穷以至于生命看得这么轻吗?

孔子说:"君子所怕的是人死之后名声不被后代所称颂。"贾谊说:"贪财的人为追求财利而死,重义轻生的人为名而献身,贪图权势的人为争权而丧生,平民百姓则贪生怕死。"《易经》上说:"同样明亮的东西,就会相互映照,同属一类的事物,自然相互感应。"又说:"龙行生云,虎啸生风,有了圣人万事万物才能得到说明和解释。"伯夷、叔齐虽然有贤德,只有得到孔子的称赞,其名声才得以显扬。颜渊专心好学,也只是因为追随孔子,他的德行才更加显著。隐居山野的人,或许他们的思想行为并不比伯夷、叔齐差,但他们的名字和事迹却泯灭无闻了,多么可悲啊!因此,普通的士人要想砥砺德行,扬名于后世,如果没有德高望重的人提携,那是绝对不可能的!

原文

夫学者载籍极博,犹考信于六艺。《诗》《书》虽缺,然虞夏之文可知也。尧将逊位,让于虞舜,舜、禹之间,岳牧咸荐,乃试之于位,典职数十年,功用既兴,然后授政。示天下重器,王者大统,传天下若斯之难也。而说者曰:"尧让天下于许由,许由不受,耻之逃隐。及夏之时,有卞随、务光者。"此何以称焉?太史公曰:余登箕山,其上盖有许由冢云。孔子序列古之仁圣贤人,如吴太伯、伯夷之伦详矣。余以所闻由、光义至高,其文辞不少概见,何哉?

孔子曰:"伯夷、叔齐,不念旧恶,怨是用希。""求仁得仁,又何怨乎?"余悲伯夷之意,睹轶诗可异焉。①其传曰:

伯夷、叔齐,孤竹君之二子也。父欲立叔齐,及父卒,叔齐让伯夷。伯夷曰:"父命也。"遂逃去。叔齐亦不肯立而逃之。国人立其中子。于是伯夷、叔齐闻西伯昌善养老,盍往归焉。及至,西伯卒,武王载木主,号为文王,东伐纣。伯夷、叔齐叩马而谏曰:"父死不葬,爰及干戈,可谓孝乎?以臣弑君,可谓仁乎?"左右欲兵之。太公曰:"此义人也。"扶而去之。武王已平殷乱,天下宗周,而伯夷、叔齐耻之,义不食周粟,隐于首阳山,采薇而食之。及饿且死,作歌。其辞曰:"登彼西山兮,采其薇矣。以暴易暴兮,不知其非

矣。神农、虞、夏忽焉没兮，我安适归矣？于嗟徂兮，命之衰矣！"遂饿死于首阳山。

由此观之，怨邪非邪？

或曰："天道无亲，常与善人。"若伯夷、叔齐，可谓善人者非邪？积仁絜行如此而饿死！且七十子之徒，仲尼独荐颜渊为好学。然回也屡空，糟糠不厌，而卒蚤夭。天之报施善人，其何如哉？盗跖日杀不辜，肝人之肉，暴戾恣睢，聚党数千人，横行天下，竟以寿终。是遵何德哉？此其尤大彰明较著者也。若至近世，操行不轨，专犯忌讳，而终身逸乐富厚，累世不绝；或择地而蹈之，时然后出言，行不由径，非公正不发愤，而遇祸灾者，不可胜数也。余甚惑焉，傥所谓天道，是邪非邪？

子曰"道不同不相为谋"，亦各从其志也。故曰"富贵如可求，虽执鞭之士，吾亦为之。如不可求，从吾所好"。"岁寒，然后知松柏之后凋"。举世混浊，清士乃见。岂以其重若彼，其轻若此哉？

"君子疾没世而名不称焉。"贾子曰："贪夫徇财，烈士徇名，夸者死权，众庶冯生。""同明相照，同类相求。""云从龙，风从虎，圣人作而万物睹"。伯夷、叔齐虽贤，得夫子而名益彰。颜渊虽笃学，附骥尾而行益显。岩穴之士，趣舍有时若此，类名堙灭而不称，悲夫！闾巷之人，欲砥行立名者，非附青云之士，恶能施于后世哉？

批注

①轶诗，即《采薇》之歌也。诗即轶，则亦将埋没不传矣。终赖孔子尝称之，所以独得不朽，此特插孔子于前之故也。而其文势，却以孔子两称其不怨；及睹轶诗，则又深似有怨者，故曰"可异"。惟其立意在彼，而文势在此，所以令人目迷。得其脉，则了如指掌矣！

〔释义〕 文中所引的轶诗，即《采薇》之歌。诗既轶失，伯夷叔齐之事亦将要湮没了。但幸而得到孔子的称颂赞叹，两次说他二人不念旧恶，怨而不怨，所以伯夷之事才得以留传下来。

老庄申韩列传

老子庄子小传　老子（约为公元前600—前470之间），姓李名耳，字伯阳，又称老聃，楚国苦县（今河南鹿邑县）人，是我国古代一位最杰出的哲学家和思想家，是道家学派的创始人。他博学多才，曾任姬周皇室的藏书史官，孔子周游列国时曾向老子问礼。老子晚年写成了五千言的《道德经》（又名《老子》），留传百代，书成后过函谷关西去修行，不知所终。《道德经》含有丰富的辩证法思想，老子也因其深邃的哲学思想而被尊称为"中国哲学之父"。

庄子（公元前369—前286），姓庄，名周，战国时期的宋国蒙（今河南省商丘市东北）人，曾为蒙邑的漆园吏，是个最下层的小官，生活比较贫苦。他是道家思想的主要代表人物，著有《庄子》三十二篇，与老子合到一起被称之为"老庄"。他的文章瑰奇绚烂，汪洋恣肆，波澜起伏，姿态万千，是先秦诸子中最为杰出的文学家，《庄子》一书被金圣叹列为"六大才子书"之首，即所谓一庄、二骚、三史、四杜者也。

老子是楚国苦县厉乡曲仁里人，姓李，名耳，字聃，是周朝掌管国家藏书室的史官。

孔子曾到周都向老子请教礼的学问。老子说："你所说的礼，倡导它的人都死去很久了，骨头都已经烂了，只剩下这些言论还在。作为一个君子时机到了就去做官，生不逢时，就像蓬草一样随风飘转。我听说，一个善于经商的人把货物隐藏起来，好像什么东西也没有；一个有盛德的君子，应该表面上像个愚钝的人。你应该抛弃身上的骄傲与贪婪，姿容与欲望，这些对于你都是有害的。我能告诉你的，就这些罢了。"孔子离去以后，对弟子们说："鸟，我知道它能飞；鱼，我知道它能游；兽，我知道它能跑。会跑的可以织网捕获它，会游的可制成丝线去钓它，会飞的可以用箭去射它。至于龙，我就不知道该怎么对它了,它能够驾云上九天。我今天见到的老子,这个人简直就是一条龙!"

老子修行的是道德,他的学说以隐匿声迹、不求闻达为宗旨。他在周都住了很久,看到周朝越来越衰微,于是就离开周都而西去。路过函谷关,把关的尹喜对他说:"您就要隐居了,请您走之前一定为我写一部书。"于是老子就撰写了《道德经》上下两篇,阐述了道与德的本意,共五千多字,然后才离去,此后就再也没有人知道他的下落了。

有的人说:"老子就是老莱子,也是楚国人,著书十五篇,阐述的是道家的学说,和孔子是同一时代的人。"老子大概活了一百六十多岁,也有的人说活了二百多岁,这是因为他能修道养心而长寿的啊。

孔子死后一百二十九年,史书记载周国太史儋曾对秦献公说:"当初秦国与周朝是合在一起,合了五百年而又分开了,分开七十年之后,秦国就会有称霸主出现。"有的人说这个太史儋就是老子,也有的人说不是,世上没有人知道哪种说法正确。总之,老子是一位隐遁的人。

老子的儿子名宗,做过魏国的将军,封地在段干县。李宗的儿子名注,李注的儿子叫李宫,李宫的玄孙名假,李假在汉文帝时做过官。李假的儿子名解,曾担任过胶西王刘卬的太傅,后来就定居在齐国了。

世上信奉老子学说的人就贬斥儒学,信奉儒家学说的人也贬斥老子,"主张不同的人,不能在一起谋划事情",大概就是说的这种情况吗?老子主张无为而治,百姓自然趋于"化";清静不扰,百姓自然会归于"正"。

太史公说:老子推崇的是"道",他讲究虚无,顺应自然,主张以无所作为来适应世间的一切变化,所以他写的书很多措辞微妙不易理解。庄子推演老子所论的道德之意,言词汪洋恣肆,其学说的根本也归于老子追求的自然无为。申不害勤奋自勉,致力于名实之说。韩子把法律条文作为规范人们行为的准绳,决断事情,明辨是非,用法严酷苛刻,绝少施恩。以上三人虽然各自发展的方向不同,但都从不同角度继承了老子的思想,可见老子的学说影响有多么深远。

原文

老子者,楚苦县厉乡曲仁里人也,姓李氏,名耳,字聃,周守藏室之史也。

孔子适周，将问礼于老子。老子曰："子所言者，其人与骨皆已朽矣，独其言在耳。且君子得其时则驾，不得其时则蓬累而行。吾闻之，良贾深藏若虚，君子盛德容貌若愚。去子之骄气与多欲，态色与淫志，是皆无益于子之身。吾所以告子，若是而已。"孔子去，谓弟子曰："鸟，吾知其能飞；鱼，吾知其能游；兽，吾知其能走。走者可以为罔，游者可以为纶，飞者可以为矰。至于龙吾不能知，其乘风云而上天。吾今日见老子，其犹龙邪！"

老子修道德，其学以自隐无名为务。居周久之，见周之衰，乃遂去。至关，关令尹喜曰："子将隐矣，强为我著书。"于是老子乃著书上下篇，言道德之意五千余言而去，莫知其所终。①

或曰：老莱子亦楚人也，著书十五篇，言道家之用，与孔子同时云。盖老子百有六十余岁，或言二百余岁，以其修道而养寿也。

自孔子死之后百二十九年，而史记周太史儋见秦献公曰："始秦与周合，合五百岁而离，离七十岁而霸王者出焉。"或曰儋即老子，或曰非也，世莫知其然否。老子，隐君子也。

老子之子名宗，宗为魏将，封于段干。宗子注，注子宫，宫玄孙假，假仕于汉孝文帝。而假之子解为胶西王卬太傅，因家于齐焉。

世之学老子者则绌儒学，儒学亦绌老子。"道不同不相为谋"，岂谓是邪？李耳无为自化，清静自正。

太史公曰：老子所贵道，虚无，因应变化于无为，故著书辞称微妙难识。庄子散道德，放论，要亦归之自然。申子卑卑，施之于名实。韩子引绳墨，切事情，明是非，其极惨礉少恩。皆原于道德之意，而老子深远矣。

短评

玩篇末历叙世次，则孝文朝之李假上距伯阳才七世，固与史公同朝比肩者也。子孙世系名位秩然，绝非舍卫、恒河荒远难征之比。然则青牛度谷，有托而逃，不过蒿目周衰，洁身避世，谓之"隐君子"，真不易之定论矣。篇中一详乡里，一记胤嗣，去迹来踪，了如指掌，而偏要于著书隐去之后，凭空驾出许多传闻异词来，幻忽错综，令人捉摸不定。盖文章狡狯，贵称其人，所谓春蚕作茧,随遇成形,太史之书,所以无奇不备。若不得其命意之所存,几何不等于痴人说梦也?

批注

①《伯夷》《屈原》二传及此传,皆史公变体。《伯夷传》嵌旧传于中,而前后作议论;《屈平传》夹叙夹议,双管互下;此传则于"莫知所终"以下,传文既毕,别缀异闻,忽明忽晦,忽实忽虚,写来全似画龙之法:风云晦冥之中乍露鳞爪,而其中莫非龙也。殆亦因孔子"犹龙"之喻,撰成此篇异文。史公之神行千古,夫岂易识耶?

〔释义〕 司马迁的文笔既峻峭奇特,又委婉绮丽,完全不拘于一格,完全由事物的内容而定,然后根据其特点来布局谋篇,遣词造句。当浓墨重彩,便笔笔细描;当奇峭陡转、大起大落,便简径直书,直通上下。可以说整部《史记》百三十余篇,几乎每一篇的风格都是不尽相同的,所以,姚祖恩才例举了《伯夷传》、《屈原传》和本篇《老庄传》的风格,说其文各有特色,其文笔走势各有风格,没有步步程程都走一条道的。此篇的特点是奇特空灵,迷蒙幽幻,若隐若现,变化莫测,如同龙行于晦冥的云雨之中一般,东见一鳞,西见一爪,只知有龙腾飞驾于其中,而终不得窥其全豹。而司马迁之所以采用这种笔法来写,正是因为此篇文章中有孔子的话,他将老子比作龙,"其犹龙也。"而且孔子的话,又多加设彩,既讲了鸟,讲了鱼,讲了兽,又讲了这些鸟兽不管如何地能够高飞远纵,但总可以设法捕捉得到,而龙是无法捕捉得到的。史公正是攀摹孔子的变化莫测的语意,才将文章写得这样幻忽错综的。

司马穰苴列传

穰苴小传 司马穰苴,生卒年不详,姓田,名穰苴,春秋时期齐国人,是齐景公时掌管军事的大司马,所以后人称他为司马穰苴。他是我国早期的著名军事家、战略家、军事理论家。后人在编述整理古代之《司马兵法》时,将他的遗著附在其中,统称为《司马穰苴兵法》,后来简称为《司马法》。该书是对我国古代战争经验的高度理论概括,历来为兵家们所重视。

司马穰苴是田完的后裔。齐景公时,晋国出兵攻占了齐国的阿邑、甄城,燕国进占了齐国黄河南岸的领土。齐国的军队连连败退。齐景公为此非常忧虑。这时晏婴就向齐景公推荐了田穰苴,他说:"穰苴在田氏宗族中虽是远房子弟,可是他的文才能使众人归服;武略能使敌人畏惧。希望您能试用他。"于是齐景公召见了穰苴,跟他共同议论军国大事后,齐景公非常高兴,任命他做将军,让他率兵去抗击燕、晋两国的入侵的军队。穰苴说:"我的地位一向卑微,您突然把我从平民中提拔起来,把我的位置提到那些大夫之上,这样士兵们不会服从我的号令,百姓也不会信任我,人微言轻。如果您能派一位您的亲信,又是全国所尊重的大臣,来做监军,这就好办了。"于是齐景公就答应了他的要求,派庄贾去做监军。穰苴辞别了景公,与庄贾约定说:"明天正午,我们在军门会齐。"到了第二天,穰苴率先赶到军营,立起了计时的木表和漏壶,等待庄贾的到来。庄贾是个一向骄横高傲的人,他以为主将穰苴已经去了军营,自己只是监军,就不特别着急。亲戚朋友为庄贾饯行,他就留下喝酒。已经等到了正午,庄贾还没到来军营。穰苴下令放倒木表,把漏壶中的水倒掉,自己升帐点兵,操练军队,宣布军纪。等这一切部署完毕,天已经快黑了,这时庄贾才来到军营。穰苴问他:"为什么约定了时刻还迟到?"庄贾还蛮有理地说:"朋友亲戚们给我送行,所以耽搁了。"穰苴说:"身为将领,从接受国君命令的那一刻起,就应当忘掉自己的家庭,来到军队宣布规定号令后,就应忘掉私人的交情,擂鼓进军,战况紧急的时刻,就应当忘掉自己的生命。如今敌人侵略已经深入国境,国内骚乱不安,战士们已在前线战场暴露,无所隐蔽,国君睡不安稳,吃不香甜,全国百姓的生命都维系在你的身上,还谈得上什么送行呢!"于是穰苴把执法官叫来,问道:"军法上,对约定时刻迟到的人是怎么说的?"法官回答说:"应当斩首。"庄贾很害怕,派人飞马报告齐景公求救。可是还没等派去的人返回,穰苴就把庄贾斩首了,并向三军巡行示众,全军将士都异常震惊。

过了一会,齐景公派的使者才拿着节符来赦免庄贾。使者的车马飞奔直入军营。穰苴说:"将领在外领兵作战,可以不接受国君的命令。"又问执法官说:"驾着车马在军营里奔驰,军法上是怎么规定的?"执法官说:"应当斩首。"使者异常恐惧。穰苴说:"国君的使者不能斩首。"于是下令斩了使者的仆从,砍断了马车左边的左边的一个立木,又杀死了左边驾车的马,并向三军示众。处理完毕,让使者回去向齐景公报告,然后就带兵出发了。士兵们安营扎寨,掘井立灶,饮水吃饭,探问疾病,安排医药,穰苴都亲自过问并抚慰他们。还把自己作为将军专用的物资粮食全部拿出来款待士兵。自己和士兵一样平分口粮,而且是和。三天后重新那些吃得最少的士兵一样。到了第三天,整训军队,准备出战时,连生病的士兵也都要求一同奔赴战场,争先奋勇地为他战斗。晋国军队知道了穰苴的这些情况后,就把军队主动撤回去了。燕国军队知道了这种情况后,也撤过黄河,向北退去。于是穰苴率领齐国的军队趁势追击,直到收复了齐国所有沦陷的领土,这才班师回朝。

军队到达国都之前,穰苴就解除了战备,取消了战时规定号令,宣誓立盟而后才进入国都。齐景公率领朝中公卿大夫到城外来迎接,按照礼仪慰劳将士后,才回宫休息。齐景公接见了田穰苴,尊封他为齐国的大司马。从此,田氏家族在齐国的地位就越来越显贵了。

后来,大夫鲍氏、高氏、国氏等人忌妒穰苴,在齐景公面前中伤、诬陷他。齐景公就解除了穰苴的官职,穰苴发病而死。由此田氏家族的田乞、田豹等人怨恨高氏、国氏家族的人。后来,田常杀死齐简公并把高氏、国氏家族全部诛灭了。到了田常的曾孙田和,便自立为齐威王。他率兵打仗施使权威,大致都是模仿穰苴的做法,各国诸侯都敬服地到齐国朝拜他。

齐威王派他的大夫研究整理古代的《司马兵法》时,让他们把大司马田穰苴的兵法也收了进去,故而定名叫《司马穰苴兵法》。

太史公说：我读《司马兵法》时，感到宏大广博，深远不可测度。即使是夏、商、周三代的用兵，也没能完全发挥出它的奥妙，至于说把司马穰苴用兵之法的文字附在里边，也未免过于溢美了。穰苴不过是为小小的诸侯国带兵打仗，怎么能和《司马兵法》相提并论呢？社会上既然流传着许多《司马兵法》，因此我不再评论了，只为穰苴立这篇小传。

原文

司马穰苴者，田完之苗裔也。齐景公时，晋伐阿、甄，而燕侵河上，齐师败绩。景公患之。晏婴乃荐田穰苴曰："穰苴虽田氏庶孽，然其人文能附众，武能威敌。①愿君试之。"景公召穰苴，与语兵事，大说之，以为将军，将兵扞燕、晋之师。穰苴曰："臣素卑贱，君擢之闾伍之中，加之大夫之上，士卒未附，百姓不信，人微权轻，愿得君之宠臣，国之所尊，以监军，乃可。"于是景公许之，使庄贾往。穰苴既辞，与庄贾约曰："旦日日中会于军门。"穰苴先驰至军，立表下漏待贾。贾素骄贵，以为将已之军而已为监，不甚急；亲戚左右送之，留饮。日中而贾不至。穰苴则仆表决漏，入，行军勒兵，申明约束。约束既定，夕时，庄贾乃至。穰苴曰："何后期为？"贾谢曰："不佞大夫亲戚送之，故留。"穰苴曰："将受命之日则忘其家，临军约束则忘其亲，援枹鼓之急则忘其身。今敌国深侵，邦内骚动，士卒暴露于境，君寝不安席，食不甘味，百姓之命皆悬于君，何谓相送乎！"召军正问曰："军法期而后至者云何？"对曰："当斩。"庄贾惧，使人驰报景公，请救。既往，未及反，于是遂斩庄贾以徇三军。三军之士皆振慄。

久之，景公遣使者持节赦贾，驰入军中。穰苴曰："将在军，君令有所不受。"问军正曰："驰三军法何？"正曰："当斩。"使者大惧。穰苴曰："君之使不可杀之。"乃斩其仆、车之左驸、马之左骖，以徇三军。遣使者还报，然后行。士卒次舍井灶饮食问疾医药，身自拊循之。悉取将军之资粮享士卒，身与士卒平分粮食。最比其羸弱者，三日而后勒兵。病者皆求行，争奋出为之赴战。晋师闻之，为罢去。燕师闻之，度水而解。于是追击之，遂取所亡封内故境而引兵归。未至国，释兵旅，解约束，誓盟而后入邑。景公与诸大夫郊迎，劳师成礼，然后反归寝。既见穰苴，尊为大司马。田氏日以益尊于齐。

已而大夫鲍氏、高、国之属害之,谮于景公。景公退穰苴,苴发疾而死。田乞、田豹之徒由此怨高、国等。其后及田常杀简公,尽灭高子、国子之族。至常曾孙和,因自立为齐威王,用兵行威,大放穰苴之法,而诸侯朝齐。

齐威王使大夫追论古者《司马兵法》而附穰苴于其中,因号曰《司马穰苴兵法》。②

太史公曰:余读《司马兵法》,闳廓深远,虽三代征伐,未能竟其义,如其文也,亦少褒矣。若夫穰苴,区区为小国行师,何暇及《司马兵法》之揖让乎?世既多《司马兵法》,以故不论,著穰苴之列传焉。

批注

①史公作文,必胸有成竹,故每于叙断之语,管摄全传。如"文能附众,武能威敌"八字,实穰苴一传提纲,非孟浪语。

穰苴既为大司马,则自可称为司马穰苴。此文以兵法之名连及,乃一虚实互见之妙,正不必泥。

补注

先论其兵法,若有言过其实之疑。次方论穰苴,看"区区"字、"何暇"字,笑在言外。何至三代不能竟其义,如其文?立言,贵切近事情,遂为史公道破。(清·金圣叹:《批点才子全集·西汉文》)

〔释义〕 金圣叹认为,世传《司马兵法》深邃宏阔,囊括了夏、商、周三代全部战争在内,就其内容来说,世传的那些兵书,又都不如它的规模之巨。而司马穰苴本人,仅仅是统帅区区小国齐国兵马的一个将领,怎么能总结出如此高深雄厚的兵家之作呢?可见世传的《司马兵法》的作者为司马穰苴并不准确。金圣叹说:"立言,贵切近事情"。这一条,应当是所有写文章的人都必须遵守的准则。他认为,司马迁早就明确了这一点,早已看出了其中的原委,但是,他的行文却闪闪灼灼。虽不明言,但也在文中点出了这个意思。所以他才在结语中说:"世既多《司马兵法》,以故不论,著穰苴之列传焉。"那意思就是说,世上既然有那么多的《司马兵法》广为流传,我在这里就不加评论了,在文章中只说说穰苴本人的事迹罢了。

商君列传

商鞅小传 商鞅（约公元前390—前338），战国时期卫（今河南安阳市内黄县梁庄镇一带）人，卫国国君的后裔，称公孙氏，故称为卫鞅，又称公孙鞅，后来受封于商，后人便也称他为商鞅。他应秦孝公求贤令之召而入秦，说服秦孝公变法图强，被拜为相。孝公执政后，便订立变法之令，推行富强之策，很快使秦国富强起来。但因用法太严，伤害到贵戚大臣的利益，故而对他皆怀怨恨，在孝公死后不久，他便遭到贵族们的诬害，受车裂之刑而死。他在位执政的十年里，使秦国因而大治，史家称他的新政为商鞅变法。他是战国时期一位杰出的政治家、思想家和法家著名的代表人物。

秦孝公任用卫鞅后，想要在秦国实行变法，但害怕天下人议论自己。卫鞅说："行动犹豫不决就不能成名，办事情犹豫不决就不能成功。一个人的操行如果出类拔萃，就肯定要被世俗非议；一个人的见解如果特别独到，就一定会被一般人诋毁。愚昧的人当别人把事情办成了，他都弄不明白，聪明的人则事先就能预见将要发生的事情。不能和百姓共同谋划大事，而只能和他们一起共享成果。讲究最高道德的人不会与世俗的人合群，成就大业的人不能去征求芸芸众生的意见。因此，圣人只要能够使国家强盛，就不必沿用旧的成法；只要能够利于百姓，就不必遵循旧的礼制。"秦孝公说："讲得好。"甘龙说："不对。圣人不改变民俗而施以教化，聪明的人不改变成法而治理国家。按照旧有的民风民俗而施教化，不费力就能成功；沿袭成法而治理国家，官吏习惯而百姓安定。"卫鞅说："甘龙所说的都是些世俗的说法。一般人安于旧有的习俗，书呆子总是拘泥于书本上的见闻。按照甘龙所说的那两条奉公守法维持旧制度还可以，但不能和他们谈论成法以外的变革。夏、商、周三代都能一统天下，但他们奉行的礼制不同；五伯各霸一方，但他们执行的法制不完全相同。聪明的人制定法度，愚蠢的人被法度制约，贤能的人变更礼制，寻常的人被礼制约束。"杜挚说："没有百倍的利益，就不能改变成法；没有十倍的功效，就不能更换旧的器物。仿效成法可以没有过失，遵循旧礼不会出偏差。"卫鞅说："治理国家的办法不只是一种，我们要使国家富强，而不必仿效旧法度。商汤和周武王不沿袭旧法度而能统一天下，夏桀和殷纣不更换旧礼制而导致灭亡。反对旧法的人不能非难，而沿袭旧礼的人不值得赞扬。"秦孝公说："讲得好。"于是任命卫鞅为左庶长，并很快制定了变法的条令。

新法五家编成一"伍"，把十家编成一"什"，互相监视检举，一家犯法，十家连带治罪。不告发奸恶的处以拦腰斩断的刑罚，告发奸恶的人与斩敌首级的同样受赏，隐藏奸恶的人与投降敌人同样的惩罚。一家有两个以上的壮丁不分居的，赋税加倍。有军功的人，各按功劳大小升爵受赏；为私利斗殴，按情节轻重分别处以大小不同的刑罚。新法鼓励农业生产，对于那些粮食丰收、布帛增产的人可免除他们的劳役或赋税。对于那些从事工商业或由于懒惰而贫穷的，一律把他们没为奴婢。国君宗族中没有军功的人，不能列入贵族谱牒。明确尊卑爵位等级，各按等级差别占有不同的田宅，私家奴婢的衣服样式都要按各家主人的爵位等级而定。有军功的人享受荣耀，没有军功的人即使很有钱，也没有社会地位。

新法准备就绪后，还没公布，卫鞅担心百姓怀疑官府说话是否算数，于是就在国都市场的南门竖起一根三丈长的木头，告诉百姓谁能把木头搬到北门就赏给他十镒金子。百姓开始觉得这件事很奇怪，没人敢动。于是卫鞅又宣布"能把木头搬到北门的人赏五十镒金子"。结果有一个人把木头搬到了北门，卫鞅立即赏给他五十金，借此表明官府令出必行。接着就颁布了新法。

在新法施行的第一年里，秦国老百姓到国都说新法不好的人数以千计。甚至秦孝公太子触犯了新法。卫鞅说："新法不能顺利推行，关键在于上层有人破坏。"于是准备依新法处罚太子。但太子是国君的继承人，不能对他施刑，于是就处罚了太子的老师公子虔，给太子的老师公孙贾脸上刺了字。结果第二天，秦国人就都遵照新法执行了。新法推行了十年，秦国百姓变得喜欢新法了，路不拾遗，山林里也没了盗贼，家家富裕充足。人民勇于为国家打仗，不敢为私利争斗，乡村、城镇社会秩序安定。当初说新法不好的秦国百姓，现在又反过来说新法好了。卫鞅说："这都是扰乱教化的人"，于是把他们全部迁到边疆去。此后，百姓再没人敢议论新法了。

原文

　　孝公既用卫鞅，鞅欲变法，恐天下议己。卫鞅曰："疑行无名，疑事无功。且夫有高人之行者，固见非于世；有独知之虑者，必见敖于民。愚者暗于成事，知者见于未萌。民不可与虑始，而可与乐成。论至德者不和于俗，成大功者不谋于众。是以圣人苟可以强国，不法其故；苟可以利民，不循其礼。"孝公曰："善。"甘龙曰："不然。圣人不易民而教，知者不变法而治。因民而教，不劳而成功；缘法而治者，吏习而民安之。"卫鞅曰："龙之所言，世俗之言也。常人安于故俗，学者溺于所闻。以此两者居官守法可也，非所与论于法之外也。三代不同礼而王，五伯不同法而霸。智者作法，愚者制焉；贤者更礼，不肖者拘焉。"杜挚曰："利不百，不变法；功不十，不易器。法古无过，循礼无邪。"卫鞅曰："治世不一道，便国不法古。故汤武不循古而王，夏殷不易礼而亡。反古者不可非，而循礼者不足多。"孝公曰："善。"以卫鞅为左庶长，卒定变法之令。

　　令民为什伍，而相牧司连坐。不告奸者腰斩，告奸者与斩敌首同赏，匿奸者与降敌同罚。民有二男以上不分异者，倍其赋。有军功者，各以率受上爵；为私斗者，各以轻重被刑大小。僇力本业，耕织致粟帛多者复其身。事末利及怠而贫者，举以为收孥。宗室非有军功论，不得为属籍。明尊卑爵秩等级，各以差次名田宅，臣妾衣服以家次。有功者显荣，无功者虽富无所芬华。

　　令既具，未布，恐民之不信己，已乃立三丈之木于国都市南门，募民有能徙置北门者予十金。民怪之，莫敢徙。复曰："能徙者予五十金。"有一人徙之，辄予五十金，以明不欺。卒下令。

　　令行于民期年，秦民之国都言初令之不便者以千数。于是太子犯法。卫鞅曰："法之不行，自上犯之。"将法太子。太子，君嗣也，不可施刑，刑其傅公子虔，黥其师公孙贾。明日，秦人皆趋令。行之十年，秦民大说，道不拾遗，山无盗贼，家给人足。民勇于公战，怯于私斗，乡邑大治。秦民初言

令不便者有来言令便者，卫鞅曰："此皆乱化之民也。"尽迁之于边城。其后民莫敢议令。

短评

商君变法一事，乃三代以下一大关键。由斯以后，先王之流风余韵遂荡然一无可考，其罪固不可胜诛。然设身处地，以一羁旅之臣，岸然排父兄百官之议，任众怨，兼众劳，以卒成其破荒特创之功，非绝世之异才，不能为也。故吾以为古今言变法者数人：卫鞅，才子也；介甫，学究也；赵武灵王，雄主也；魏孝文帝，明辟也。其所见不同，而有定力则一。惟学究之害最深，以其执古方以杀人，而不知通其理也。

〔释义〕 商鞅在秦国推行新政的结果，使得夏、商、周三代以来的许多好的政策法令，也都荡然无存了，这当然是他的一桩罪过；但是，他能够以一个外邦来秦的客卿，力辟众议，说服秦王强力推行新政，使秦国很快富强起来，为以后统一中国打下了深厚的基础，这也确实是一件很了不起的大事。

文章叙到商鞅与秦国贵族甘龙、杜挚的争讨辩论，写得也是气势磅礴，波澜壮阔。雄辩之言，尖锐锋利，义正词严，锐不可当，甚为可观。

张仪列传

张仪小传 张仪（公元前？—前309），战国时期魏国（今河南开封市）人。原为魏国贵族后裔，曾随鬼谷子学习纵横游说之术。张仪作为杰出的纵横家出现在战国后期的政治舞台上，对于当时的列国兼并战争形势的发展变化产生了较大的影响，加速了强秦吞并六国的过程，被人称之为"连横之父"，是战国时期著名的政治家、外交家和说客。

张仪是魏国人。当初曾和苏秦一起跟随鬼谷先生，学习纵横游说之术，苏秦自认为才学比不上张仪。

张仪完成学业，就去游说诸侯。他曾陪着楚相喝酒，酒席散后，楚相丢失了一块玉璧，相府的人怀疑是张仪所为，他们说："张仪贫穷，品行鄙劣，一定是他偷去了相国的玉璧。"于是众人捉住张仪拘，打了他几百竹板。张仪始终没有承认，只好释放了他。他的妻子又可怜又生气地说："唉！你要是不去读书游说，又怎么能受到这样的屈辱呢？"张仪对他的妻子说："你看看我的舌头还在不在？"他的妻子笑着说："舌头还在呀。"张仪说："这就够了。"

当时，苏秦已经说服了赵王与各国结成联盟，可是他担心秦国攻打各诸侯国，联盟遭到破坏，又考虑到没有合适的人可以派到秦国，去左右秦国的内政外交。于是苏秦派人暗示张仪说："您当初和苏秦有过交情，现在苏秦已经当权，您为什么不去结交他，用以实现你从政的愿望呢？"于是张仪前往赵国，呈上名帖，请求会见苏秦。苏秦就告诫门下的人不给张仪通报，又让他好几天不能离去。此后苏秦才接见了他，让他坐在堂下，赐给他奴仆侍妾吃的饭菜，还屡次责备他说："凭着您的才能，却让自己穷困潦倒到这样的地步。难道我不能推荐您，让您富贵吗？只是您不值得收留罢了。"苏秦说完就把张仪打发走了。张仪来投奔苏秦，自己认为都是老朋友了，能够求得帮助，不料反而被羞辱，很生气，又考虑到诸侯中没有谁值得侍奉，只有秦国能侵扰赵国，于是就到秦国去了。

张仪走后，苏秦对他的门客说："张仪是天下的能人，我恐怕比不上他。如今，幸亏我侥幸比他先受重用，而能够掌握秦国权力的，只有张仪才了。然而，他很贫穷，没有机会接近秦王。我担心他得小利而不能成大业，所以把他召来羞辱他，用来激发他的意志，你替我暗中帮助他。"于是苏秦把自己的想法禀明赵王，拨出一些财物和车马，派人暗中跟随张仪，和他同行同宿，逐渐地接近他，还以车马金钱奉送他，无论他需要多少，都供给他，却不说明其中的实情。凭着这些，张仪才有机会拜见了秦惠王。惠王任用他作客卿，和他商议攻打诸侯的计划。

这时，苏秦派来的门客要告辞离去，张仪说："依靠您鼎力相助，我才得到显贵的地位，正要报答您的恩德，为什么要走呢？"门客说："我并不了解您，真正了解您的是苏先生。苏先生担心秦国攻打赵国，破坏合纵联盟，认为除了您没有谁能掌握秦国的大权，所以故意激怒先生，派我暗中供您钱财，这都是苏先生所谋划的。如您已被重用，请让我回去复命吧！"张仪说："哎呀，这些计谋本来都是我熟知的啊，而我却没有察觉到，可见我没有苏先生高明啊！况且我刚刚被任用，又怎么能图谋攻打赵国呢？请替我多谢苏先生，苏先生当政之时，我怎么敢奢谈攻赵呢！"张仪出任秦国相国以后，写信警告楚国相国说："当初我跟随你饮宴，我并没偷你的玉璧，你却鞭打我。你要好好地守护住你的国土吧，我要偷你的城池了！"

原文

张仪者，魏人也。始尝与苏秦俱事鬼谷先生，学术，苏秦自以不及张仪。

张仪已学而游说诸侯。尝从楚相饮，已而楚相亡璧，门下意张仪，①曰："仪贫无行，必此盗相君之璧。"共执张仪，掠笞数百，不服，醳之。其妻曰："嘻！子毋读书游说，安得此辱乎？"张仪谓其妻曰："视吾舌尚在不？"其妻笑曰："舌在也。"仪曰："足矣。"

苏秦已说赵王而得相约从亲，然恐秦之攻诸侯，败约后负，念莫可使于秦者，乃使人微感张仪曰："子始与苏秦善，今秦已当路，子何不往游，以求通子之愿？"张仪于是之赵，上谒求见苏秦。苏秦乃诫门下人不为通，又使不得去者数日。已而见之，坐之堂下，赐仆妾之食。因而数让之曰："以子之材能，乃自令困辱至此。吾宁不能言而富贵子，子不足收也。"谢去之。张仪之来也，自以为故人，求益，反见辱，怒，念诸侯莫可事，独秦能苦赵，乃遂入秦。

苏秦已而告其舍人曰："张仪，天下贤士，吾殆弗如也。今吾幸先用，而能用秦柄者，独张仪可耳。然贫，无因以进。吾恐其乐小利而不遂，故召辱之，以激其意。子为我阴奉之。"乃言赵王，发金币车马，使人微随张仪，与同宿舍，稍稍近就之，奉以车马金钱，所欲用，为取给，而弗告。张仪遂得以见秦惠王。惠王以为客卿，与谋伐诸侯。

苏秦之舍人乃辞去。张仪曰："赖子得显，方且报德，何故去也？"舍人曰："臣非知君，知君乃苏君。苏君忧秦伐赵败从约，以为非君莫能得秦柄，故感怒君，使臣阴奉给君资，尽苏君之计谋。今君已用，请归报。"张仪曰："嗟乎，此在吾术中而不悟，吾不及苏君明矣！吾又新用，安能谋赵乎？为吾谢苏君，苏君之时，仪何敢言。且苏君在，仪宁渠能乎！"张仪既相秦，为文檄告楚相曰："始吾从若饮，我不盗而璧，若笞我。若善守汝国，我顾且盗而城！"

短评

苏、张同门学术，而苏秦早自以为不及张仪。迨其后，仪以相秦善终，秦以术穷车裂。虽其人品本无低昂，而迹其成败之由，秦之不及仪也明矣。虽然，鬼谷之术，吾不知其何术，度不过揣测人情，纵横游说而已。今观《国策》所载苏秦说六国之辞，机局变化，议论精悍，绝无印板气格，所不欲明言者，连鸡不能俱栖之一笔耳。张仪说六国事秦，则一味恫疑虚喝，欺昧丧心，文笔漶漫，亦无好致。然则秦之术何必不胜仪？正由露颖太早，既不能为用秦之易，则不得为用六国之难，自知傀儡场中刻木牵丝，原无实用，聊借一朝轰烈，吐引锥刺骨之气耳。苏、张皆小人之尤，而张更狙诈无赖，故附辨之，即史公"毋令独蒙恶声"之旨也。

批注

①《仪传》本不足录,爱起段词理至佳,摘为小品,诚不愧雁荡一峰、峨嵋片月也。

补注

只说明世所以痛骂苏秦之故;而痛骂张仪,已极畅大快,用笔最为奇诡!恶张仪之甚,于是遂尽恶三晋之人。笔大如杠,后更无有!骂张仪,并骂三晋之人,史公之恶权变强秦之士至矣!痛骂张仪,然亦不恕苏秦,史公笔尖,真有照妖镜。(清·金圣叹:《评点才子全集·西汉文》)

〔释义〕 姚祖恩从文词中看出,太史公甚是厌恶苏秦、张仪以及三晋之中的一些权变之士,认为他们朝而从秦、暮而合楚的游说,实是利用秦强六国弱的天下形势,来为自己买得荣贵。苏秦可恶,张仪更为无赖,所以史公才在作了《苏秦传》之后,又作《张仪传》,为的是不让苏秦"独蒙恶声焉"。由于史公甚恶二人,因此"文笔漶漫",从文章的角度来看,这篇文章本不可选;但是文章的开头写得却是极妙的。张仪的事本来很多,但一开头却从张仪与妻子的对话写起,说仪在楚国受"鞭笞数百"之刑回家,妻子埋怨他何必学此游说之术,遭此大辱。他却泰然无耻地说,你看我的舌头在不在;只要有舌头在,就足够了。

金圣叹也看出了史公之所以连书苏、张二传,是痛恶天下这些权变之士。不过,他与姚祖恩的看法不尽相同,认为整篇文章写得都极好,对于苏、张等人写得痛快淋漓,非但是不限于开篇的那几句绝妙好词儿,而且文中多用隐喻之词,值得认真地辨读,才能看出其中的味道。所以,金圣叹称赞史公"笔大如椽",好像真有一面照妖镜在他的手中,俊丑妍媸,人妖神怪,都可洞鉴无疑。

孟子荀卿列传

孟子荀卿小传　孟子（公元前372—前289），战国时期邹（今山东省邹城市东南）人，名轲，字子舆，又字子车、子居，是中国古代伟大的思想家、教育家，为战国时期儒家的重要代表人物之一。著有《孟子》一书，由孟子及其弟子共同编写而成，书中记录了孟子的言论、学术观点和政治行动。孟子继承并发扬了孔子的思想，成为仅次于孔子的一代儒家宗师，故有"亚圣"之称，与孔子并称为"孔孟"。南宋时朱熹将《孟子》与《论语》《大学》《中庸》合在一起称为"四书"，是学子们必修的主要功课。孟子的文章说理性极强，通顺畅达，气势充沛，并长于论辩。孟子在人性问题上提出性善论，强调人生之初，其性本善，故《三字经》上曰："人之初，性本善。"

荀子（约公元前310—前238），名况，字卿，因"荀"与"孙"二字古音相通，故又称孙卿，原为赵国猗氏（今山西省安泽县）人，是战国时期一位著名思想家、文学家、政治家，儒家代表人物之一，与孟子齐名，被人称为"荀孟"。他曾三次出任齐国稷下学宫的祭酒，后为楚国的兰陵令。荀子对儒家思想有所发展，提倡性恶论，强调后天的教育与习学的作用，提出了人定胜天的朴素唯物主义观点，常被人与孟子的性善论相比较。

太史公说：我读《孟子》中的文章，每当读到梁惠王问"怎样才对我的国家有利"的时候，总是中途放下书本而有所感叹，说："唉，利这东西确是一切祸乱的根源呀！孔夫子极少讲利的问题，大概就是想防备这个祸乱的根源。"所以他说"依据个人的利益而行动，会招致许多人的怨恨"。可事实上，上自天子下至平民，好利的弊病又有什么不同呢？

孟轲是鲁国邹县人，曾经跟着子思的弟子学习。当他通晓儒家之道后，便去游说齐宣王，齐宣王没有任用他。于是他又到了梁国，梁惠王不但不听信他的主张，反而认为他的主张远离实际，于事无补。那时候，秦国任用商鞅变法，使国富兵强；楚国、魏国也都任用过吴起，战胜了强敌，削弱了对手；齐威王和宣王举用孙膑和田忌等人，国力强盛，使各诸侯国都服从齐国。当各诸侯国正致力于"合纵连横"的攻伐谋略，把能攻善伐视为贤能，而孟子却大谈尧、舜以及夏、商、周三代的德政，因此不符合他所周游的那些国家的需要。于是就回到家乡与他的学生万章等人整理《诗经》《尚书》，他们为了阐发孔子的思想，写成《孟子》一书，共七篇。

在孟轲之后，出现了驺子等人。齐国一共有三个驺子。最早的叫驺忌，他曾经凭借弹琴的技艺得以求见齐威王，从弹琴的道理入手宣讲了治理国家得诀窍，被封为成侯并接受相印，做了宰相，他生活的时代要早于孟子。第二个叫驺衍，生在孟子之后。驺衍目睹了当时的统治者越来越荒淫奢侈，不再崇尚德政，不像《诗经·大雅》所要求的那样先自己做好榜样，再推及百姓，所以他就深入观察万物的阴阳消长，记述了怪异玄虚的变化，如《终始》《大圣》等文章共十余万字。他的理论宏大广阔而又怪诞，他常常先从细小的事物上做实验，然后推而广之，直到无边无际。他的文章先从现在往前一直推至黄帝，利用各个时代学者们所共同谈论的东西，然后再大体上依着世代的盛衰变化，记载不同世代的凶吉制度，再从黄帝时代往前推到很远很远，直到开天辟地之前，真是深幽玄妙不能稽考而追究它的本源。他记载了中国的名山大川，长谷、禽兽，水土所生的，各种物类中最珍贵的，一概俱全，并由此推广开去，直到人们根本看不到的海外。他说开天辟地以来，金、木、水、火、土的五种德性相生相克，而各朝代的更替都正好与它们相配合。天降祥瑞与人事相互照应就是这样的。

驺衍认为儒生们所说的中国，只不过是天下的八十一分之一罢了。中国叫"赤县神州"。赤县神州之内又有九州，就是《禹贡》记载的被大禹划分的九个州，但不能算是州的全部数目。在中国之外，像是赤县神州的地方还有九个。这才是所谓的九州了。在这里都有小海环绕着，人和禽兽不能与其他州相通，像是一个独立的区域，这才算是一州。像这样的州共有九个，更有大海环在它的外面，那就到了天地的边际了。驺衍的学说都是这一类述说。但考查他的根本，一定都归结到仁义节俭上来，并在君臣上下和六亲之间的和睦，不过开始的述说的确是不着边际。王公贵族初见他的学说，便感到惊异而引起思考，受到感化，到后来却谁也不能做到。

驺衍曾在齐国受到尊重。后来他到梁国时，梁惠王亲自到郊外去迎接，把他当做贵宾接待。到赵国，平原君侧身陪行，还亲自为他拂拭席位。到燕国，燕昭王拿着扫帚清除道路为他作先导，并请求坐在弟子的座位上向他学习，并特意为他修建一座碣石宫，亲自去跟他受业。也就是在那里，驺衍写出了《主运》篇。驺衍周游各国受到如此礼尊，这与孔丘被困陈、蔡断粮而面有饥色，孟轲在齐国、梁国遭到冷遇，岂能同日而语！尽管周武王用仁义讨伐殷纣王从而称王天下，仍有伯夷宁肯饿死不吃周朝的粮食；卫灵公向孔子询问行军布阵的方法，孔子却不予回答；梁惠王想要攻打赵国，孟轲却称颂太王离开邠地的事迹。这些人哪里有一点阿谀逢迎、希求苟合的样子？就像是拿着方榫头却要放入圆的卯眼里插，哪能放得进去呢？有人说，伊尹背着鼎去给汤烹饪，却勉励汤行王道，结果汤统一了天下；百里奚在车下喂牛而秦穆公任用了他，因而称霸诸侯。他们的做法都是先投合人主的意愿，然后引导君主走上正大的道路上去。驺衍的话虽然不合常理常情，或许有伊尹负鼎、百里奚饭牛的意思吧？

自从驺衍和齐国稷下的淳于髡、慎到、环渊、接子、田骈、驺奭等人著书立说，谈论国家兴亡治乱的大事，以此求取国君的任用以来，这样的人就越来越多了，怎能说得尽呢？

淳于髡是齐国人，见识广博，强于记忆，学业不专主一家之言。从他劝说君王的言谈中看，似乎他仰慕晏婴直言敢谏的为人，然而实际上他致力于察言观色，揣摩君主的心意。一次，有个宾客向梁惠王推荐淳于髡，梁惠王支开身边的侍从，单独地两次接见他，可是他始终一言不发。梁惠王感到很奇怪，就责备那个宾客说："你称赞淳于先生，说连管仲、晏婴都赶不上他，等到他见了我，我是一点收获也没得到啊。难道是我不配跟他谈话吗？到底是什么缘故呢？"那个宾客把梁惠王的话告诉了淳于髡。淳于髡说："我的确没有说话。那是因为我前一次见大王时，大王的心思全用在马上；后一次再见大王，大王的心思却用在了声色上，因此我只好沉默不语。"那个宾客把淳于髡的话全部报告了梁惠王，梁惠王大为惊讶，说："哎呀，淳于先生真是个圣人啊！前一次淳于先生来的时候，有个人献上一匹好马，我还没来得及相一相，恰巧淳于先生来了。后一次来的时候，又有个人献来歌伎，我还没来得及试一试，也遇到淳于先生来了。我接见淳于先生时虽然打发开了身边的侍从，可是心里却想着马和歌伎，是有这么回事。"后来淳于髡见到了梁惠王，两人专注交谈一连三天三夜毫无倦意。梁惠王打算封淳于髡为宰相，淳于髡不肯接受，要求回家。于是梁惠王赠送给他一辆四匹马驾的精致车子、成捆的丝帛和璧玉，还有百镒黄金。淳于髡终身没有做官。

慎到是赵国人。田骈、接子是齐国人。环渊是楚国人。他们都专攻黄帝、老子关于道德的学说，对黄老学说的意旨进行阐述发挥。所以他们都有著述，慎到著有《慎子》十二篇，环渊著有《环子》上、下篇，田骈、接子也都有论著。

驺奭是齐国几位驺姓中的一个名人，他较多地采用驺衍的学说来著述文章，因此受到齐王的赏识。从淳于髡以下这些人，都受齐王的赏赐，享受大夫的级别、待遇。齐王还为他们开辟了一条豪华的大街，建造高门大屋，以示对他们的尊崇，以此招揽各诸侯国的宾客，宣扬齐国最能招纳天下的贤才。

荀卿是赵国人。五十岁的时候才来到齐国讲学。驺衍的学说曲折夸大而多空洞的论辩；驺奭的文章完备周密但难以实行；淳于髡与他相处日久，有时能让人听到一些精辟的言论。所以齐国人说他们是："高谈阔论的是驺衍，精雕细刻的是驺奭，智多善辩，议论不绝的是淳于髡。"当时田骈等人都已经死去，此时荀卿在齐国是年龄最大的学者。当时齐国仍然给有学识的人以大夫的级别待遇，荀卿曾先后三次担任齐国的祭酒。后来，齐国有人毁谤荀卿，荀卿就到了楚国，春申君任命他为兰陵县令。春申君死后，荀卿被罢官。但荀卿仍在兰陵定居下来。李斯曾是荀卿的学生，后来在秦朝任丞相。荀卿憎恶乱世的黑暗政治，亡国昏乱的君主接连不断地出现，他们不通晓常理正道却被装神弄鬼的巫祝所迷惑，信奉求神赐福去灾，庸俗鄙陋的儒生拘泥于琐碎礼节，再加上庄周等人狡猾多辩，于是总结评论了儒家、墨家、道家理论与实践的成败得失，写下了几万字著作便辞世了。荀卿死后就葬在了兰陵。

当时赵国有个公孙龙，进行了"离坚白"与"合同异"的论辩；此外剧孟、剧辛等人也有著述；魏国有个李悝，他曾提出鼓励耕作以尽地力的主张；楚国有尸子、长卢；齐国的东阿还有个吁子。从孟子到吁子，他们的著作在世上多有流传，所以不详细论述了。

墨翟是宋国的大夫，在军事上擅长守卫和防御，在思想上提倡节省俭朴。

有人说他与孔子同时代，也有人说他在孔子之后。

原文

太史公曰：余读《孟子》书，至梁惠王问"何以利吾国"，未尝不废书而叹也。曰：嗟乎，利诚乱之始也！夫子罕言利者，常防其原也。故曰："放于利而行，多怨。"自天子至于庶人，好利之弊何以异哉！

孟轲，驺人也。受业子思之门人。道既通，游事齐宣王，宣王不能用。适梁，梁惠王不果所言，则见以为迂远而阔于事情。当是之时，秦用商君，富国强兵；楚、魏用吴起，战胜弱敌；齐威王、宣王用孙子、田忌之徒，而诸侯东面朝齐。天下方务于合从连衡，以攻伐为贤，而孟轲乃述唐、虞、三代之德，是以所如者不合。退而与万章之徒序《诗》《书》，述仲尼之意，作《孟子》七篇。

其后有驺子之属。齐有三驺子。其前驺忌，以鼓琴干威王，因及国政，封为成侯而受相印，先孟子。

其次驺衍，后孟子。驺衍睹有国者益淫侈，不能尚德，若《大雅》"整之于身，施及黎庶"矣。乃深观阴阳消息而作怪迂之变，《终始》《大圣》之篇十余万言。其语闳大不经，必先验小物，推而大之，至于无垠。先序今以上至黄帝，学者所共术，大并世盛衰，因载其禨祥度制，推而远之，至天地未生，窈冥不可考而原也。先列中国名山大川，通谷禽兽，水土所殖，物类所珍，因而推之，及海外人之所不能睹。称引天地剖判以来，五德转移，治各有宜，而符应若兹。

以为儒者所谓中国者，于天下乃八十一分居其一分耳。中国名曰赤县神州。赤县神州内自有九州，禹之序九州是也，不得为州数。中国外如赤县神州者九，乃所谓九州也。于是有裨海环之，人民禽兽莫能相通者，如一区中者，乃为一州。如此者九，乃有大瀛海环其外，天地之际焉。其术皆此类也。然要其归，必止乎仁义节俭，君臣上下六亲之施。始也，滥耳。王公大人初见其术，惧然顾化，其后不能行之。

是以驺子重于齐。适梁，惠王郊迎，执宾主之礼。适赵，平原君侧行撇席。如燕，昭王拥彗先驱，请列弟子之座而受业，筑碣石宫，身亲往师之。

作《主运》。其游诸侯见尊礼如此，岂与仲尼菜色陈蔡，孟轲困于齐梁同乎哉！故武王以仁义伐纣而王，伯夷饿不食周粟；卫灵公问陈，而孔子不答；梁惠王谋欲攻赵，孟轲称大王去邠。此岂有意阿世俗苟合而已哉！持方枘欲内圜凿，其能入乎？或曰，伊尹负鼎而勉汤以王，百里奚饭牛车下而缪公用霸，作先合，然后引之大道。驺衍其言虽不轨，傥亦有牛鼎之意乎？

自驺衍与齐之稷下先生，如淳于髡、慎到、环渊、接子、田骈、驺奭之徒，各著书言治乱之事，以干世主，岂可胜道哉！

淳于髡，齐人也。博闻强记，学无所主。其谏说，慕晏婴之为人也，然而承意观色为务。客有见髡于梁惠王，惠王屏左右，独坐而再见之，终无言也。惠王怪之，以让客曰："子之称淳于先生，管、晏不及，及见寡人，寡人未有得也。岂寡人不足为言邪？何故哉？"客以谓髡。髡曰："固也。吾前见王，王志在驱逐；后复见王，王志在音声，吾是以默然。"客具以报王，王大骇，曰："嗟乎，淳于先生诚圣人也！前淳于先生之来，人有献善马者，寡人未及视，会先生至。后先生之来，人有献讴者，未及试，亦会先生来。寡人虽屏人，然私心在彼，有之。"后淳于髡见，壹语连三日三夜无倦。惠王欲以卿相位待之，髡因谢去。于是送以安车驾驷，束帛加璧，黄金百镒。终身不仕。

慎到，赵人。田骈、接子，齐人。环渊，楚人。皆学黄老道德之术，因发明序其指意。①故慎到著十二论，环渊著上下篇，而田骈、接子皆有所论焉。

驺奭者，齐诸驺子，亦颇采驺衍之术以纪文。于是齐王嘉之，自如淳于髡以下，皆命曰列大夫，为开第康庄之衢，高门大屋，尊宠之。览天下诸侯宾客，言齐能致天下贤士也。

荀卿，赵人。年五十始来游学于齐。驺衍之术迂大而闳辩；奭也文具难施；淳于髡久与处，时有得善言。②故齐人颂曰："谈天衍，雕龙奭，炙毂过髡。"田骈之属皆已死齐襄王时，而荀卿最为老师。齐尚修列大夫之缺，而荀卿三为祭酒焉。齐人或谗荀卿，荀卿乃适楚，而春申君以为兰陵令。春申君死而荀卿废，因家兰陵。李斯尝为弟子，已而相秦。③荀卿嫉浊世之政，亡国乱君相属，不遂大道而营于巫祝，信禨祥，鄙儒小拘，如庄周等又猾稽乱俗，于是推儒、墨、道德之行事兴坏，序列著数万言而卒。因葬兰陵。

而赵亦有公孙龙为坚白同异之辩，剧子之言；魏有李悝，尽地力之教；

楚有尸子、长卢；阿之吁子焉。自如孟子至于吁子，世多有其书，故不论其传云。

盖墨翟，宋之大夫，善守御，为节用。或曰并孔子时，或曰在其后。

批注

①详一段，简一段；叙一段，断一段。此种夹互法，史公之外，未见其两。《易》曰："物相杂，谓之文"，非天下之至文，何足以语此？

②于荀子文中，品目诸子，犹起处之引田忌、孙子辈作衬垫也。史公绝去排偶之迹，而意象整齐不苟如此。

③错综蓬勃，笔意横绝！

〔释义〕 这篇文章，虽然名曰《孟子荀卿列传》，而实际上却是兼及战国时期的诸子百家，儒、墨、名、法以及阴阳家的代表人物都讲述到了。战国时期，学术思想活跃，各个学派、各种不同的学术观点百花齐放，百家争鸣，五花八门，缤彩纷呈。这些不同的学派，其观点不一，影响面也大小不同，故而不能平摆并列、繁简均同地叙述。所以史公便视各派学说的深浅不同，有的详尽，有的简约。这种详简相间相杂的写法，更使文章活泼生动、起伏跳跃，有文气，不呆板。

孟尝君列传

孟尝君小传 　孟尝君，姓田名文（公元前？—前279），是战国时期有名的四公子之一，出身于齐国宗室，其父靖郭君田婴是齐威王的少子，曾于齐威王时担任过要职，而于齐宣王时更是出任为宰相，被封于薛（今山东省枣庄市的薛城），权倾一时，谥为靖郭君。田婴死后，田文继其位，是为孟尝君，素以广招宾客有食客三千而天下闻名。

　　那时，田婴共有四十多个儿子，其中一个是不受他宠爱的小妾所生名字叫田文。田文是五月五日出生的。田婴告诉田文的母亲说："不要养活他。"可是田文的母亲还是偷偷把他养活下来。等田文长大后，他的母亲才叫田文跟着那些兄弟一起去见田婴。田婴见了这个孩子愤怒地对他母亲说："我让你把这个孩子扔了，你竟敢把他养活了，这是为什么？"这时叩头大拜，替他的母亲回答说："您不让养育五月生的孩子，是什么缘故？"田婴回答说："五月出生的孩子，长到像门口一样高时，就会对父母不利。"田文说："人的命运是由上天授予呢？还是取决于门口呢？"田婴不知怎么回答好，便沉默不语。田文接着说："如果是由上天授予的，您何必忧虑呢？如果是取决于门口，那么只要加高门口就可以了，谁还能长得和门口一样高呢！"田婴就此打住，说道："你不要说了！"

　　过了很长时间，田文找个机会问他父亲说："儿子的儿子叫什么？"田婴答道："叫孙子。"田文接着问："孙子的孙子叫什么？"田婴答道："叫玄孙。"田文又问："玄孙的孙叫什么？"田婴说："我不知道了。"田文说："您执掌大权担任齐国宰相，到如今已经历三代君王了，可是齐国的领土没有增加，您的私家却积攒了万斤黄金，但您的门下却看不到一位贤能之士。我听说，将军的门庭必出将军，宰相的门庭必有宰相。现在您的姬妾可以践踏绫罗绸缎，而外边的贤士却穿不上粗布短衣；您的男仆女奴有剩余的饭食肉羹，而外边的贤士却连糠菜也吃不饱。可是您还一个劲地积攒东西，想留给那些连称呼都叫不上来的后人，却忘记整个国家在诸侯中一天天失势，我私下是很奇怪的。"从此以后，田婴开始器重田文，让他主持家政，接待宾客。宾客来往不断，日益增多，田文的名声随之传播到各诸侯国中。各诸侯国都派人来请求田婴立田文为太子，田婴答应了。田婴去世后，追谥靖郭君。田文果然在薛县继承了田婴的爵位。这就是孟尝君。

孟尝君在薛县的时候，招揽许多来自各诸侯国的宾客以及犯罪逃亡的人。孟尝君宁肯舍弃家产也给他们丰厚的待遇，因此使天下的贤士无不倾心向往。他家里的食客经常有几千人，孟尝君对他们不分贵贱，大家一律平等。孟尝君每当接待宾客谈话的时候，总是在屏风后安排人做记录，记录下来孟尝君与宾客的谈话内容，以及这些宾客家有何人，住在何处。宾客刚刚离开，孟尝君就已派使者到宾客亲戚家里抚慰问候，献上礼物。有一次，孟尝君招待宾客吃晚饭，其中有一个人躲到没有光的地方吃，那个宾客很恼火，认为饭食的质量肯定不相等，于是放下碗筷就要辞别而去。孟尝君马上站起来，亲自端着自己的饭食给他看，那个宾客惭愧得无地自容，就以刎颈自杀表示谢罪。从此有更多的士人归附孟尝君。而孟尝君对于来到门下的宾客都热情接纳，不挑拣，无亲疏，一律好好接待。所以宾客人人都认为孟尝君与自己亲近。

原文

初，田婴有子四十余人。其贱妾有子名文，文以五月五日生。婴告其母曰："勿举也。"其母窃举生之。及长，其母因兄弟而见其子文于田婴。田婴怒其母曰："吾令若去此子，而敢生之，何也？"文顿首，因曰："君所以不举五月子者，何故？"婴曰："五月子者，长与户齐，将不利其父母。"文曰："人生受命于天乎？将受命于户邪？"婴默然。文曰："必受命于天，君何忧焉。必受命于户，则可高其户耳，谁能至者！"婴曰："子休矣。"

久之，文承间问其父婴曰："子之子为何？"曰："为孙。""孙之孙为何？"曰："为玄孙。""玄孙之孙为何？"曰："不能知也。"文曰："君用事相齐，至今三王矣，齐不加广而君私家富累万金，门下不见一贤者。文闻将门

必有将,相门必有相。今君后官蹈绮縠而士不得裋褐,仆妾余梁肉而士不厌糟糠。今君又尚厚积余藏,欲以遗所不知何人,而忘公家之事日损,文窃怪之。"于是婴乃礼文,使主家待宾客。宾客日进,名声闻于诸侯。诸侯皆使人请薛公田婴以文为太子,婴许之。婴卒,谥为靖郭君。而文果代立于薛,是为孟尝君。

孟尝君在薛,招致诸侯宾客及亡人有罪者,皆归孟尝君。孟尝君舍业厚遇之,以故倾天下之士。食客数千人,无贵贱一与文等。孟尝君待客坐语,而屏风后常有侍史,主记君所与客语,问亲戚居处。客去,孟尝君已使使存问,献遗其亲戚。孟尝君曾待客夜食,有一人蔽火光。客怒,以饭不等,辍食辞去。孟尝君起,自持其饭比之。客惭,自刭。士以此多归孟尝君。孟尝君客无所择,皆善遇之,人人各自以为孟尝君亲己。

短评

为相而结客,固将以网罗天下之英才而为国树人也。即不然,亦必绿池应教,文章枚马之俦;东阁从游,参佐邢、温之选。于以鼓吹风雅,翊赞丝纶,不无小补云尔。田文起庶孽之中,假声援之助,挟持浮说,固非本怀,乃至号召奸人,侈张幸舍,家作逋逃之薮,身为盗贼之魁。语有之:"披其枝者伤其心,根之拨者实将落。"齐之不亡亦幸矣!岂特鸡鸣狗盗近出门墙,为士林之耻,而裹足不前也哉!夫药笼之品,应不弃乎溲、勃之材;夹袋之名,或曲隐夫疵瑕之士。鸡鸣狗盗,处之末座,政亦何嫌?但文之立心已非,设科无择,忘公室而便身图,遂致甘为奸魁而不惜耳。故原其本而论之。

补注

①冯煖(欢)问孟尝君:"收责(债)返命,何市(买什么)而归?"(孟尝君)则曰:"视吾家所寡(缺少)者。"文章垂训,如医师之药石偏枯,亦视世之寡有者而已矣!以学问文章,徇世之所向,是既饱而进粱肉,既暖而增狐貉也。非其所长,而强以徇焉,是犹方饱粱肉而进以糠秕,方拥狐貉而进以裋褐也。其有暑资裘而寒资葛者,吾见亦罕矣!(清·章学诚:《文史

通义》)

〔**释义**〕 这里是将《史记·孟尝君列传》中冯欢出外收债前与孟尝君的一段对话作例子,来比喻写文章之道理。冯欢出去收债之前问孟尝君,收来钱后买些什么东西。孟尝君说,看吾家缺什么就买什么吧!写文章也应当遵循这个道理,你要看世上缺少什么,你便写什么,不能是人们已经饱食了你还给他进食鱼肉;已经大暖了还给他增添大毛衣裳。非岂所求,又焉用哉?但是看世上之所求,也还有两种不同的态度:一是媚俗,专门为着适合读者的口味,完全不管不问这种东西是否是低级趣味的;另一种态度是,给读者以他们真正所需要的东西。这种东西尽管一时间读者尚无兴趣,尚且没有感到需要,但要引导与开导读者对这方面的趣味,提醒读者对这方面的注意。尽管这是"暑资裘而寒资葛",即夏天里给人皮衣,冬天里给人罗纱,但只要它是与人有益的,还是要不避一时冷背,也要不殚其力而去为之的。

平原君列传

平原君小传 平原君，姓赵名胜（公元前？—前253），出身于赵国宗室，为赵武灵王之子，赵惠文王之弟，受封于东武（今山东省武城县），号平原君。在赵惠文王和赵孝成王时，他一直担任相国，是战国时期一位著名的政治家和外交家，以养士而闻名，门下食客曾多达数千人。他和齐国的孟尝君田文、魏国的信陵君魏无忌、楚国的春申君黄歇齐名，被称之为"战国四公子"。

当秦国军队围攻赵国都城邯郸的时候，赵王派平原君去楚国求援，拟与楚国订立盟约联合抗秦。平原君想从自己的门下挑选有勇有谋文武兼备的食客二十人一同前往楚国。平原君说："假使能通过和平的谈判取得成功，那就最好了。如果和平谈判不能取得成功，那就用武力强迫楚王在朝廷上与我们签订盟约，总之，一定要签订盟约才能回国。同去的文武之士不必到外面去寻找，从我门下的食客中选取就足够了。"结果只挑选到十九人，剩下的人都不行，竟没凑满二十人。这时，有个叫毛遂的食客走出来，向平原君自我推荐说："我听说您要去和楚国订立盟约，想从您的门下食客中挑选二十人同去，人员不到外面寻找。现在还缺一个人，希望您把我算在里头，充个数一起去吧。"平原君问道："先生在我的门下有几年啦？"毛遂回答道："三年了。"平原君说："有才能的人活在世上，就如同锥子放在口袋里，它的锋尖立即就会显露出来。如今先生在我的门下已经三年了，我没有听到有谁称赞过你，我也从来没听说过你，说明先生没有什么本领。先生不能去，先生留在家吧。"毛遂说："我是今天才请求您把我这把'锥子'放在口袋里的。假使我早就被放在口袋里，是会整个锥锋都脱露出来的，不只是露出一点锋尖的。"平原君终于同意带着毛遂一起出发了。其他十九个人互相使眼色示意，暗暗嘲笑毛遂，只是没有笑出声。

毛遂等人到了楚国，通过与那十九个人的交谈，他们都已佩服毛遂了。平原君与楚王谈判订立盟约的事，再三陈述利害关系，从早晨一直谈到中午，楚王还没决定下来。这时那十九个人就对毛遂说："你去。"于是毛遂手按剑柄，一步一级地迅速走上了大殿，对平原君说："合纵抗秦不是'利'就是'害'，只两句话罢了。今天从早晨就开始谈，到中午了还决定不下来，这是为什么呢？"楚王见毛遂登上堂来，问平原君："这个人是干什么的？"平原君回答说："他是我的一个食客。"楚王厉声呵斥道："你给我滚下去！我是和你的主人讲话，你来干什么！"毛遂手按剑柄向前一步说："大王所以敢呵斥我，不过是依仗楚国人多势众。现在我与您相距只有十步，十步之内大王是依仗不了楚国的人多势众的，大王的性命控制在我手中。我的主人就在面前，您怎么能不顾礼节这样呵斥我呢？再说，当初商汤曾凭着七十里的地盘，就灭了夏桀统一了天下；周文王当初凭着百里大小的地盘，灭掉了商纣使天下诸侯臣服，难道是因为他们的人多吗？实际上是由于他们善于掌握形势而趁机发挥自己的威力。如今楚国领土纵横五千里，士兵百万，这本是成为霸主的资本。凭着楚国如此强大，应该是天下无敌的。可是秦国的白起，不过是个毛孩子罢了，他带着几万人的部队，发兵与楚国交战，第一战就攻克了鄢陵、郢都，第二战烧毁了夷陵，第三战便使大王的先祖受到极大凌辱。这是楚国百世不解的怨仇，连我们赵国都感羞耻，可是大王却不觉得痛恨。联盟抗秦是为了楚国，不是为了赵国。我的主人就在面前，你为什么这样呵斥我？"听了毛遂这番话，楚王改变了态度，说："是，是，的确像先生所说的那样，我一定竭尽全国的力量履行合纵盟约。"毛遂进一步逼问道："合纵盟约算是确定了吗？"楚王回答说："确定了。"于是毛遂招呼楚王的身边的人说："赶紧把鸡、狗、马的血取来。"毛遂双手捧着铜盘跪送到楚王面前说："请大王第一个歃血，其次是我的主人，再次是我。"就这样，在楚国的大殿上确定了合纵盟约。随后毛遂左手托起一盘血，右手招呼那十九个人说："各位在堂下也一块儿歃血，各位虽然平庸，可也算完成了任务，这就是所说的依赖别人的力量来完成自己的任务吧。"

平原君完成了与楚国订立合纵盟约的任务返回赵国后，他对人们说："我再也不敢说我能够识别人才了。我识别过的人才多说上千，少说也有几百人，我总自认为不会遗漏天下的贤能之士，谁料竟然把毛先生给漏下了。毛先生一到楚国,就使赵国的地位比九鼎、大吕的传国之宝还要尊贵。毛先生凭着三寸之舌,竟比百万大军的威力还要强大。我再也不敢说我能够识别人才了。"从此平原君把毛遂尊为上等宾客。

原文

秦之围邯郸,赵使平原君求救,合从于楚,约与食客门下有勇力文武备具者二十人偕。平原君曰:"使文能取胜,则善矣。文不能取胜,则歃血于华屋之下,必得定从而还。士不外索,取于食客门下足矣。"得十九人,余无可取者,无以满二十人。门下有毛遂者,前,自赞于平原君曰:"遂闻君将合从于楚,约与食客门下二十人偕,不外索。今少一人,愿君即以遂备员而行矣。"平原君曰:"先生处胜之门下几年于此矣?"毛遂曰:"三年于此矣。"平原君曰:"夫贤士之处世也,譬若锥之处囊中,其末立见。今先生处胜之门下三年于此矣,左右未有所称颂,胜未有所闻,是先生无所有也。先生不能,先生留。"毛遂曰:"臣乃今日请处囊中耳。使遂蚤得处囊中,乃脱颖而出,非特其末见而已。"平原君竟与毛遂偕。十九人相与目笑之而未废也。

毛遂比至楚,与十九人论议,十九人皆服。平原君与楚合从,言其利害,日出而言之,日中不决。十九人谓毛遂曰:"先生上。"毛遂按剑历阶而上,谓平原君曰:"从之利害,两言而决耳。今日出而言从,日中不决,何也?"楚王谓平原君曰:"客何为者也?"平原君曰:"是胜之舍人也。"楚王叱曰:"胡不下!吾乃与而君言,汝何为者也!"毛遂按剑而前曰:"王之所以叱遂者,以楚国之众也。今十步之内,王不得恃楚国之众也,王之命悬于遂手。吾君在前,叱者何也?且遂闻汤以七十里之地王天下,文王以百里之壤而臣诸侯,岂其士卒众多哉,诚能据其势而奋其威。今楚地方五千里,持戟百万,此霸王之资也。以楚之强,天下弗能当。白起,小竖子耳,率数万之众,兴师以与楚战,一战而举鄢郢,再战而烧夷陵,三战而辱王之先人。此百世之怨而赵之所羞,而王弗知恶焉。合从者为楚,非为赵也。吾君在前,叱者何也?"楚王曰:"唯唯,诚若先生之言,谨奉社稷而以从。"毛遂曰:"从定乎?"楚王曰:"定矣。"毛遂谓楚王之左右曰:"取鸡狗马之血来。"毛遂奉铜盘而跪进之楚王曰:"王当歃血而定从,次者吾君,次者遂。"遂定从于殿上。毛遂左手持盘血而右手招十九人曰："公相与歃此血于堂下。公等录录，所谓因人成事者也。"

平原君已定从而归，归至于赵，曰："胜不敢复相士。胜相士多者千人，寡者百数，自以为不失天下士，今乃于毛先生而失之也。毛先生一至楚，而使赵重于九鼎大吕。毛先生以三寸之舌，强于百万之师。胜不敢复相士。"遂以为上客。

短评

文章有一事分见，彼此各尽其奇，而彼此亦不必相顾者，必以分写为体；若一传牵合，则各不得尽其妙矣。如邯郸之围，《信陵君传》则尽写侯嬴、朱亥节侠之奇；于《鲁仲连传》则极写辛垣衍帝秦之辩；于此传又极写毛遂自荐定纵之策。而究之秦兵之退，与诸侯未尝交锋，若仅以其事而不惟其文，则于《赵世家》大书"诸侯谋合纵救赵，秦兵引还"，一语足矣。《史记》之文，文也，不必以其事也。作史家不可以不知也。

〔释义〕 姚公说，有的文章必须分开来写才能尽得其妙，虽然各篇分开来叙述的事情互相之间不相照应，不相关联，也没关系；如果硬是凑合地放在一块来写，反而没有什么味道了。《史记》中邯郸之围就是一个明显的例子。秦发大兵围困赵国数月，邯郸告急，六国态度不一，没有形成合力抗击秦兵。在此兵临城下的大事面前，怎么来写呢？太史公是分开来从各自不同的视角、不同层面上来描写，互不关联。在《信陵君传》中，尽力写侯嬴与朱亥的侠肝义胆，由他们二人为信陵君出谋划策，窃盗兵符以求赵；而在《鲁仲连传》中，则着力写鲁仲连与辛垣衍舌辩，说服六国君臣联合起来，决不拥立秦王称帝；而在此篇文章中，则极写毛遂自荐，伴随平原君去游说楚王。而细究起来，秦兵引退的原因，并不是因为六国出兵攻秦才解救了邯郸之围，只是因为六国已经形成合纵的联盟之势，秦兵知道在此情况下再难有所进展，才自行告退的。如果要将此一大事合在一处来写，只在《赵世家》里用一句话，"诸侯谋合纵求赵，秦兵引还"，就可以了，而分传中那些生动的细节，哪里还能用得上与铺陈得开呢？

补注

①抑史家有激射隐显之法，其义始于太史公，如叙汉高祖得天下之有天助，而见意于《项羽本纪》，借项羽之口以吐之曰："非战之罪也，天也！"叙平原君之好客，而见意于《魏公子列传》，借公子之言以刺之，曰："平原君之游，徒豪举耳！"事隐于此而义著于彼，激射映发，以见微旨。（钱子泉：《现代中国文学史序》）

〔释义〕 国学大师钱子泉说，现在的史学家写历史，许多人都采用激射之法，这都是仿效司马迁而得来的。史公想说汉高祖得天下多有天助，但在本传中却不说，却在《项羽本纪》中反复地讲："天之亡我，非战之罪也！"《平原君传》也如此，说平原君好客，讲义气，但在《信陵君传》中却指出，他并不能不拘一格地收纳贤士。信陵君去赵国时，知道毛公与薛公是贤才，但二人出身皆微贱，藏身于卖浆、赌徒者中间。信陵君不管这一切，仍与毛、薛二公交游。平原君的夫人是信陵君的姐姐，平原归告夫人说，我向来以为令弟是个贤人，能够窃符救赵，但来赵之后竟然与卖浆赌徒者交游，这不是任意妄为吗？夫人将此话告诉了信陵。信陵大惊地说，我以为平原能够交游天下，广纳贤才，现在看起来非也，他养食客是只图表面上的壮举，并非真正求士，像毛、薛二公这样贤德的人，他都放弃了。后来平原君门下之客听到此事之后，多离开平原，而归之于信陵。这种激射笔法的运用，在《史记》中是随处可见的。

信陵君列传

信陵君小传 信陵君（公元前？—前243），姓魏名无忌，魏国人，是魏昭王的儿子，魏安釐王的同父异母弟弟。信陵君是战国时期著名的政治家、军事家，魏安釐王时曾官至魏国上将军，是发兵救赵解邯郸之围的重要决策人物，故而有人将其排列为"战国四公子"之首。

魏公子无忌，是魏昭王的小儿子、魏安釐王的同父异母弟弟。魏昭王去世后，魏安釐王即位，封魏公子为信陵君。当时范雎从魏国逃到秦国任秦相，因为怨恨魏国的丞相魏齐，就派秦军围攻魏国的大梁，击败了魏国驻扎在华阳的部队，打跑了魏将芒卯。魏王和魏公子对这件事都十分焦虑。

魏公子为人仁爱宽厚，礼贤下士，无论有能的人还是无才能的人，只要到他的门下，他都以礼相待，从来不敢因为自己的地位高贵而待人傲慢。因此方圆几千里的士人都争相归附于他，归到他门下的食客有三千多人。当时，各国诸侯因魏公子贤德，宾客众多，连续十几年不敢动兵侵犯魏国。

有一次，魏公子正在和魏王下棋，这时北边边境传来警报，说"赵国发兵进犯，敌军很快将进入国境"。魏王立即放下棋子，就要召集大臣们商议对策。魏公子劝阻魏王说："那是赵王出来打猎，不是进犯我国。"又接着和魏王下棋，可是魏王惊恐，心思全没放在下棋上。过了一会儿，又从北边传来消息说："那是赵王出来打猎，不是进犯我国。"魏王听后非常惊讶，问道："你是怎么事先知道的？"魏公子说："我的食客中有个人能深入地探听赵王的秘密，赵王有什么行动，他就会立即向我报告，因此我对赵王的活动很清楚。"从此以后，魏王畏惧魏公子的才能，不敢任用魏公子处理国家大事了。

魏国有个隐士叫侯嬴，已经七十岁了，家境贫寒，是大梁城夷门的看门人。魏公子听说了这个人后，就亲自去拜访他，并想送给他一份厚礼。但是侯嬴不肯接受，他说："我保持清高廉洁已经几十年了，绝不能因我看门贫困

的缘故而接受公子的财礼。"魏公子见此情况，于是就大摆酒席，宴饮宾客。等大家坐定之后，魏公子就带着车马以及随从人员，空出车子上的左边的座位，亲自到夷门去迎接侯嬴。侯嬴整理了一下破旧的衣帽，径直上了车子，坐在魏公子空出的左边的尊位，丝毫没有谦让的意思，他是想借此观察一下魏公子的态度。可是魏公子手握着缰绳非常谦虚。侯嬴上车后又对魏公子说："我有个朋友在市场上的肉店里，希望委屈一下您的车马，载我去看看他。"魏公子二话没说，驾着车来到了市场。侯嬴下车去会见他的朋友朱亥，他斜睨缝着眼看魏公子，故意久久地站在那里，同他的朋友聊天，同时侯嬴暗暗地观察魏公子。魏公子的神态比刚才显得更加平静温和。当时，在魏公子的家里，满堂的宾客，满座的贵族将相们，正等着魏公子举杯开宴。市场上的人都看到魏公子手握缰绳替侯嬴驾车。魏公子的随从人员都暗自责骂侯嬴。侯嬴看到魏公子面色始终不变，才告别了朋友上了车。到家后，魏公子领着侯嬴坐到上座的位置，并向全体宾客赞扬地介绍了侯嬴，满堂宾客无不惊异。大家酒兴正浓时，魏公子站起来，走到侯嬴面前举杯为他祝寿。侯嬴这时对魏公子说："今天我侯嬴为难公子也够多了。我只是个守门人，可是公子委屈车马，亲自在大庭广众之中迎接我，我本不该再去拜访朋友，今天公子竟屈尊陪我拜访他。可我也想成就公子的名声，故意让公子车马久久地停在街市中，借拜访朋友来观察公子，结果公子更加谦恭。街市上的人都以为我是小人，而认为公子是个高尚的人能礼贤下士啊。"大家尽欢而散，侯嬴从此成了魏公子的贵客。

　　侯嬴对魏公子说："我所拜访的屠夫朱亥，是个贤能的人，因为没有人了解他，所以他才隐居在屠户里。"魏公子听说后，就多次亲自前往拜访朱亥，而朱亥却故意一次也不回拜答谢，魏公子觉得这个人很奇怪。

　　魏安釐王二十年，秦昭王在长平大败赵国军队后，又进兵围攻赵国都城邯郸。魏公子的姐姐是赵惠文王的弟弟平原君的夫人，平原君多次给魏王和魏公子送信来，向魏国求救。开始时魏王派将军晋鄙带领十万之众的部队去救赵国。后来秦昭王派使臣威胁魏王说："我就要攻下赵国了，这只是早晚的事，诸侯中有谁敢救赵国，等我们攻下邯郸后，一定调兵先攻打它。"魏王很害怕，就派人让晋鄙不要再进军了，把军队留驻在邺县，名义上是救赵国，实际上观望形势。这时平原君的告急使者连续不断地到魏国来，频频告急。

平原君责备魏公子说："我当初之所以跟魏国联姻结亲，就是因为公子的道义高尚，关键时刻能够急人所难。如今邯郸危在旦夕，早晚就要给秦国当奴隶了，可是魏国救兵至今不来，公子能够急人所难又表现在哪里！再说公子即使不把我看在眼里，抛弃我，让我给秦国当奴隶，难道就不可怜你的姐姐吗？"魏公子为这件事忧虑万分，屡次请求魏王赶快出兵，又让宾客辩士们千方百计地劝说魏王。魏王由于害怕秦国，始终不肯听从魏公子的意见。魏公子估计终究不能求得魏王同意出兵了，就决计不能自己苟活而让赵国灭亡，于是请来宾客，凑集了战车一百多辆，打算带着宾客赶到战场上去同秦军拼命，与赵国共存亡。

魏公子临走时特意来到夷门见侯嬴，把打算同秦军拼命的想法告诉了侯嬴。侯嬴说："公子好自为之吧，我不能随您去了。"魏公子走出了几里路后，心里很不痛快，心想："我对待侯嬴算是够周到的了，天下无人不晓，如今我将要死难，可是侯嬴竟没有一言半语来送我，我难道有什么过失吗？"于是又赶着车子返回来了，当魏公子再问侯嬴的时候，侯嬴笑着说："我就知道您会回来的。"他又接着说："公子喜欢招纳贤士，闻名天下。如今有了危难，您不想别的办法却要赶到战场上同秦军拼死命，这就如同把肥肉扔给饥饿的老虎，有什么好处呢？如果这样的话，还养我们这些宾客干什么呢？公子待我情深意厚，公子刚才说走而我不送行，我知道您一定会心起疑问而返回来的。"魏公子向侯嬴拜了两拜，进而问对策。侯嬴就让旁人离开，和魏公子悄悄说："我听说晋鄙的兵符就放在魏王的卧室内，魏王的妻妾中如姬最受宠爱，她可以自由出入魏王的卧室，只要尽力她是能偷出兵符来的。我还听说如姬的父亲被人杀害，如姬报仇雪恨的心志积蓄了三年之久，从魏王以下的群臣左右都想为如姬报仇，但没能如愿。最后如姬来对您哭诉，是您派门客斩了那个仇人的头，交给了如姬。如姬想报答您的恩情，赴汤蹈火在所不辞，只是没有机会罢了。公子果真开口请求如姬帮忙，如姬必定会答应，这样就能拿到虎符而夺得晋鄙的军权，而后率兵北进可救赵国，西边能抵御秦国，这俨然是春秋五霸一样的功业啊。"魏公子听从了侯嬴的计策，请求如姬帮忙盗取兵符。如姬果然盗出兵符交给了魏公子。

魏公子拿到了兵符马上就要出发了，侯嬴说："将帅在外作战时，有机断处置的权力，国君的命令有的可以不接受，以有利于国家为原则。公子到晋

鄙那里，即使两个兵符合上了，如果晋鄙仍不交给公子兵权反而再请示魏王，那么事情就危险了。我的朋友屠夫朱亥可以跟您一起前往，他是个大力士。如果晋鄙听从，那是再好不过了；如果他不听从，就可以让朱亥当场把他杀掉。"魏公子听了这些话后，不由得掉下了眼泪。侯嬴见状便问道："公子害怕死呀？为什么哭呢？"魏公子说："晋鄙是魏国叱咤风云的老将，我怕到时候他不会听从命令，魏王必定要杀死他，所以落泪，哪里是因为怕死呢？"于是魏公子去邀请朱亥一同前往。朱亥一听就欣然答应了，说："我只是个集市上卖肉的屠夫，而公子竟多次登门问候我，我之所以不回拜您，是因为我认为那些小礼节没什么用处。如今公子有了紧急需要，这就是我为公子献身效命的时候。"于是就跟着魏公子一起上路了。魏公子去向侯嬴辞行。侯嬴说："我本应随您一起去，可是老了，心有余力不足，去不了了。请允许我为您计算行程，当您到达晋鄙军部的那一天，我就向着北方自刎，来表达我对公子的一片忠心。"魏公子于是上路出发了。

　　魏公子到达邺县后，拿出兵符，假传魏王命令接管晋鄙的兵权。晋鄙合了兵符，验证无误，但还是怀疑这件事，就举着手盯着魏公子说："如今我统帅着十万之众的大军，驻扎在边境上，这是关系到国家命运的重任，如今你只身一人来代替我，这究竟是怎么回事呢？"晋鄙正要拒绝接受命令，这时朱亥取出藏在衣袖里的四十斤铁椎，一椎打死了晋鄙，就这样魏公子夺取了晋鄙的军权。接下来魏公子集合部队下令说："父子都在军队里的，父亲可以回家；兄弟同在军队里的，长兄可以回家；没有兄弟的独生子，可以回家去奉养双亲。"这样整编后还剩下精兵八万人，开赴前线攻击秦军。秦军被迫撤退，于是邯郸终于得救，保住了赵国。赵王和平原君到郊界来迎接魏公子。平原君替魏公子背着箭囊，走在前面引路。赵王向魏公子拜了两拜，感激地说："自古以来的贤人没有一个比得上公子的。"到这时，平原君不敢再拿自己跟别人相比了。魏公子与侯嬴诀别之后，他估计魏公子到达邺城军营的那一天，侯嬴果然面向北自刎。

　　魏王对魏公子盗走兵符，假传君令杀死晋鄙的事情很生气，魏公子也很清楚这一点。所以在打退秦军拯救赵国之后，魏公子就让部将带着部队返回魏国去，而他自己和他的门客们就留在了赵国。赵孝成王很感谢魏公子假托君命夺取晋鄙军权从而保住了赵国，就与平原君商量，把五座城封赏给魏公

子。魏公子听说后，心里很得意，露出了居功自满的神色。这时有位门客劝说魏公子道："有些事情不能忘记，有些事情不能不忘记。别人对公子有恩德，公子不能忘记；公子对别人有恩德，公子应该忘掉它。况且假托魏王命令，夺取晋鄙兵权去救赵国，这对赵国来说算是有功劳了，但对于魏国来说那就不算忠臣了。可是公子却因此自以为有功，觉得了不起，我认为这是不可取的。"魏公子听后，立刻反省自己，好像无地自容一样。赵王命人洒扫街道，亲自到宫殿门口迎接魏公子，并请他从表示尊敬的西边台阶走进宫殿，魏公子则一再推辞谦让，侧着身子从东边走进宫殿。宴会上，魏公子称说自己有罪，对不起魏国，于赵国也无功劳可言。赵王陪着魏公子饮酒一直喝到晚上，因为魏公子总是在谦让自责，赵王始终不好开口谈献出五座城的事情。从此魏公子留在了赵国。赵王把鄗邑封赏给魏公子，而魏王也把信陵邑还给了魏公子。魏公子就继续留在了赵国。

魏公子听说赵国有两个有才有德而没有从政的人，一个是毛公，藏身于赌徒中，一个是薛公，藏身在酒店里，魏公子很想见这两个人，可是这两个人躲了起来不肯见魏公子。魏公子打听到他们的住处后，就换了衣服悄悄地步行去同这两个人交往，很是高兴。平原君知道了这个情况，就对他的夫人说："当初我听说夫人的弟弟魏公子是个举世无双的大贤人，如今我听说他竟然跟那伙赌徒、酒店伙计交往，原来他是个无知妄为的人。"平原君的夫人把这些话告诉了魏公子。魏公子听后就向姐姐告辞，准备离开赵国，他说："以前我听说平原君贤德，所以背弃魏王而救赵国，满足了平原君的要求。现在才知道平原君与人交往，只不过是图虚名，并不是真正求取贤士人才啊。我在大梁时，就常常听说毛公、薛公这两个人贤能有才，到了赵国，我唯恐不能见到他们。我去跟他们交往，还怕他们不理我呢，现在平原君竟然把跟他们交往看做是羞辱，平原君这个人不值得结交。"于是魏公子就整理行装准备离去。夫人把魏公子的话全都告诉了平原君，平原君听了自感惭愧，便去向魏公子脱帽谢罪，坚决地把魏公子挽留下来。平原君门下的宾客们听到这件事，差不多有一半人离开了平原君投奔魏公子，而其他国家来投奔魏公子的人也越来越多。于是魏公子门客的数量大大超过了平原君。

魏公子留在赵国一住十年。秦国听说魏公子留在赵国，就日夜发兵向东进攻魏国。魏王为此事焦虑万分，就派使臣去请魏公子回国。魏公子仍担心魏王记旧恨，不愿回去，就告诫门客说："谁敢替魏王的来人通报，我就处死他。"由于宾客们都是背弃魏国来到赵国的，所以没人敢劝魏公子回魏国。这时，毛公、薛公两人去见魏公子说："公子所以在赵国受到尊重，名扬诸侯，是因为有魏国的存在啊。现在秦国进攻魏国，魏国危急而公子毫不顾念，假使秦国攻破大梁而把您先祖的宗庙夷平，公子还有什么脸面活在世上呢？"话还没说完，魏公子脸色大变，嘱咐车夫赶快套车回去救魏国。

魏王见到魏公子，两人不禁相对落泪，魏王把上将军大印授给魏公子，魏公子重又统帅魏国的军队。魏安釐王三十年，魏公子派使臣把秦国发兵攻打魏国一事通报给各国诸侯。诸侯们得知魏公子统帅魏国的军队，都各自调兵遣将救援魏国。魏公子率领五国诸侯的军队在黄河以南把秦军打得大败，使秦将蒙骜败逃。进而乘胜追击到函谷关，把秦军堵在函谷关内，使他们不敢再出关。这时，魏公子威震天下，各国来的宾客进献了一些关于兵法的文章，魏公子把它们合在一起，以自己的名字命名，就是世上通常所说的《魏公子兵法》。

秦王把魏公子看成是心腹大患，就拿出了万斤黄金到魏国进行反间活动，寻找晋鄙原来的门客，让他们在魏王面前进谗言说："魏公子在外流亡了十年，如今担任魏军统帅，其他各国的将领都归他指挥，诸侯们只知道魏国有个魏公子，不知道还有个魏王。魏公子也正想要乘这个时机称王。各国诸侯们害怕魏公子的权威，正打算共同出面拥立他为王呢。"秦国又多次实行反间，假装不知情地请他们向祝贺魏公子为王，后来又假意说原来魏公子问还没有即位呀。这样，魏王天天听到这些毁谤魏公子的话，不能不信以为真，果然派人代替魏公子担任上将军。魏公子自己明知这是又一次因毁谤而被废黜，于是就推托有病不上朝了，他在家里与宾客们通宵达旦地宴饮，以酒浇愁，沉湎于女色，这样日日夜夜寻欢作乐度过了四年，终于因饮酒无度患病死亡。这一年，魏安釐王也去世了。

秦王得到魏公子已死的消息，立即派蒙骜进攻魏国，攻占了二十座城邑，开始设立直属秦国的东郡。从此以后，秦国逐渐蚕食侵占魏国领土。魏公子死后十八年，秦国俘虏了魏王，血洗了魏国都城大梁。

汉高祖小的时候，就多次听别人说过魏公子的贤德。等到他即位做了皇帝后，每当经过大梁，都要去祭祀魏公子。汉高祖十二年，他从击败叛将黥布的前线归来，经过大梁时为魏公子安置了五户人家，专门看守他的坟墓，让他们世世代代每年按时祭祀魏公子。

太史公说：我经过大梁废墟时，曾寻访那个所谓的夷门。夷门原来就是大梁城的东门。天下诸多招养门客的公子中，只有信陵君能够真心交结那些隐没在社会各个角落的人物，并且不以交结下层贱民为耻辱，他的名声远扬，的确不是虚传。因此，汉高祖每次经过大梁都去祭祀他，而且命百姓按时祭祀绵延不绝。

原文

魏公子无忌者，魏昭王子少子而魏安釐王异母弟也。昭王薨，安釐王即位，封公子为信陵君。是时范雎亡魏相秦，以怨魏齐故，秦兵围大梁，破魏华阳下军，走芒卯。魏王及公子患之。

公子为人仁而下士，士无贤不肖皆谦而礼交之，不敢以其富贵骄士。士以此方数千里争往归之，致食客三千人。当是时，诸侯以公子贤，多客，不敢加兵谋魏十余年。

公子与魏王博，而北境传举烽，言"赵寇至，且入界"。魏王释博，欲召大臣谋。公子止王曰："赵王田猎耳，非为寇也。"复博如故。王恐，心不在博。居顷，复从北方来传言曰："赵王猎耳，非为寇也。"魏王大惊，曰："公子何以知之？"公子曰："臣之客有能深得赵王阴事者，赵王所为，客辄以报臣，臣以此知之。"是后魏王畏公子之贤能，不敢任公子以国政。

魏有隐士曰侯嬴[①]，年七十，家贫，为大梁夷门监者。公子闻之，往请，欲厚遗之。不肯受，曰："臣修身絜行数十年，终不以监门困故而受公子财。"公子于是乃置酒大会宾客。坐定，公子从车骑，虚左，自迎夷门侯生。侯生摄敝衣冠，直上载公子上坐，不让，欲以观公子。公子执辔愈恭。侯生又谓公子曰："臣有客在市屠中，愿枉车骑过之。"公子引车入市，侯生下见其客朱亥，俾倪，故久立与其客语，微察公子。公子颜色愈和。当是时，魏将相宗室宾客满堂，待公子举酒。市人皆观公子执辔。从骑皆窃骂侯生。侯生视公子色终不变，乃谢客就车。至家，公子引侯生坐上坐，遍赞宾客，宾客皆惊。酒酣，公子起，为寿侯生前。侯生因谓公子曰："今日嬴之为公子亦足矣。嬴乃夷门抱关者也，而公子亲枉车骑，自迎嬴于众人广坐之中，不宜有所过，今公子故过之。然嬴欲就公子之名，故久立公子车骑市中，过客以观公子，公子愈恭。市人皆以嬴为小人，而以公子为长者，能下士也。"于是罢酒，侯生遂为上客。

侯生谓公子曰："臣所过屠者朱亥，此子贤者，世莫能知，故隐屠间耳。"公子往数请之，朱亥故不复谢，公子怪之。

魏安釐王二十年，秦昭王已破赵长平军，又进兵围邯郸。公子姊为赵惠文王弟平原君夫人，数遗魏王及公子书，请救于魏。②魏王使将军晋鄙将十万众救赵。秦王使使者告魏王曰："吾攻赵旦暮且下，而诸侯敢救者，已拔赵，必移兵先击之。"魏王恐，使人止晋鄙，留军壁邺，名为救赵，实持两端以观望。平原君使者冠盖相属于魏，让魏公子曰："胜所以自附为婚姻者，以公子之高义，为能急人之困。今邯郸旦暮降秦而魏救不至，安在公子能急人之困也！且公子纵轻胜，弃之降秦，独不怜公子姊邪？"公子患之，数请魏王，及宾客辩士说王万端。魏王畏秦，终不听公子。公子自度终不能得之于王，计不独生而令赵亡，乃请宾客，约车骑百余乘，欲以客往赴秦军，与赵俱死。

行过夷门，见侯生，具告所以欲死秦军状。辞决而行，侯生曰："公子勉之矣，老臣不能从。"公子行数里，心不快，曰："吾所以待侯生者备矣，天下莫不闻，今吾且死，而侯生曾无一言半辞送我，我岂有所失哉？"复引车还，问侯生。侯生笑曰："臣固知公子之还也。"曰："公子喜士，名闻天下。今有难，无他端而欲赴秦军，譬若以肉投馁虎，何功之有哉？尚安事客？然公子遇臣厚，公子往而臣不送，以是知公子恨之复返也。"公子再拜，因问。侯生乃屏人间语，曰："嬴闻晋鄙之兵符常在王卧内，而如姬最幸，出入王卧内，力能窃之。嬴闻如姬父为人所杀，如姬资之三年，自王以下欲求报其父仇，莫能得。如姬为公子泣，公子使客斩其仇头，敬进如姬。如姬之欲为公子死，无所辞，顾未有路耳。公子诚一开口请如姬，如姬必许诺，则得虎符夺晋鄙军，北救赵而西却秦，此五霸之伐也。"公子从其计，请如姬。如姬果盗晋鄙兵符与公子。

公子行，侯生曰："将在外，主令有所不受，以便国家。公子即合符，而晋鄙不授公子兵而复请之，事必危矣。臣客屠者朱亥可与俱，此人力士。晋鄙听，大善；不听，可使击之。"于是公子泣。侯生曰："公子畏死邪？何泣也?"公子曰:"晋鄙嚄唶宿将,往恐不听,必当杀之,是以泣耳,岂畏死哉?"于是公子请朱亥。朱亥笑曰:"臣乃市井鼓刀屠者,而公子亲数存之,所以不报谢者,以为小礼无所用。今公子有急,此乃臣效命之秋也。"遂与公子俱。公子过谢侯生。侯生曰:"臣宜从,老不能。请数公子行日,以至晋鄙军之日,北乡自刭,以送公子。"公子遂行。

至邺,矫魏王令代晋鄙。晋鄙合符,疑之,举手视公子曰:"今吾拥十万之众,屯于境上,国之重任,今单车来代之,何如哉?"欲无听。朱亥袖四十斤铁椎,椎杀晋鄙,公子遂将晋鄙军。勒兵下令军中曰:"父子俱在军中,父归;兄弟俱在军中,兄归;独子无兄弟,归养。"得选兵八万人,进兵击秦军。秦军解去,遂救邯郸,存赵。赵王及平原君自迎公子于界,平原君负韊矢为公子先引。赵王再拜曰:"自古贤人未有及公子者也。"当此之时,平原君不敢自比于人。公子与侯生决,至军,侯生果北乡自刭。

魏王怒公子之盗其兵符,矫杀晋鄙,公子亦自知也。已却秦存赵,使将将其军归魏,而公子独与客留赵。赵孝成王德公子之矫夺晋鄙兵而存赵,乃与平原君计,以五城封公子。公子闻之,意骄矜而有自功之色。客有说公子曰:"物有不可忘,或有不可不忘。夫人有德于公子,公子不可忘也;公子有德于人,愿公子忘之也。且矫魏王令,夺晋鄙兵以救赵,于赵则有功矣,于魏则未为忠臣也。公子乃自骄而功之,窃为公子不取也。"于是公子立自责,似若无所容者。赵王扫除自迎,执主人之礼,引公子就西阶。公子侧行辞让,从东阶上,自言罪过,以负于魏,无功于赵。赵王侍酒至暮,口不忍献五城,以公子退让也。公子竟留赵。赵王以鄗为公子汤沐邑,魏亦复以信陵奉公子。公子留赵。

公子闻赵有处士毛公藏于博徒,薛公藏于卖浆家,公子欲见两人,两人自匿不肯见公子。公子闻所在,乃间步往从此两人游,甚欢。平原君闻之,谓其夫人曰:"始吾闻夫人弟公子天下无双,今吾闻之,乃妄从博徒卖浆者游,公子妄人耳。"夫人以告公子。公子乃谢夫人去,曰:"始吾闻平原君贤,故负魏王而救赵,以称平原君。平原君之游,徒豪举耳,不求士也。无忌自在大梁时,常闻此两人贤,至赵,恐不得见。以无忌从之游,尚恐其不我欲也,今平原君乃以为羞,其不足从游。"乃装为去。夫人具以语平原君。平原君乃免冠谢,固留公子。平原君门下闻之,半去平原君归公子,天下士复往

归公子,公子倾平原君客。

公子留赵十年不归。秦闻公子在赵,日夜出兵东伐魏。魏王患之,使使往请公子。公子恐其怒之,乃诫门下:"有敢为魏王使通者,死。"宾客皆背魏之赵,莫敢劝公子归。毛公、薛公两人往见公子曰:"公子所以重于赵,名闻诸侯者,徒以有魏也。今秦攻魏,魏急而公子不恤,使秦破大梁而夷先王之宗庙,公子当何面目立天下乎?"语未及卒,公子立变色,告车趣驾归救魏。

魏王见公子,相与泣,而以上将军印授公子,公子遂将。魏安釐王三十年,公子使使遍告诸侯。诸侯闻公子将,各遣将将兵救魏。公子率五国之兵破秦军于河外,走蒙骜。遂乘胜逐秦军至函谷关,抑秦兵,秦兵不敢出。当是时,公子威振天下,诸侯之客进兵法,公子皆名之,故世俗称《魏公子兵法》。

秦王患之,乃行金万斤于魏,求晋鄙客,令毁公子于魏王曰:"公子亡在外十年矣,今为魏将,诸侯将皆属,诸侯徒闻魏公子,不闻魏王。公子亦欲因此时定南面而王,诸侯畏公子之威,方欲共立之。"秦数使反间,伪贺公子得立为魏王未也。魏王日闻其毁,不能不信,后果使人代公子将。公子自知再以毁废,乃谢病不朝,与宾客为长夜饮,饮醇酒,多近妇女。日夜为乐饮者四岁,竟病酒而卒。其岁,魏安釐王亦薨。

秦闻公子死,使蒙骜攻魏,拔二十城,初置东郡。其后秦稍蚕食魏,十八岁而虏魏王,屠大梁。

高祖始微少时,数闻公子贤。及即天子位,每过大梁,常祠公子。高祖十二年,从击黥布还,为公子置守冢五家,世世岁以四时奉祠公子。

太史公曰:吾过大梁之墟,求问其所谓夷门。夷门者,城之东门也。天下诸公子亦有喜士者矣。然信陵君之接岩穴隐者,不耻下交,有以也。名冠诸侯,不虚耳。高祖每过之而令民奉祠不绝也。

短评

不知文者,尝谓无奇功伟烈,便不足垂之青简,照耀千秋。岂知文章予夺,都不关是实事。此传以存赵起,抑秦终,然"窃符救赵",本未交兵,即逐秦至关,亦只数言带叙,其余摹情写景,按之无一端实事,乃千载读之,无不神情飞舞,推为绝世伟人。文章有神,夫岂细故哉?

批注

①赵惠文王与魏安釐王,二国之主也,而为平原、信陵之兄。以当日事势言之,固以二公子为政,然国家安危大计则岂有不仰重于王者?看太史公从二王卸到二公子,渐渐引下,无一毫痕迹,真叙事神品。

②侯生一节,太史公用二十分精神,二十分笔力,对付得来。《史记》中如此文,亦不多得也。

补注

①爱公子,因爱侯生;爱侯生,因爱到夷门,已妙!今并不写公子与侯生,而单写夷门,更妙不可言!(清·金圣叹:《评点才子全集·西汉文》)

〔释义〕 公子是在夷门得见侯生的,在夷门之地两人得以肝胆相照,生死相许,并于此地设计出窃符救赵的锦囊妙计来。司马迁因为特别地敬爱侯生其人,因爱其人而爱夷门,爱屋及乌,他将自己那份爱之深情都寄托于至今尚存的夷门之上了,所以在终评的赞语中,别的不讲,开头便说:"吾过大梁之墟,求问所谓夷门。夷门者,城之东门也。"他将一个城门这样隆而重之地放到一篇文章之末,一段赞语之首,真是寓意深长,寄喻深远,是天下文章中不可多得的独到。所以金圣叹连声地夸奖:"已妙!""更妙不可言!"唐人有专颂此夷门的诗,曰:"非但慷慨献奇谋,意气兼将身命酬。向风刎颈送公子,七十老人何所求。"

范雎蔡泽列传

范雎蔡泽小传　范雎和蔡泽同是辩士出身，在任秦相之前都曾走过一段坎坷的道路。范雎（公元前？——前255），字叔，魏人，在魏国时曾被相国魏齐屈打，几乎致死。蔡泽，燕国纲成（今河北省怀安县）人，生卒年不详。他同范雎一样，游说诸侯，四处碰壁。但他们并不因此而气馁，后来都"羁旅入秦"，凭着能言善辩，足智多谋，终于都成为秦相。范雎任相后，在外交上提出远交近攻的策略，在国内打击外戚势力，加强王室集权，为秦国成就帝业奠定了基础，在秦国历史上有着重大的功绩。但他的致命弱点，是"每饭之德必赏，眦睚之怨必报"，常因感情用事，因小失大，以致陷害名将白起于死，不分贤与不肖，专门信任亲信，造成许多严重的后患。晚年，蔡泽说服了他，他让位给蔡泽。但蔡泽的志向是个人长享富贵，因此一旦个人物欲得到满足后便不再进取，所以难有更大的作为。

　　范雎是魏国人，字叔。他游说列国，想要侍奉魏王，可是家境贫寒没有钱达到自己的目的，就先侍奉魏国中大夫须贾。

　　须贾替魏昭王出使到齐国，范雎跟随他一起出使。他们在齐国逗留了几个月，仍没有什么结果。齐襄王听说范雎很有口才，就派专人给范雎送去了十斤黄金以及牛肉美酒之类的礼物，范雎辞谢不敢接受。须贾知道后，大为恼火，认为范雎必是把魏国的秘密出卖给齐国了，所以才得到这种馈赠，于是他让范雎收下牛肉美酒之类的食品，而把黄金送回去。回到魏国后，须贾心中恼怒恨范雎，就把这件事报告给魏国宰相。魏国的宰相是魏国的宗室公子，叫魏齐。魏齐大怒，就命手下人痛打范雎，打得范雎肋折齿断。当时范雎假装死去，魏齐就派人用席子把他卷了卷，扔在厕所里，又让宴饮的宾客喝醉了，轮番往范雎身上撒尿，故意污辱他借以惩一儆百，让别人不准再乱说。范雎在席子里对看守说："您如果能把我放走，我日后一定会重谢您。"

于是看守就向魏齐请示把席子里的死人扔掉算了。魏齐喝得酩酊大醉，就顺口答应说："可以。"范雎因而得以逃脱。后来魏齐后悔了，又派人去寻找范雎。魏国人郑安平听说了这件事，就带着范雎逃跑，把他隐藏起来，范雎更改了姓名叫张禄。

正在这个时候，秦昭王派出使臣王稽到魏国。郑安平就假扮为差役侍候王稽。王稽问他："魏国有没有愿意跟我一起到西去秦国的能人？"郑安平回答说："我的乡里有位张禄先生，想求见您，谈谈天下大事。不过，他有仇家，不敢白天来见您。"王稽说："夜里你跟他一起来。"郑安平就在夜里带着张禄来拜见王稽。两个人的话还没谈完，王稽就发现范雎是个能人，便对他说："先生请在三亭的南边等我。"他们私下约定之后，范雎就离去了。

王稽辞别魏王离去，经过三亭，用车载上范雎向秦国进发。车到湖县时，远远望见有一队车马从西边来。范雎问："那边过来的是谁？"王稽答道："那是秦国国相穰侯去东边巡察县邑。"范雎一听是穰侯便说："我听说穰侯独揽秦国大权，讨厌收纳各国的说客，他恐怕要侮辱我，我宁愿暂时在车里躲藏一下。"不一会儿，穰侯果然来到，慰劳王稽，顺便停下车马询问说："关东的局势有什么变化？"王稽答道："没有。"穰侯又对王稽说："你该不会带着诸侯的说客一起来吧？他们这种人一点用也没有，只会扰乱别的国家。"王稽说："不敢。"穰侯随即告别离去。范雎对王稽说："我听说穰侯是个智谋之士，但处理事情反应较慢，刚才他怀疑车中藏着人，却忘记搜查了。"于是范雎就跳下车来跑了，说："穰侯必定后悔没有搜查车而重来。"大约走了十几里路，穰侯果然派骑兵追回来搜查车子，没发现有人，这才作罢。于是王稽带着范雎进了咸阳。

范雎做了秦国相国之后，秦国人仍称他张禄，而魏国人对此毫无所知，认为范雎早已死了。魏王听到秦国即将向东攻打韩、魏两国的消息，便派须贾出使秦国。范雎得知须贾到了秦国，便私自乔装出行，他穿着破旧的衣服从小路步行到客馆，见到了须贾。须贾一见范雎吃惊道："范叔原来安然无恙啊！"范雎说："是啊。"须贾笑着说："范叔有没有游说过秦国？"范雎答道："没有。我前时得罪了魏国宰相，流落逃跑到这里，哪还敢游说呢！"须贾问道："如今你干些什么事？"范雎答道："我给人家当差役。"须贾听了有些怜悯他，便留下范雎一起坐下吃饭，又同情地说："范叔怎么竟贫寒到这个样

子!"于是就取出了自己一件粗丝袍送给了他。须贾顺便问道:"秦国的相国张君,你认识他吗?我听说他在秦王那里很得宠,有关天下的大事都由相国张君决定。这次我办的事情成败也都取决于张君。你有没有跟相国张君熟悉的朋友啊?"范雎说:"我的主人很熟悉他。我也能见到他,就让我把您引见给张君吧。"须贾说:"我的马病了,车轴也断了,不是四匹马拉的大车,我是决不出门的。"范雎说:"我愿意替您向我的主人借来四匹马拉的大车。"

范雎回去带来四匹马拉的大车,为须贾驾车,进了秦国相府。相府里的人看到范雎驾着车子来了,凡是认识他的人都赶紧让路。须贾见到这般情景感到很奇怪。到了相府的门口,范雎对须贾说:"等等我,我替您先进去向相国张君通报一声。"须贾就在门口等着,拽着马缰绳等了很长时间不见人来,便问门人说:"范叔进去很长时间了不出来,是怎么回事?"门人说:"这里没有范叔。"须贾说:"就是刚才跟我一起乘车进去的那个人。"门人说:"他就是我们相国张君啊。"须贾一听大惊失色,自知被诓骗了,于是赶紧脱掉上衣光着膀子双膝跪地而行,托门人代他通报谢罪。这时,范雎摆出豪华的仪仗,召来众多侍从,让须贾上堂来见。须贾见到范雎连叩响头口称死罪,说:"我没想到您靠自己的能力达到这么高的尊位,我不敢再读天下的书,也不敢再参与天下的事了。我犯下了应该煮杀的大罪,把我抛到荒郊野外狐狸出没的地方我也心甘情愿,让我活让我死只听凭您的决定了!"范雎说:"你的罪状有多少?"须贾连忙答道:"拔下我的头发来数我的罪过,也不够数。"范雎说:"你的罪状有三条。从前楚昭王时申包胥为楚国谋划打退了吴国军队,楚王把楚地的五千户封给他作食邑,申包胥推辞不肯接受,因为他的祖坟安葬在楚国,打退吴军也可保住他的祖坟。现在我的祖坟在魏国,可是你前时认为我对魏国有外心,暗通齐国,而在魏齐面前说我的坏话,这是你的第一条罪状;当魏齐把我扔到厕所里肆意侮辱我时,你不加制止,这是第二条罪状;更有甚者你喝醉之后往我身上撒尿,你怎能忍心啊!这是第三条罪状。但是你之所以能不被处死,是因为从今天你赠我一件粗丝袍看,还有点老朋友的依恋之情,所以给你一条生路,放了你。"结束会见后,范雎进宫把事情的原委报告了秦昭王,决定不接受魏国来使,责令须贾回国。

须贾向范雎辞行,范雎摆上丰盛的宴席,请来各诸侯国的使臣,与他同坐正堂之上,酒菜饭食丰美。范雎让须贾坐在堂下,在他面前放了一槽马料,又命令两个受过墨刑的犯人在两旁夹着像马一样喂他吃马料。范睢责令须贾道:"给我告诉魏王,赶快把魏齐的脑袋拿来!不然的话,我就要屠平大梁。"须贾回到魏国,把情况告诉了魏齐,魏齐大为惊恐,便逃到了赵国,躲藏在平原君的家里。

秦昭王听说魏齐藏在平原君的家里,一定要为范睢报仇,就假装友好地给平原君写了一封信说:"我听说您很重义气,希望与您结为布衣之友,您能不能屈尊到我这里来,我愿与您开怀畅饮十天。"平原君本就畏惧秦国,看了信又认为秦昭王真的有意交好,便到秦国见了秦昭王。昭王陪着平原君宴饮了几天,便对平原君说:"从前周文王得到吕尚,尊他为太公,齐桓公得到管夷吾,尊他为仲父,如今范先生也是我的叔父啊。范先生的仇人住在您家里,希望您派人把他的脑袋取来;不然的话,我就不让您出函谷关。"平原君说:"显贵之后还要交低贱的朋友,是为了不忘低贱时的情谊;豪富了还要交贫困的朋友,是为了不忘贫困时的友情。魏齐是我的朋友,即使他在我家,我也不会把他交出来,何况现在他根本不在我家呢。"于是秦昭王又给赵国国君写了一封信说:"您的弟弟在秦国,而范先生的仇人魏齐就在平原君家里。大王派人赶快拿他的脑袋来,不然的话,我要发动军队攻打赵国,而且不把大王的弟弟放出函谷关。"赵孝成王看了信就派士兵包围了平原君的家宅,危急中,魏齐连夜逃出了平原君家,去见赵国丞相虞卿。虞卿估计这时候不可能说服赵王,就解下自己的相印,跟魏齐一起出逃,两人抄小路奔逃,想来想去几个诸侯国都没有可以投靠的人,就又奔回大梁,想借信陵君的关系投奔到楚国去。信陵君听到了这个消息,由于害怕秦国有些犹豫不决,不肯见他们,就向周围的人说:"虞卿这个人怎么样?"当时侯嬴也在旁边,就回答说:"人的确很难被别人了解,可了解别人也不是件容易的事。那个虞卿脚踏草鞋,肩搭雨伞,远行而到赵国,第一次见赵王,赵王赐给他白璧一对,黄金百镒;第二次见赵王,赵王拜他为上卿;第三次见赵王,就交给他了相印,封他为万户侯。当前,天下人都争着想结识虞卿。魏齐走投无路时投奔了虞卿,虞卿根本不把自己的高官厚禄看在眼里,解下相印,抛弃万户侯的爵位而与魏齐逃走。陷于困境的士人来投奔您,您还问'这个人怎么样。'人的确很难被别人了解,了解别人也实在不容易啊!"信陵君听了这番话深感惭愧,赶快驱车到郊外去迎接他们。可是魏齐听到的是信陵君当初不大肯接见他的消息，便一怒之下自刎而死。赵王得知魏齐自杀身亡，最终还是取了他的头送到秦国，秦昭王这才放平原君出关回赵国。

原文

范雎者，魏人也，字叔。游说诸侯，欲事魏王，家贫无以自资，乃先事魏中大夫须贾。

须贾为魏昭王使于齐，范雎从。留数月，未得报。齐襄王闻雎辩口，乃使人赐雎金十斤及牛酒，雎辞谢不敢受。须贾知之，大怒，以为雎持魏国阴事告齐，故得此馈，令雎受其牛酒，还其金。既归，心怒雎，以告魏相。魏相，魏之诸公子，曰魏齐。魏齐大怒，使舍人笞击雎，折胁摺齿。雎详死，即卷以箦，置厕中。宾客饮者醉，更溺雎，故僇辱以惩后，令无妄言者。雎从箦中谓守者曰："公能出我，我必厚谢公。"守者乃请出弃箦中死人。魏齐醉，曰："可矣。"范雎得出。后魏齐悔，复召求之。魏人郑安平闻之，乃遂操范雎亡，伏匿，更名姓曰张禄。

当此时，秦昭王使谒者王稽于魏。郑安平诈为卒，侍王稽。王稽问："魏有贤人可与俱西游者乎？"郑安平曰："臣里中有张禄先生，欲见君，言天下事。其人有仇，不敢昼见。"王稽曰："夜与俱来。"郑安平夜与张禄见王稽。语未究，王稽知范雎贤，谓曰："先生待我于三亭之南。"与私约而去。

王稽辞魏去，过载范雎入秦。至湖，望见车骑从西来。范雎曰："彼来者为谁？"王稽曰："秦相穰侯东行县邑。"范雎曰："吾闻穰侯专秦权，恶内诸侯客，此恐辱我，我宁且匿车中。"有顷，穰侯果至，劳王稽，因立车而语曰："关东有何变？"曰："无有。"又谓王稽曰："谒君得无与诸侯客子俱来乎？无益，徒乱人国耳。"王稽曰："不敢。"即别去。范雎曰："吾闻穰侯智士也，其见事迟，乡者疑车中有人，忘索之。"于是范雎下车走，曰："此必悔之。"行十余里，果使骑还索车中，无客，乃已。王稽遂与范雎入咸阳。

范雎既相秦，秦号曰张禄，而魏不知，以为范雎已死久矣。魏闻秦且东伐韩、魏，魏使须贾于秦。范雎闻之，为微行，敝衣间步之邸，见须贾。须贾见之而惊曰："范叔固无恙乎！"范雎曰："然。"须贾笑曰："范叔有说于秦乎？"曰："不也。雎前日得过于魏相，故亡逃至此，安敢说乎！"须贾曰：

"今叔何事?"范雎曰:"臣为人庸赁。"须贾意哀之,留与坐饮食,曰:"范叔一寒如此哉!"乃取其一绨袍以赐之。须贾因问曰:"秦相张君,公知之乎?吾闻幸于王,天下之事皆决于相君。今吾事之去留在张君。孺子岂有客习于相君者哉?"范雎曰:"主人翁习知之。唯雎亦得谒,雎请为见君于张君。"须贾曰:"吾马病,车轴折,非大车驷马,吾固不出。"范雎曰:"愿为君借大车驷马于主人翁。"

范雎归取大车驷马,为须贾御之,入秦相府。府中望见,有识者皆避匿。须贾怪之。至相舍门,谓须贾曰:"待我,我为君先入通于相君。"须贾待门下,持车良久,问门下曰:"范叔不出,何也?"门下曰:"无范叔。"须贾曰:"乡者与我载而入者。"门下曰:"乃吾相张君也。"须贾大惊,自知见卖,乃肉袒膝行,因门下人谢罪。于是范雎盛帷帐,侍者甚众,见之。须贾顿首言死罪,曰:"贾不意君能自致于青云之上,贾不敢复读天下之书,不敢复与天下之事。贾有汤镬之罪,请自屏于胡貉之地,唯君死生之!"范雎曰:"汝罪有几?"曰:"擢贾之发以续贾之罪,尚未足。"范雎曰:"汝罪有三耳。昔者楚昭王时而申包胥为楚却吴军,楚王封之以荆五千户,包胥辞不受,为丘墓之寄于荆也。今雎之先人丘墓亦在魏,公前以雎为有外心于齐而恶雎于魏齐,公之罪一也。当魏齐辱我于厕中,公不止,罪二也。更醉而溺我,公其何忍乎?罪三矣。然公之所以得无死者,以绨袍恋恋,有故人之意,故释公。"乃谢罢。入言之昭王,罢归须贾。

须贾辞于范雎,范雎大供具,尽请诸侯使,与坐堂上,食饮甚设。而坐须贾于堂下,置莝豆其前,令两黥徒夹而马食之。数曰:"为我告魏王,急持魏齐头来!不然者,我且屠大梁。"须贾归,以告魏齐。魏齐恐,亡走赵。匿平原君所。

秦昭王闻魏齐在平原君所①,欲为范雎必报其仇,乃详为好书遗平原君曰:"寡人闻君之高义,愿与君为布衣之友,君幸过寡人,寡人愿与君为十日之饮。"平原君畏秦,且以为然,而入秦见昭王。昭王与平原君饮数日,昭王谓平原君曰:"昔周文王得吕尚以为太公,齐桓公得管夷吾以为仲父,今范君亦寡人之叔父也。范君之仇在君之家,愿使人归取其头来;不然,吾不出君于关。"平原君曰:"贵而为交者,为贱也;富而为交者,为贫也。夫魏齐者,胜之友也,在,固不出也,今又不在臣所。"昭王乃遗赵王书曰:"王之弟在

秦，范君之仇魏齐在平原君之家。王使人疾持其头来；不然，吾举兵而伐赵，又不出王之弟于关。"赵孝成王乃发卒围平原君家，急，魏齐夜亡出，见赵相虞卿。虞卿度赵王终不可说，乃解其相印，与魏齐亡，间行，念诸侯莫可以急抵者，乃复走大梁，欲因信陵君以走楚。信陵君闻之，畏秦，犹豫未肯见，曰："虞卿何如人也？"时侯嬴在旁，曰："人固未易知，知人亦未易也。夫虞卿蹑屩檐簦，一见赵王，赐白璧一双，黄金百镒；再见，拜为上卿；三见，卒受相印，封万户侯。当此之时，天下争知之。夫魏齐穷困过虞卿，虞卿不敢重爵禄之尊，解相印，捐万户侯而间行。急士之穷而归公子，公子曰'何如人'。人固不易知，知人亦未易也！"信陵君大惭，驾如野迎之。魏齐闻信陵君之初难见之，怒而自刭。赵王闻之，卒取其头予秦。秦昭王乃出平原君归赵。

批注

①四公子结客，而其本传，在平原君殊无足观，盖莫嫩于信陵君也。然唐人咏史，有"买丝绣出平原君"，又"未知肝胆向谁是，令人却忆平原君"，独歆慕平原君不啻口出者，何也？盖学者读太史公书固有彼此互见之妙。《信陵传》极胜，《平原传》颇卑。而其附见于《范雎传》中者，平原之肝胆可以矢天地而泣鬼神，信陵之依违几以一语而丧厥生平之雅尚。然则立于千载以下，而欲于诵诗读书之际尚论古人，又安可不参观而博览之也？唐人咏平原而不及信陵，有以也夫。

〔释义〕 前边我们屡次提及互见之法，亦即激射之法，而此处又是一个明显的例子。战国四公子传中都言好客，在讲到平原君时很平平，而又在信陵传中激射他徒有豪举之名，对于信陵无一微词。可在此传里，却有完全相反的事例：当秦国为了替范睢还报宿怨而逼追魏齐之时，平原君收留了他。秦王囚平原，逼他交出魏齐，平原宁死不交，仗义直言："贵而为交者，为贱也；富而为交者，为贫也。夫魏齐者，胜之友也。在固不出也，今又不在臣所。"魏齐闻言躲向信陵君处求护，信陵犹犹豫豫，很不爽快。魏齐闻讯，自刎而死。从这件事情上来看，危难之际是谁真正的好客，又为他二人做了新的判断。这是司马迁善于用的互见法，又是他叙人之真情实意于错综迷离之中的一种巧妙手法。

补注

（范）雎先作欲言不言之态，继以死亡戮辱，旁引曲喻，几数百言。按穰侯（秦相魏冉）内专秦权，外恶诸侯客子，以太后故富于公室。雎计不排击太后、穰侯，必不能容于秦国。若言不见信，或致漏泄，必有不甘心于雎者，祸不旋踵矣。此番咬定太后、穰侯，欲从万死中求一生计。自顾交浅言深，摸捉不定，故不禁痛切淋漓至此，非装假文饰以为感动也。盖王稽报使，已闻有秦危累卵之言，则不能无惧。……此时秦王胸中如悬旌不定，必得其一言而后快，所以勤请再三，不能自已。细观本传，方见其妙。（清·燕毅《类纂古文云蒸》引《战国策·秦策·范雎说秦王》引林云铭评）

〔释义〕 这是一种烘托的手法，着力用烘托的事物来突出主旨，来渲染主题。《范雎传》里写王稽对秦王讲到范雎时说："秦王之国，危累于卵。"说秦国的处境就像把鸡蛋一个个叠上去那样，很快就会倾倒下来。在写秦王接见范雎时，太监说"王至"，范雎假装说："秦安得（有）王，秦独有太后、穰侯耳"，这些话同样是一种烘托的写法，他的用意十分明白，范雎用这样反激之词，更能打动秦王。所以秦王即刻说："先生幸辱至于此，是天以寡人扰先生而存先王之庙也。""事无大小，上及太后，下至大臣，愿先生悉以教寡人，无疑寡人也。"秦王完全被说服了。这种烘托的手法，即烘云托月的手法，是写文章常用的手法，人们可以通过《史记》中的巧妙运用，做细心的揣摩。

廉颇蔺相如列传

廉颇蔺相如小传

廉颇，战国时期的赵国杰出军事将领，主要活动在赵惠文王（公元前298—前266）、赵孝成王（公元前266—前245）、赵悼襄王（公元前245—前236）时期，是战国时的四大名将之一。蔺相如与廉颇为同时代人，位赵国上卿，有胆识，有谋略，大智大勇，曾为赵国抑制强秦、维护国家的尊严和利益，做出了重大贡献，是战国时期出色的政治家、外交家。相传，他原为河北曲阳县人。

蔺相如是赵国人，是赵国宦官总管缪贤家的门客。

赵惠文王在位的时候，得到了一块楚国的和氏璧。秦昭王听说了这件事，就派人给赵王一封书信说："希望用十五座城交换这块和氏璧。"赵王同大将军廉颇及大臣们商量：要是把和氏璧给了秦国，秦国的城邑恐怕不可能得到，白白地受骗；要是不给呢，就怕秦军来攻打。主意定不下来。于是想找一个合适的人出使秦国，但找不到。这时宦官总管缪贤说："可以派我的门客蔺相如去。"赵王问："你怎么知道他可以呢？"缪贤回答说："为臣曾犯过罪，私下打算逃亡到燕国去，蔺相如阻拦我，说：'您怎么知道燕王会收留您呢？'我对他说：'我曾随从大王在国境上与燕王会见，燕王私下握住我的手，说"我愿意与你成为朋友。"由此我知道燕王会收留我，所以我想投奔他。'相如对我说：'赵国强，燕国弱，而您受宠于赵王，所以燕王想要和您结交。现在您是逃出赵国奔到燕国，燕国怕赵国，这种形势下燕王必定不敢收留您，而且还会把您捆绑起来送回赵国。您不如光着背，伏在斧刃之下请求治罪，这样也许侥幸被赦免。'臣听从了他的主意，幸好大王也开恩赦免了我的罪过。为臣以为蔺相如是个勇士，有智谋，估计派他去可以完成出使的任务。"

于是赵王立即召见蔺相如，问他："秦王请求用十五座城交换我们的和氏璧，你看可不可以给他？"蔺相如说："秦国强，赵国弱，不能不答应它。"赵王说:"得了我的和氏璧,不给我城邑,怎么办?"蔺相如说:"秦国请求用城换璧,赵国如不答应,赵国理亏;赵国给了璧而秦国不给赵国城邑,秦国理亏。两个方面衡量一下,宁可答应它,让秦国来承担理亏的责任。"赵王说:"谁可以派为使臣?"蔺相如说:"大王如果确实无人可派,臣愿捧护玉璧前往出使。城邑归属赵国了,就把玉璧留给秦国;城邑不能归赵国,我一定把玉璧完好地带回赵国。"于是赵王就派遣蔺相如带着和氏璧西行出使秦国。

秦王坐章台接见蔺相如,蔺相如双手捧着和氏璧进献给秦王。秦王非常高兴,把和氏璧给妻妾和左右侍从传看,大家都高呼万岁,向他祝贺。蔺相如看出秦王没有给赵国城邑的意思,便走上前去对秦王说:"璧上还有一个斑点,让我指给您看。"秦王把璧玉交给了蔺相如,蔺相如接过璧玉退后了几步,身体靠在柱子上,他怒发冲冠对着秦王说:"大王想得到和氏璧,派人送信给赵王,赵王召集大臣们商议,大家都说:'秦国贪得无厌,倚仗它的强大,想用空话来骗我们的璧,给我们的城邑是不可能得到的。'商议的结果是不想把和氏璧给您。但是我却认为平民百姓的交往尚且不互相欺骗,何况是大国呢!况且为了一块璧玉让一个大国不高兴,也是不应该的。于是赵王斋戒了五天,在大殿之上亲自送我捧着和氏璧和国书出使秦国。为什么要这样呢?是尊重大国的威望以表示敬意呀。如今我来到贵国,大王却在偏殿的台观接见我,礼节很傲慢。拿到宝璧后,传给姬妾们观看,这样来戏弄我。我观察大王没有给赵王十五城的诚意,所以我就把璧收回。大王如果一定要逼我,我的头今天就同和氏璧一起在柱子上撞碎!"蔺相如手持和氏璧,斜视庭柱,就要向庭柱上撞去。秦王怕他真的把和氏璧撞碎,便向他道歉,请他千万不要如此,并召来主管的官员拿来地图,秦王指着地图说,从某地到某地的十五座城邑交割给赵国。蔺相如明白秦王不过是假装给赵国城邑,实际上赵国是不可能得到的,于是就对秦王说:"和氏璧是天下公认的宝物,赵王惧怕贵国,所以不敢不送给您。赵王送璧之前,斋戒了五天,如今请求大王也应斋戒五天,在大殿上设九宾大典,我才可以献上和氏璧。"秦王明白此时想要硬夺是绝对不行的,于是就答应斋戒五天,把蔺相如安排在广成传舍住下。蔺相如清楚秦王虽然答应斋戒,但肯定要违背盟约不给城邑,于是就派他的随从穿上破衣服,怀中藏好和氏璧,抄小路,把和氏璧送回赵国。

秦王斋戒了五天之后,就在大殿上设九宾大典,而后使人带着蔺相如进入大殿。蔺相如进殿后，对秦王说："秦国从缪公以来的二十多位国君，都没有坚定明确地遵守盟约。我实在是怕被您所骗而辜负了赵国，所以我已经派人带着和氏璧先走了，估计现在已经回到赵国了。秦国强大，赵国弱小，大王只要派一位使臣到赵国，赵国立即就会把和氏璧送来。如果强大的秦国先把十五座城邑割让给赵国，赵国怎么敢留下和氏璧而得罪大王呢？我知道欺骗大王是罪该万死的，我甘愿下油锅被烹，请大王和您的各位大臣仔细考虑此事。"秦王和大臣们面面相觑并有惊叫之声。武士们要把蔺相如拉下去行刑，倒是秦王明智地说道："如今杀了蔺相如，也得不到和氏璧了，反而破坏了秦赵两国的关系，不如好好对待他，放他回去，难道赵王还会因为一块璧玉而欺骗秦国吗！"于是秦王在大殿上按照礼节接见了蔺相如，典礼结束后就让蔺相如回国了。

蔺相如回国后，赵王认为蔺相如贤能，出使秦国不辱使命，于是封蔺相如为上大夫。后来，秦国没有把城邑给赵国，赵国也没有给秦国和氏璧。

秦王派使者告诉赵王，想与赵王在西河外的渑池举行会晤。赵王害怕秦国，不想去。廉颇和蔺相如商议说："大王如果不去，就显得赵国越发软弱与怯懦。"赵王无奈前往赴会，蔺相如随行。廉颇送他们到边境，和赵王分别时说："大王此去，估计路程和会见礼仪结束，再加上返回的时间，总共不会超过三十天。如果您三十天还没回来，就请您允许我们拥立太子为王，以断绝秦国扣留您做人质的妄想。"赵王同意了，西去渑池与秦王会晤。

秦王在宴会上饮酒正起劲时对赵王说："我听说阁下爱好音乐，请您弹瑟吧！"赵王无奈只好弹起瑟来。秦国的史官上前来写道："某年某月某日，秦王与赵王一起饮酒，令赵王弹瑟。"蔺相如上前说："我们赵王也听说秦王擅长秦国的音乐，请让我给您捧上盆缶，击缶为乐。"秦王发怒，不答应。这时蔺相如双手捧缶递到秦王面前，跪请秦王演奏。秦王不肯击缶，蔺相如说："我与大王现在距离这五步之内，您要是再不敲，我要把脖颈里的血溅在大王身上了！"秦王的侍从们想要杀蔺相如，蔺相如圆睁双眼，大喝一声，吓得秦王的侍从们不知如何是好。秦王很不高兴，只好勉强敲了一下缶。蔺相如立刻回头招呼赵国史官写道："某年某月某日，秦王为赵王击缶。"这时秦国的大臣们喊道："请赵王用十五座城向秦王作进贺之礼吧。"蔺相如也说："请秦王把你们的咸阳也拿来给赵王进贺。"秦王一直到宴会结束，也未能压倒赵王,再加上赵国边境廉颇大将部署了大批军队严阵以待,因而秦国也始终不敢轻举妄动。

从渑池回来后,蔺相如因为功劳大,被封为上卿,地位在廉颇之上。

后来,秦国进攻驻扎在阏与的赵国军队。赵王召见廉颇问道:"我们能不能去援救阏与的军队?"廉颇回答说:"路途遥远,道路狭窄,很难援救。"赵王又召见乐乘问这件事,乐乘的回答和廉颇一样。赵王又问赵奢,赵奢说:"路远道狭,在这种地方作战就如同两只老鼠在洞里争斗,哪个勇猛哪个得胜。"于是赵王派赵奢领兵,去救援阏与。

赵奢统帅军队离开邯郸三十里就停了下来,赵奢在军中下令说:"有谁敢给将军乱出主意,谁就将被处死。"秦军驻扎在武安城西边,秦军击鼓呐喊的进军之声,把武安城中的屋瓦都震动了。这时赵奢部下的一个军官请求急速援救武安,赵奢立即把这个人杀了。赵奢命修筑营垒工事,驻扎二十八天,没有前进一步,反而继续又加筑营垒。秦军奸细潜入赵军营地,赵奢好好款待之后把他遣送回去。奸细回去把情况向秦军将领报告,秦将大喜,说:"赵奢的军队离开国都三十里就不前进了,而且还增修营垒,阏与不会再属于赵国了。"赵奢遣送秦军奸细之后,就令士兵卸下铁甲,快速向阏与进发,只用两天一夜就到了。赵奢抽调一支善射的队伍在离阏与五十里的地方扎营。营盘刚刚扎好,秦军就知道了,立即全军猛扑过来。这时赵奢部下一个叫许历的军士请求提出作战建议,赵奢说:"让他进来。"许历说:"秦军没想到赵军会来到这里,现在他们来势凶猛,将军一定要集中兵力严阵以待。不然的话就会失败。"赵奢说:"愿意接受你的建议。"许历说:"下面我就请求按军令杀了我吧。"赵奢说:"此事等回邯郸以后的再说。"许历请求再提个建议,他说:"谁能够先占据北面山头,谁就得胜,谁后到谁就失败。"赵奢同意,马上派出一万人迅速抢占北山。秦兵后到,与赵军争夺北山但攻不上去,赵奢指挥士兵猛攻,大败秦军。秦军四散逃跑,于是赵奢解除了阏与包围,胜利返回。

赵惠文王封赵奢的为马服君,任命许历为国尉。于是赵奢的职位与廉颇、蔺相如在同一个级别上了。

太史公说:一个人知道将死那就一定要勇敢。死并非难事,而怎样对待死才是难事。当蔺相如手举和氏璧斜视庭柱,以及呵斥秦王侍从的时候,就面前形势来说，最多不过是被杀，可是那些胆小懦弱的人就不敢这样做。蔺相如凭着一身的正气勃然奋发，使自己的威势压倒了敌国。后来蔺相如对廉颇又变得非常谦逊退让，因而使自己的声誉比泰山还要高。蔺相如处事中的智慧和勇气可以说是兼而有之，恰到好处！

原文

蔺相如者，赵人也，为赵宦者令缪贤舍人。

赵惠文王时，得楚和氏璧。秦昭王闻之，使人遗赵王书曰："愿以十五城请易璧"。赵王与大将军廉颇诸大臣谋：欲予秦，秦城恐不可得，徒见欺；欲勿予，即患秦兵之来。计未定，求人可使报秦者，未得。宦者令缪贤曰："臣舍人蔺相如可使。"王问："何以知之？"对曰："臣尝有罪，窃计欲亡走燕，臣舍人相如止臣，曰：'君何以知燕王？'臣语曰：'臣尝从大王与燕王会境上，燕王私握臣手，曰"愿结友"。以此知之，故欲往。'相如谓臣曰：'夫赵强而燕弱，而君幸于赵王，故燕王欲结于君。今君乃亡赵走燕，燕畏赵，其势必不敢留君，而束君归赵矣。君不如肉袒伏斧质请罪，则幸得脱矣。'臣从其计，大王亦幸赦臣。臣窃以为其人勇士，有智谋，宜可使。"

于是王召见，问蔺相如："秦王以十五城请易寡人之璧，可予不？"相如曰："秦强而赵弱，不可不许。"王曰："取吾璧，不予我城，奈何？"相如曰："秦以城求璧而赵不许，曲在赵。赵予璧而秦不予赵城，曲在秦。均之二策，宁许以负秦曲。"王曰："谁可使者？"相如曰："王必无人，臣愿奉璧往使。城入赵而璧留秦；城不入，臣请完璧归赵。"赵王于是遂遣相如奉璧西入秦。

秦王坐章台见相如，相如奉璧奏秦王。秦王大喜，传以示美人及左右，左右皆呼万岁。相如视秦王无意偿赵城，乃前曰："璧有瑕，请指示王。"王授璧，相如因持璧却立，倚柱，怒发上冲冠，谓秦王曰："大王欲得璧，使人发书至赵王，赵王悉召群臣议，皆曰'秦贪，负其强，以空言求璧，偿城恐不可得'。议不欲予秦璧。臣以为布衣之交尚不相欺，况大国乎！且以一璧之故逆强秦之欢，不可。于是赵王乃斋戒五日，使臣奉璧，拜送书于庭。何者？严大国之威以修敬也。今臣至，大王见臣列观，礼节甚倨；得璧，传之美人，以戏弄臣。臣观大王无意偿赵王城邑，故臣复取璧。大王必欲急臣，臣头今与璧俱碎于柱矣！"相如持其璧睨柱，欲以击柱。秦王恐其破璧，乃辞谢固请，召有司案图，指从此以往十五都予赵。相如度秦王特以诈详为予赵城，实不可得，乃谓秦王曰："和氏璧，天下所共传宝也，赵王恐，不敢不献。赵王送璧时，斋戒五日，今大王亦宜斋戒五日，设九宾于廷，臣乃敢上璧。"秦王度之，终不可强夺，遂许斋五日，舍相如广成传。相如度秦王虽斋，决负约不偿城，乃使其从者衣褐，怀其璧，从径道亡，归璧于赵。

秦王斋五日后，乃设九宾礼于廷，引赵使者蔺相如。相如至，谓秦王曰："秦自缪公以来二十余君，未尝有坚明约束者也。臣诚恐见欺于王而负赵，故令人持璧归，间至赵矣。且秦强而赵弱，大王遣一介之使至赵，赵立奉璧来。今以秦之强而先割十五都予赵，赵岂敢留璧而得罪于大王乎？臣知欺大王之罪当诛，臣请就汤镬，唯大王与群臣孰计议之。"秦王与群臣相视而嘻。左右或欲引相如去，秦王因曰："今杀相如，终不能得璧也，而绝秦赵之欢，不如因而厚遇之，使归赵，赵王岂以一璧之故欺秦邪！"卒廷见相如，毕礼而归之。

相如既归，赵王以为贤大夫，使不辱于诸侯，拜相如为上大夫。秦亦不以城予赵，赵亦终不予秦璧。

秦王使使者告赵王，欲与王为好会于西河外渑池。赵王畏秦，欲毋行。廉颇、蔺相如计曰："王不行，示赵弱且怯也。"赵王遂行，相如从。廉颇送至境，与王诀曰："王行，度道里会遇之礼毕，还，不过三十日。三十日不还，则请立太子为王。以绝秦望。"王许之[①]，遂与秦王会渑池。

秦王饮酒酣，曰："寡人窃闻赵王好音，请奏瑟。"赵王鼓瑟。秦御史前书曰"某年月日，秦王与赵王会饮，令赵王鼓瑟"。蔺相如前曰："赵王窃闻秦王善为秦声，请奏盆缻秦王，以相娱乐。"秦王怒，不许。于是相如前进缻，因跪请秦王。秦王不肯击缻。相如曰："五步之内，相如请得以颈血溅大王矣！"左右欲刃相如，相如张目叱之，左右皆靡。于是秦王不怿，为一击瓴。相如顾召赵御史书曰"某年月日，秦王为赵王击缻"。秦之群臣曰："请以赵十五城为秦王寿"。蔺相如亦曰："请以秦之咸阳为赵王寿。"秦王竟酒，终不能加胜于赵。赵亦盛设兵以待秦，秦不敢动。

既罢归国，以相如功大，拜为上卿，位在廉颇之右。

秦伐韩，军于阏与。王召廉颇而问曰："可救不？"对曰："道远险狭，难救。"又召乐乘而问焉，乐乘对如廉颇言。又召问赵奢，奢对曰："其道远险狭，譬之犹两鼠斗于穴中，将勇者胜。"王乃令赵奢将，救之。

兵去邯郸三十里，而令军中曰："有以军事谏者死。"秦军军武安西，秦军鼓噪勒兵，武安屋瓦尽振。军中候有一人言急救武安，赵奢立斩之。坚壁，留二十八日不行，复益增垒。秦间来入，赵奢善食而遣之。间以报秦将，秦将大喜曰："夫去国三十里而军不行，乃增垒，阏与非赵地也。"赵奢既已遣秦间，卷甲而趋之，二日一夜至，令善射者去阏与五十里而军。军垒成，秦人闻之，悉甲而至。军士许历请以军事谏，赵奢曰："内之。"许历曰："秦人不意赵师至此，其来气盛，将军必厚集其阵以待之。不然，必败。"赵奢曰："请受令。"许历曰："请就铁质之诛。"赵奢曰："胥后令邯郸。"许历复请谏，曰："先据北山上者胜，后至者败。"赵奢许诺，即发万人趋之。秦兵后至，争山不得上，赵奢纵兵击之，大破秦军。秦军解而走，遂解阏与之围而归。

赵惠文王赐奢号为马服君，以许历为国尉。赵奢于是与廉颇、蔺相如同位。

太史公曰：知死必勇，非死者难也，处死者难。方蔺相如引璧睨柱，及叱秦王左右，势不过诛，然士或怯懦而不敢发。相如一奋其气，威信敌国，退而让颇，名重太山，其处智勇，可谓兼之矣！

批注

①此合传也。廉、蔺之后，又附赵（奢）、李（牧）诸人，然以廉颇起，以廉颇结，廉故三人之纲矣。廉、赵、李皆武臣，惟相如为上卿，乃相如二事皆争胜于口舌之间，而于相如传中特将立太子以绝秦望一议，属之廉颇，则廉将军之为社稷臣，加于相如一等，明矣！史公好奇而有奇识，详蔺以著其奇，右廉以见其识，千秋良史之才，岂偶然乎？

〔释义〕 这篇列传，名之曰《廉颇蔺相如列传》，是二人的合传，但在后面又缀上赵奢与李牧之事，故而它是一篇四人传。因此，这篇传便比一人之传或二三人之传要复杂得多，需要做好整体规划，巧于布局谋篇。就以这篇文章而论：蔺是位文臣，又居上卿之位，其他三人是武将，不论是从其身份、地位还是所从之事，皆不相属不相类，该做怎样的布局才是呢？史公却偏有办法。他将整篇文章以廉颇起，廉颇收，让他作为提挈之纲。但是中间的内容，却是大段大段地书写蔺的功绩和他超人的肚量与胆识。而蔺慷慨激昂、智勇双全地获得完璧归赵和逼得秦王击缶，则又是史书上最为精彩的一页，故而于蔺相如身上加之的笔墨就重多，远远地超之于廉、赵、李之上。但是，蔺的功绩主要在于舌争口辩之上，而真正为国家的安危谋划得长远的，还属老将廉颇。因此，史公又巧妙地施之以布局，他在讲叙相如的传记时，加上了廉颇奏请立太子以绝秦望一段，只以只言片语便展现出了这位社稷重臣的深谋远略，其作用又在相如之上。这一主次分明、疏密得当的布局谋篇，只有史公才能做得到，非他人之可以望其项背的。

补注

①金圣叹于《太史公赞》的"知死必勇"后面，批注曰，四字奇妙！千古贤豪秘诀。又于"非死者难也，处死者难"后面，加注曰，注上四字，又奇妙！千古贤豪分寸都出也。（清·金圣叹：《评点才子全集·西汉文》）

②集散者，或以振纲领，或以争关纽，或奇特形于比附，或指归示于牵连，或错出以表全神，或补述以完风裁。是故，集则有势有事，而散则有纵有横。……《史记》载祠石坠履，而西楚遂以迁鼎：是集势者也。二帝同典，止记都俞，五臣共谟，乃书陈告，是纵散者也。《史记》廉将军衔功争利，与避车连文，以美震悔之忠；长平侯重楫客，讳击伤，于本传不详，以叹尊容之广，是横散者也。（清·包世臣：《艺舟双楫》）

〔释义〕 文章有"或集或散"一种写作方法。集，是将几件有关联的事情结聚到一起来说，以增强其气势和力度；散，是将一件事情拆放到几处来说，以呈现出其逶迤缠绵、不绝如缕的氛围。《史记·留侯世家》中，写张良少年时候在桥下将黄石公老人掉下来的鞋子拾起来，给穿上，老人知道他可教，就将一部兵书传授给他，并对他说："十年后，汉可以兴，你到济北谷城山下见到一块黄石，那就是我。"后来张良辅助刘邦，果然灭了西楚霸王，平定天下，这时张良到谷城山下见到那块黄石，便隆重地祭祀。这就是集，

就是将张良少年时与大业成功时几件事情结聚到一起来叙说。

而说到散,则又有纵散与横散两种方法,纵散的例子是《书经》中的"二帝同典,止论都俞;五臣共谟,乃书陈告。"它的意思是说,在《古文尚书》中,将帝尧与帝舜二人的事,都记在《尧典》一篇文章之中;而将禹、皋陶、益、稷、夔五位大臣共同谋划的策议,都记在《大禹谟》一篇之中。因为诸位大臣谋议的时间和空间上都不同,事有先后,所以称之为纵散。

至于横散,包世臣举的是本文的例子:"(蔺相如)拜为上卿,位在廉颇之右。廉颇曰:'我为赵将,有攻城野战之大功;而蔺相如徒以口舌为劳,而位居我上;且相如素贱人,吾羞,不忍为之下。'宣言曰:'我见相如,必辱之!'相如闻,不肯与会。相如每朝时,常称病,不欲与廉颇争列。已而相如出,望见廉颇,相如引车避匿。"这里,司马迁是将蔺相如的有意回避与廉颇的事事争先,分成两件事来说:一是称病了,上朝,免得自己因居上卿的身份排在廉颇的前面;一是在路上相遇时,故意避开,不去争路。一件事情,分成两段来写,便是横散。

③(泷川所著之)《考证》曰:"《国策》论廉颇事略,而无一语及蔺,此传多载他书所不载。"按此亦《史记》中迥出之篇,有声有色,或多本于马迁之增饰渲染,未必信实有征。写相如'挂壁郤立倚柱,怒发上冲冠',是何意态?雄且杰!后世小说刻划精能处,无以过之。(钱钟书:《管锥编·史记会注考证》)

〔释义〕　日人泷川所写的《史记会注考证》一书上说,《战国策·赵策》之中,写到廉颇的事很简略,而写到蔺相如竟无一语。这篇《廉颇蔺相如列传》中的事,在其他的书中皆不见,可是这里却写得有声有色,如见其人,如闻其声。

卷 四

屈原贾生列传

屈原贾谊小传

屈原（公元前340—前278），名平，字原；又自名正则，字灵均。战国时期楚国丹阳（今湖北省秭归县）人，是楚武王熊通之子屈瑕的后代。他是中国最伟大的一位爱国主义诗人，创立了"楚辞"这种文体。楚平王时，屈原曾任楚国的左徒、三闾大夫等职，在政治上主张内修国治，外抗强秦，但却遭到奸臣的谗言妒害，被流放到湘江一带，由于郁愤忧伤不已，乃自沉汨罗江而死。民间沿袭至今的端午节，就是为了纪念这位伟大爱国诗人的。

贾谊（公元前201—前169），洛阳（今河南洛阳市东）人，是西汉初年著名的政治家、文学家。十八岁时即有才名，被汉文帝征召为博士，不久升任为太中大夫。贾谊后因遭奸臣诬陷，被贬为长沙王太傅。不久，贾谊又被召回长安，充任梁怀王太傅。梁怀王坠马而死，贾谊深感歉疚，直至忧伤而死。其著作主要有散文和辞赋两类。散文如《过秦论》《论积贮疏》《陈政事疏》等；辞赋以《吊屈原赋》《鵩鸟赋》为最。

屈原，名平，是楚国的同姓。他担任楚怀王的左徒，学识渊博，记忆力很强，对国家存亡兴衰的道理非常了解，擅长外交辞令。他入朝就和楚王商议国家大事，拟定和发布政令；处朝就能接待各国使节，处理对各诸侯国的外交事务。楚怀王对他非常信任。

上官大夫与屈原的爵位相同，他嫉妒屈原的才能，和屈原争宠。有一次，怀王让屈原起草一项法令，屈原刚写完草稿，还没最后修定完成。上官大夫见到之后想夺为己有，但屈原不肯给他。于是上官大夫就向怀王面进谗言："大王您让屈原起草法令，大家都知道，每颁布一条法令，屈原总是自夸其功，说是'除了我之外，谁也起草不出来'。"怀王听了，非常生气，因此就对屈原疏远了。

屈原痛恨怀王不能分辨是非，痛恨谗佞谄媚之徒蒙蔽怀王的视听，痛恨邪恶之徒伤害了公正，导致正直的人不被朝廷所容，所以他在忧愁苦闷中写作《离骚》。所谓"离骚"，就是苦闷忧愁之意。上天是创造人的原始；父母是人出生的根本。人在处境窘迫的时候，就要追念根本，所以在劳累困苦到极点时，就总是呼叫上天；在受到病痛折磨无法忍受时，就总是呼叫父母。屈原坚持公正，行为耿直，对君王一片忠心，竭尽才智，但是却受到小人的挑拨离间，这可以说是极端困窘了。因诚心为国而被君王怀疑，因忠心事主而被小人诽谤，这种情况怎么不使人悲愤呢？屈原之所以写作《离骚》，正是为了抒发这种悲愤之情。《诗经·国风》虽然描写的是男女恋情，但却不是淫乱；《诗经·小雅》虽然表露了百姓对朝政的诽谤愤怨之情，但却不主张公开反叛。而像屈原的《离骚》，可以说是兼有以上两者的优点。屈原在《离骚》中，往上追溯到帝喾的事迹，近世赞扬齐桓的伟业，中间叙述商汤、周武的德政，以此来批评时政。阐明道德内容的广博深远，治乱兴衰的因果必然，这些都讲得非常详尽。文章虽语言简约精炼但内容却托意深微，情志高洁，品行廉正；文章虽然写的是细小事物，其意旨却极其宏大博深；文章所举的虽然都是眼前习见的事例，而所寄托的意义却极其深远。由于屈原的情志高洁，所以文章提到的都是一些芳香的事物；由于屈原的品行廉正，所以至死也不离开楚国。身处污泥浊水之中，却像蝉脱壳能从混浊污秽中解脱出来一样，在尘埃之外浮游，不被世俗的混浊所玷污，清白高洁出污泥而不染。屈原的这种高尚情志，要说能与日月争辉也不过分。

屈原被贬退之后，秦国想攻打齐国，但当时齐国与楚国有合纵的盟约，秦惠王担心楚国会干预，于是就派张仪假装辞去秦国的职位，带着丰厚的礼物来到投靠楚国。张仪对楚王说："秦国非常痛恨齐国，但齐国和楚国有盟约，如果楚国能和齐国绝交，秦国愿意献出商、於一带六百里土地给楚国。"楚怀王贪图土地，相信了张仪的话，就和齐国断交了，而后派使者到秦国接受割让的土地。这是张仪又耍赖对使者说："我和楚王约定的是六里，没听说过有什么六百里。"楚国使者非常生气地离去，回到楚国把这事告诉了怀王。怀王勃然大怒，大规模起兵攻打秦国。秦国发兵迎战，在丹水、淅水一带大破楚军，斩杀楚军八万人，俘虏了楚将屈匄，接着又攻占了楚国汉中一带的地区。于是楚怀王动员了全国的军队，进军秦国，与秦军在蓝田会战。魏国得知此事，派兵偷袭楚国，到达邓县。楚王非常害怕，不得不从秦国撤军回国。而齐国很痛恨怀王背弃盟约，不肯派兵救助楚国，使得楚国的处境非常狼狈。

第二年，秦国表示愿意让回汉中一带地区与楚国讲和，但楚怀王说："我不想要汉中一带的地盘，只想得到张仪杀了他才解恨。"张仪听到这话，就对秦王说："用我一个张仪来抵汉中之地，我请求去楚国。"张仪到楚国之后先用厚礼贿赂了当权的宠臣靳尚，又设诡计笼络了怀王的宠姬郑袖，怀王竟然听信了郑袖的话，又把张仪放跑了。这时屈原已被疏远，不再担任重要官职，刚被派到齐国出使，回来之后，他向怀王进谏说："大王您为什么不杀了张仪呢？"怀王感到很后悔，派人去追赶，但已经追不上了。

这之后各国又联合起来攻打楚国，大败楚军，杀死了楚国大将唐眛。

后来秦昭王同楚国结成了姻亲，想请楚怀王到秦国会面。怀王想要前往，屈原劝谏说："秦国是像虎狼一样的国家，是不能信任的，还是不去为好。"可是，怀王的小儿子子兰劝怀王前去，他说："为什么要拒绝秦王的好意邀请呢？"怀王最终还是去了。但怀王刚一进武关，秦国的伏兵就斩断了他的归路，把怀王扣了起来。秦国想让楚怀王答应割让土地。怀王大怒，不肯应允，后来逃到了赵国，但赵国不敢接纳。楚怀王没有办法又来到了秦国，最终死在秦国，死后遗体运回了楚国安葬。

怀王的大儿子顷襄王继位，任命他的弟弟子兰为令尹。因为当初子兰劝怀王入秦而最终死在秦国，所以楚国人都对子兰不满。

屈原对于子兰的行为，也非常痛恨，他虽然被放逐在外，却不忘为楚国的前途担忧，仍惦念怀王的安危，时刻想着能重返朝廷为国效忠，总是希望国君有一天能够觉悟，国家不良的习俗也能够改变。他这种辅佐君王，振兴国家，想扭转局势的心愿，在一篇作品中多次表露。然而屈原终究无可奈何，他也不可能再返朝廷，由此也可见怀王最终也没有醒悟。作为国君，不管他聪明还是愚蠢，有才还是无才，都希望找到忠臣和贤士来辅佐自己治理国家，然而亡国破家之事却不断发生，而圣明之君、太平之国却好多世代都未曾一见，其根本原因就在于其所谓忠臣并不忠，其所谓贤士并不贤。怀王因不知晓忠臣之职分，所以在内被郑袖所迷惑，在外被张仪所欺骗，疏远屈原而信任上官大夫和令尹子兰。结果军队惨败，国土被侵占，失去了六郡地盘，自己还流落他乡，客死秦国，被天下人所耻笑。这是由于分不出忠贞与奸佞所造成的灾祸。《易经》上说："井已经疏浚干净，但没人来喝水，这是令人难过的事。一国之君若是圣明，大家都可以得到幸福。"而君王是如此不明，百姓哪里能到幸福啊！

　　令尹子兰听说屈原对他不满，心中大怒，便有唆使上官大夫去向顷襄王说屈原的坏话，顷襄王一怒之下又把屈原放逐到更远的地方了。于是，屈原便写下了一篇《怀沙》赋，写完之后，怀抱石头投入汨罗江自杀了。

　　屈原死后，楚国有宋玉、唐勒、景差等人，他们都爱好文学而以擅长辞赋著名。但他们都只学习了屈原辞令委婉，而不像屈原那样敢于直言劝谏。此后楚国一天比一天衰弱，几十年之后终于被秦国灭掉了。

　　自从屈原投汨罗江而死之后一百多年，汉朝出了个贾谊。他在担任长沙王太傅时，经过湘水，曾写下一篇辞赋投入江中，以此祭吊屈原。

　　太史公说：当我读到《离骚》《天问》《招魂》《哀郢》时，深受屈原情志的感染，而悲伤不已。当我到长沙时，曾亲自去看了屈原沉江自杀的地方，追思他的高洁人品，不禁掉下眼泪。后来当我读到贾谊的《吊屈原赋》时，又责怪屈原，以他的超人才华，若是游说诸侯的话，哪个国家不能容纳他呢？结果却把自己弄到这种结局。当我又读到《鵩鸟赋》，把生死同等看待，把官场上的去留升降看得很淡以后，我的以前烦恼就不见了。

原文

　　屈原者，名平，楚之同姓也。为楚怀王左徒。博闻强志，明于治乱，娴于辞令。入则与王图议国事，以出号令；出则接遇宾客，应对诸侯。王甚任之。

　　上官大夫与之同列，争宠而心害其能。怀王使屈原造为宪令，屈平属草稿未定。上官大夫见而欲夺之，屈平不与，因谗之曰："王使屈平为令，众莫不知，每一令出，平伐其功，以为'非我莫能为'也。"王怒而疏屈平。

　　屈平疾王听之不聪也，谗谄之蔽明也，邪曲之害公也，方正之不容也，故忧愁幽思而作《离骚》。离骚者，犹离忧也。夫天者，人之始也；父母者，人之本也。人穷则反本，故劳苦倦极，未尝不呼天也；疾痛惨怛，未尝不呼父母也。屈平正道直行，竭忠尽智以事其君，谗人间之，可谓穷矣。信而见疑，忠而被谤，能无怨乎？屈平之作《离骚》，盖自怨生也。

《国风》好色而不淫，《小雅》怨诽而不乱。若《离骚》者，可谓兼之矣。上称帝喾，下道齐桓，中述汤武，以刺世事。明道德之广崇，治乱之条贯，靡不毕见。其文约，其辞微，其志洁，其行廉，其称文小而其指极大，举类迩而见义远。其志洁，故其称物芳。其行廉，故死而不容。自疏濯淖污泥之中，蝉蜕于浊秽，以浮游尘埃之外，不获世之滋垢，皭然泥而不滓者也。推此志也，虽与日月争光可也。

屈平既绌，其后秦欲伐齐，齐与楚从亲，惠王患之，乃令张仪佯去秦，厚币委质事楚①，曰："秦甚憎齐，齐与楚从亲，楚诚能绝齐，秦愿献商、於之地六百里。"楚怀王贪而信张仪，遂绝齐，使使如秦受地。张仪诈之曰："仪与王约六里，不闻六百里。"楚使怒去，归告怀王。怀王怒，大兴师伐秦。秦发兵击之，大破楚师于丹、淅，斩首八万，虏楚将屈匄，遂取楚之汉中地。怀王乃悉发国中兵以深入击秦，战于蓝田。魏闻之，袭楚至邓。楚兵惧，自秦归。而齐竟怒不救楚，楚大困。

明年，秦割汉中地与楚以和。楚王曰："不愿得地，愿得张仪而甘心焉。"张仪闻，乃曰："以一仪而当汉中地，臣请往如楚。"如楚，又因厚币用事者臣靳尚，而设诡辩于怀王之宠姬郑袖。怀王竟听郑袖，复释去张仪。是时屈平既疏，不复在位，使于齐，顾反，谏怀王曰："何不杀张仪？"怀王悔，追张仪不及。

其后诸侯共击楚，大破之，杀其将唐昧。

时秦昭王与楚婚，欲与怀王会。怀王欲行，屈平曰："秦虎狼之国，不可信，不如毋行。"怀王稚子子兰劝王行："奈何绝秦欢？"怀王卒行。入武关，秦伏兵绝其后，因留怀王，以求割地。怀王怒，不听。亡走赵，赵不内。复之秦，竟死于秦而归葬。

长子顷襄王立，以其弟子兰为令尹。楚人既咎子兰以劝怀王入秦而不反也。

屈平既嫉之，虽放流，眷顾楚国，系心怀王，不忘欲返，冀幸君之一悟，俗之一改也。其存君兴国而欲反覆之，一篇之中三致志焉。然终无可奈何，故不可以返，卒以此见怀王之终不悟也。人君无愚智贤不肖，莫不欲求忠以自为，举贤以自佐，然亡国破家相随属，而圣君治国累世而不见者，其所谓忠者不忠，而所谓贤者不贤也。怀王以不知忠臣之分，故内惑于郑袖，外欺于张仪，疏屈平而信上官大夫、令尹子兰。兵挫地削，亡其六郡，身客死于秦，为天下笑。此不知人之祸也。易曰："井泄不食，为我心恻，可以汲。王明，并受其福。"王之不明，岂足福哉！

令尹子兰闻之大怒，卒使上官大夫短屈原于顷襄王，顷襄王怒而迁之。乃作《怀沙》之赋，于是怀石遂自投沉汩罗以死。

屈原既死之后，楚有宋玉、唐勒、景差之徒者，皆好辞而以赋见称；然皆祖屈原之从容辞令，终莫敢直谏。其后楚日以削，数十年竟为秦所灭。

自屈原沉汩罗后百有余年，汉有贾生，为长沙王太傅，过湘水，投书以吊屈原。

太史公曰：余读《离骚》《天问》《招魂》《哀郢》，悲其志。适长沙，观屈原所自沉渊，未尝不垂涕，想见其为人。及见贾生吊之，又怪屈原以彼其材，游诸侯，何国不容，而自令若是。读《鵩鸟赋》，同死生，轻去就，又爽然自失矣。

短评

屈灵均，千古洁人也。观其《离骚》《九歌》《九章》撰著，美人香草，触手芬馥，何处不滋兰九畹而树蕙百畦哉！史迁之知灵均，只在于至洁中见其一片血性，而其狷介无惨之况，俱于言外见之，本作《离骚》序言，而即移为左徒传赞耳。当与庄叟《天下篇》及《史记自序》篇参览，斯得其旨。

批注

①既以楚之存亡系于《原传》，则楚事不得不叙。然不得喧客夺主也，看其叙事匆匆得妙！善读书者，取其意而遗其词。今史公每插一段论断，取《离骚》读之，即处处有吻合之妙，予故曰：此《离骚》之弁序也！

补注

①先是倾倒其文章，次是痛悼其遭遇，次是叹诧其执拗，末是拜服其邈

旷。凡作四折文字，折折都是幽窅、萧瑟、挺动、扶疏，所谓化他二人生平，作我一片眼泪；更不可分何句是赞屈，何句是赞贾。(清·金圣叹：《评点才子全集·西汉文》)

②（文章有垫高拽满之法）垫拽者，为其立说之不足耸听也，故垫之使高；为其抒议之未能折服也，故拽之使满。高则其落也峻，满则其发也疾。垫之法有上有下。《孟子》"且以文王之德，百年而后崩，犹未洽于天下，武王周公继之，然后大行"；《史记》"尝以十倍之地，百万之众，叩关而攻秦，秦人开关延敌；九国之师逡巡逃遁而不敢进"，皆上垫也。《孟子》"非所以纳交于孺子之父母也，非所以要誉于乡党朋友也，非恶其声而然也"；《史记》"是所重在于色乐珠玉，而所轻在于人民也。"皆下垫也。(清·包世臣：《艺舟双楫》)

〔释义〕　《孟子》之文，我们暂且存而不论，单就《史记》来说，包世臣所引的一段话，是出自《史记·屈原贾生列传》的。司马迁在文中引了贾谊《过秦论》中的一段话："当此之时，齐有孟尝，赵有平原，楚有春申，魏有信陵，此四君者，皆明智而忠信，宽厚而爱人，尊贤而重士。约纵离横，兼韩、魏、燕、赵、齐、楚、宋、卫、中山之众。于是六国之士，有宁越、徐尚、苏秦、杜赫之属为之谋，齐明、周最、陈轸、昭滑、楼缓、翟景、苏厉、乐毅之徒通其意，吴起、孙膑、带佗、倪良、王廖、田忌、廉颇、赵奢之伦制其兵。尝以十倍之地，百万之众，叩关而攻秦。秦人开关延敌，九国之师逡巡遁逃而不敢进。"

文中，为了说明秦强而六国弱，即使秦开关延敌，各国兵马也不敢进。这么说，力量就显得单薄，不够分量。于是先在这句话的前面做了大量的铺垫，畅叙六国有兵力、有人才、有善兵的战将如吴起、孙膑、廉颇、赵奢等，有能言善辩的谋士，如苏秦、宁越等，有礼贤下士的权贵，如孟尝君、平原君等，论土地面积他们合起来要等于秦国十倍之上。作者先把一切优越的条件都铺垫出来，然后一笔煞住，转过头来才说"六国之师逡巡遁逃而不敢进。"这一转，就更加使文章的跌落显得具有无穷的力度了。

刺客列传

荆轲高渐离小传

荆轲（公元前？—前227），也称庆卿、荆卿、庆轲。战国末期卫国人，喜好读书击剑，为人慷慨侠义。受燕太子丹之命，入秦刺杀秦王，事未果而被害。

高渐离，燕人，荆轲的好友，擅长击筑（古代的一种乐器）。荆轲刺秦王时，高渐离与太子丹送之于易水河畔，高渐离击筑，高歌"风萧萧兮易水寒，壮士一去兮不复还"，悲凉凄绝，沁人心脾。后闻荆轲被害，高渐离只身入秦宫，以击筑奏乐之名而得见秦王，席间，奋然抛出注铅的筑来击秦王，结果，亦是未中而被杀。

荆轲是卫国人。他的先辈原本是齐国人，后来荆轲迁移到了卫国，卫国人称呼他"庆卿"。后来荆轲到了燕国，燕国人又叫他"荆卿"。

荆卿喜爱读书和击剑，曾以强国之术游说卫元君，卫元君没有任用他。此后秦国攻打魏国，在新占领的地区设置了东郡，把卫元君及其支脉亲属迁移到野王。

荆轲游历曾经到过榆次，在榆次他和盖聂谈论剑术。荆轲谈的剑术有不当之处，于是盖聂对他怒目而视，荆轲没说话就出去了。有人劝盖聂把荆轲再找回来。盖聂说："刚才我和他谈论剑术，他的剑术有不当之处，我瞪了他一眼。去找找看吧，他应该离开榆次了，不会再留在这里了。"结果派人到荆轲住处询问房东，荆轲果然已驾车离开了榆次。派去的人回来报告，盖聂说："本来我估计他就已经走了，因为我刚才瞪了他一眼。"

荆轲又游历到了邯郸，在邯郸的时候他曾经与鲁句践下棋。因为两人争执该谁先走，鲁句践对荆轲呵斥了一声，荆轲又是什么也没说走了，于是两人再也没有见面。

荆轲来到燕国以后，和燕国的一个宰狗的屠夫与擅长击筑的高渐离感情很好。荆轲特别喜欢饮酒，天天和那个屠夫与高渐离在燕国街市上喝酒，酒酣以后，高渐离就击筑为声，荆轲就和着筑声在街市上引吭高歌，相互以此为乐，不一会儿又相对哭泣，旁若无人。荆轲虽说混在酒徒之中，但是他的为人却深沉稳重，而且喜欢读书；他不论到哪个国家，都是与当地德高望重的贤士豪杰交朋友。荆轲到燕国后，燕国隐士田光也对他很友好，知道他不是平庸的之辈。

高渐离更名改姓，隐藏在宋子这个地方给人家当雇工，这样过了很长时间。有一天，他干活干累了，听到他的主人家有位客人在堂上击筑。高渐离听了半天舍不得离开，忽然脱口说道："那筑声有好的地方，也有不好的地方。"主人家的一位侍从就把高渐离的话告诉了主人，说："那个家伙懂得音乐，他在那里对刚才的筑声妄加评论。"这家主人便叫高渐离到堂前击筑，结果满座宾客都为之叫绝，主人高兴，赏给他酒喝。高渐离心想长久隐姓埋名，担惊受怕地躲藏下去也没有尽头，便退下堂来，把自己的筑和好衣裳从行装匣子里拿出来，改换上了自己的好衣裳来到堂前，满座宾客见状都大吃一惊，离开座位与高渐离见礼，然后把他推到上座。请他继续击筑唱歌，宾客们听了，没有不被感动得流着泪。从此宋子城里的人轮流请他去做客。很快这消息就传到了秦始皇那里。秦始皇下令召见高渐离。高渐离一进宫，马上有人认出他来，说："这个人是荆轲的朋友高渐离。"秦始皇怜惜高渐离擅长击筑，赦免了他的死罪，但是薰瞎了他的眼睛，让他击筑，每次击筑大家都说好。于是高渐离可以更加接近秦始皇了。高渐离就暗中把铅放进筑中，再进宫击筑靠近秦始皇时，他举筑袭击秦始皇，结果没有击中。秦始皇立即处死了高渐离，从此再也不接近东方六国的人了。

原文

荆轲者，卫人也。其先乃齐人，徙于卫，卫人谓之庆卿。而之燕，燕人谓之荆卿。①

荆卿好读书击剑，以术说卫元君，卫元君不用。其后秦伐魏，置东郡，徙卫元君之支属于野王。

荆轲尝游过榆次，与盖聂论剑，盖聂怒而目之。荆轲出，人或言复召荆

卿。盖聂曰："曩者吾与论剑，有不称者，吾目之；试往，是宜去，不敢留。"使使往之主人，荆卿则已驾而去榆次矣。使者还报，盖聂曰："固去也，吾曩者目摄之！"

荆轲游于邯郸，鲁句践与荆轲博，争道，鲁句践怒而叱之，荆轲嘿而逃去，遂不复会。

荆轲既至燕，爱燕之狗屠及善击筑者高渐离。荆轲嗜酒，日与狗屠及高渐离饮于燕市，酒酣以往，高渐离击筑，荆轲和而歌于市中，相乐也，已而相泣，旁若无人者。荆轲虽游于酒人乎，然其为人沉深好书；其所游诸侯，尽与其贤豪长者相结。其之燕，燕之处士田光先生亦善待之，知其非庸人也。

高渐离变名姓，为人庸保，匿作于宋子。久之，作苦，闻其家堂上客击筑，仿徨不能去。每出言曰："彼有善有不善。"从者以告其主，曰："彼庸乃知音，窃言是非。"家丈人召使前击筑，一坐称善，赐酒。而高渐离念久隐畏约无穷时，乃退，出其装匣中筑与其善衣，更容貌而前。举坐客皆惊，下与抗礼，以为上客。使击筑而歌，客无不流涕而去者。宋子传客之，闻于秦始皇。秦始皇召见，人有识者，乃曰："高渐离也。"秦皇帝惜其善击筑，重赦之，乃矐其目。使击筑，未尝不称善。稍益近之，高渐离乃以铅置筑中，复进得近，举筑朴秦皇帝，不中。于是遂诛高渐离，终身不复近诸侯之人。

批注

①荆卿列于《刺客传》，为燕太子丹也，不得不以燕为主。然其游历诸国，遍交贤豪，各有奇特可纪处，又不忍割弃不写。看其从齐、卫插入"而之燕"三字，以定其名。随后，逆叙游卫、游榆次、游邯郸三段。因以"既至燕"遥接，方写燕市，淋漓兴致。又随添"所游诸侯"二句，复以"其之燕"三字收还。针路之密，极尽经营，固不得以史公借《国策》为蓝本，而专摘其刺秦王一段也。

〔释义〕 文章有顺叙与倒叙两种方法，此文多用倒叙法。因为荆轲是受燕太子丹之命而去击秦的，故而要以燕地为主。但是，他游历各诸侯国之事也很精彩，所以一开头便说他由齐到卫，又由卫到燕。至燕便打住，回过头来又倒叙他游历卫国和榆次、邯郸等地之事。这些事情倒叙完了，才又由

"既之燕"三字，转入到燕国后的诸多重要大事。由此可见，顺叙或者倒叙，完全根据文章走势的需要。不过，文之顺逆，各有其不同的作用，清人包世臣在《艺舟双楫》中对此作了精辟的论述。他说："文势之振，在于用逆；文气之厚，在于用顺。顺逆之于文，阴阳之于五行，奇正之于攻守也。"为什么说，逆可以使文章振起呢？他说，逆如逆水行舟，会激起浪花，冲破一个浪头又一个浪头，都会使文势振扬。而顺叙却是一气呵成，有层波叠浪相复，故而会不断加厚文章的气势，所以说"文气之厚，在于用顺。"

补注

①吾正恨轲何故必欲生劫秦皇？乃古人亦已先惜之耶。史公却不欲附会。只重立意不欺，不重成不成，妙！妙！（"太史公赞"曰："自曹沫至荆轲五人，此其义或成或不成，然其立意较然，不欺其志，名垂后世，岂妄也哉！"）或成或不成，笔意盖注"或不成"也。五人中，独惜荆轲甚至。（清·金圣叹：《评点才子全集·西汉文》）

〔释义〕 史公在这篇《刺客列传》里，总共讲述了曹沫、聂政等五个人，事不成者唯独荆轲，所以千百年来，许多人都讽喻荆轲剑术不精，也有人说是太子丹急于行事，不等荆轲待有客来与之同行，因之事败。司马迁却不附会这些众议，自立卓见，他不以成败论英雄，认为事情可能成也可能不成，但只要不欺其志，便是高人。荆轲入虎狼之秦，行刺暴戾天下的秦王，其立意就高，所以史公于众刺客中写荆轲最为慷慨悲歌、壮烈绝世，成为最动人的、足可传诸百代的英雄史篇，其影响力远远超过了曹沫、聂政等大事已成的壮士之上。这便是史公有高出世俗之卓越见识，有不同凡响的立意所致。

张耳陈余列传

张耳（公元前264－前202），大梁（今河南开封）人。少年时曾为信陵君的门客，秦灭魏后，隐姓埋名逃亡，但人知其贤，一度曾被举为外黄县令。项羽分封十八路诸侯时，张耳被封为常山王，后投奔刘邦，跟随韩信破赵，被加封为赵王。汉高祖五年（公元前202年）薨，谥号景王，习称赵景王。

陈余（公元前？－前204），大梁（今河南开封）人。魏地名士，性格高傲，素慕张耳之贤，与之结为刎颈之交。秦王闻此二人之名，乃下千金购张耳，五百金购陈余，二人逃到陈国故地。陈涉起兵后，闻得二人贤，乃殷切传令召见。二人跟随武臣占据赵地后产生矛盾，陈余发兵打败张耳。张耳投奔刘邦，跟随韩信攻赵，陈余被斩杀于泜水。

范阳人蒯通对范阳令说："我听说您将要死了，特地前来吊丧。尽管如此，但我还要向您祝贺，因为有了我蒯通您能起死回生。"范阳令说："为什么要给我吊丧？"蒯通说："秦国的法律非常严酷，您做了十年的范阳县令，杀死多少孩子的父亲，造成多少孤儿寡母，砍断人家脚的，在人家脸上刺字的，数也数不清。然而慈祥的父辈、孝顺的子女没有人敢把利刃插入您肚子里的原因，是害怕秦国的严酷的法令。如今天下大乱，秦国的法令不能施行了，那些慈父孝子就会把利刃插进您肚子为他们报仇，这就是我来给您吊丧原因啊。如今，各路诸侯都背叛了秦朝，武信君的人马即将到来，您却要为秦朝死守范阳，年轻的人将争先杀死您，去投奔武信君。您如果赶紧地派我去面见武信君，我能使您转祸为福。"

于是范阳令就派蒯通去迎见武信君，蒯通对武信君说："如果您认为一定要打了胜仗而后夺取土地，攻破了守敌然后占领城池，那就错了。您如果能听从我的计策，就可以不去攻打而使城邑降服，不通过战斗而夺取土地，只要发出一篇文告就让您能够扩地千里,您看怎么样?"武信君问:"此话怎讲?"蒯通说:"如今范阳令正在整顿他的人马,准备守城,可是他胆小怕死,贪恋富贵,他本打算走在天下人的前面来投降,但又害怕您认为他是秦朝任命的官吏,像以前被攻克的十座城池的秦朝官吏一样被杀死。另外,如今范阳城里的一些年轻人也正想杀掉范阳令,自己据守城池来抵抗您。您何不给我一个侯爵大印,让我带回去封范阳令为侯,范阳令就会把城池献给您,年轻人也不敢杀他们的县令了。然后您再让范阳令坐着彩饰豪华的车子,到在燕国、赵国的各城的郊外兜一圈。燕国、赵国各地的人们看见他,都会说这就是范阳令,他是率先投降的啊,马上就得到如此优厚的待遇了,燕、赵广大地区的城池就可以不用攻打而投降了。这就是我说的一篇文告就能够扩地千里的。"武信君觉得有道理,于是就让蒯通带着侯爵大印回去封范阳令为侯,赵国人听到这个消息,果然有三十多个城池不战而降。

赵王偶尔空闲外出,不料被燕军抓获。燕国的将领把赵王囚禁起来,要平分赵国的领地,才肯放他回去。赵军连续几次派使者前去交涉,燕军就把他们杀死,不断声称要平分赵国的土地。张耳、陈馀为这件事忧虑重重。这时有一个做饭的小兵对他同屋的伙伴说:"我要替张耳、陈馀去游说燕军,就能和赵王一同坐着车回来。"同住的伙伴们都讥笑他说:"使臣派去了十几位,去了就立即被杀死,你有什么办法能接赵王回来?"那个小兵不理他们,干脆直接跑到燕军的大营。燕军的将领接到他,他问燕将说:"你们知道我想要什么吗?"燕将回答说:"你想要救出赵王。"他又问:"你们知道张耳、陈馀是什么样的人吗?"燕将说:"是有本事的人。"他继续问:"你们知道他们有什么打算吗?"燕将回答说:"不过是要救他们的赵王罢了。"做饭的小兵笑着说:"你们还不了解这两个人的心思。武臣、张耳、陈馀手执马鞭指挥军队攻克了赵国几十座城池,这说明他们各自都想称王,谁想一辈子做别人的卿相呢?做臣子和做国君难道可以相提并论吗?只是顾虑到局势初步稳定,还没有敢三分国土各立为王,权且按年龄的大小先立武臣为王,用以维系赵国的民心。如今赵地已经稳定平服,这两个人也要瓜分赵地自立称王,只是时机还没成熟罢了。如今,你们囚禁了赵王,这两个人表面上是为了救赵王,实际上是想让燕军杀死他,这两个人好瓜分赵国自立为王。本来一个赵国的力量就能轻而易举地攻下燕国,日后如果两位贤王相互支持,以杀害赵王的罪

名来讨伐燕国，灭亡燕国是很容易的了。"燕国将领觉得他说得有道理，于是就把赵王放了，那个做饭的小兵替赵王驾着车子一同来归赵营了。

汉高祖七年，刘邦从平城回京城，经过赵国，赵王张敖脱去外衣，戴上围裙，从早到晚亲自给刘邦端菜送饭，十分谦卑，很有做女婿的礼节。刘邦却席地而坐，叉开两只腿谩骂，对张敖的态度非常傲慢。赵国国相贯高、赵午等人都已六十多岁了，原是张耳的宾客，他们的性格豪爽、易于冲动，就愤怒地说："我们的大王真是懦弱啊！"就规劝赵王说："当初天下豪杰起兵反秦，谁有本事谁就先立为王。如今您侍奉刘邦那么恭敬，而刘邦对您却粗暴无礼，请让我们替您杀掉他！"张敖听了，便把手指咬出血来，说："你们怎么说出这样的错话！当初先父亡了国，是依赖皇上才能够复国，才有我的今天，这里的一丝一毫都是皇上给的啊，希望你们不要再说这样的话了。"贯高、赵午等十多人都相互议论说："是我们的不对。我们的大王有仁厚长者的风范，他不肯干背负恩德的事。但是我们不愿意受侮辱，如今刘邦侮辱我们的大王，所以我们要杀掉他，我们怎么能玷污了大王的名声呢？我们自己干，如果事情成功了，就功劳归大王，如果失败了，我们自己承担罪责！"

汉高祖八年，刘邦从东垣回京城，路过赵国，贯高等人在柏人县馆舍的夹壁墙中埋伏了刺客，想要刺杀死刘邦。刘邦经过那里想要留宿，心有所动，就问道："这个县的名称叫什么？"随从的人说："柏人。""柏人，是被别人逼迫的意思！"刘邦就没有在此留宿。

汉高祖九年，贯高的仇人知道了他的计谋，就向刘邦秘密报告贯高谋反。于是刘邦把赵王、贯高等人同时逮捕，这时与贯高一起谋事的十多人都要刎颈自杀，只有贯高愤怒地骂道："谁让你们自杀？当初的事儿大王确实没有参予，却要一起被捕，你们都死了，谁替大王辩白他没有反叛的意思呢！"于是，这十多人决定和赵王一起坐囚车到长安向皇上申辩。朝廷要审判赵王张敖的罪行，刘邦向赵国发布文告说，赵国的群臣和宾客如果有跟随赵王张敖进京的全部灭族。贯高和宾客孟舒等十多人，都自己剃掉头发，用铁圈锁住脖子，装作赵王的家奴，跟着赵王一起到长安。贯高到了庭上，受审时说："只有我们这些人参予了，赵王确实不知情。"狱吏审讯，严厉鞭打他几千下，用烧红的铁条去刺，身上没有一处是完好的，但他始终没改口。吕后也几次劝刘邦说，张敖因为鲁元公主的缘故，不会干这种事。刘邦愤怒地说："若是

让张敖占据了天下，难道还会缺少像你的女儿这样的女子吗！"刘邦不听吕后的劝告。待到廷尉把审理贯高的情形和供词报告刘邦，刘邦说："真是壮士啊！谁了解他，通过私人的身份去问问他。"中大夫泄公说："我和他是同乡，一向了解他。他本来就是赵国的一个重名节、守信义的好汉。"刘邦派泄公拿着符节到贯高床前探望。贯高仰起头看看说："是泄公吗？"泄公慰问、寒暄，像平常一样和他交谈，问张敖到底有没有参与这个计谋。贯高说："人都有感情，有谁不爱他的父母妻子儿女呢？如今我三族都因为这件事已被判处死罪，难道会用我亲人的性命去换赵王吗！但是赵王确实没反，只有我们这些人参与了。"他详细地说出了所以要谋杀皇上的本意，和赵王不知内情的情状。于是泄公进宫，把了解的情况详细地作了报告，刘邦便赦免了赵王。

　　刘邦赞赏贯高是个讲信义的人，就派泄公把释放赵王的事告诉他，说："赵王已从囚禁中释放出来。"因此也赦免贯高。贯高喜悦地说："我们大王确实被释放了吗？"泄公说："是。"泄公又说："皇上称赞您，所以赦免了您。"贯高说："我被打得体无完肤而不死的原因，是为了辩白赵王张敖确实没有谋反，如今张敖已被释放，我的罪责已得到补救，死了也不遗憾啦。况且为人臣子有了篡杀的名声，还有什么脸面再侍奉皇上呢！纵然是皇上不杀我，我的内心不惭愧吗？"于是仰起头来卡断咽喉而死。一时之间，贯高的名字就天下闻名了。

　　张敖被释放不久，以娶鲁元公主的缘故，被封为宣平侯。由于贯高的这件事，刘邦非常赏识张敖的这些宾客，凡是以钳奴身份跟随张敖进京的，全都当上了诸侯王得卿相或郡守了。一直到孝惠帝、高后、文帝、孝景帝时，张敖这些宾客的子孙们都做到二千石俸禄的高官。

　　太史公说：张耳、陈余是世人所称颂的贤能之人；连他们的宾客奴仆都成为了天下的英雄豪杰，都在他们所在的诸侯国取得了卿相的地位。然而，当初张耳、陈余贫贱不得志时，彼此信任，誓同生死。等他们有了地盘，争权夺利的时候，最终还是相互残杀。为什么以前是那样真诚地相互倾慕、信任，而后来又相互背叛，彼此水火不相容呢？难道不是为了争权夺利吗？尽管当初他们的名气很大、宾客很多，然而他们的所作所为和吴太伯、延陵季子相比，不可同日而语。

原文

范阳人蒯通说范阳令曰①："窃闻公之将死，故吊。虽然，贺公得通而生。"范阳令曰："何以吊之？"对曰："秦法重，足下为范阳令十年矣，杀人之父，孤人之子，断人之足，黥人之首，不可胜数。然而慈父孝子莫敢倳刃公之腹中者，畏秦法耳。今天下大乱，秦法不施，然则慈父孝子且倳刃公之腹中以成其名，此臣之所以吊公也。今诸侯畔秦矣，武信君兵且至，而君坚守范阳，少年皆争杀君，下武信君。君急遣臣见武信君，可转祸为福，在今矣。"

范阳令乃使蒯通见武信君曰②："足下必将战胜然后略地，攻得然后下城，臣窃以为过矣。诚听臣之计，可不攻而降城，不战而略地，传檄而千里定，可乎？"武信君曰："何谓也？"蒯通曰："今范阳令宜整顿其士卒以守战者也，怯而畏死，贪而重富贵，故欲先天下降，畏君以为秦所置吏，诛杀如前十城也。然今范阳少年亦方杀其令，自以城距君。君何不赍臣侯印，拜范阳令，范阳令则以城下君，少年亦不敢杀其令。令范阳令乘朱轮华毂，使驱驰燕、赵郊。燕、赵郊见之，皆曰此范阳令，先下者也，即喜矣，燕、赵城可毋战而降也。此臣之所谓传檄而千里定者也。"武信君从其计，因使蒯通赐范阳令侯印。赵地闻之，不战以城下者三十余城。

赵王闲出，为燕军所得。燕将囚之，欲与分赵地半，乃归王。使者往，燕辄杀之以求地。张耳、陈余患之。有厮养卒谢其舍中曰："吾为公说燕，与赵王载归。"舍中皆笑曰："使者往十余辈，辄死，若何以能得王？"乃走燕壁。燕将见之，问燕将曰："知臣何欲？"燕将曰："若欲得赵王耳。"曰："君知张耳、陈余何如人也？"燕将曰："贤人也。"曰："知其志何欲？"曰："欲得其王耳。"赵养卒乃笑曰："君未知此两人所欲也。夫武臣、张耳、陈余杖马箠下赵数十城，此亦各欲南面而王，岂欲为卿相终已邪？夫臣与主岂可同日而道哉，顾其势初定，未敢参分而王，且以少长先立武臣为王，以持赵心。今赵地已服，此两人亦欲分赵而王，时未可耳。今君乃囚赵王。此两人名为求赵王，实欲燕杀之，此两人分赵自立。夫以一赵尚易燕，况以两贤王左提右挈，而责杀王之罪，灭燕易矣。"燕将以为然，乃归赵王，养卒为御而归。

汉七年，高祖从平城过赵，赵王朝夕袒韝蔽，自上食，礼甚卑，有子婿礼。高祖箕踞詈，甚慢易之。赵相贯高、赵午等年六十余，故张耳客也。生平为气，乃怒曰："吾王孱王也！"说王曰："夫天下豪杰并起，能者先立。今王事高祖甚恭，而高祖无礼，请为王杀之！"张敖啮其指出血，曰："君何言之误！且先人亡国，赖高祖得复国，德流子孙，秋豪皆高祖力也。愿君无复出口。"贯高、赵午等十余人皆相谓曰："乃吾等非也。吾王长者，不倍德。且吾等义不辱，今怨高祖辱我王，故欲杀之，何乃污王为乎？令事成归王，事败独身坐耳。"

汉八年，上从东垣还，过赵，贯高等乃壁人柏人，要之置厕。上过欲宿，心动，问曰："县名为何？"曰："柏人。""柏人者，迫于人也！"不宿而去。

汉九年，贯高怨家知其谋，乃上变告之。于是上皆并逮捕赵王、贯高等。十余人皆争自刭，贯高独怒骂曰："谁令公为之？今王实无谋，而并捕王；公等皆死，谁白王不反者！"乃轞车胶致，与王诣长安。治张敖之罪，上乃诏赵群臣宾客有敢从王皆族。贯高与客孟舒等十余人，皆自髡钳，为王家奴从来。贯高至，对狱，曰："独吾属为之，王实不知。"吏治榜笞数千，刺剟，身无可击者，终不复言。吕后数言张王以鲁元公主故，不宜有此。上怒曰："使张敖据天下，岂少而女乎！"不听。廷尉以贯高事辞闻，上曰："壮士！谁知者，以私问之。"中大夫泄公曰："臣之邑子，素知之。此固赵国立名义不侵为然诺者也。"上使泄公持节问之箯舆前，仰视曰："泄公邪？"泄公劳苦如生平欢，与语，问张王果有计谋不。高曰："人情宁不各爱其父母妻子乎？今吾三族皆以论死，岂以王易吾亲哉！顾为王实不反，独吾等为之。"具道本指所以为者王不知状。于是泄公入，具以报，上乃赦赵王。

上贤贯高为人能立然诺，使泄公具告之，曰："张王已出。"因赦贯高。贯高喜曰："吾王审出乎？"泄公曰："然。"泄公曰："上多足下，故赦足下。"贯高曰："所以不死一身，无余者，白张王不反也。今王已出，吾责已塞，死不恨矣。且人臣有篡杀之名，何面目复事上哉！纵上不杀我，我不愧于心乎？"乃仰绝肮，遂死。当此之时，名闻天下。

张敖已出，以尚鲁元公主故，封为宣平侯。于是上贤张王诸客，以钳奴从张王入关，无不为诸侯相、郡守者。及孝惠、高后、文帝、孝景时，张王客子孙皆得为二千石。

太史公曰：张耳、陈余，世传所称贤者；其宾客厮役，莫非天下俊杰，

所居国无不取卿相者。然张耳、陈余始居约时，相然信以死，岂顾问哉。及据国争权，卒相灭亡，何乡者相慕用之诚，后相倍之戾也！岂非以势利交哉？名誉虽高，宾客虽盛，所由殆与大伯、延陵季子异矣。

批注

①蒯通以相人之术讽淮阴侯，不听，佯狂为巫，尝著书二十篇。此段从彼采入，故自成一首机轴。

②《史记》文密而寄奇横，《国策》文幻而实平整。笔径自然，要关天分。此段最似《国策》，若其为范阳令及武信君谋，片语之间，免却千里兵戈惨祸。文在鲁连之上，品居王蠋之前，非战国倾危者所能及也。

〔释义〕 一篇写张耳、陈余之传，却从蒯通游说诸侯王开篇，而且写得有声有色，活现其人，使这段文字可以独立成篇，单独成为一幅画轴，插挂在这篇列传的前面。这是《史记》的另一种生动活泼的开篇方法。一个好的开头，便是一篇文章能否引人入胜的关键。开得好，文章就有生气，吸引读者；开头没有开好，便不能取得这样的效果。所以《史记》的上百篇文章，开头都各有自己的章法，绝不千篇一律，绝不拘泥于一个格调。这篇以局外人蒯通作开头，便是一种崭新的手法，正是作者匠心独运的结果。

补注

写张耳、陈余，直写至其宾客，乃至其厮役，尚皆是俊杰卿相。然则，张耳、陈余为何如人哉？而一旦以利，遂至大隙。甚矣，利之不可轻交！此是史公放声哭世文。（清·金圣叹：《评点才子全集·西汉文》）

淮阴侯列传

韩信小传 韩信（约公元前228—前196），淮阴（今江苏省淮安市淮阴区码头镇）人，西汉开国功臣，与萧何、张良，合称为汉初三杰。开始时，他从属于项羽，后归刘邦，在平定北方各路诸侯中卓立战功，是我国历史上一位杰出的军事家、战略家，被人称之为将兵之神。他在中国军事思想史上，被当做"谋战"派的代表人物。在俗语中，常有"韩信将兵，多多益善"的说法。他一生中，王、侯、将、相全都充任过。

淮阴侯韩信是淮阴人。当初韩信是平民百姓时，家里贫穷，名声不好，既不能够被推选去当官吏，又不能靠做买卖维持生活，经常到别人家蹭吃喝，人们大多厌恶他。韩信曾到下乡南昌亭亭长家蹭饭，一连去了几个月，亭长的妻子嫌恶他，就提前做好早饭，大家还没起床他们就吃完饭了。等到正常吃饭的时候，韩信来了，她就不给他做饭了。韩信也明白是怎么回事，一怒之下，以后就再也不回来了。

韩信到城外钓鱼，有几位妇人漂洗衣服，其中一位老妇人看见韩信饿了，就拿出饭给韩信吃。一连几十天都如此，直到漂洗完毕。韩信很高兴，对那位大娘说："日后我一定重重地报答老人家。"大娘生气地说："男子汉大丈夫都不能养活自己，我是可怜你才给你饭吃，难道是希望你报答吗？"

淮阴中有个年轻屠夫侮辱韩信说："你虽然长得高大，喜欢带刀佩剑，其实你只是个胆小鬼。"屠夫又当众侮辱他说："你要不怕死，就拿剑刺我；如果怕死，就从我胯下爬过去。"韩信看了他半天，最终还是低下身去，趴在地上，从他的胯下爬了过去。满街的人都笑话韩信，认为他怯懦。

等到项梁率军北渡淮河，韩信持剑从军，投在项梁的部下，但却默默无闻。项梁战败身死，韩信又跟随了项羽，项羽只让他做了侍从郎中。他屡次向项羽献策，但项羽都没有采纳。汉王刘邦率部入蜀时，韩信便离开了项羽投奔了刘邦，也没有受到赏识，只做了管理粮草的小官。后来韩信犯法被判处死刑，同案的十三人都被杀了，往下就轮到了韩信，他抬头仰视，正好看见滕公夏侯婴，韩信就说："汉王不想统一天下吗？为什么要杀壮士呢！"滕公感到他的语出不凡，见他相貌堂堂，就放了他。滕公与韩信交谈，很欣赏他，于是就把韩信推荐给了刘邦。刘邦任命韩信为治粟都尉，但并没有察觉他有什么出众的才能。

韩信曾多次跟萧何谈话，萧何认为他是位奇才。各路人马向南郑进发的路上，有几十位将领逃跑了。到达南郑后，韩信揣测萧何等人已多次向刘邦推荐自己，但仍得不到刘邦的重用，也逃走了。萧何听说韩信逃跑了，来不及报告刘邦，就亲自追赶他。有人报告刘邦说："丞相萧何逃跑了。"刘邦勃然大怒，如同失去了左右手。过了一两天，萧何回来拜见刘邦，刘邦又是生气又是高兴。骂萧何道："你为什么逃跑？"萧何说："我不敢逃跑，我去追赶逃跑的人。"刘邦说："你追赶的人是谁呢？"回答说："是韩信。"刘邦又骂道："各路将领逃跑了几十人，您都没去追，却去追韩信，骗谁！"萧何说："那些将领容易得到。至于像韩信这样的杰出人物，天下无双。大王果真要长期在汉中称王，可以不用韩信，但如果要想一统天下，除了韩信就没有人可以和您一起成就大业。就看大王怎么决策了。"刘邦说："我是要向东打回老家去，怎么能够老是闷闷地长期待在这里呢？"萧何说："大王决意向东打回老家去，能够重用韩信，他就会留下来，不能重用韩信，他终究要离开的。"刘邦说："看在你推荐的份上，我让他做个将军。"萧何说："即使是做将军，韩信也一定不肯留下。"刘邦说："我让他做大将军。"萧何说："太好了。"于是刘邦就想立即把韩信召来任命他。萧何说："大王向来对人轻慢无礼，如今任命大将军就像呼喊小孩儿一样。这就是韩信要离去的原因啊。大王决心要任命他，要选择良辰吉日，亲自沐浴斋戒，筑坛设场，准备好礼仪才可以呀。"刘邦答应了萧何的要求。众将领听到要拜大将军都很高兴，暗自都以为自己要做大将军了。等到任命大将军时，被任命的竟然是韩信，全军都感到惊讶。

韩信和张耳率领几万人马，想要东出井陉口，攻击赵国。赵王、成安君陈馀闻讯后，在井陉口聚集二十万大军准备迎战。广武君李左车向陈馀献计说："听说汉将韩信渡过西河，俘虏魏豹，生擒夏说，新近血洗阏与，如今又有张耳的辅佐,想要攻占我们赵国。这是一种离开本土乘胜利远征的锐气,其锋芒不可阻挡。但俗话说,千里运送粮饷,士兵们就会挨饿,临时砍柴割草烧火做饭,人们就经常不能吃饱。现在井陉这条道路,两辆战车不能并行,骑兵不能排成行列,行进的军队迤逦数百里,运粮食的队伍势必远远地落到后边,希望您临时拨给我三万精兵,从小路拦截他们的粮草,您就深挖战壕,高筑营垒,坚守军营,不与交战。他们向前不能攻,向后无法退却,我出奇兵截断他们的后路,使他们在荒野什么东西也找不到任何吃的,用不了十天,韩信和张耳的人头就可送到您的帐下。希望您仔细考虑我的计策,否则,我们一定会被他二人俘虏。"陈余是个书生,经常宣称正义的军队不用欺骗诡计,说:"我听说兵书上讲,兵力十倍于敌人,就可以包围它,超过敌人一倍就可以交战。现在韩信的军队号称数万,实际上不过数千,竟然跋涉千里来袭击我们,已经极其疲惫。如今像这样回避不出击,强大的后续部队到来,又怎么对付呢?诸侯们会认为我胆小,就会轻易地来攻打我们。"陈余没有采纳李左车的计谋。

韩信早已派人暗中打探,了解到李左车的计谋没有被陈余采纳,回来报告,韩信大喜,于是率兵长驱而入。韩信传令在离井陉口还有三十里处停下来宿营。到了半夜,韩信挑选了两千名轻装骑兵,每人拿一面红旗,从小道上山,在山上隐蔽着观察赵国的军队。韩信叮嘱他们说:"待会儿交战时,赵军见我军败逃,一定会倾巢出动追击我军,你们火速冲进赵军的营垒,拔掉赵军的旗帜,竖起汉军的红旗。"韩信又让副将传令全军开晚饭,并说:"今天打垮了赵军再正式会餐。"将领们都不相信,只是敷衍地答应:"遵命。"韩信对手下军官说:"赵军已先占据了有利地形筑造了营垒,他们看不到我们大将旗帜、仪仗,就不肯攻击我军的先头部队,怕我们到了险要的地方就退回来。"于是韩信就派出万人为先头部队,出了井陉口过了河,背靠河水摆开战斗队列。赵军远远望见,大笑不止。天刚蒙蒙亮,韩信树起大将的旗帜和架起军鼓,大声击鼓开出井陉口。赵军打开营垒攻击汉军,激战了很长时间。这时,韩信、张耳假装战败,抛旗弃鼓,逃回河边的阵地。河边阵地的部队打开营门放他们进去,然后再和赵军激战。赵军果然倾巢出动,争夺汉军的旗鼓,捉拿韩信、张耳。韩信、张耳已进入河边阵地。全军将士殊死奋战,赵军无法把他们打败。韩信预先派出去的两千轻骑兵,等到赵军倾巢出动去

争夺战利品的时候，就火速冲进赵军空虚的营垒，把赵军的旗帜全部拔掉，竖立起汉军的两千面红旗。这时，赵军已不能取胜，又不能俘获韩信等人，想要退回营垒，发现营垒插满了汉军的红旗，大为惊慌，以为汉军已经全部俘获了赵王及其他所有的将领，于是军队大乱，士兵们纷纷落荒而逃，赵国将领即使诛杀逃兵，也无济于事。于是汉军前后夹击，彻底打垮了赵军，陈余在泜水岸边被杀死，赵王歇被活捉。

韩信传令全军，不要杀害广武君李左车，有能活捉他的赏给千金。于是就有人捆着李左车送到了韩信的大帐。韩信亲自给李左车解开绳索，请他面坐上座，自己在对面陪坐，像对待老师那样对待他。

将领们向韩信献上首级和俘虏，并向韩信祝贺胜利后，问韩信说："兵法上讲：'行军布阵应该右边和背后靠山，前边和左边临水'。这次将军反而令我们背水列阵，说'打垮了赵军正式会餐'，我等并不信服，然而竟真取得了胜利，这是什么战术啊？"韩信回答说："这也是兵法上讲的，只是诸位没留心罢了。兵法上不是说'陷之死地而后生，置之亡地而后存'吗？况且我平素没有得到机会训练诸位将士，这就如同'赶着街市上的百姓去打仗'，在这种形势下一定要置之死地，使每个人都奋力作战以求自保；如果给他们留有生路，就都跑了，怎么还能用他们作战取胜呢？"将领们都佩服地说："太对了。将军的谋略不是我们所能赶得上的呀。"

齐国人蒯通知道韩信是左右天下形势的关键，因此想用奇谋妙计打动他，于是就以看相的身份对韩信说："我曾经学过相面之术。"韩信说："先生给人看相用什么方法？"蒯通回答说："要知人的尊卑，得看他的骨骼长势，要知人的忧喜，得看他的气色，要知人的成败得看他的决断能力。用这三项参照相面，万无一失。"韩信说："好，请您看看我的相怎么样？"蒯通回答说："请您让左右的人先回避一下。"韩信对左右的人说："你们先出去吧。"蒯通说："先从您的脸上看，您最大不过被封侯，而且还不太安稳。但是从您的后背看，您就尊贵而不可言了。"韩信说："这话是什么意思呢？"蒯通说："当初，天下人起兵抗秦的时候，英雄豪杰纷纷建立名号，成千上万的人一哄而起，像云雾那样聚集，像鱼鳞那样杂沓，如同火焰迸飞，狂风骤起。当初人们关心的只是推翻秦朝。而现在楚汉相争，使天下无辜的百姓惨遭杀戮，父子老小暴尸荒野，数不胜数。楚军从彭城起兵，转战四方，追逐败兵，直到荥阳,乘胜席卷北方,声势震动天下。然后军队被困在京、索之间,被阻于成皋以西的山岳地带不能再前进,已经三年了。刘邦统领几十万人马在巩县、洛阳一带凭借着大山黄河的天险堵住楚军,虽然每天都有几恶战,却没有取得什么战果,倒是被楚军打得不断惨败,几乎不能自救。刘邦在荥阳战败,在成皋被射伤,于是逃到宛、叶两县之间,这真可以说是智尽勇乏了。而楚军将士的锐气长期困顿于险要关塞而被汉军挫伤,据守险关的汉军也粮草消耗殆尽,百姓疲劳困苦,怨声载道,人心浮动,无依无靠。依我看,不是大圣贤就不可能平息这场天下的大祸乱。当今刘邦、项羽两个人的命运都掌握在您的手里,您协助刘邦,刘邦就胜利;您帮助项羽,项羽就胜利。我愿意披肝沥胆,敬献愚计,只恐怕您不采纳啊。果真能听我的计策,不如让楚、汉双方都不受损害,同时存在下去,你和他们三分天下,形成鼎足而立的局面,这样刘邦、项羽就不敢轻举妄动了。凭借您的贤能圣德,拥有众多的人马装备,占据强大的齐国,还有燕国、赵国可以作为您的后方;假如您能够顺应百姓的心愿,乘虚而入出兵向西去制止刘邦、项羽的纷争,提出停战要求。到那时,天下就会群起而响应,谁敢不听!然后您再削弱强国,分割大国的疆土,重新分封诸侯。诸侯立国之后,天下人就会感戴您的恩德,归服听命于您。到那时,您稳守齐国故有的疆土,然后再把胶河、泗水流域划入版图,用您的恩德感召诸侯,对他们恭谨谦让,那么天下的君王就会相继前来臣服、朝拜您了。俗话说:'苍天赐予的好处不接受反而会受到惩罚;时机到了不采取行动反而要遭祸殃。'请您仔细地考虑这件事。"

　　韩信说:"汉王待我非常好,把他的车子给我坐,把他的衣裳给我穿,把他的食物给我吃。我听说,坐人家车子的人,要分担人家的祸患,穿人家衣裳的人,要为人家分担忧愁,吃人家食物的人,要为人家的事业效力,我怎么能够图谋私利而背信弃义呢!"蒯通说:"您自认为和汉王友好,想建立流传万世的功业,我却认为这种想法错了。当初张耳、陈余还是平民百姓时,结成生死之交,后来因为张黡、陈泽的事发生争执,使得二人彼此仇恨。常山王背叛项王,捧着项婴的人头逃跑,归降汉王。汉王借给他军队向东进击,在泜水以南杀死了陈余,使他身首异处,被天下人耻笑。这两个人的交情,可以说是天下最要好的。然而到头来,都想把对方置于死地,这是为什么呢?祸患产生于贪得无厌而人心又变幻无常。如今您打算用忠诚、信义与汉王结交,但您与汉王的交情,一定比不上张耳、陈余二人的交情要好;而你们之间关联的事情又比张黡、陈泽的事件重要得多,所以我认为您断定汉王不会加害于您,那就错了。当初文种和范蠡使濒临灭亡的越国保存下来,辅佐勾践称霸诸侯,功成名就之后,文种被迫自杀,范蠡被迫逃亡。野兽已经打完了,猎犬就会被烹杀。论交情,您和汉王没有张耳与陈馀那么深,论忠诚信任,您和汉王也赶不上大夫文种、范蠡与越王勾践。从这两个事例看,足够您引以为前车之鉴了。请您审慎考虑。而且俗话说,勇敢和谋略威高震主的人,就会有危险;而功勋卓著冠盖天下的人不可能再得不到赏赐。请让我说一说您的功绩和谋略吧:您横渡西河,俘虏赵王,生擒夏说,带领军队夺取井陉,杀死陈余,攻占了赵国,以声威镇服燕国,平定安抚齐国,向南摧毁楚国军队二十万,向东杀死楚将龙且,西面向汉王捷报,这可以说是您的功劳举世无双,而谋略也无人能及。如今您据有威胁君主的势力,持有不能封赏的功绩,归附楚国,楚国人不信任;归附汉国,汉国人震惊恐惧;您带着这样大的功绩和声威,哪里是您可去的地方呢?身处臣子地位而有着使国君感到威胁的权威,名望高于天下所有的人,我真为您感到危险。"韩信说:"您先说到这儿吧!让我好好想想。"

　　过了几天,蒯通又对韩信说:"能够听取别人的劝告,能预见事情发展变化的苗头,能反复思考,就能把握成功的关键。不能听取别人的劝告,决策失误,还想长治久安的人实在少有。很少判断失误的人,就不能用花言巧语去迷惑乱他;计谋筹划周全的人,就不能用闲言碎语扰乱他。甘愿做劈柴喂马差使的人,就会失掉争取万乘之国权柄的机会;安心微薄俸禄的人,就得不到公卿宰相的高位。所以办事坚决是聪明人果断的表现,犹豫不决是办事情的祸害。对小事情精明,就会丢掉天下的大事,有判断是非的智慧,决定后又不敢贸然行动,这是所有事情失败的祸根。所以俗话说:'猛虎犹豫不决,不如黄蜂、蝎子用毒刺去螫;骏马徘徊不前,不如劣马稳步前进;勇士孟贲狐疑不定,不如凡夫俗子,决心实干,以求达到目的;即使有虞舜、夏禹的智慧,闭口不言,不如聋哑人手势比划起作用。'这些俗语都说明付诸行动是最可宝贵的。所有的事业都难以成功而容易失败,时机难以抓住而容易失掉。时机错过了就不会再来。希望您仔细地考虑斟酌。"韩信犹豫不决,不忍心背叛刘邦,又自认为功勋卓著,刘邦终究不会夺去自己的齐国,于是谢绝了蒯通。蒯通见韩信不听自己的规劝，就假装疯癫的巫师离去了。

原文

淮阴侯韩信者，淮阴人也。始为布衣时，贫无行，不得推择为吏，又不能治生商贾，常从人寄食饮，人多厌之者，常数从其下乡南昌亭长寄食，数月，亭长妻患之，乃晨炊蓐食。食时信往，不为具食。信亦知其意，怒，竟绝去。

信钓于城下，诸母漂，有一母见信饥，饭信，竟漂数十日。信喜，谓漂母曰："吾必有以重报母。"母怒曰："大丈夫不能自食，吾哀王孙而进食，岂望报乎！"

淮阴屠中少年有侮信者，曰："若虽长大，好带刀剑，中情怯耳。"众辱之曰："信能死，刺我；不能死，出我袴下。"于是信孰视之，俯出袴下，蒲伏。一市人皆笑信，以为怯。

及项梁渡淮，信杖剑从之，居戏下，无所知名。项梁败，又属项羽，羽以为郎中。数以策干项羽，羽不用。汉王之入蜀，信亡楚归汉，未得知名，为连敖。坐法当斩，其辈十三人皆已斩，次至信，信乃仰视，适见滕公，曰："上不欲就天下乎？何为斩壮士！"滕公奇其言，壮其貌，释而不斩。与语，大说之。言于上，上拜以为治粟都尉，上未之奇也。

信数与萧何语，何奇之。至南郑，诸将行道亡者数十人，信度何等已数言上，上不我用，即亡。何闻信亡，不及以闻，自追之。人有言上曰："丞相何亡。"上大怒，如失左右手。居一二日，何来谒上，上且怒且喜，骂何曰："若亡，何也？"何曰："臣不敢亡也，臣追亡者。"上曰："若所追者谁何？"曰："韩信也。"上复骂曰："诸将亡者以十数，公无所追；追信，诈也。"何曰："诸将易得耳。至如信者，国士无双。王必欲长王汉中，无所事信；必欲争天下，非信无所与计事者。顾王策安所决耳。"王曰："吾亦欲东耳，安能郁郁久居此乎？"何曰："王计必欲东，能用信，信即留；不能用，信终亡耳。"王曰："吾为公以为将。"何曰："虽为将，信必不留。"王曰："以为大将。"何曰："幸甚。"于是王欲召信拜之。何曰："王素慢无礼，今拜大将如呼小儿耳，此乃信所以去也。王必欲拜之，择良日，斋戒，设坛场，具礼，

233

乃可耳。"王许之。诸将皆喜,人人各自以为得大将。至拜大将,乃韩信也,一军皆惊。

信与张耳以兵数万,欲东下井陉击赵。赵王、成安君陈馀闻汉且袭之也,聚兵井陉口,号称二十万。广武君李左车说成安君曰:"闻汉将韩信涉西河,虏魏王,禽夏说,新喋血阏与;今乃辅以张耳,议欲下赵,此乘胜而去国远斗,其锋不可当。臣闻千里馈粮,士有饥色;樵苏后爨,师不宿饱。今井陉之道,车不得方轨,骑不得成列,行数百里,其势粮食必在其后。愿足下假臣奇兵三万人,从间道绝其辎重;足下深沟高垒,坚营勿与战。彼前不得斗,退不得还,吾奇兵绝其后,使野无所掠,不至十日,而两将之头可致于戏下。愿君留意臣之计。否,必为二子所禽矣。"成安君,儒者也,常称义兵不用诈谋奇计,曰:"吾闻兵法:'十则围之,倍则战。'今韩信兵号数万,其实不过数千。能千里而袭我,亦已罢极。今如此避而不击,后有大者,何以加之!则诸侯谓吾怯,而轻来伐我。"不听广武君策,广武君策不用。

韩信使人间视,知其不用,还报,则大喜,乃敢引兵遂下。未至井陉口三十里,止舍。夜半传发,选轻骑二千人,人持一赤帜,从间道萆山而望赵军,诫曰:"赵见我走,必空壁逐我,若疾入赵壁,拔赵帜,立汉赤帜。"令其裨将传飱,曰:"今日破赵会食!"诸将皆莫信,详应曰:"诺。"谓军吏曰:"赵已先据便地为壁,且彼未见吾大将旗鼓,未肯击前行,恐吾至阻险而还。"信乃使万人先行,出,背水陈。赵军望见而大笑。平旦,信建大将之旗鼓,鼓行出井陉口,赵开壁击之,大战良久。于是信、张耳详弃鼓旗,走水上军。水上军开入之,复疾战。赵果空壁争汉鼓旗,逐韩信、张耳。韩信、张耳已入水上军,军皆殊死战,不可败。信所出奇兵二千骑,共候赵空壁逐利,则驰入赵壁,皆拔赵旗,立汉赤帜二千。赵军已不胜,不能得信等,欲还归壁,壁皆汉赤帜,而大惊,以为汉皆已得赵王将矣,兵遂乱,遁走,赵将虽斩之,不能禁也。于是汉兵夹击,大破虏赵军,斩成安君泜水上,禽赵王歇。

信乃令军中毋杀广武君,有能生得者购千金。于是有缚广武君而致戏下者,信乃解其缚,东乡坐,西乡对,师事之。

诸将效首虏,毕贺,因问信曰:"兵法右倍山陵,前左水泽,今者将军令臣等反背水陈,曰破赵会食,臣等不服。然竟以胜,此何术也?"信曰:"此在兵法,顾诸君不察耳。兵法不曰'陷之死地而后生,置之亡地而后存'?且

信非得素拊循士大夫也，此所谓'驱市人而战之'，其势非置之死地，使人人自为战；今予之生地，皆走，宁尚可得而用之乎！"诸将皆服曰："善。非臣所及也。"

齐人蒯通知天下权在韩信，欲为奇策而感动之，以相人说韩信曰："仆尝受相人之术。"韩信曰："先生相人何如？"对曰："贵贱在于骨法，忧喜在于容色，成败在于决断，以此参之，万不失一。"韩信曰："善。先生相寡人何如？"对曰："愿少间。"信曰："左右去矣。"通曰："相君之面，不过封侯，又危不安。相君之背，贵乃不可言。"韩信曰："何谓也？"蒯通曰："天下初发难也，俊雄豪桀建号壹呼，天下之士云合雾集，鱼鳞杂遝，熛至风起。当此之时，忧在亡秦而已。今楚汉分争，使天下无罪之人肝胆涂地，父子暴骸骨于中野，不可胜数。楚人起彭城，转斗逐北，至于荥阳，乘利席卷，威震天下。然兵困于京、索之间，迫西山而不能进者，三年于此矣。汉王将数十万之众，距巩、雒，阻山河之险，一日数战，无尺寸之功，折北不救，败荥阳，伤成皋，遂走宛、叶之间，此所谓智勇俱困者也。夫锐气挫于险塞，而粮食竭于内府，百姓罢极怨望，容容无所倚。以臣料之，其势非天下之贤圣固不能息天下之祸。当今两主之命县于足下。足下为汉则汉胜，与楚则楚胜。臣愿披腹心，输肝胆，效愚计，恐足下不能用也。诚能听臣之计，莫若两利而俱存之，参分天下，鼎足而居，其势莫敢先动。夫以足下之贤圣，有甲兵之众，据强齐，从燕、赵，出空虚之地而制其后，因民之欲，西乡为百姓请命，则天下风走而响应矣，孰敢不听！割大弱强，以立诸侯，诸侯已立，天下服听而归德于齐。案齐之故，有胶、泗之地，怀诸侯以德，深拱揖让，则天下之君王相率而朝于齐矣。盖闻'天与弗取，反受其咎；时至不行，反受其殃'。愿足下熟虑之。"

韩信曰："汉王遇我甚厚，载我以其车，衣我以其衣，食我以其食。吾闻之，乘人之车者载人之患，衣人之衣者怀人之忧，食人之食者死人之事，吾岂可以乡利倍义乎！"蒯生曰："足下自以为善汉王，欲建万世之业，臣窃以为误矣。始常山王、成安君为布衣时，相与为刎颈之交，后争张黡、陈泽之事，二人相怨。常山王背项王，奉项婴头而窜，逃归于汉王。汉王借兵而东下，杀成安君泜水之南，头足异处，卒为天下笑。此二人相与，天下至欢也。然而卒相禽者，何也？患生于多欲而人心难测也。今足下欲行忠信以交于汉

王,必不能固于二君之相与也,而事多大于张黡、陈泽。故臣以为足下必汉王之不危己,亦误矣。大夫种、范蠡存亡越,霸句践,立功成名而身死亡。野兽已尽而猎狗亨。夫以交友言之,则不如张耳之与成安君者也;以忠信言之,则不过大夫种、范蠡之于句践也。此二人者,足以观矣。愿足下深虑之。且臣闻勇略震主者身危,而功盖天下者不赏。臣请言大王功略:足下涉西河,虏魏王,禽夏说,引兵下井陉,诛成安君,徇赵,胁燕,定齐,南摧楚人之兵二十万,东杀龙且,西乡以报,此所谓功无二于天下,而略不世出者也。今足下戴震主之威,挟不赏之功,归楚,楚人不信;归汉,汉人震恐:足下欲持是安归乎?夫势在人臣之位而有震主之威,名高天下,窃为足下危之。"韩信谢曰:"先生且休矣,吾将念之。"

后数日,蒯通复说曰:"夫听者事之候也,计者事之机也,听过计失而能久安者,鲜矣。听不失一二者,不可乱以言;计不失本末者,不可纷以辞。夫随厮养之役者,失万乘之权;守儋石之禄者,阙卿相之位。故知者决之断也,疑者事之害也,审毫牦之小计,遗天下之大数,智诚知之,决弗敢行者,百事之祸也。故曰'猛虎之犹豫,不若蜂虿之致螫;骐骥之跼躅,不如驽马之安步;孟贲之狐疑,不如庸夫之必至也;虽有舜禹之智,吟而不言,不如瘖聋之指麾也。'此言贵能行之。夫功者难成而易败,时者难得而易失也。时乎时,不再来。愿足下详察之。"韩信犹豫不忍倍汉,又自以为功多,汉终不夺我齐,遂谢蒯通。蒯通说不听,已,详狂为巫。

补注

①有时用来比喻复杂一点事情,用一个比喻显得不够,因此要用两样对比的事情来做比喻。《史记·淮阴侯列传》写蒯通劝韩信背汉,韩信狐疑不决,蒯通劝他下决心,说:"智诚知之,决弗敢行者,百事之祸也。故曰:猛虎之犹豫,不若蜂虿之致螫;骐骥之跼躅,不如驽马之安步;孟贲之狐疑,不如庸夫之必至也;虽有舜禹之智,吟而不言,不如喑聋之指挥也。此言贵能行也。"蒯通劝韩信下决心背汉,用一个简单的比喻还不够,因此要用两样对比的事物来做比喻,像猛虎犹豫不决,还不如蜂虿的能够螫人。列举这样对比的事物来做比喻,更能加强说服力。(周振甫:《文章例话》)

韩王信卢绾列传

卢绾小传 卢绾（公元前256—前194），秦时丰邑（今江苏省丰县）人。卢绾与刘邦同里，两人同日生，长大后又为同学，互相敬爱。刘邦为亭长的时候，卢绾常常追随其左右。后来刘邦起兵于沛（今江苏省沛县），卢绾以宾客的身份相随。刘邦称帝后，受封为燕王。

卢绾是丰邑人，与高祖是同乡。卢绾的父亲和高祖的父亲是好友，而高祖与卢绾又是同年同月同日生。乡邻们牵着羊抬着酒到两家祝贺，等到高祖与卢绾长大后一起读书，又是好朋友。乡邻们见这两家父辈非常要好，儿子同日出生，长大后又很要好，再次抬着羊酒前去祝贺。高祖还是平民的时候，被官吏追拿，卢绾也总是跟随高祖一起东躲西藏。高祖在沛县起兵时，卢绾以宾客的身份相随，到汉中后，卢绾升任将军，常在高祖身边侍候。高祖讨伐项羽时，卢绾以太尉的身份不离高祖左右，可以到高祖的卧室内进进出出，衣被饮食方面的赏赐丰厚无比，其他大臣没人能企及，就是萧何、曹参等人，也只是在处理国家大事时受到高祖的礼遇，说到亲近宠幸他们远不及卢绾。卢绾被封为长安侯。长安也就是秦朝时的咸阳。

汉高祖五年的冬天，项羽被消灭后，高祖就派卢绾率军和刘贾一起去攻打临江王共尉，将其消灭。七月卢绾在得胜凯旋途中又跟随皇帝攻打燕王臧荼，臧荼投降。高祖平定天下之后，在诸侯中不是刘姓而被封王的共有七个人。高祖想封卢绾为王，但又担心群臣有异议。等到俘虏臧荼之后，高祖下诏要在列侯中挑选一位功劳大的人封为燕王。大臣们都知道高祖想封卢绾为王，就一齐上言道："太尉长安侯卢绾跟随皇帝平定天下，功劳最多，可以封为燕王。"高祖下诏批准了此项建议。是年八月，高祖立卢绾为燕王，各诸侯王受宠的程度，谁都比不上燕王。

汉高祖十一年的秋天，陈豨在代郡叛乱，高祖到邯郸攻打陈豨，燕王卢绾也率军从东北方向攻打陈豨。这时，陈豨派王黄去向匈奴求救。刚好卢绾也派张胜出使匈奴宣告陈豨的叛乱已经被击败。张胜到匈奴以后，遇到了也逃亡在匈奴的前燕王臧荼的儿子臧衍，臧衍对张胜说："你之所以受到燕王的重用，是因为你熟悉匈奴事务。燕国之所以能长期存在，是因为各诸侯连续造反，战争连年不断。现在你想尽快消灭陈豨，但陈豨被消灭之后，接着就要轮到燕国，你们也要成为俘虏了。你为何不让卢绾延缓攻打陈豨而与匈奴修好呢？战争延缓了，能使卢绾长期为燕王，如果朝廷发难，燕国也可以因此而安然无恙。"张胜认为他的话是对的，就私下让匈奴帮助陈豨攻打燕国。卢绾怀疑张胜和匈奴勾结叛国，就上书请求把张胜满门抄斩。张胜从匈奴返回后，把这样干的原因全部告诉了卢绾。卢绾有所醒悟。为了掩人耳目，就找了一些替身治罪处死了，释放了张胜的家人，并派张胜前往匈奴作密使。同时，卢绾又暗中派范齐到代郡，想让陈豨与朝廷长期对抗，使战争连年不断。

汉高祖十二年，高祖东征黥布，陈豨时常率军在代地驻扎，高祖派遣樊哙攻打陈豨并将其斩杀。陈豨的一员副将投降，告发燕王卢绾曾派范齐到陈豨处策划阴谋。于是高祖派使臣召卢绾进京，卢绾称病推托不朝。高祖又派辟阳侯审食其、御史大夫赵尧前去迎接卢绾，并借此查问卢绾是否有通敌之事。卢绾更加害怕，躲藏起来，他对近臣说："不是刘姓而被封为王的，只有我卢绾和长沙王了。去年春天，淮阴侯韩信被满门抄斩，夏天，又杀掉了彭越的全家，这都是吕后的计谋。现在皇帝重病在身，吕后总揽国事。而吕后这个女人，总想找个借口杀掉异姓诸侯王和有功大臣。"于是卢绾还是推托有病，拒绝进京。卢绾的部下臣子都躲藏起来。但卢绾的话，又有人泄露给了审食其，审食其便把这一切都报告了高祖，高祖更加生气。此时，又有一些匈奴人降汉，告发张胜逃到匈奴中是燕王的密使。于是高祖说："卢绾真的反了！"便派樊哙攻打率军征讨。卢绾带领自己所有的家人以及几千名骑兵逃到长城脚下，等待机会，希望高祖病好之后，亲自进京谢罪。四月，高祖去世，卢绾也就带领部下逃入匈奴，匈奴封他为东胡卢王。因经常受到匈奴的骚扰和掠夺，卢绾总想再回归汉朝。一年后，卢绾在匈奴去世。

在吕后当权时，卢绾的妻子儿女逃出匈奴向汉朝投降。因吕后病重，未能接见，将他们安置在燕王在京的府邸，准备在病好之后再设宴相见。但吕后竟去世了，未能见面。卢绾的妻子也因病去世。

汉景帝中元六年，卢绾的孙子卢他之以东胡王的身份来投降，景帝封他为亚谷侯。

原文

卢绾者，丰人也，与高祖同里。卢绾亲与高祖太上皇相爱，及生男，高祖、卢绾同日生，里中持羊酒贺两家。及高祖、卢绾壮，俱学书，又相爱也。里中嘉两家亲相爱，生子同日，壮又相爱，复贺两家羊酒。高祖为布衣时，有吏事辟匿，卢绾常随出入上下。及高祖初起沛，卢绾以客从，入汉中，为将军，常侍中。从东击项籍，以太尉常从，出入卧内，衣被饮食赏赐，群臣莫敢望，虽萧、曹等，特以事见礼，至其亲幸，莫及卢绾。绾封为长安侯，长安，故咸阳也。

汉五年冬，以破项籍，乃使卢绾别将，与刘贾击临江王共尉，破之。七月还，从击燕王臧荼，臧荼降。高祖已定天下，诸侯非刘氏而王者七人。欲王卢绾，为群臣觖望。及虏臧荼，乃下诏诸将相列侯，择群臣有功者以为燕王。群臣知上欲王卢绾，皆言曰："太尉长安侯卢绾常从平定天下，功最多，可王燕。"诏许之。汉五年八月，乃立卢绾为燕王。诸侯王得幸，莫如燕王。

汉十一年秋，陈豨反代地，高祖如邯郸击豨兵，燕王绾亦击其东北。当是时，陈豨使王黄求救匈奴。燕王绾亦使其臣张胜于匈奴，言豨等军破。张胜至胡，故燕王臧荼子衍出亡在胡，见张胜曰："公所以重于燕者，以习胡事也。燕所以久存者，以诸侯数反，兵连不决也。今公为燕欲急灭豨等，豨等已尽，次亦至燕，公等亦且为虏矣。公何不令燕且缓陈豨而与胡和？事宽，得长王燕；即有汉急，可以安国。"张胜以为然，乃私令匈奴助豨等击燕。燕王绾疑张胜与胡反，上书请族张胜。胜还，具道所以为者。燕王寤，乃诈论他人，脱胜家属，使得为匈奴间，而阴使范齐之陈豨所，欲令久亡，连兵勿决。

汉十二年，东击黥布，豨常将兵居代，汉使樊哙击斩豨。其裨将降，言燕王绾使范齐通计谋于豨所。高祖使使召卢绾，绾称病。上又使辟阳侯审食其、御史大夫赵尧往迎燕王，因验问左右。绾愈恐，闭匿，谓其幸臣曰："非刘氏而王，独我与长沙耳。往年春，汉族淮阴，夏，诛彭越，皆吕后计。今上病,属任吕后。吕后妇人,专欲以事诛异姓王者及大功臣。"乃遂称病不行。其左右皆亡匿。语颇泄,辟阳侯闻之,归具报上,上益怒。又得匈奴降者,降者言张胜亡在匈奴,为燕使。于是上曰:"卢绾果反矣!"使樊哙击燕。燕王绾悉将其宫人家属骑数千居长城下,候伺,幸上病愈,自入谢。四月,高祖崩,卢绾遂将其众亡入匈奴,匈奴以为东胡卢王。绾为蛮夷所侵夺,常思复归。居岁余,死胡中。

高后时,卢绾妻子亡降汉,会高后病,不能见,舍燕邸,为欲置酒见之。高后竟崩,不得见。卢绾妻亦病死。

孝景中六年,卢绾孙他之,以东胡王降,封为亚谷侯。①

批注

①有起处许多稠叠恩宠,即不得不生出结处许多宛转余情,令人读之而望古遥集。君臣离合死生之际,有呜咽感歔而不能已者,传中之绝唱也。

〔释义〕 实际上,这也是"垫高拽满法"。《卢绾传》的开篇,正如姚祖恩批注所说,"有许多稠叠恩宠"之处,你看,他与高祖又是同乡,又是同日生,长大后又是同学,卢、刘两家本是世交,绾、邦二人的长一辈即相亲相爱,他们二人成年后依旧继世交之好,为乡里之人所称赞。刘邦起兵,卢绾立即响应,追随其前后,一直到汉朝建立。可是待到后来,刘邦与吕后不顾一切消除异姓诸王,像彭越、黥布等功臣不用说了,最后只剩下卢绾与长沙王,亦要设法消除之。逼得卢绾投降匈奴,但直到绾、邦均已到了生老病死之年,卢绾仍然寻找机会请求允许他归汉,恢复旧好,但都未能得到实现。直到下一代之时,才勉勉强强回归到汉。从这里可以明显地看出,文章开头那样详尽地叙述绾、邦世代之好,用"誓同生死"都不足以尽其意,这样高而又厚的铺垫铺设于文章之前,而在后面竟然不留余地地要尽除之,正是说明刘邦诛杀功臣、消灭异姓诸王的残酷与绝情。连与他这样交好的一个人都要手下不留情,其他的人就更是可想而知了。

郦生陆贾列传

陆贾郦食其小传 陆贾（约公元前240—前170），汉初思想家、政治家，楚人，早年随刘邦平定天下，其口才极佳，常出使诸侯。刘邦即帝位后，他受命出使南越，成功地说服南越王尉佗接受汉朝赐予的符印，称臣子，陆贾也因此而被封为太中大夫。他曾向刘邦建议重视儒学，"行仁义，法先圣"，提出"逆取顺守，文武并用"的治理方略，很受高祖赏识。刘邦委命他总结秦朝灭亡以及历史上各国兴衰破败的经验教训，前后共著文十二篇，每奏一篇，高祖便读之不厌，连声称赞，并命名其书为《新语》。

郦食其，是陈留高阳（在河南省开封市的东南）人，与陆贾同一时代。他非常喜欢读书，但家境贫寒，穷困潦倒，连能供得起自己穿衣吃饭的产业都没有，只得当了一名看管里门的下贱小吏。即使这样，县里的那些贤士和豪强们，却也不敢随便役使他，人们背地里都称他为"狂生"。

郦食其是陈留高阳人，他非常喜欢读书，但家境贫寒，穷困潦倒，衣食无着，只得当了一名看管里门的小吏。即使这样，县里的那些贤士和豪强们也不敢随便役使他，县里的人都称他为"狂生"。

等到陈胜、项梁等人反秦起义的时候，各路将领攻城略地经过高阳的有数十人，但郦食其听说这些人都是一些心胸狭窄、喜欢苛细礼节，刚愎自用、不能听取大度之言的小人，因此他就深居简出，隐藏起来。后来，他听说沛公带兵攻城略地来到陈留郊外，沛公部下的一个骑士恰恰是郦食其邻居的儿子，沛公时常向他打听他家乡的贤士俊杰。一天，骑士回家，郦食其看到他，对他说道："我听说沛公傲慢而看不起人，但他有许多远大的谋略，这才是我真正想要追随的人，可惜没人替我介绍。你见到沛公，可以这样对他说，'我的家乡有位郦先生，年纪已有六十多岁，身高八尺，人们都称他是狂生，但是他自己说并非狂生。'"骑士回答说:"沛公不喜欢儒生,许多人头戴儒生的帽子来见他,把他们的帽子摘下来,往里边撒尿。沛公在和人谈话的时候,动不动就破口大骂。所以您最好不要以儒生的身份去向他游说。"郦食其说:"你只管像我教你的这样说。"骑士回去之后,就按郦食其嘱咐的话从容地告诉了沛公。

后来沛公来到高阳的旅馆,派人去召郦食其前来拜见。郦食其到后,进去拜见,沛公正坐在床边伸着两腿让两个女人给他洗脚,就这样接见郦食其。郦食其进去,只是作个长揖而没有下拜,说:"您是想帮助秦国攻打诸侯呢,还是想率领诸侯灭掉秦国?"沛公骂道:"书呆子!天下的人被秦朝害苦了,所以诸侯们才陆续起兵反抗暴秦,你怎么说帮助秦国攻打诸侯呢?"郦食其说:"如果您真要带领民众,召集义兵去推翻暴虐无道的秦王朝,就不应该用这种倨慢不礼的态度来接见长者。"于是沛公立刻停止了洗脚,穿整齐衣裳,把郦食其请到了上宾的座位,并且向他道歉。郦食其谈了六国合纵连横所用的谋略,沛公很高兴,招待郦食其吃饭,然后问道:"那您看我们该怎么制定计策呢?"郦食其说道:"您把乌合之众,散乱之兵收集起来,总共也不满一万人,想靠他们攻入强秦,简直就是自投虎口。陈留是天下的交通要道,四通八达,现在城里又有很多存粮。我和陈留的县令很是要好,请您派我去一趟,让他向您来投降。他若是不听从的话,您再发兵攻城,我在城内又可以作为内应。"于是沛公就派遣郦食其前往,自己带兵跟随,结果就这样就占领了陈留,沛公赐给郦食其广野君的称号。

陆贾,是楚国人,以门客的身份跟随高祖平定天下,号称能言善辩之士,所以伴随在高祖的身边,常常出使诸侯国。

到高祖称帝时,中原刚刚平定,尉佗也平定了南越,便在那里自立为王。高祖派遣陆贾带着赐给尉佗的南越王之印前去任命。陆贾到了南越,尉佗梳着当地流行的椎形发髻,叉开两腿坐着接见陆贾。陆贾就此向尉佗说道:"您本是中原人,亲戚、兄弟的坟墓都在真定。而现在您却违反天性,扔掉冠带,想用小小南越来和天子抗衡,成为敌国,那你就将大祸要临头了。再说秦朝暴虐无道,诸侯豪杰都纷纷起兵,只有汉王首先入关,占据咸阳。项羽背叛盟约,自立为西楚霸王,诸侯们都归附于他,可以称得上是强大无比。但是汉王从巴蜀出兵之后,征服天下,降服诸侯,杀死项羽。五年之间,海内平定。这不是人力所能办到的，而是上天辅佐的结果。现在大汉天子听说您在南越称王，不帮天下人讨伐暴逆无道的人，将相都想带兵来消灭您。但是天子可怜百姓近年来的劳苦，因此才暂且罢兵，派遣我授予你南越王的金印，剖符为信，互通使臣。您理应到郊外远迎，面向北方称臣，但是您却想以刚刚建立，还没有安定的小小南越，在此桀骜不驯。倘若让朝廷知道了此事，挖掘烧毁您祖先的坟墓，诛灭您的宗族，再派一名偏将带领十万人马来到越地，那么南越人杀死您投降汉朝，就如同翻一下手背那么容易。"

尉佗听罢，立刻起身坐好，向陆贾道歉说："我在蛮夷中居住的时间长了，所以太失礼了。"接着，他又问陆贾："我和萧何、曹参、韩信相比，谁更有德有才呢？"陆贾说道："您似乎比他们强一点。"尉佗又问："那我和皇帝相比呢？"郦食其回答："皇帝从丰沛起兵，讨伐暴虐的秦朝，扫平强大的楚国，为整个天下的人兴利除害，继承了五帝三皇的宏伟业绩，统治中原。而中原的人口以亿来计算，土地方圆万里，处于天下最富饶的地域，人多车众，物产丰富，政令出于一家，这种盛况是从开天辟地以来从未有过的。而现在您的手下不过几十万，而且都是未开化的蛮夷，又居住在崎岖的山海之间，只不过如同汉朝的一个郡罢了，您怎么竟同汉朝相比！"尉佗听了，哈哈大笑，说道："我不能在中原起事，所以才在此称王。假使我占据中原，我又哪里比不上汉王呢？"通过交谈，尉佗非常喜欢陆贾，留下他和自己饮酒作乐好几个月。尉佗说："南越人当中没有一个和我谈得来，直到你来了，让我每天都能听到过去未曾听到的事情。"尉佗还送给陆贾一袋珠宝，价值千金，另外还送给他不少其它礼品，也价值千金。陆贾终于完成拜尉佗为南越王的使命，使他向汉称臣，服从汉朝的管制约束。陆贾还朝之后，把以上情况向高祖汇报，高祖非常高兴，任命陆贾为太中大夫。

陆贾在高祖面前时常谈论《诗》《书》等儒家经典。听到这些，高祖很不高兴，就大骂道："你老子的天下是靠骑在马上南征北战打出来的，哪里用得着《诗》《书》！"陆贾回答说："您在马上可以取得天下，难道您也可以在马上治理天下吗？商汤和周武，都是以武力征服天下，然后顺应形势以文教治理天下，文治武功并用，这才是使国家长治久安的最好办法啊。从前吴王夫差、智伯都是因极力崇尚武功而致使国家灭亡；秦王朝也是一味使用严酷刑法而不知变更，最后导致自己的灭亡。假使秦朝统一天下之后，实行仁义

卷四

之道，效法先圣，那么，陛下您又怎么能取得天下呢？"高祖听完之后，心情不快，脸上露出惭愧的颜色，就对陆贾说："那就请您尝试着总结一下秦朝失去天下，我们得到天下，原因究竟在哪里，以及古代各王朝成功和失败的原因所在。"这样，陆贾大略地论述了国家兴衰存亡的征兆和原因，一共写了十二篇。每写完一篇就上奏给高祖，高祖没有不称赞的，左右群臣也是一齐呼万岁，把他这部书称为《新语》。

在孝惠帝时，吕太后掌权，想封吕氏诸人为王，害怕大臣中那些能言善辩的人，而陆贾也深知自己强力争辩也无济于事，因此就称病辞职，在家中闲居。因为好畤一带土地肥沃，就在这里定居下来，陆贾有五个儿子，他把出使南越所得的那袋珠宝拿出来换成现钱，分给儿子们，每人二百金，让他们从事生产。陆贾时常坐着四匹马拉的车子，带着歌舞和弹琴鼓瑟的侍从十个人，佩戴着价值百金的宝剑到处游玩。他曾这样对儿子们说："我和你们约定好，我到你们那里，你们就供给我人马酒食，尽量满足大家的要求。每十天换一家。我在谁家去世，宝剑车骑以及侍从人员都归谁所有。我还要到其他的朋友那里去，所以一年当中我到你们各家去大概不过两三次，总来见你们，就不新鲜了，用不着厌烦你们老子这么做了。"

吕太后掌权时期，封诸吕为王。诸吕专揽大权想劫持幼主，夺取刘姓的天下。右丞相陈平对此很是担忧，但是自己力量有限，不能强争，害怕祸及自己，常常在家中闲居反复思索。有一次，陆贾前去请安，径直到陈平身边坐下，这时陈平正在深思，没有立刻发觉到陆贾到了。陆贾问道："什么事想得这么入神？"陈平说："你猜，我究竟忧虑什么？"陆贾说："您老先生位居右丞相之职，是有三万户食邑的列侯，可以说富贵荣华到了无以复加的地步，应该说是没有这方面的欲望了。然而您有忧愁的只不过是担忧诸吕和幼主而已。"陈平说："你猜得很对，你看这事该怎么办呢？"陆贾说："天下平安无事的时候，要重视丞相；天下动乱不安的时候，要重视大将。如果大将和丞相配合默契，那么士人就会归附；士人归附，那么天下即使有意外的事情发生，国家的大权也不会分散。为国家大业考虑，这事情都在您和周勃两个人掌握之中了。我常常想把这些话对太尉周勃讲明白，但是他和我总开玩笑，对我的话不太重视。您为什么不和太尉成为至交呢？"接着，陆贾又为陈平筹划出几种对付吕氏的办法。陈平就用他的计策，拿出五百金来给绛侯周勃祝寿，并且准备了盛大的歌舞宴会来招待他；而太尉周勃也以同样的方式来回报陈平。这样，陈平、周勃二人就建立起非常密切的联系，而吕氏篡权的阴谋也就更加难于实现了。陈平又把一百个奴婢、五十辆车马、五百万钱送给陆贾作为饮食费用。陆贾就用这些费用在汉朝廷公卿大臣中游说，名声很大。

等到杀死了诸吕，拥立孝文帝登上皇帝的宝座，陆贾对此出了不少力。孝文帝即位之后，想派人出使南越。陈平丞相等人就推荐陆贾为太中大夫，派他出使南越，劝南越王尉佗放弃了坐黄屋车以及自立为帝的做法，让他采用和其他诸侯一样的礼节仪式。陆贾圆满地完成了皇帝交给的出使任务。关于此事的具体情节，都记录在《南越列传》中。陆贾最后活到高寿。

原文

郦生食其者，陈留高阳人也。①好读书，家贫落魄，无以为衣食业，为里监门吏。然县中贤豪不敢役，县中皆谓之狂生。

及陈胜、项梁等起，诸将徇地过高阳者数十人，郦生闻其将皆握齱好苛礼自用，不能听大度之言，郦生乃深自藏匿。后闻沛公将兵略地陈留郊，沛公麾下骑士适郦生里中子也，沛公时时问邑中贤士豪俊。骑士归，郦生见谓之曰："吾闻沛公慢而易人，多大略，此真吾所愿从游，莫为我先。若见沛公，谓曰'臣里中有郦生，年六十余，长八尺，人皆谓之狂生，生自谓我非狂生'。"骑士曰："沛公不好儒，诸客冠儒冠来者，沛公辄解其冠，溲溺其中。与人言，常大骂。未可以儒生说也。"郦生曰："弟言之。"骑士从容言如郦生所诫者。

沛公至高阳传舍，使人召郦生。郦生至，入谒，沛公方倨床使两女子洗足，而见郦生。郦生入，则长揖不拜，曰："足下欲助秦攻诸侯乎？且欲率诸侯破秦也？"沛公骂曰："竖儒！夫天下同苦秦久矣，故诸侯相率而攻秦，何谓助秦攻诸侯乎？"郦生曰："必聚徒合义兵诛无道秦，不宜倨见长者。"于是沛公辍洗，起摄衣，延郦生上坐，谢之。郦生因言六国从横时。沛公喜，赐郦生食，问曰："计将安出？"郦生曰："足下起纠合之众、收散乱之兵，不满万人，欲以径入强秦，此所谓探虎口者也。夫陈留，天下之冲，四通五达之郊也，今其城又多积粟。臣善其令，请得使之，令下足下。即不听，足下举

兵攻之，臣为内应。"于是遣郦生行，沛公引兵随之，遂下陈留。号郦食其为广野君。

陆贾者，楚人也。以客从高祖定天下，名为有口辩士，居左右，常使诸侯。

及高祖时，中国初定，尉佗平南越，因王之。高祖使陆贾赐尉佗印为南越王。陆生至，尉佗魋结箕倨见陆生。陆生因进说佗曰："足下中国人，亲戚昆弟坟墓在真定。今足下反天性，弃冠带，欲以区区之越与天子抗衡为敌国，祸且及身矣。且夫秦失其政，诸侯豪杰并起，唯汉王先入关，据咸阳。项羽倍约，自立为西楚霸王，诸侯皆属，可谓至强。然汉王起巴蜀，鞭笞天下，劫略诸侯，遂诛项羽，灭之。五年之间，海内平定，此非人力，天之所建也。天子闻君王王南越，不助天下诛暴逆，将相欲移兵而诛王，天子怜百姓新劳苦，故且休之，遣臣授君王印，剖符通使。君王宜郊迎，北面称臣，乃欲以新造未集之越，屈强于此。汉诚闻之，掘烧王先人冢，夷灭宗族，使一偏将将十万众临越，则越杀王降汉，如反覆手耳。"

于是尉佗乃蹶然起坐，谢陆生曰："居蛮夷中久，殊失礼义。"因问陆生曰："我孰与萧何、曹参、韩信贤？"陆生曰："王似贤。"复曰："我孰与皇帝贤？"陆生曰："皇帝起丰沛，讨暴秦，诛强楚，为天下兴利除害，继五帝三王之业，统理中国。中国之人以亿计，地方万里，居天下之膏腴，人众车舆，万物殷富，政由一家，自天地剖泮未始有也。今王众不过数十万，皆蛮夷，崎岖山海间，譬若汉一郡，王何乃比于汉！"尉佗大笑曰："吾不起中国，故王此。使我居中国，何渠不若汉？"乃大说陆生，留与饮数月。曰："越中无足与语，至生来，令我日闻所不闻。"赐陆生橐中装直千金，佗送亦千金。陆生卒拜尉佗为南越王，令称臣奉汉约。归报，高祖大悦，拜贾为太中大夫。

陆生时时前说称《诗》《书》。高帝骂之曰："乃公居马上而得之，安事《诗》《书》！"陆生曰："居马上得之，宁可以马上治之乎？且汤武逆取而以顺守之，文武并用，长久之术也。昔者吴王夫差、智伯极武而亡；秦任刑法不变，卒灭赵氏。乡使秦已并天下，行仁义，法先圣，陛下安得而有之？"高帝不怿而有惭色，乃谓陆生曰："试为我著秦所以失天下，吾所以得之者何，及古成败之国。"陆生乃粗述存亡之征，凡著十二篇。每奏一篇，高帝未尝不称善，左右呼万岁，号其书曰《新语》。

孝惠帝时，吕太后用事，欲王诸吕，畏大臣有口者，陆生自度不能争之，乃病免家居。以好畤田地善，可以家焉。有五男，乃出所使越得橐中装卖千金，分其子，子二百金，令为生产。陆生常安车驷马，从歌舞鼓琴瑟侍者十人，宝剑直百金，谓其子曰："与汝约：过汝，汝给吾人马酒食，极欲，十日而更。所死家，得宝剑车骑侍从者。一岁中往来过他客，率不过再三过，数见不鲜，无久㤅公为也。"

吕太后时，王诸吕，[②]诸吕擅权，欲劫少主，危刘氏。右丞相陈平患之，力不能争，恐祸及己，常燕居深念。陆生往请，直入坐，而陈丞相方深念，不时见陆生。陆生曰："何念之深也？"陈平曰："生揣我何念？"陆生曰："足下位为上相，食三万户侯，可谓极富贵无欲矣。然有忧念，不过患诸吕、少主耳。"陈平曰："然。为之奈何？"陆生曰："天下安，注意相；天下危，注意将。将相和调，则士务附；士务附，天下虽有变，即权不分。为社稷计，在两君掌握耳。臣常欲谓太尉绛侯，绛侯与我戏，易吾言。君何不交欢太尉，深相结？"为陈平画吕氏数事。陈平用其计，乃以五百金为绛侯寿，厚具乐饮；太尉亦报如之。此两人深相结，则吕氏谋益衰。陈平乃以奴婢百人，车马五十乘，钱五百万，遗陆生为饮食费。陆生以此游汉廷公卿间，名声藉甚。

及诛诸吕，立孝文帝，陆生颇有力焉。孝文帝即位，欲使人之南越。陈丞相等乃言陆生为太中大夫，往使尉佗，令尉佗去黄屋称制，令比诸侯，皆如意旨。语在《南越》语中。陆生竟以寿终。

短评

郦、陆两生，皆以舌佐命，然郦以负气鼎烹；陆以委蛇寿考。史公合而传之，于郦则详其始见之时，一腔英伟；于陆则详其病免之后，无限高超。意盖以人生斯世，隐见无常，险夷难必，能合两生之始末而并有之，庶可无憾矣。不然，则汉廷臣子寿终者多，独大书于鼎烹者之传后，此何意哉？

批注

①前半幅未曾写郦生一毫实事，只曲描英雄相与之初！始如霄壤，继如

针芥,而高祖、郦生神情俱活。如,欲写郦生自荐,却先写沛公时时问骑士,则沛公之精神不为生掩也。既有沛公问骑士,又写骑士未肯荐郦生,则郦生之精神不为沛公掩也。至于长揖不拜,辍洗起迎,宛然见当时交接之景,盖颊上三毫,传神远矣!

②以欲王诸吕起,以诸吕擅政接,中间藏过六七年事务,却以家居饮乐迷离掩之,云开月现,别是一天,陆生固奇,而非此奇文,亦安能写出?

〔释义〕　文中写郦生只详写他始见高祖之时,而写陆贾只详写他晚年的一些出奇不凡的作为,而两个人的精神面貌,一个是一腔英伟,一个是无限高超,便全然显见了。为什么能够收到这样鲜明的效果呢?盖因写文章有个"轻重详略法",史公善用此法,所以文章就篇篇写得活,写得生动,此篇尤为突出。

《史记》在写郦生始见高祖时的一段详描中,则又采取了"背面铺粉"法。金圣叹在批注《水浒传》时指出此法,曰"如要衬宋江奸诈,不觉写作李逵真率;要衬石秀尖利,不觉写作杨雄糊涂是也。"这里也是如此,欲突出郦生胆识,有勇有谋,便极写高祖讨厌儒生,对儒生素来非常傲慢,不仅洗脚不见,而且粗语谩骂,但是,被郦生一语即打破了他的陋见,立时便辍洗起迎。

这样背面铺粉的结果,不仅把郦生写活了,而且把高祖也写活了,如同姚祖恩所说:"而高祖、郦生神情俱活。"

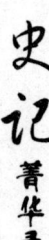

补注

周振甫先生认为,文章应当讲究疏密之道,而《陆贾郦生列传》最有疏密之法。他引清初文章大家侯方域的话,说:"行文之旨,全在裁制,无论细大,皆可驱遣。当其闲漫纤碎处,反宜动色而陈,凿凿娓娓,使读者见其关系,寻绎不倦。至大议论人人庀解者,不过数语发挥,便须控驭,归于含蓄。若当快意时,听其纵横,必一泻无复会地矣,譬如渴虹饮涧,霜隼博空,瞥然一见,瞬息灭没,神力变态,转更夭娇。"(见其《与任王谷论文书》)

周振甫引《郦生列传》中的一段:"于是沛公辍洗,起摄衣,延郦生上坐,谢之。郦生因言六国纵横时,沛公喜,赐郦生食。"文章开头时曾经详细

地讲了沛公刘邦是如何地蔑视儒生，骂儒生"未可以儒生说也！"还把儒生脱下来的帽子拿过来当尿壶用。郦生见他时，他坐在床上让两个女子给他洗脚，郦生对沛公这种傲慢态度，报之以同样的傲慢："则长揖不拜"。但是，郦生一句话"必聚徒合义兵诛无道秦，不宜倨见长者"，立即使沛公改变了往昔的一贯看法，马上请郦生上座，写得生动细致，面面俱到；而到了郦生陈述那些治国安邦的大道理时，则只用了"因言六国纵横时"一语而带过。因为这些大道理，一般的读者都知道，没有必要重复。这就叫有密有疏，疏密得当。（见周振甫所著《文章例话》）

刘敬叔孙通列传

叔孙通小传

叔孙通，又名叔孙何，秦时薛（今山东省枣庄市薛城镇）人，生卒年不详，约为公元前240—前170年左右。秦始皇时，以文学博士征用。陈涉起义后，弃官回薛城，事项王。汉王二年，刘邦攻入彭城时，叔孙通降汉，此后便一直随从刘邦东征西战。汉王五年统一天下，重用叔孙，叔孙协助汉高祖制订了一整套皇朝宫廷礼仪，得到高祖的赏识，官拜太常寺卿及太子太傅。

汉高祖二年，刘邦带领五个诸侯王攻进彭城，叔孙通就投降了刘邦。刘邦战败西去，叔孙通也始终跟随着刘邦。

叔孙通本来穿着一身儒生服装，刘邦见了非常讨厌，他就换了服装，穿上短袄，而且是按楚地习俗裁制的，刘邦见了很是高兴。

当初，叔孙通投降刘邦时，跟随的儒生弟子有一百多人，可是叔孙通从来不说推荐他们的话，而专门给刘邦推荐了一些旧日的土匪强盗。儒生弟子们都暗地骂他道："跟着先生这么多年，幸好能跟他投降刘邦，如今他不能推荐我们，却专门推荐那些凶恶奸猾的人，是什么道理？"叔孙通听到骂他的话，就对儒生们说："刘邦正冒着利箭坚石争夺天下，各位儒生难道能去打仗吗？所以我先推荐那些能斩将夺旗的勇士。各位姑且等等我，我不会忘记你们的。"刘邦任命叔孙通做博士，称为稷嗣君。

汉高祖五年，天下已经统一，诸侯们在定陶共同尊立刘邦为皇帝，叔孙通负责拟定礼仪名号。当时汉高祖废除了秦朝的那些严苛的仪礼法规，改为简单易行的规矩。可是群臣在朝堂上饮酒作乐争论功劳，醉了有的狂呼乱叫，甚至拔出剑来砍削庭中立柱，高祖为这事感到头疼。叔孙通知道皇帝愈来愈讨厌这类事，就劝说道："那些儒生很难为您攻城占地，可是他们却能够帮您守住天下。我希望征召鲁地的一些儒生，跟我的子弟们一起制定朝廷上的仪礼。"高祖说："会不会太复杂呢？"叔孙通说："五帝有不同的乐礼，三王有不同礼节。礼，就是按照时代人情的变化给人们制定出规矩准绳。所以从夏、殷、周三代的礼节有所沿袭、删减和增加的情况看，就可以看出不同朝代的礼节是不相重复的。我愿意参照古代礼节与秦朝的礼仪糅合起来制定新礼节。"皇帝说："可以试着办一下，但要让它容易通晓，考虑我能够做得到的然后再定。"

于是叔孙通奉命征召了鲁地儒生三十多人。鲁地有两个儒生不拒绝参加，说："您所侍奉的主子快有十个了，都是靠当面阿谀奉承取得亲富贵的。如今天下刚刚平定，战乱中死去的人还来不及埋葬，伤残的人还没有康复，又要制定礼乐法规。所以，制定礼乐制度，要积累功德百年以后，才能兴办。我们不违心替您办这种事。您办的事不合古法，我们不去。您还是自己去吧，不要玷污了我们！"叔孙通笑着说："你们真是见识浅陋的书呆子，一点也不懂时世的变化。"

叔孙通就与征来的三十人一起向西来到都城，他们和皇帝左右有学问的侍从以及叔孙通的弟子一百多人，在郊外拉起绳子表示施礼的处所，立上草人代表位次的尊卑进行演练。演习了一个多月，叔孙通说："皇帝可以来视察一下。"皇帝视察后，要让群臣给自己行礼，叔孙通说："我能做到这些。"于是命令群臣都来练习，准备十月岁首的朝会正式使用。

汉高祖七年，长乐宫已经建成，各诸侯王及朝廷群臣都来参加十月的朝会。那礼仪是：先在天刚亮时，谒者开始主持礼仪，引导着诸侯群臣依次进入殿门，院子中排列骑兵、步兵，摆设着各种兵器，树立着各式旗帜。谒者传呼"小步快走"。于是所有官员各入其位，大殿下面郎中官员站在台阶两侧，每个台阶上有几百人之多。凡是功臣、列侯、各级将军军官都按次序排列在西边，面向东；凡文职官员从丞相起依次排列在东边，面向西。大行令安排的九个礼宾官，从上到下地传呼。于是皇帝乘坐"龙辇"从宫房里出来，他贴身的人员拿着旗子，传话叫大家注意，然后引导着诸侯王以下至六百石以上的各级官员依次毕恭毕敬地向皇帝施礼道贺。诸侯王以下的所有官员都诚惶诚恐，肃然起敬。等到仪式完毕，再按照大礼摆设酒宴。诸侯百官等坐在大殿上都敛声屏气地低着头，按照尊卑次序站起来向皇帝祝酒。斟酒九巡，谒者宣布"宴会结束"。最后监察官员执行礼仪法规，找出那些不符合礼仪规

定的人并把他们带走。从朝见到宴会的全部过程，没有一个人喧哗失礼。大典之后，刘邦心满意足地说："我今天才知道当皇帝的尊贵啊。"于是授给叔孙通太常的官职，赏赐黄金五百斤。

叔孙通趁着机会对刘邦说："各位弟子儒生跟随我时间很久了，是他们跟我一起制定朝廷仪礼，希望陛下授给他们官职。"刘邦让他们都做了郎官。叔孙通出宫后，把五百斤黄金都分赠给各个儒生了。这些儒生都高兴地说："叔孙先生真是大圣人，通晓当代的紧要事务。"

原文

汉二年，汉王从五诸侯入彭城，叔孙通降汉王。汉王败而西，因竟从汉。

叔孙通儒服，汉王憎之；乃变其服，服短衣，楚制，汉王喜。

叔孙通之降汉，从儒生弟子百余人，然通无所言进，专言诸故群盗壮士进之。弟子皆窃骂曰："事先生数岁，幸得从降汉，今不能进臣等，专言大猾，何也？"叔孙通闻之，乃谓曰："汉王方蒙矢石争天下，诸生宁能斗乎？故先言斩将搴旗之士。诸生且待我，我不忘矣。"汉王拜叔孙通为博士，号稷嗣君。

汉五年，已并天下，诸侯共尊汉王为皇帝于定陶，叔孙通就其仪号。高帝悉去秦苛仪法，为简易。群臣饮酒争功，醉或妄呼，拔剑击柱，高帝患之。叔孙通知上益厌之也，说上曰："夫儒者难与进取，可与守成。臣愿征鲁诸生，与臣弟子共起朝仪。"高帝曰："得无难乎？"叔孙通曰："五帝异乐，三王不同礼。礼者，因时世人情为之节文者也。故夏、殷、周之礼所因损益可知者，谓不相复也。臣愿颇采古礼与秦仪杂就之。"上曰："可试为之，令易知，度吾所能行为之。"

于是叔孙通使征鲁诸生三十余人。鲁有两生不肯行，曰："公所事者且十主，皆面谀以得亲贵。今天下初定，死者未葬，伤者未起，又欲起礼乐。礼乐所由起，积德百年而后可兴也。吾不忍为公所为。公所为不合古，吾不行。公往矣，无污我！"叔孙通笑曰："若真鄙儒也，不知时变。"

遂与所征三十人西，及上左右为学者与其弟子百余人为绵蕞野外。习之月余，叔孙通曰："上可试观。"上既观，使行礼，曰："吾能为此。"乃令群

臣习肄,会十月。

汉七年,长乐宫成,诸侯群臣皆朝十月。仪:先平明,谒者治礼,引以次入殿门,廷中陈车骑步卒卫官,设兵张旗志。传言"趋"。殿下郎中侠陛,陛数百人。功臣列侯诸将军军吏以次陈西方,东乡;文官丞相以下陈东方,西乡。大行设九宾,胪传。于是皇帝辇出房,百官执职传警,引诸侯王以下至吏六百石以次奉贺。自诸侯王以下莫不振恐肃敬。至礼毕,复置法酒。诸侍坐殿上皆伏抑首,以尊卑次起上寿。觞九行,谒者言"罢酒"。御史执法举不如仪者辄引去。竟朝置酒,无敢喧哗失礼者。于是高帝曰:"吾乃今日知为皇帝之贵也。"乃拜叔孙通为太常,赐金五百斤。

叔孙通因进曰:"诸弟子儒生随臣久矣,与臣共为仪,愿陛下官之。"高帝悉以为郎。叔孙通出,皆以五百斤金赐诸生。诸生乃皆喜曰:"叔孙生诚圣人也,知当世之要务。"

季布栾布列传

季布小传 季布，楚（今湖北省北部）人，生卒年不可考，当与项羽、刘邦为同时代人，而年岁略小一些，所以他至汉文帝时仍可出来为官。他为人豪爽仗义，乐善好施，常济人危难，故而民间曾有"得黄金百斤，不如得季布一诺"的谚语。季布高祖时官拜郎中，文帝时官河东太守，后辞官归家，招揽楚梁之间奇人俊士，名扬天下。

季布是楚地人，为人行侠仗义，爱打抱不平，在楚地很有名气。项羽曾派他率领军队，多次使汉王刘邦陷于困境。等到项羽灭亡以后，汉高祖出千金悬赏捉拿季布，并下令有胆敢窝藏季布的论罪要灭三族。季布躲藏在濮阳一个姓周的人家。周家说："刘邦朝悬赏捉拿你非常紧急，追踪搜查就要到我家来了，将军您能够听从我的话，我才敢给你献个计策；如果不能，我情愿先自杀。"季布答应了他。周家便把季布的头发剃掉，用铁箍束住他的脖子，穿上粗布衣服，把他装上丧车，和周家的几十个奴仆一同出卖给鲁地的朱家。朱家心里知道是季布，便买了下来安置在田地里耕作，并且告诫他的儿子说："田间耕作的事，都要依照这个奴隶听说的办，一定要和他吃同样的饭。"朱家便乘坐轻便马车到洛阳去了，拜见了汝阴侯滕公。滕公留朱家喝了几天酒。朱家乘机对滕公说："季布犯了什么大罪，皇上追捕他这么急迫？"滕公说："季布多次替项羽把皇上逼入困境，皇上怨恨他，所以非抓到他不可。"朱家说："您看季布是怎样的一个人呢？"滕公说："他是一个有才能的人。"朱家说："做臣下的各受自己的主上差遣，季布受项羽差遣，这正是他的职责。项羽的臣下难道要全都杀死吗？现在皇上刚刚夺得天下，仅凭着个人的怨恨去追捕一个人，这让天下人看自己的度量多么狭小啊！再说凭着季布的贤能，朝廷追捕又如此急迫，这样，他不是向北逃到匈奴去，就是要向南逃到越地去了。这种忌恨勇士而去资助敌国的举动，就是伍子胥所以要鞭打楚平王尸体的原因了。您为什么不寻找机会向皇上说明呢?"汝阴侯滕公知道朱家是位大侠客,猜想季布一定隐藏在他那里,便答应说:"好。"滕公就找了个机会,果真按照朱家的意思向皇上奏明,皇上觉得有理,于是就赦免了季布。在这个时候,许多有名望的人物都称赞季布能忍辱负重,变刚为柔,朱家也因此而在当时出了名。后来季布被皇上召见,表示服罪,皇上任命他做了郎中。

孝惠帝的时候,季布担任中郎将。当时匈奴王单于曾经写信侮辱吕后,而且出言不逊,吕后大为恼火,召集众位将领来商议这件事。上将军樊哙说:"我愿带领十万人马,横扫匈奴。"各位将领都迎合吕后的心意,齐声说:"好。"季布说:"樊哙这个人真该斩首啊!当年,高皇帝率领四十万大军尚且被围困在平城,如今樊哙怎么能用十万人马就能横扫匈奴呢?这是当面撒谎!再说秦王朝正因为对匈奴用兵,才引起陈胜等人起义造反。直到现在创伤还没有治好,而樊哙又当面阿谀逢迎,想要使天下动荡不安。"在这个时候,殿上的将领都感到惊恐,吕后因此退朝,从此不再议论攻打匈奴的事了。

季布做了河东郡守。文帝的时候,有人向文帝推荐他,说他很有才能,文帝便召见他,打算任命他做御史大夫。又有人说他很勇敢,但好发酒疯,令人难以接近。季布来到京城长安,在客馆住了一个月,文帝召见之后不再理他。季布因此对文帝说:"我无功而受宠,在河东郡任职。现在陛下无缘无故地召见我,这一定是有人拿我来欺骗陛下。现在我来到了京城,没有接受任何事情,就这样让我回去,这一定是有人在您面前毁谤我。陛下因为一个人赞誉我就召见我,又因为一个人的毁谤而要我回去,我担心天下有见识的人听了这件事,就窥探出您为人处世的深浅了。"文帝默然,心中惭愧,过了很久才说道:"河东是我的左膀右臂,所以我特地召见你啊!"于是季布就辞别了文帝,回到了河东郡守的原任。

楚地有个叫曹丘的先生,能言善辩,好攀附权贵捞取钱财。他曾经侍奉过赵同等贵人,与窦长君也有交情。季布听到了这件事便寄了一封信劝窦长君说:"我听说曹丘先生不是个德高望重的人,您不要和他来往。"等到曹丘先生回乡,想要窦长君写封信介绍他去见季布,窦长君说:"季将军不喜欢您,您不要去。"曹丘坚决要求窦长君写介绍信,终于得到,便起程去见季布。曹丘先派人把窦长君的介绍信送给季布,季布接了信果然大怒,等待着曹丘的到来。曹丘到了,就对季布作了个揖,说道:"楚人有句谚语说:'得

到黄金百斤，不如得到你季布的一句诺言。'您怎么能在梁、楚一带获得这样的声誉呢？再说我是楚地人，您也是楚地人。我周游天下到处给您扬名，这对您难道不重要吗？您为什么这样坚决地拒绝我呢！"季布于是非常高兴，请曹丘进来，留他住了几个月，待为贵宾，送他丰厚的礼物。季布的名声之所以远近闻名，这都是曹丘替他宣扬的结果啊！

季布的弟弟名叫季心，他的勇气胜过关中所有的人，待人恭敬谨慎，行侠仗义，周围几千里的人都争着替他效命。季心曾经杀过人，逃到吴地，隐藏在袁丝家中。季心用对待兄长的礼节侍奉袁丝，又像对待弟弟一样对待灌夫、籍福这些人。他曾经担任中尉下属的司马，中尉郅都也不敢不以礼相待。许多青年人常常暗中假冒他的名义到外边去行事。在那个时候，季心因勇敢而出名，季布因重诺言而出名，都在关中名声显著。

季布的舅舅丁公担任楚军将领。彭城之战时丁公曾经在彭城西面替项羽追逐汉高祖，使高祖陷于窘迫的处境。在短兵相接的时候，高祖感到危机，回头对丁公说："我们两个好汉难道要互相为难吗！"于是丁公率兵退去，刘邦便脱身解围。等到项羽灭亡以后，丁公拜见高祖。高祖把丁公捉拿起来，押着他在军营中示众，说道："丁公做项王的臣下却不忠于项王，使项王失去天下的，就是丁公啊！"于是刘邦就斩了丁公，并说："让后代做臣子的人不要仿效丁公！"

栾布是梁国人。当初梁王彭越做平民的时候曾经和栾布交往。栾布家里贫困，在齐地做工，在一家酒馆里当雇工。过了几年，彭越来到巨野一带做强盗，而栾布却被人强行劫持出卖，到燕地去做奴仆。栾布曾替他的主人家报了仇，燕将臧荼推荐他担任都尉。后来臧荼做燕王，就任用栾布做将领。等到臧荼反叛，刘邦进攻燕国的时候，俘虏了栾布。梁王彭越听到了这件事，便去请求皇上，花钱赎回栾布让他担任梁国的大夫。

后来栾布出使到齐国，还没返回来，汉高祖召见彭越，说他企图谋反，诛灭了彭越的三族。之后刘邦又把彭越的头悬挂在洛阳城门下示众，并且下命令说："有敢来收殓或探视的，就立即逮捕他。"这时栾布从齐国返回，便把自己出使的情况，在彭越的脑袋下面汇报，边祭祀边哭泣。官吏逮捕了他，并将此事报告了刘邦。刘邦召见栾布，骂道："你要和彭越一同谋反吗？我命令任何人不得收尸，你偏偏要祭奠他哭他，那你同彭越一起造反已经很清楚了。赶快把他烹杀!"左右的人正抬起栾布走向开水锅的时候,栾布回头说:"我希望能让我说一句话再死。"刘邦说:"说什么?"栾布说:"当年皇上被困彭城,兵败于荥阳、成皋一带的时候,项王之所以不能顺利西进,就是因为彭王据守着梁地,跟汉军联合牵制别楚军的缘故啊。在那个时候,只要彭王调头一走,跟楚联合,汉军必败;跟汉军联合,楚就失败。再说垓下之战,没有彭王,项羽不会灭亡。现在天下已经安定了,彭越受封为王,他也想把这个封爵世世代代地传下去。现在陛下就因为到梁国征兵,彭王因病不能前来,陛下就产生怀疑,认为他要谋反,可是谋反的形迹没有显露,却因为小过失而诛灭了他的家族,我担心这样一来有功之臣就要人人自危了。现在彭王已经死了,我活着倒不如死去的好,就请您烹了我吧。"听了这番话刘邦竟赦免了栾布的罪过,任命他做都尉。

文帝的时候,栾布担任燕国国相,又做了将军。栾布曾说:"在自己穷困潦倒的时候,不能忍辱负重的,不是好汉;等到了富有显贵的时候,不能实现自己的心愿的,也不是贤才。"于是对曾经有恩于自己的人,便优厚地报答他;对有怨仇的人,一定用法律来除掉他。吴、楚七国反叛时,栾布因军功被封为俞侯,又做燕国的国相。燕、齐之间的人们敬慕他,为他建造祠庙,叫做"栾公社"。景帝中元五年栾布去世。他的儿子栾贲继承爵位,担任太常,后来因祭祀所用的牲畜不合法令的规定,封国被废除。

太史公说:以项羽那种气概,季布却靠勇敢在楚地扬名,他身经百战,无数次斩将拔旗,可算得上是好汉了。然而他遭到通缉时,他甘心给人做奴仆不肯死去,又是多么卑下啊!他一定是自负自己有才能,这才蒙受屈辱而不以为羞耻,是希望发挥他未曾施展的才干,所以终于成了汉朝的名将。贤能的人真正能够看重自己的生命,至于奴婢、姬妾这些低贱的人因为感愤而自杀的,算不得勇敢,那是因为他们认为再也没有别的办法了。当栾布哭祭彭越,把下汤锅看得如同回家一样平常的时候,他是看清楚人死的价值的,所以他才不在乎自己的生命。即使古代重义轻生的人,又怎么能超过他呢!

原文

季布者,楚人也。为气任侠,有名于楚。①项籍使将兵,数窘刘邦。及项羽灭,高祖购求布千金,敢有舍匿,罪及三族。季布匿濮阳周氏。周氏曰:"汉购将军急,迹且至臣家,将军能听臣,臣敢献计;即不能,愿先自刭。"季布许之。乃髡钳季布,衣褐衣,置广柳车中,并与其家僮数十人,之鲁,朱家所卖之。朱家心知是季布,乃买而置之田。诫其子曰:"田事听此奴,必与同食。"朱家乃乘轺车之洛阳,见汝阴侯滕公。滕公留朱家饮数日。因谓滕公曰:"季布何大罪,而上求之急也?"滕公曰:"布数为项羽窘上,上怒之,故必欲得之。"朱家曰:"君视季布何如人也?"曰:"贤者也。"朱家曰:"臣各为其主用,季布为项籍用,职耳。项氏臣可尽诛邪?今上始得天下,独以己之私怨求一人,何示天下之不广也!且以季布之贤而汉求之急如此,此不北走胡即南走越耳。夫忌壮士以资敌国,此伍子胥所以鞭荆平王之墓也。君何不从容为上言邪?"汝阴侯滕公心知朱家大侠,意季布匿其所,乃许曰:"诺。"待间,果言如朱家旨。上乃赦季布。当是时,诸公皆多季布能摧刚为柔,朱家亦以此名闻当世。季布召见,谢,上拜为郎中。

孝惠时,为中郎将。单于尝为书嫚吕后,不逊,吕后大怒,召诸将议之。上将军樊哙曰:"臣愿得十万众,横行匈奴中。"诸将皆阿吕后意,曰"然"。季布曰:"樊哙可斩也!夫高帝将兵四十余万众,困于平城,今哙奈何以十万众横行匈奴中?面欺!且秦以事于胡,陈胜等起。于今创痍未瘳,哙又面谀,欲摇动天下。"是时殿上皆恐,太后罢朝,遂不复议击匈奴事。

季布为河东守②,孝文时,人有言其贤者,孝文召,欲以为御史大夫。复有言其勇,使酒难近。至,留邸一月,见罢。季布因进曰:"臣无功窃宠,待罪河东。陛下无故召臣,此人必有以臣欺陛下者;今臣至,无所受事,罢去,此人必有以毁臣者。夫陛下以一人之誉而召臣,一人之毁而去臣,臣恐天下有识闻之有以窥陛下也。"上默然惭,良久曰:"河东吾股肱郡,故特召君耳。"布辞之官。

楚人曹丘生,辩士,数招权顾金钱。事贵人赵同等,与窦长君善。季布闻之,寄书谏窦长君曰:"吾闻曹丘生非长者,勿与通。"及曹丘生归,欲得书请季布。窦长君曰:"季将军不说足下,足下无往。"固请书,遂行。使人先发书,季布果大怒;待曹丘。曹丘至,即揖季布曰:"楚人谚曰:'得黄金百斤,不如得季布一诺',足下何以得此声于梁楚间哉?且仆楚人,足下亦楚人也。仆游扬足下之名于天下,顾不重邪?何足下距仆之深也!"季布乃大说，引入，留数月，为上客，厚送之。季布名所以益闻者，曹丘扬之也。

季布弟季心，气盖关中，遇人恭谨，为任侠，方数千里，士皆争为之死。尝杀人，亡之吴，从袁丝匿。长事袁丝，弟畜灌夫、籍福之属。尝为中司马，中尉郅都不敢不加礼。少年多时时窃籍其名以行。当是时，季心以勇，布以诺，著闻关中。

季布母弟丁公，为楚将。丁公为项羽逐窘高祖彭城西，短兵接，高祖急，顾丁公曰："两贤岂相厄哉！"于是丁公引兵而还，刘邦遂解去。及项王灭，丁公谒见高祖。高祖以丁公徇军中，曰："丁公为项王臣不忠，使项王失天下者，乃丁公也。"遂斩丁公，曰："使后世为人臣者无效丁公！"

栾布者，梁人也。始梁王彭越为家人时，尝与布游。穷困，赁佣于齐，为酒人保。数岁，彭越去之巨野中为盗，而布为人所略卖，为奴于燕。为其家主报仇，燕将臧荼举以为都尉。臧荼后为燕王，以布为将。及臧荼反，汉击燕，虏布。梁王彭越闻之，乃言上，请赎布以为梁大夫。

使于齐，未还，汉召彭越，责以谋反，夷三族。已而枭彭越头于雒阳下，诏曰："有敢收视者，辄捕之。"布从齐还，奏事彭越头下，祠而哭之。吏捕布以闻。上召布，骂曰："若与彭越反邪？吾禁人勿收，若独祠而哭之，与越反明矣。趣亨之。"方提趣汤，布顾曰："愿一言而死。"上曰："何言？"布曰："方上之困于彭城，败荥阳、成皋间，项王所以不能遂西，徒以彭王居梁地，与汉合从苦楚也。当是之时，彭王一顾，与楚则汉破，与汉而楚破。且垓下之会，微彭王，项氏不亡。天下已定，彭王剖符受封，亦欲传之万世。今陛下一征兵于梁，彭王病不行，而陛下疑以为反，反形未见，以苛小案诛灭之，臣恐功臣人人自危也。今彭王已死，臣生不如死，请就亨。"于是上乃释布罪，拜为都尉。

孝文时，为燕相，至将军。布乃称曰："穷困不能辱身下志，非人也；富贵不能快意，非贤也。"于是尝有德者厚报之，有怨者必以法灭之。吴楚反时，以军功封俞侯，复为燕相。燕齐之间皆为栾布立社，号曰栾公社。景帝中五年薨。子贲嗣，为太常，牺牲不如令，国除。

太史公曰[③]：以项羽之气，而季布以勇显于楚，身屦典军搴旗者数矣，可谓壮士。然至被刑戮，为人奴而不死，何其下也！彼必自负其材，故受辱而不羞，欲有所用其未足也，故终为汉名将。贤者诚重其死。夫婢妾贱人感慨而自杀者,非能勇也,其计画无复之耳。栾布哭彭越,趣汤如归者,彼诚知所处,不自重其死。虽往古烈士,何以加哉!

短评

《季布传》始末不详,特深感其为奴不死一节,深服其摧刚为柔一念,便将自己一腔蓬勃,俱要发泄出来。只是赞中"欲有所用其未足也"一句,为一篇《报任安书》骨子,即有用所未足之言。吕后朝,只是折樊哙用兵匈奴一语;文帝朝,只是恐誉窥上一语。至曹丘面诋,变怒为悦,益复出丑。总之,无一实事可书,而缅缅数百言,读去却甚丰茂,此以虚为实之妙也。《栾布传》彻始彻终,无事不载,然如吴、楚之军功,燕相之惠泽,俱引而不发,此以实为虚之妙也。此皆古人精意所在,故摘出之。

批注

①《布传》凡例三段,段段皆虚,无一实事在内,只起处"摧刚为柔"是其实事,然读之生气勃勃,愈见史公点染之妙。

②《季布传·史公赞》中,独反复叹息于始之为奴朱家,自重其死处。故起一段亦极意描写,比《游侠传》尤觉有精神,而特以能"摧刚为柔"先下一句断语。然既将其柔处写得奄奄欲尽,势必再将其刚处特一振刷之,方显得始之贬损,大有深意。故接手处,便将廷折樊哙写得毛发欲竖,此相救之法也。不然吕太后朝,平(陈平)、勃(周勃)辈皆无恙,岂不容参一议耶!此等处俱要于书缝中识得。

③《季布传》娓娓附以数大段;《栾布》只得哭故主一节,前后皆以简括语备载始末,盖前传虽纾徐而虚,后传虽简促而实,此中相生之妙,当意会而不可言传也。

〔释义〕 季布、栾布二人合传,而二人的写法却大不相同,季传几乎是全属虚写,而栾传则处处实叙。一虚一实放到一篇文章之内,更显得虚实应对,相映成趣。

文章有虚实法,也称之为避实击虚法。《季布传》也是采用这种避实击虚

法写的。季布在楚汉相争之时，有骁勇善战，襄助项羽围攻刘邦数次等事，此外，还有他的为人行事、重义气、得人心等等，皆没有正写，只是通过周氏、鲁朱家、滕公、曹丘生等人的话语述说出来。全文只有两处是实写，一是开头讲季布如何能够忍辱负重、摧刚为柔，为保全性命而为人家奴。史公用浓笔重墨写季布的这段经历，亦正是抒发史公本人忍辱服刑、发愤著书的胸臆。这也是行文中的"借他山之石以攻玉"的笔法。再一处实写，就是写他得到朝廷起用之后，如何敢于挺身怒斥樊哙贪功冒险强伐匈奴之计。这也是为着呼应开头时实写忍辱负重的那一段。且想，季布多年与人为奴，苟全性命地活下来为的是什么？还不是有朝一日能为国为民做点事吗？如果起用后没有丝毫建树，那他的忍辱负重便没有什么意义了。因为有此一大壮举，文势才能前后呼应，纲领大振，读起来生气鼓舞，气势磅礴。

《栾布传》亦是虚虚实实地写，但虚实的方法又有所不同。他的一生事迹，都是用只言片语、简而又约地交代过去的。看似实写，实是虚写，许多事情没有一处展开，而只有到了梁王彭越被杀头悬于城头上无人敢哭拜时，方才详细地写他的侠肝义胆，敢于哭祭、收尸，勇于赴汤蹈火，敢于面责皇上杀彭越之不公。笔墨生动，让史册为之光彩奕奕。

补注

①二布合传，不可得其故。及读至"赞"，始知是史公快写胸臆。只是，贤者必自"重其死"，又有时"不自重其死"二意也。其言重重沓沓，不啻若自口出。史公凡于人隐忍不死时，必留连不置，口却从不曾说到死，又实不足重一意。故知次"赞"，是其得意煞时。想史公作此"赞"时，最快意！（清·金圣叹：《评点才子全集·西汉文》）

〔释义〕　金圣叹对于司迁将季布与栾布合在一个传里，长期不得其解，因为这两个人不论从哪方面来说都联系不上。但是直到读到"赞"语时，才明白过来，原来他二人都是非常重视生死关，又能正确处理生死问题的人。所谓正确处理者，即如我们通常说的："人固有一死，或重如泰山，或轻如鸿毛。"（见史公的《报任安书》）季、栾二人都深深懂得这个道理，故而能够忍辱负重，摧刚为柔，不当死时可以苟且求全地活；当死的时候，虽赴汤蹈火,万死不辞。这即金圣叹所说的"贤者必自'重其死',又有时'不自重其死'"。这些地方,史公写得都极精彩,因为他的处境正与季、栾二人相似。他身受官刑,但能忍辱负重地苟活下来,乃为着修撰《史记》之大业,"虽万被戮,岂有悔哉?"他不是怕死,"且夫藏获婢妾,犹能引决,况仆之不得已乎?"但是,人死要死得其所,要"重其死",以求死得重如泰山。他写季、栾二人,就是着意刻写这样一对典型的正面例子。季布宁肯髡发毁面,自卖与鲁朱家为奴数载,但他在为着国家与天下需要挺身而出时,却万死不辞。当樊哙为着邀功而鼓吹要伐匈奴时,众人皆不敢言,因为樊哙是迎合吕后之意,而且他又是吕后的妹夫,谁敢违背其意,唯独季布敢于挺身而出,虽万死亦不辞,这就叫既死亦应重如泰山。

栾布的情况也是如此。他为人当酒保,为强盗,为人家奴,后来又因于军中抗击过刘邦,被俘后也勉强得以脱身活下来,而惟当他见到汉王杀梁王彭越悬头于城门上,宣告有去哭祭的人,将与其同罪之时,栾布一反往常,挺身而出,不顾一切地去哭祭,还为他收尸。其气节之壮烈几与季布相同。史公将季、栾二人合为一传,正是赞赏他二人有如此明晓大义的生死观。所以,他在《报任安书》中便明言不讳地赞叹季布:"季布为朱家钳奴,灌夫受辱于居室,此人皆身至王侯将相,声闻邻国。及罪至罔加,安在其辱也。"

金圣叹说:"想史公作此'赞'时,最快意",其原因正是因为写季布栾布,正是在写他史公自己。畅快淋漓地塑造出季、栾这两个光辉形象,实际上正是借他们二人的事来抒发史公自己的胸臆。此时此刻,他焉能不最快意?

卷五

张释之冯唐列传

张释之冯唐小传　张释之，堵阳人，生卒年不详，当为年公元前180—前150年左右，为官于汉文帝与景帝之朝，是历史上有名的敢于直谏的名臣。文帝时，他由一个默默无闻的骑郎，迁升为谒者仆射、侍中大夫、中郎将，直至廷尉。景帝时，仍然接任廷尉之职，一年之后，景帝因其为太子时曾经受到过张的责难，故而将张贬为淮南相。

冯唐，赵（邯郸市附近）人，后随父迁徙至山西北部，复又迁居安陵（今陕西省咸阳市东）。汉文帝时，因以贤孝之名，起用为中郎署长。冯一向以敢于直谏而闻名，曾因事而得罪文帝，但文帝知其贤，反升任他为车骑都尉。景帝时，将他贬为楚王相，一直郁郁不得志。武帝时下诏求贤良，有人推举冯唐，但诏书下到时，冯唐已年逾九十矣。故而古人有谚曰："冯唐易老，李广难封。"

廷尉张释之，是堵阳人，字季。起初和他的哥哥张仲生活在一起。由于家中资财多而入选为骑郎，侍奉汉文帝，他十年内得不到升迁，默默无名。张释之说："长时间做郎官耗减了哥哥的资财，心中不安。"他想要辞职回家。中郎将袁盎知道他德才兼备，惋惜他的离去，就请求汉文帝调补他做谒者。张释之朝见文帝后，就趁机上前陈述利国利民的事，文帝说："实际点，不要高谈阔论，说的应该现在就能实施。"于是，张释之谈起秦汉之际的事，谈了很长时间关于秦朝灭亡和汉朝兴盛的原因。文帝很赞赏他，就任命他做了谒者仆射。

一次，张释之跟随汉文帝出行，登上了上林苑里的虎圈，汉文帝询问书册上登记的各种禽兽的情况，问了十几个问题，上林尉只能东张西望，全都不能回答。看管虎圈的啬夫从旁代上林尉回答了皇帝提出的问题，答得极周全。啬夫想借此显示自己的本领，一切回答张口就来，毫无停顿。汉文帝说："做官吏不该像这样吗？上林尉靠不住。"于是命令张释之让啬夫做上林令。

张释之过了一会儿才上前说:"陛下认为绛侯周勃是怎样的人呢?"文帝说:"是忠厚长者啊!"张释之又再一次问:"东阳侯张相如是怎样的人呢?"文帝再一次回答说:"是个忠厚长者。"张释之说:"绛侯与东阳侯都被称为忠厚长者,可这两个人议论事情时都不善于言谈,现在这样做,难道让人们去效法这个喋喋不休伶牙俐齿的啬夫吗?秦代由于重用了刀笔吏,所以官吏们争着以办事迅急苛刻督责来互比高低,然而这样做的弊病在于只是一种形式,而没有一点儿的实质性内容。因为这个缘故,秦君听不到自己的过失,国势日衰,到秦二世时,秦国也就土崩瓦解了。现在陛下因为啬夫伶牙俐齿就越级提拔他,我担心天下人都会追随这种风气,争相施展口舌之能而不求实际。况且下面的人仿效上面比影子和回声还要快,陛下做任何事情都不可不审慎啊!"文帝说:"好吧!"于是,取消原来的打算,不再任命啬夫为上林令。

文帝上了车,让张释之陪乘在身旁,车慢慢前行。文帝问张释之秦政的弊端,张释之都据实而言。到了宫里,文帝就任命张释之做了公车令。

不久,太子与梁王同乘一辆车入朝,到了皇宫外的司马门也没有下车,当时张释之迎上去阻止太子、梁王,不让他们进宫。随即给文帝上书弹劾他们在皇宫门外不下车犯了"不敬"之罪,薄太后知道了这件事,文帝摘下帽子赔罪说:"怪我教导儿子不严。"薄太后这才派使臣传令赦免太子、梁王,太子、梁王才能够进入宫中。文帝由此更加看出了张释之的与众不同,任命他做了中大夫。

又过了些时候,张释之升任中郎将。跟随皇帝到了霸陵,汉文帝站在霸陵的北面眺望。这时慎夫人也跟随前行,皇帝用手指示着通往新丰的道路给她看,并说:"这是通往邯郸的道路啊。"接着,慎夫人鼓瑟,汉文帝自己合着瑟的曲调而唱,心里很凄惨悲伤,回过头来对着群臣说:"唉!用北山的石头做外椁,用切碎的苎麻丝絮和着漆充塞石椁缝隙,还能打得开呢?"在身边的近侍都说:"对的。"张释之走上前去说道:"假若里面有了引发人们贪欲的东西,即使封铸南山做棺椁,也还会有缝隙;假若里面没有引发人们贪欲的东西,即使没有石椁,又哪里用得着忧虑呢!"文帝称赞他说得好。后来任命他做了廷尉。

此后不久,皇帝出巡经过长安城北的中渭桥,有一个人突然从桥下跑了出来,皇帝车驾的马受了惊。于是文帝命令骑士捉住这个人,交给了廷尉张释之。张释之审讯那个人。那人说："我是长安县的乡下人，听到了戒严令，就躲在桥下。过了好久，以为皇帝的队伍已经过去了，就从桥下出来，一下子看见了皇帝的车队，马上就跑起来。"然后廷尉向皇帝报告那个人应得的处罚，说他触犯了戒严令，应处以罚金。文帝发怒说："这个人惊了我的马，我的马幸亏驯良温和，假如是别的马，说不定就摔伤了我，可是廷尉才判处他罚金！"张释之说："法律是天子和天下人应该共同遵守的。现在法律就这样规定，您却要再加重处罚，这样法律就不能取信于民。如果在当时，皇上您让人立刻杀了他也就罢了。现在既然把这个人交给廷尉，廷尉是天下公正执法的带头人，稍一偏失，而天下执法者都会任意或轻或重，老百姓岂不会无所适从？愿陛下明察。"许久，皇帝才说："廷尉的判处是正确的。"

后来，有人偷了高祖庙神座前的玉环，被抓到了，文帝发怒，交给廷尉治罪。张释之按法律所规定偷盗宗庙服饰器具之罪奏报皇帝，判处死刑。皇帝勃然大怒说："这人大逆不道，竟偷盗先帝庙中的器物，我交给廷尉审理的目的，想要给他灭族的惩处，而你却一味按照法律条文来惩处，这不是我恭敬对待宗庙的本意啊。"张释之摘下帽子叩头谢罪说："依照法律这样处罚已经足够了。况且在罪名相同时，也要区别犯罪程度的轻重不同。现在他偷盗祖庙的器物就要处以灭族之罪，万一有人挖长陵盗墓，陛下用什么更重刑罚惩处他呢？"过了一些时候，文帝和薄太后谈论了这件事，才同意了廷尉的判决。当时，中尉条侯周亚夫与梁国国相山都侯王恬开看到了张释之执法论事公正，就和他结为亲密的朋友。张释之由此得到天下人的称赞。

后来，文帝死去，景帝即位。张释之内心恐惧，假称生病，想要辞职离去，又担心随之招致诛杀；要当面向景帝谢罪，又不知怎么办才好。后来他便用了王生的计策，还是向景帝道歉谢罪，景帝没有责怪他。

王生是精通黄老学说的隐士，曾被召进朝廷中。三公九卿全齐聚站在那里，王生是个老年人，他忽然说："我的袜带松脱了。"回过头来对张廷尉说："给我结好袜带！"张释之就跪下给他结好袜带。事后，有人问王生说："为什么在朝廷上羞辱张廷尉，让他跪着结袜带？"王生说："我年老了，又地位卑下。我琢磨再也不能给张廷尉帮什么忙了。张廷尉是天下名臣，我故意当众羞辱张廷尉，让他跪下结袜带，想用这种办法提高他的名望。"人们听说后，都称赞王生的贤德而且敬重张廷尉。

张廷尉侍奉景帝一年多，被改派为淮南王的丞相，这还是由于以前得罪景帝的缘故。过了一些时候，张释之去世。他的儿子叫张挚，字长公，官职一直做到大夫，后被免职。因为他不能迎合当时的权贵显要，所以直到死也没有再做官。

冯唐，他的祖父是战国时赵国人。他的父亲移居到了代地。汉朝建立后，冯氏又迁到安陵。冯唐以孝行著称于时，被举荐做了中郎署长，侍奉汉文帝。一次文帝乘车经过冯唐任职的官署，问冯唐说："老人家这么大年纪了怎么还在做郎官？家在哪里？"冯唐都如实作答。汉文帝说："我在代郡时，我的尚食监高祛多次和我谈到赵将李齐的才能，讲述了他在巨鹿城下作战的情形。现在我每次吃饭时，心里总会想起巨鹿之战时的李齐。老人家知道这个人吗？"冯唐回答说："他尚且比不上廉颇、李牧的才能。"汉文帝说："凭什么这样说呢？"冯唐说："我的祖父在赵国担任过将领，和李牧有很好的交情。我父亲从前做过代相，和赵将李齐也过从甚密，所以能知道他们的为人。"汉文帝听完冯唐的述说，很高兴，拍着大腿说："我偏偏得不到廉颇、李牧这样的人做将领，如果有这样的将领，我难道还忧虑匈奴吗？"冯唐说："臣诚惶诚恐，我想陛下即使得到廉颇、李牧，也不会任用他们。"汉文帝大怒，起身回宫。过了好长一会儿，文帝才又召见冯唐并责备他说："你为什么当众让我难堪？难道就不能私下告诉我吗？"冯唐赶紧道歉说："我是个粗人不懂得忌讳回避。"

在这时，匈奴人大举侵犯朝䎡，杀死北地都尉孙卯。汉文帝正为此忧虑，就接着问冯唐："你怎么知道我不能任用廉颇、李牧呢？"冯唐回答说："我听说古时候君王派遣将军时，跪下来推着车毂说，朝中的事我决断，外面的事，由将军裁定。所有军队中因功封爵奖赏的事，都由将军在外决定，归来再奏报朝廷。这不是虚夸之言呀。我的祖父说，李牧在赵国边境统率军队时，把征收的税金自行用来犒赏部下。赏赐由将军在外决定，朝廷不从中干预。君王交给他重任，而要求他成功，所以李牧才能够充分发挥才智。派遣精选的兵车一千三百辆，善于骑射的士兵一万三千人，能够建树功勋的士兵曾获百金之赏的勇士十万人，因此能够在北面驱逐匈奴，大破东胡，消灭澹林，在西面抑制强秦，在南面抗拒韩、魏。那个时候，赵国几乎成为霸主。后来恰逢赵王迁即位，他的母亲是个歌女。他一即位，就听信郭开的谗言，最终杀了李牧，让颜聚取代他。因此军溃兵败，被秦人俘虏消灭。如今我听说魏尚做云中郡郡守，他把军市上的税金全部用来犒赏士兵，还拿出个人的钱财，五天杀一次牛，宴请宾客、军吏，亲近左右，因此匈奴人远远躲开，不敢靠近云中郡的边关要塞。匈奴曾经入侵一次，魏尚率领军队出击，杀死很多敌军。那些士兵都是平民子弟，从村野来参军，哪里知道'尺籍'、'伍符'这些法令律例呢？他们只知道整天拼力作战，杀敌捕俘，可是到向上级报功的时候，只要有一句话不合实际情况，法官就用法律制裁他们。结果应得的奖赏不能兑现，犯了法的却一定要受惩罚。我愚蠢地认为陛下的法令太严明，奖赏太轻，惩罚太重。况且云中郡郡守魏尚只犯了错报多杀敌六人的罪，陛下就把他交给法官，削夺他的爵位，判处一年的刑期。由此说来，陛下即使得到廉颇、李牧，也是不能重用的。我确实愚蠢，触犯了禁忌，该当死罪，该当死罪！"文帝听了很高兴，当天就让冯唐拿着汉节去赦免魏尚，重新让他担任云中郡守，而任命冯唐做车骑都尉，掌管中尉和各郡国的车战士兵。

　　七年以后，汉景帝即位，让冯唐去做楚国的丞相，不久被免职。汉武帝即位时，征求贤良之士，大家举荐冯唐。冯唐这年已九十多岁，不能再做官了，于是任用他的儿子冯遂做了郎官。冯遂字王孙，也是杰出的人才，和我是好朋友。

　　太史公说：张释之谈论"厚道人"的一番话，和他严守法度不阿谀皇帝的事；以及冯公的谈论任用将帅之道，都说得好，说得好啊！俗话说："不了解那个人，看看他结交的朋友就可知道。"他们两位所称颂的人，都可以写在朝廷与宗庙的墙上。《尚书》说："不偏私不结党，王道才会平坦宽广；不结党不偏私，王道才能通畅。"张释之，冯唐两个人的思想可以说是接近于这个境界了。

原文

　　张廷尉释之者，堵阳人也，字季。有兄仲同居。以訾为骑郎，事孝文帝，十岁不得调，无所知名。释之曰："久宦减仲之产，不遂。"欲自免归。中郎将袁盎知其贤，惜其去，乃请徙释之补谒者。释之既朝毕，因前言便宜事。文帝曰："卑之，毋甚高论，令今可施行也。"于是释之言秦汉之间事，秦所以失而汉所以兴者久之。文帝称善，乃拜释之为谒者仆射。

释之从行,登虎圈。上问上林尉诸禽兽簿,十余问,尉左右视,尽不能对。虎圈啬夫从旁代尉对上所问禽兽簿甚悉,欲以观其能,口对响应无穷者。文帝曰:"吏不当若是邪?尉无赖!"乃诏释之拜啬夫为上林令。释之久之前曰:"陛下以绛侯周勃何如人也?"上曰:"长者也。"又复问:"东阳侯张相如何如人也?"上复曰:"长者。"释之曰:"夫绛侯、东阳侯称为长者,此两人言事曾不能出口,岂敩此啬夫谍谍利口捷给哉!且秦以任刀笔之吏,吏争以亟疾苛察相高,然其敝徒文具耳,无恻隐之实。以故不闻其过,陵迟而至于二世,天下土崩。今陛下以啬夫口辩而超迁之,臣恐天下随风靡靡,争为口辩而无其实。且下之化上疾于景响,举错不可不审也。"文帝曰:"善。"乃止不拜啬夫。

上就车,召释之参乘,徐行,问释之秦之敝。具以质言。至宫,上拜释之为公车令。

顷之,太子与梁王共车入朝,不下司马门,于是释之追止太子、梁王无得入殿门。遂劾不下公门不敬,奏之。薄太后闻之,文帝免冠谢曰:"教儿子不谨。"薄太后乃使使承诏赦太子、梁王,然后得入。文帝由是奇释之,拜为中大夫。

顷之,至中郎将。从行至霸陵,居北临厕。是时慎夫人从,上指示慎夫人新丰道,曰:"此走邯郸道也。"使慎夫人鼓瑟,上自倚瑟而歌,意惨凄悲怀,顾谓群臣曰:"嗟乎!以北山石为椁,用纻絮斲陈,蕠漆其间,岂可动哉!"左右皆曰:"善。"释之前进曰:"使其中有可欲者,虽锢南山犹有隙;使其中无可欲者,虽无石椁,又何戚焉!"文帝称善。其后拜释之为廷尉。

顷之,上行出中渭桥,有一人从桥下走出,乘舆马惊。于是使骑捕,属之廷尉。释之治问。曰:"县人来,闻跸,匿桥下。久之,以为行已过,即出,见乘舆车骑,即走耳。"廷尉奏当,一人犯跸,当罚金。文帝怒曰:"此人亲惊吾马,吾马赖柔和,令他马,固不败伤我乎?而廷尉乃当之罚金!"释之曰:"法者,天子所与天下公共也。今法如此而更重之,是法不信于民也。且方其时,上使立诛之则已。今既下廷尉,廷尉,天下之平也,一倾而天下用法皆为轻重,民安所措其手足?唯陛下察之。"良久,上曰:"廷尉当是也。"

其后有人盗高庙坐前玉环,捕得,文帝怒,下廷尉治。释之案律盗宗庙服御物者为奏,奏当弃市。上大怒曰:"人之无道,乃盗先帝庙器,吾属廷尉者，欲致之族，而君以法奏之，非吾所以共承宗庙意也。"释之免冠顿首谢曰："法如是足也。且罪等，然以逆顺为差。今盗宗庙器而族之，有如万分之一，假令愚民取长陵一抔土，陛下何以加其法乎？"久之，文帝与太后言之，乃许廷尉当。是时，中尉条侯周亚夫与梁相山都侯王恬开见释之持议平，乃结为亲友。张廷尉由此天下称之。

后文帝崩，景帝立，释之恐，称病。欲免去，惧大诛至；欲见谢，则未知何如。用王生计，卒见谢，景帝不过也。

王生者，善为黄老言，处士也。尝召居廷中，三公九卿尽会立，王生老人，曰"吾袜解"，顾谓张廷尉："为我结袜！"释之跪而结之。既已，人或谓王生曰："独奈何廷辱张廷尉，使跪结袜？"王生曰："吾老且贱，自度终无益于张廷尉。张廷尉方今天下名臣，吾故聊辱廷尉，使跪结袜，欲以重之。"诸公闻之，贤王生而重张廷尉。

张廷尉事景帝岁余，为淮南王相，犹尚以前过也。久之，释之卒。其子曰张挚，字长公，官至大夫，免。以不能取容当世，故终身不仕。

冯唐者，其大父赵人，父徙代。汉兴，徙安陵。唐以孝著，为中郎署长，事文帝。文帝辇过，问唐曰："父老何自为郎？家安在？"唐具以实对。文帝曰："吾居代时，吾尚食监高祛数为我言赵将李齐之贤，战于巨鹿下。今吾每饭，意未尝不在巨鹿也。父知之乎？"唐对曰②："尚不如廉颇、李牧之为将也。"上曰："何以？"唐曰："臣大父在赵时，为官率将，善李牧。臣父故为代相，善赵将李齐，知其为人也。"上既闻廉颇、李牧为人，良说，而搏髀曰："嗟乎！吾独不得廉颇、李牧时为吾将，吾岂忧匈奴哉！"唐曰："主臣！陛下虽得廉颇、李牧，弗能用也。"上怒，起入禁中。良久，召唐让曰："公奈何众辱我，独无间处乎？"唐谢曰："鄙人不知忌讳。"

当是之时，匈奴新大入朝䥽，杀北地都尉卬。上以胡寇为意，乃卒复问唐曰："公何以知吾不能用廉颇、李牧也？"唐对曰："臣闻上古王者之遣将也，跪而推毂，曰：'阃以内者，寡人制之；阃以外者，将军制之。'军功爵赏皆决于外，归而奏之。此非虚言也。臣大父言，李牧为赵将居边，军市之租皆自用飨士，赏赐决于外，不从中扰也。委任而责成功，故李牧乃得尽其智能，遣选车千三百乘，彀骑万三千，百金之士十万，是以北逐单于，破东胡，灭澹林，西抑强秦，南支韩、魏。当是之时，赵几霸。其后会赵王迁立，其母倡也。王迁立，乃用郭开逸，卒诛李牧，令颜聚代之。是以兵破士北，为秦所禽灭。今臣窃闻魏尚为云中守，其军市租尽以飨士卒，出私养钱，五日一椎牛，飨宾客军吏舍人，是以匈奴远避，不近云中之塞。虏曾一入，尚率车骑击之，所杀甚众。夫士卒尽家人子，起田中从军，安知尺籍伍符。终日力战，斩首捕虏，上功莫府，一言不相应，文吏以法绳之。其赏不行而吏奉法必用。臣愚，以为陛下法太明，赏太轻，罚太重。且云中守魏尚坐上功首虏差六级，陛下下之吏，削其爵，罚作之。由此言之，陛下虽得廉颇、李牧，弗能用也。臣诚愚，触忌讳，死罪死罪！"文帝说。是日令冯唐持节赦魏尚，复以为云中守，而拜唐为车骑都尉，主中尉及郡国车士。

七年，景帝立，以唐为楚相，免。武帝立，求贤良，举冯唐。唐时年九十余，不能复为官，乃以唐子冯遂为郎。遂字王孙，亦奇士，与余善。

太史公曰：张季之言长者，守法不阿意；冯公之论将率，有味哉！有味哉！语曰："不知其人，视其友。"二君之所称诵，可著廊庙。《书》曰："不偏不党，王道荡荡；不党不偏，王道便便。"张季、冯公近之矣。

短评

何以云"张冯列传"，子长有自悼之微情也。曰："汉初文法虽严，而上下之情易达，往往有触禁抵网之余，局外数言，转环立见，故萧何入狱，王卫尉得以陈言；雍齿见仇，张留侯为之阴释；下至壶关三老，得明太子之冤，鲁国朱家，亦解逋臣之厄。诚以当局者难为说，而纳牖者为功也。方史迁为李陵进说之时，与冯唐称魏尚何异，乃一言未察，刑祸随之，而迁可为陵明心迹，谁复为迁颂隐情？此无他，顾忌既多，偏陂顿极；而市道之交，转相惩戒，而莫之非也，故于赞中特撮出释之，称'长者'。冯唐之论将率，叹其称诵朋友，为王道公平，可谓极慨想之深情，尽揄扬之能事者矣！

批注

①《冯唐传》只论将一段，卓绝千古，遂为立传。而当其白首郎署以前，无表可见，特将大父与父两次迁徙写出，一种蔼然忠孝家风，便令人咀玩不

已。文章之神妙，良非宋子京一流漫然删润自谓简赅者，所能梦见也！

②古人偶然酬对之文，机局灵警，照应精严，虽使后人执管为之，推敲尽日有不能及者，如武侯隆中之对，淮阴登坛之语，及冯公此段议论，摘来便是绝妙古文。晋、唐以下，嗣音寡矣！文推两汉，岂虚语哉！

[释义] 史公为什么要将张、冯二人合在一个传内呢？因为二人都能够急人危难，仗义直言，殊有长者之风，史公写他二人实际上也正抒发自己的悲惨遭遇。想汉初之时，虽然刑法甚严，但下情还可以上达。在萧何、雍齿等人被皇上责怪而下狱时，尚有人可以向皇上进谏为他们解脱罪责，最后得以赦免。而司马迁只因一言触圣怒，便立即遭受宫刑。今昔相比，判若隔代。且司马迁是为李陵明冤的，而有谁又为司马迁明冤呢？由此可以看出，"赞"中称张为长者，称冯通朋友之道，都是在大谈自己之冤的！姚祖恩又指出，《冯唐传》事迹慷慨悲壮，史册生辉，但当他困守于中郎署中不为人所知时，亦没什么事情好写的，史公于是只好将其祖父、父亲几次迁徙大谈一番。这种铺垫看起来很无味，实际上却还是司马迁的匠心独运。他于空白无书之处，频叙冯唐家世，如原籍为赵人等等，正为冯唐后来能够畅论赵国名将廉颇、李牧，畅论他们何以能够威行将令据守北疆要塞，不使胡马度过阴山。同时，也在说明冯家几代人都以忠孝仁义传世的家风。文章是越咀嚼，越感到其中滋味。

补注

①此二传，本不合，所以为一传者，独为文帝视臣如友，握手相商，略无间隔也。故引知人、视友之语，又叹王道不偏党。（清·金圣叹：《评点才子全集·西汉文》）

扁鹊仓公列传

扁鹊小传　扁鹊（公元前407—前310），为古代名医，姓秦，名越人，战国时期渤海郡之郑地（今河北省文城县西南）人。扁鹊，是人们对他的称号，意谓他可以作为传说中能够为人治病的神鸟"扁鹊"。他经常在秦、晋、齐、赵等地行医，出入各王公将相之门，尝有手到病除、起死回生之效。而其诊脉，更为百代之宗师，是我国古代公认的一位神医。

　　扁鹊，是渤海郡郑人，姓秦，名叫越人。年轻时做人家客馆的主管。有个叫长桑君的客人到客馆来，只有扁鹊认为他是一个奇人，很恭敬地对待他。长桑君也知道扁鹊不是普通人，他在客馆出入有十多年了，一天叫扁鹊和自己坐在一起，悄悄和扁鹊说："我有秘藏的医方，我年老了，想传授给你，你不要泄漏出去。"扁鹊说："好吧，遵命。"他这才从怀中拿出一包药给扁鹊，并说："用未落地的雨水或者露水送服这种药，连用三十天后你就会有神奇的视力。"又接着拿出全部秘方都给了扁鹊。忽然间人就不见了，大概他不是凡人吧。扁鹊按照他说的，服药三十天，就能看见墙另一边的人。用这个功能来看病，五脏内所有的病症一目了然，诊脉只是个名义而已。他有时在齐国行医，有时在赵国行医。在赵国时名叫扁鹊。

　　在晋昭公的时候，众多大夫的势力强盛而国君的力量衰弱，赵简子是大夫，却独掌国事。赵简子病了，五天不省人事，大夫们都很忧惧，于是召来扁鹊。扁鹊入室诊视病后走出，大夫董安于向扁鹊询问病情，扁鹊说："他的血脉正常，你们何必大惊小怪！从前秦穆公曾出现这种情形，昏迷了七天才苏醒。醒来的当天，告诉公孙支和子舆说：'我到天帝那里后非常快乐。我所以去那么长时间，是因为我要在那里学些东西。天帝告诉我，晋国将要大乱，会五代不安宁。此后晋国将称霸，称霸不久霸主就会死去。霸主的儿子将使他的国家男女淫乱'。公孙支把这些话记下收藏起来，秦国有历史记载就是从这时开始的。后来晋献公的混乱,晋文公的称霸,及晋襄公打在殽山败秦军后放纵淫乱,这些都是你所闻知的。现在你们主君的病和他相同,不出三天就会痊愈,痊愈后必定也会说一些话。"

过了两天半,赵简子苏醒了,告诉众大夫说:"我到天帝那儿非常快乐,和众神仙在天空中游玩,那里各种乐器奏着许多乐曲,跳着各种各样的舞蹈,不像上古三代时的乐舞,乐声动人心魄。有一只熊要抓我,天帝命令我射杀它,一箭就把熊射死了。有一只罴走过来,我又射它,罴也死了。天帝非常高兴,赏赐我两个竹筒,上边都装有首饰。我看见我的儿子在天帝的身边,天帝把一只翟犬托付给我,并说:'等到你的儿子长大成人时赐给他。'天帝告诉我说:'晋国将会一代一代地衰微下去,过了七代就会灭亡。这时秦军将在范魁的西边打败周人,但也不能占有它。'"董安于听了这些话后,记录并收藏起来。董安于把扁鹊说过的话告诉赵简子,赵简子赐给扁鹊田地四万亩。

后来扁鹊行医路经虢国,正碰上虢太子死去。扁鹊来到虢国王宫门前,问一位喜好医术的中庶子说:"太子有什么病,整个都城都在举行祈祷活动,把别的事都搁置起来了呢?"中庶子说:"太子的病是血气运行没有规律,阴阳交错而不能疏泄,突然暴发,就造成内脏受伤害。他体内的正气不能制止邪气,致使邪气蓄积而不能疏泄,因此阳脉弛缓阴脉急迫,所以突然昏倒而死。"扁鹊问:"他死多久了?"中庶子回答:"从鸡鸣到现在。"又问:"尸体收殓了吗?"回答说:"还没有,他死还不到半天呢。"扁鹊说:"请禀告虢君说,我是渤海郡的秦越人,家在郑地,过去我未能有幸拜见君主的神采为你们君主效力。听说太子死了,我能使他复活。"中庶子说:"先生该不是胡说吧?怎么说太子可以复活呢!我听说上古的时候,有个叫俞跗的医生,治病不用汤剂、药酒、镵针、砭石、导引、按摩、药熨等办法,一经诊视就知道疾病的所在,顺着五脏的腧穴,然后割开皮肤,剖开肌肉,疏通经脉,结扎筋腱,按摩脊髓与肢部,疏理腹膜,清洗肠胃,洗涤五脏,修炼精气,改变神情气色,先生的医术能如此,那么太子就能再生了;不能做到如此,却想要使他再生,那就连三岁小孩也不会相信您的话。"两人谈了一整天,最后扁

鹊仰天长叹:"您说的那些治疗方法,就像从竹管中看天,从缝隙中看花纹一样。我用的治疗方法,不需给病人切脉、察看脸色、听声音、观察病人的体态神情,才能知道病灶在什么地方。我可以由里知表。人体内有病会从体表

反映出来,据此就可诊断千里之外的病人,诊断病症的方法很多,不能只停留在一个角度看问题。你如果不相信我,你试着进去诊视太子,应会听到他耳部有鸣响、看到鼻翼扇动,顺着两腿摸到阴部,那里应该还是温热的。"

中庶子听完扁鹊的话,目瞪口呆说不出话来,就进去把扁鹊的话告诉虢君。虢君听后十分惊讶,走出内廷,在宫廷的中门接见扁鹊,说:"我久仰您的大名,只是没有机会去拜见您。这次先生您路经我们小国,希望您能救助我们,我这个偏远国家的君王真是太幸运了。有先生在就能救活我的儿子,没有先生在他就只有死路一条,永不能复生了。"话没说完,他就悲伤抽咽起来,他精神恍惚,涕泪交流在睫毛上挂满泪珠,悲哀不能自己,容貌神情都变了。扁鹊说:"太子得的病,就是人们所说的'尸蹶'。那是因为阳气陷入阴脉,脉气缠绕冲动了胃,经脉受损伤,脉络被阻塞,分别下沉于三焦、膀胱,因此阳脉下坠,阴脉上升,阴阳两气交汇处堵塞。阴气又逆而上行,阳气只好向内运行,阳气只能在下在内鼓动却不能上升,阳气在上在外被阻绝不能引导阴气,在上有隔绝了阳气的脉络,在下有破坏了阴气的筋纽,这样阴气破坏、阳气隔绝,使人的面色衰败,血脉混乱,所以身体安静得像死去的样子。太子实际没有死。因为阳入阴而阻绝脏气的能治愈,阴入阳而阻绝脏气的必死。这些情况,都会在五脏失调时突然发作。精良的医生能治愈这种病,拙劣的医生会因困惑使病人危险。"

于是扁鹊就叫他的学生子阳磨砺针石,取穴百会下针。过了一会儿,太子苏醒了,又让学生子豹准备能入体五分的药熨,再加上八减方的药剂混合煎煮,交替在两胁下熨敷。太子能够坐起来了。进一步调和他体内的阴阳,仅仅吃了二十天汤剂,太子就康复了。因此天下的人都认为扁鹊能使死人复活。扁鹊却说:"我不是能使死人复活啊,只是能使这些本来就没死的人好了而已。"

扁鹊经过齐国时,齐桓侯把他当客人招待。他到朝廷拜见桓侯,说:"您有小病在皮肤和肌肉之间,不治将会深入体内。"桓侯说:"我没有病。"扁鹊走出宫门后,桓侯对身边的人说:"医生喜爱功利,想拿给没有病的人治病来显示自己的本领,作为功劳。"过了五天,扁鹊再去见桓侯,说:"您的病已在血脉里,不治恐怕会深入体内。"桓侯说:"我没有病。"扁鹊出去后,桓侯心里不高兴。又过了五天,扁鹊又去见桓侯,说:"您的病已在肠胃间,不治将更深侵入体内。"桓侯不搭理他。扁鹊出去后，桓侯更不高兴。过了五天，扁鹊又去，看见桓侯就向后退走了。桓侯派人问他跑的缘故。扁鹊说："疾病在皮肉之间，汤剂、药熨的效力就能治好；疾病在血脉中，靠针刺和砭石的效力就可以扎好；疾病在肠胃中，药酒的效力就能就可以治好；疾病进入骨髓，就是掌管生命的神也无可奈何。现在国君的病已进入骨髓，我因此不再要求为他治病。"过了五天后，桓侯身上患了重病，派人去请扁鹊，扁鹊已逃离齐国。于是桓侯就病死了。

假使圣人能预先知道没有显露的病症，能够请好的医生及早诊治，那么疾病就能治好，性命就能保住。人们担忧的是疾病太多，医生忧虑的是治病的方法太少。所以有六种患病的情形不能医治：为人傲慢放纵不讲道理，是一不治；轻视身体看重钱财，是二不治；衣着饮食不能适当调节，是三不治；阴阳错乱，五脏功能不正常，是四不治；身体非常羸弱，不能服药的，是五不治；迷信巫术不相信医术的，是六不治。存在上述一种情形，那就很难医治了。

扁鹊名扬天下。他经过邯郸时，听过当地人尊重妇女，就做治妇女病医生；经过洛阳时，听说周人敬爱老人，就做专治耳聋眼花四肢痹痛的医生；到了咸阳，听说秦人喜爱孩子，就做治小孩疾病的医生；他随着各地的习俗来变化自己的医治范围。秦国的太医令李醯自知医术不如扁鹊，派人刺杀了扁鹊。到现在，天下谈论诊脉法的人，都遵从扁鹊的理论和实践。

太仓公是齐国都城管理粮仓的长官，他是临淄人，姓淳于名叫意，年轻却喜好医术。汉高后八年，再次向同郡元里的公乘阳庆拜师学习医术。这时阳庆已七十多岁，没有能继承医术的后代，就让淳于意把从前学的医方全部抛开，然后把自己掌握的秘方全传给了他，还传授给他黄帝、扁鹊的脉书，五色诊病的方法，使他预先知道病人的生死，决断疑难病症，判断能否治疗，以及药剂的理论，都十分精辟。仓公学了三年之后，为人治病，预断死生，多能应验。然而他却到处交游诸侯，不拿家当家，有时不肯为别人治病，因此许多病家怨恨他。

汉文帝四年，有人上书朝廷控告淳于意，根据刑律罪状，要用驿车押解到长安去。淳于意有五个女儿，跟在后面哭泣。他发怒而骂道："生孩子不生男孩，到紧要关头就没有可用的人！"最小的女儿缇萦听了父亲的话非常伤

心，就跟随父亲西行到了长安。她上书朝廷说："我父亲是朝廷的官吏，齐国人民都称赞他的廉洁公正，现在犯法被判刑。我非常痛心处死的人不能再生，而受刑致残的人也不能再复原，即使想改过自新，也没有办法，最终无法改过。我情愿自己做官家奴婢，来赎父亲的罪，使父亲能有改过自新的机会。"汉文帝看了缇萦的上书，怜悯她的孝心赦免了淳于意，并在这一年废除了肉刑。

淳于意住在家里，皇帝下诏问他为人治病决断死生应验的有多少人，他们名叫什么。诏书问太仓淳于意的问题是："医术有什么专长及能治愈什么病？有没有医书？都向谁学医的？学了几年？曾治好哪些人？他们是什么地方的人？得的什么病？治疗用药后，病情怎样？全部详细回答。"淳于意回答说："我在年轻时，就喜好医术药剂之方，用学到的医术方剂试着给人看病，大多没有效验。到了高后八年，得以拜见老师临淄元里的公乘阳庆。阳庆这时七十多岁，我得以拜见侍奉他。他对我说：'全部抛开你学过的医书，这些都不正确。我有古代先辈医家传授的黄帝、扁鹊的诊脉书，用五色诊治病症，使你能预断病人的生死，决断疑难病症，判定能否医治，还有药剂理论的书籍，都非常精辟。我家中富足，喜欢你，想把自己收藏的秘方和书全教给你。'我说：'太幸运了，这些不是我敢奢望的。'说完我就离开坐席再次拜谢老师。我学习了他传授的《脉书上下经》《五色诊》《奇咳术》《揆度阴阳外变》《药论》《石神》《接阴阳禁书》，学习时注意理解体验，这样用了约一年时间。第二年，我试着为人治病，虽有效，还不精到。我一共向他学习三年，我曾经治过的病人，诊视病情决断生死的人，都有效，已达到了精妙的程度。现在阳庆已死了十来年，我曾向他学习三年，我现在已经三十九岁了。"

原文

扁鹊者，勃海郡郑人也，姓秦氏，名越人。少时为人舍长。舍客长桑君过，扁鹊独奇之，常谨遇之。长桑君亦知扁鹊非常人也。出入十余年，乃呼扁鹊私坐，间与语曰①："我有禁方，年老，欲传与公，公毋泄。"扁鹊曰："敬诺。"乃出其怀中药予扁鹊："饮是以上池之水，三十日当知物矣。"乃悉取其禁方书尽与扁鹊。忽然不见，殆非人也。扁鹊以其言饮药三十日，视见垣一方人。以此视病，尽见五藏症结，特以诊脉为名耳。为医或在齐，或在赵。在赵者名扁鹊。

当晋昭公时，诸大夫强而公族弱，赵简子为大夫，专国事。简子疾，五日不知人，大夫皆惧，于是召扁鹊。扁鹊入视病②，出，董安于问扁鹊，扁鹊曰："血脉治也，而何怪！昔秦穆公尝如此，七日而寤。寤之日，告公孙支与子舆曰：'我之帝所甚乐。吾所以久者，适有所学也。帝告我：晋国且大乱，五世不安。其后将霸，未老而死。霸者之子且令而国男女无别。'公孙支书而藏之，秦策于是出。夫献公之乱，文公之霸，而襄公败秦师于殽而归纵淫，此子之所闻。今主君之病与之同，不出三日必间，间必有言也。"

居二日半，简子寤，语诸大夫曰："我之帝所甚乐，与百神游于钧天，广乐九奏万舞，不类三代之乐，其声动心。有一熊欲援我，帝命我射之，中熊，熊死。有罴来，我又射之，中罴，罴死。帝甚喜，赐我二笥，皆有副。吾见儿在帝侧，帝属我一翟犬，曰：'及而子之壮也以赐之。'帝告我：'晋国且世衰，七世而亡。嬴姓将大败周人于范魁之西，而亦不能有也。'"董安于受言，书而藏之。以扁鹊言告简子，简子赐扁鹊田四万亩。

其后扁鹊过虢。虢太子死，扁鹊至虢宫门下，问中庶子喜方者曰："太子何病，国中治穰过于众事？"③中庶子曰："太子病血气不时，交错而不得泄，暴发于外，则为中害。精神不能止邪气，邪气畜积而不得泄，是以阳缓而阴急，故暴蹶而死。"扁鹊曰："其死何如时？"曰："鸡鸣至今。"曰："收乎？"曰："未也，其死未能半日也。"言"臣齐勃海秦越人也，家在于郑，未尝得望精光侍谒于前也。闻太子不幸而死，臣能生之。"中庶子曰："先生得无诞之乎？何以言太子可生也！臣闻上古之时，医有俞跗，治病不以汤液醴酒，镵石挢引，案扤毒熨，一拨见病之应，因五藏之输，乃割皮解肌，诀脉结筋，搦髓脑，揲荒爪幕，湔浣肠胃，漱涤五藏，练精易形。先生之方能若是，则太子可生也；不能若是而欲生之，曾不可以告咳婴之儿。"终日，扁鹊仰天叹曰："夫子之为方也，若以管窥天，以隙视文。越人之为方也，不待切脉望色听声写形，言病之所在。闻病之阳，论得其阴；闻病之阴，论得其阳。病应见于大表，不出千里，决者至众，不可曲止也。子以吾言为不诚，试入诊太子，当闻其耳鸣而鼻张，循其两股以至于阴，当尚温也。"

中庶子闻扁鹊言，目眩然而不瞚，舌挢然而不下，乃以扁鹊言入报虢君。

虢君闻之大惊，出见扁鹊于中阙，曰："窃闻高义之日久矣，然未尝得拜谒于前也。先生过小国，幸而举之，偏国寡臣幸甚。有先生则活，无先生则弃捐填沟壑，长终而不得反。"言未卒，因嘘唏服臆，魂精泄横，流涕长潸，忽忽承睫，悲不能自止，容貌变更。扁鹊曰："若太子病，所谓'尸蹶'者也。夫以阳入阴中，动胃繵缘，中经维络，别下于三焦、膀胱，是以阳脉下遂，阴脉上争，会气闭而不通，阴上而阳内行，下内鼓而不起，上外绝而不为使，上有绝阳之络，下有破阴之纽，破阴绝阳，色废脉乱，故形静如死状。太子未死也。夫以阳入阴支兰藏者生，以阴入阳支兰藏者死。凡此数事，皆五藏蹶中之时暴作也。良工取之，拙者疑殆。"

扁鹊乃使弟子子阳厉针砥石，以取外三阳五会。有间，太子苏。乃使子豹为五分之熨，以八减之齐和煮之，以更熨两胁下。太子起坐。更适阴阳，但服汤二旬而复故。故天下尽以扁鹊为能生死人。扁鹊曰："越人非能生死人也，此自当生者，越人能使之起耳。"

扁鹊过齐，齐桓侯客之。入朝见，曰："君有疾在腠理，不治将深。"桓侯曰："寡人无疾。"扁鹊出，桓侯谓左右曰："医之好利也，欲以不疾者为功。"后五日，扁鹊复见，曰："君有疾在血脉，不治恐深。"桓侯曰："寡人无疾。"扁鹊出，桓侯不悦。后五日，扁鹊复见，曰："君有疾在肠胃闲，不治将深。"桓侯不应。扁鹊出，桓侯不悦。后五日，扁鹊复见，望见桓侯而退走。桓侯使人问其故。扁鹊曰："疾之居腠理也，汤熨之所及也；在血脉，针石之所及也；其在肠胃，酒醪之所及也；其在骨髓，虽司命无奈之何。今在骨髓，臣是以无请也。"后五日，桓侯体病，使人召扁鹊，扁鹊已逃去。桓侯遂死。

使圣人预知微，能使良医得蚤从事，则疾可已，身可活也。人之所病，病疾多；而医之所病，病道少。故病有六不治：骄恣不论于理，一不治也；轻身重财，二不治也；衣食不能适，三不治也；阴阳并，藏气不定，四不治也；形羸不能服药，五不治也；信巫不信医，六不治也。有此一者，则重难治也。

扁鹊名闻天下。过邯郸，闻贵妇人，即为带下医；过雒阳，闻周人爱老人，即为耳目痹医；来入咸阳，闻秦人爱小儿，即为小儿医；随俗为变。秦太医令李醯自知伎不如扁鹊也，使人刺杀之。至今天下言脉者，由扁鹊也。

太仓公者，齐太仓长，临菑人也，姓淳于氏，名意。少而喜医方术。高后八年，更受师同郡元里公乘阳庆。庆年七十余，无子，使意尽去其故方，更悉以禁方予之，①传黄帝、扁鹊之脉书，五色诊病，知人死生，决嫌疑，定可治，及药论，甚精。受之三年，为人治病，决死生多验。然左右行游诸侯，不以家为家，或不为人治病，病家多怨之者。

文帝四年中，人上书言意，以刑罪当传西之长安。意有五女，随而泣。意怒，骂曰："生子不生男，缓急无可使者！"于是少女缇萦伤父之言，乃随父西。上书曰："妾父为吏，齐中称其廉平，今坐法当刑。妾切痛死者不可复生，而刑者不可复续，虽欲改过自新，其道莫由，终不可得。妾愿入身为官婢，以赎父刑罪，使得改行自新也。"书闻，上悲其意，此岁中亦除肉刑法。

意家居，诏召问所为治病死生验者几何人也，主名为谁。诏问故太仓长臣意："方伎所长，及所能治病者？有其书无有？皆安受学？受学几何岁？尝有所验，何县里人也？何病？医药已，其病之状皆何如？具悉而对。"臣意对曰："自意少时，喜医药，医药方试之多不验者。至高后八年，得见师临菑元里公乘阳庆。庆年七十余，意得见事之。谓意曰：'尽去而方书，非是也。庆有古先道遗传黄帝、扁鹊之脉书，五色诊病，知人生死，决嫌疑，定可治，及药论书，甚精。我家给富，心爱公，欲尽以我禁方书悉教公。'臣意即曰：'幸甚，非意之所敢望也。'臣意即避席再拜谒，受其脉书上下经、五色诊、奇咳术、揆度阴阳外变、药论、石神、接阴阳禁书，受读解验之，可一年所。明岁即验之，有验，然尚未精也。要事之三年所，即尝已为人治，诊病决死生，有验，精良。今庆已死十年所，臣意年尽三年，年三十九岁也。"

批注

①每见俗士贱工传授一书，辄万种离奇，并珍之秘笈，勿授匪人之语，每作恶竟曰。今观史公写长桑授书扁鹊及黄石授书子房之文，亦何尝不极怪奇，然其笔径之古雅，则迥绝人间世也，后世善举怪笔而能雅者，昌黎而外，明有李于鳞耳，东坡即不免于亵。

②扁鹊纵能洞见五脏症结，然安能知简子梦中事？颇涉荒怪。妙在援秦穆公往事作一榜样，而聊以"间必有言也"一语微示其端，则镜花水月，实

处皆空。又妙在两番梦呓,有应有不应,离离奇奇,可赏可愕,但觉会淋漓,而不暇致诘其所以然之故,真千年绝调也。

③扁鹊治虢太子一事,当是实录。故叙其问答之详,病症之源流,疗治之方略,以至前有中庶之辨析,后有生死人之传闻,无不如掌上螺纹,细细写出。他若简子梦游之荒怪,相侯讳疾之余文,皆借作一篇结构,所以助文章之波澜,当别具只眼,以分别观也。

④淳于意当时自有其诏问奏对之书,太史因取而删润之,以为列传,此亦古文家一体也。然此等文字,全在自出手眼。删润得妙,便有点铁成金之誉。若宋子京辈徒知减字换字,则大非作手也。

魏其武安侯列传

窦婴田蚡小传

窦婴（公元前？—前131），河北观津（今河北省衡水市东的武邑）人，是汉景帝母后窦太后的堂兄之子。文帝时任吴王相；景帝时，任詹事。吴楚等七国作乱，窦婴坚守荥阳有功，受封为大将军、魏其侯。窦太后死，遂渐为景帝所疏远，不得再受重用。

田蚡，生于长陵（今陕西省西安市附近），是汉景帝皇后的同母弟弟。景帝晚年时，逐渐起用田蚡，从太中大夫晋升为太尉。因为田蚡与窦婴等都尊崇儒术，而窦太后则崇尚道家之言，由于政见不和，窦婴与田蚡一度皆被免职。窦太后驾崩后，景帝复起用田蚡为丞相，封他为武安侯。

　　魏其侯窦婴是汉文帝窦皇后堂兄的儿子。他的父辈以上世世代代居于观津。他喜欢结交宾客。汉文帝时，窦婴任吴国国相，后来因病免职。汉景帝刚刚即位时，他任詹事。

　　梁孝王是汉景帝的弟弟，他的母亲窦太后很疼爱他。有一次梁孝王入朝，汉景帝以兄弟的身份与他一起宴饮，这时汉景帝还没有立太子。酒兴正浓时，汉景帝随便地说："我死之后把帝位传给梁王。"窦太后听了非常高兴。这时窦婴端起一杯酒上前阻拦，景帝说道："天下是高祖打下的天下，帝位应当父子相传，这是汉朝立下的制度规定，皇上凭什么要擅自传给梁王！"窦太后因此憎恨窦婴。窦婴也嫌詹事的官职太小，就借口生病辞职。窦太后于是除去了窦婴进出宫门的名籍，不让他在进宫朝见皇帝。

　　汉景帝三年，吴、楚等七国反叛，皇上考虑到皇族成员和窦姓家族的子弟们没有谁像窦婴那样贤能的了，于是就召见窦婴。窦婴入宫拜见，皇上向他说明了自己的意思，窦婴坚决推辞，借口有病，不能胜任。窦太后这时也感到惭愧。于是皇上就说："天下正有急难，你怎么可以推辞呢？"景帝便任命窦婴为大将军，赏赐给他黄金千斤。这时袁盎、栾布诸名将贤士都退职闲

居在家，窦婴就向皇上推荐起用他们。窦婴把皇上所赏赐的黄金，都摆列在走廊里，属下的军官经过时，就让他们根据自己的需要随便取用，皇帝赏赐的黄金一点儿也没有拿回家。窦婴驻守荥阳时，监督前去讨伐齐国和赵国叛乱的两路兵马，等到七国的叛乱全部被平定之后，皇上就赐封窦婴为魏其侯。这时那些游士宾客都争相归附魏其侯。景帝时每次在朝廷上讨论国家大事时，所有列侯都不敢与条侯周亚夫、魏其侯窦婴平起平坐。

汉景帝四年，立栗姬生的儿子为太子，任命窦婴担任太子的太傅。汉景帝七年，栗太子被废，窦婴多次为栗太子争辩都没有挽回。窦婴就推说有病，隐居在蓝田县南山下好几个月，许多宾客、辩士都来劝说他，但没有人能说服他回到京城来。这时梁地人高遂来劝窦婴说："能使您富贵的是皇上，能使您成为朝廷亲信的是太后。您担任太子的师傅，太子废黜而不能被劝阻，劝阻又不能成功时，又不能去殉职。自己托病引退，整天拥抱着歌姬美女，退隐闲居而不参加朝会。把这些情况对比来看，这是您自己表明要张扬皇帝的过失。假如皇上和太后都要加害于您，那您的妻子儿女都会一个不剩地被杀害。"窦婴认为他说得很对，于是就出山回朝，像过去一样朝见皇帝。

在桃侯刘舍被免去丞相职务后，窦太后多次推荐窦婴当丞相。景帝说："太后难道认为我有所吝啬而不让魏其侯当丞相吗？魏其侯这个人骄傲自满，容易自我欣赏，做事草率轻浮，难以出任丞相，担当国家重任。"最终景帝没有任用窦婴，任用了建陵侯卫绾作丞相。

武安侯田蚡，是汉景帝王皇后的同母异父弟弟，出生在长陵。魏其侯窦婴已经当了大将军，正当声势显赫的时候，田蚡还只是个郎官，没有显贵，来往于窦婴家中，侍奉窦婴饮酒，跪拜起立像窦婴的子孙辈一样。等到景帝的晚年，田蚡也显贵起来，受到宠信，做了太中大夫。田蚡能言善辩，学习过《盘盂》之类的书籍，王太后认为他有才能。景帝去世后当天，太子继位做了皇帝，王太后摄政，她用于镇压、安抚百姓的措施，大都采用田蚡和他门下宾客的策略。田蚡和他的弟弟田胜，都因为是王太后的弟弟，于是在景帝去世的同一年，被分别封为武安侯和周阳侯。

武安侯田蚡刚掌权就想当丞相，所以对他的宾客非常谦卑，推荐闲居在家的名士出来做官，让他们显贵，想以此来压倒窦婴等元老将相的势力。建元元年，丞相卫绾因病免职，皇上酝酿安排丞相和太尉的人选。籍福劝说田蚡道：“魏其侯掌权已经很久了，天下有才能的人一向归附他。现在您刚刚兴起，声望不能和魏其侯相比，就是皇上任命您做丞相，也一定要让给魏其侯。魏其侯当丞相，您一定会当太尉。太尉和丞相的等级是一样的，您还有让相位给贤者的好名声"。田蚡认为有道理，就暗中告诉太后，太后又暗示皇上，于是便任命窦婴当丞相，田蚡当太尉。这时籍福去向窦婴道贺，并顺便提醒他说："您的天性是喜欢好人憎恨坏人，如今好人称赞您，所以您当了丞相，然而您也憎恨坏人，坏人相当多，他们也会毁谤您的。如果您对好人和坏人都能兼容并包，那么您丞相的职位就可以保持长久。否则，您很快就会受到毁谤而离职。"窦婴不听从他的话。

魏其侯窦婴和武安侯田蚡都爱好儒家学说，他们推荐赵绾当了御史大夫，王臧担任郎中令。把鲁国儒生申培接到长安来，准备设立明堂，命令列侯们回到自己的封地上，废除关禁，按照礼法来规定不同等级的服饰和制度，以此来表明已是一个百废俱兴的盛世。同时让人检举窦氏家族和皇族成员中品德不好的人，开除他们的族籍。当时诸外戚中的列侯，大多娶公主为妻，都不想回到各自的封地中去，因为这个缘故，那些毁谤窦婴等人的言语每天都传到窦太后的耳中。窦太后喜欢黄老学说，而窦婴、田蚡、赵绾、王臧等人则努力推崇儒家学说，贬低道家的学说，因此窦太后更加不喜欢窦婴等人。到了建元二年，御史大夫赵绾请皇上不要再把政事奏给窦太后。窦太后大怒，便罢免并驱逐了赵绾、王臧等人，还解除了丞相和太尉的职务，任命柏至侯许昌当了丞相，武强侯庄青翟当了御史大夫。窦婴、田蚡从此以侯爵的身份闲居家中。

武安侯田蚡虽然不担任官职，但因为是王太后弟弟的缘故，仍然受到皇上的宠信，多次议论政事，他的建议大多被采纳，天下趋炎附势的官吏和士人们，都离开了窦婴而归附了田蚡。田蚡一天天更加骄横。建元六年，窦太后逝世，丞相许昌和御史大夫庄青翟因为丧事办得不周到，都被免职。于是武帝任用武安侯田蚡担任丞相，任用大司农韩安国担任御史大夫。天下的士人、各郡郡守和各诸侯国的诸侯王，就更加趋附田蚡了。

田蚡身材矮小，其貌不扬，自幼出生于权贵之家。他又认为当时的诸侯王都年纪较大，皇上刚刚即位，年纪很轻，自己以皇帝的至亲心腹担任朝廷的丞相，如果不狠狠地整顿一番，必须用礼法来使诸侯们屈服，否则天下人

就不会服服帖帖的。在那时候，丞相田蚡入朝廷奏事，往往一坐就是大半天，他所说的话皇帝都听，他推荐人做官有的从闲居在家一下子被提拔到二千石，权力比皇帝还大。皇上于是说："你要任命的官吏已经任命完了没有？我也想任命几个官呢。"他曾经要求把考工官署的地盘划给自己扩建住宅，皇上生气地说："你为什么不把武器库也取走！"从这以后才收敛一些。田蚡曾经请客人宴饮，让他的兄长盖侯面朝南坐，自己却面朝东坐，认为他自己是丞相地位尊贵，不可以因为兄长就私下委屈自己。田蚡更加骄横，他修建住宅，其规模、豪华超过了所有贵族的府第，他的田地庄园都极其肥沃；他派到各郡县去购买器物的人，在大道上络绎不绝；他的前厅摆设着钟鼓，竖立着曲柄长幡；他后房的美女数以百计；诸侯奉送给他的珍宝金玉、狗马和玩好器物，数也数不清。

　　魏其侯窦婴自从窦太后去世之后，被皇上更加疏远不受重用，没有权势，诸宾客渐渐自动离去，甚至对他懈怠傲慢起来，只有灌夫将军一人没有改变原来的态度。因此窦婴天天闷闷不乐，唯独对灌夫将军格外厚待。

　　灌夫将军是颍阴人。灌夫的父亲是张孟，曾经做过颍阴侯灌婴的家臣，受到灌婴的宠信，便推荐他，官至二千石级，所以就用灌氏的姓叫灌孟。吴楚叛乱时，颍阴侯灌何担任将军，是太尉周亚夫的部下，他向太尉推荐灌孟担任校尉。灌夫带领一千人与父亲一起出征。灌孟年纪已经老了，颍阴侯勉强推荐他，所以灌孟总是闷闷不乐，每逢作战时，常常攻击敌人的坚强阵地，因而战死在吴军中。按照当时军法的规定，父子一起从军参战，有一个为国战死，未死者可以护送灵柩回来。但灌夫不肯随同父亲的灵柩回去。他慷慨激昂地表示："希望斩取吴王或者吴国将军的头，以替父亲报仇。"于是灌夫披甲持戟，召集了军中与他素来有交情又愿意跟他同去的勇士几十个人准备一起向吴军拼命。

　　等到走出营门，许多人都不敢去了。只有两个士兵和灌夫属下的奴隶共十多个人跟着他飞奔冲入吴军中，一直到达吴军的将旗之下，杀死杀伤敌军几十人。他们不能再继续前进了，又飞马返回汉军营地，所带去的奴隶全都战死了，只有一个士兵跟着他回来。灌夫身上受重创十多处，恰好身边有名贵的良药，所以才得不死。灌夫的创伤稍稍好转，又向将军请求说："我现在更加了解吴军营垒中的情况了，请您让我再回去。"将军认为他勇敢而有义气,恐怕灌夫战死,便向太尉周亚夫报告,太尉便坚决地阻止了他。等到吴军被攻破,灌夫也因此名闻天下。

颍阴侯把灌夫的情况向皇上汇报了,皇上就任命灌夫担任中郎将。过了几个月,因为犯法而丢了官。后来到长安安了家,长安城中的许多显贵没有不称赞他的,后来他又被起用。景帝时,灌夫官至代国国相。景帝去世后,当今皇上武帝刚即位,认为淮阳是天下的交通枢纽,必须驻扎强大的兵力加以防守,因此调任灌夫担任淮阳太守,建元元年,又调灌夫进京任太仆。第二年,灌夫与长乐卫尉窦甫喝酒,因某事二人发生争执,结果灌夫喝醉了,打了窦甫。窦甫,是窦太后的亲兄弟。皇上恐怕窦太后杀灌夫,调派他担任了燕国国相。几年以后,灌夫又因犯法丢官,闲居在长安家中。

灌夫为人刚强直爽,好发酒疯,不喜欢当面奉承人。皇亲国戚及有势力的人,凡是地位在自己以上的,他不但不想对他们表示尊敬,反而要想办法去凌辱他们;对地位在自己之下的许多士人,越是贫贱的,就更加恭敬,跟他们平等相待。在大庭广众之中,灌夫推荐夸奖那些比自己地位低的人。士人们也因此而推崇他。

灌夫不喜欢念书,爱行侠仗义,已经答应了别人的事,一定办到。凡和他交往的那些人,大都是地方的豪绅。他家中积累的资产有几千万,每天的食客少则几十,多则近百。他家有大量的肥沃的土地和蓄水池塘,他的宗族和宾客们扩张权势,垄断利益,在颍川一带横行霸道。颍川的儿童于是作歌唱道:"颍水清清,灌氏安宁;颍水浑浊,灌氏灭族。"

灌夫闲居在家虽然富有,但失去了权势,过去和他来往密切的卿相、侍中那样有身份的朋友逐渐减少。等到魏其侯窦婴失去权势,也想依靠灌夫去报复那些原先仰慕自己,后来又抛弃自己的人。灌夫也想依靠窦婴去结交列侯和皇族以抬高自己的名声。两人互相援引借重,他们的交往就如同父子之间那样密切,彼此情投意合,没有嫌忌,只恨相知太晚了。

灌夫在服丧期内去拜访丞相田蚡,田蚡随便地说:"我想和你一起去拜访魏其侯,不巧正赶上你现在服丧不便前往。"灌夫说:"您竟肯屈驾光临魏其侯家,我灌夫怎敢因为服丧而推辞呢!请允许我告诉魏其侯设置帷帐,备办酒席,您明天早点光临。"田蚡答应了。灌夫详细地告诉了窦婴,就像他对田蚡所说的那样。窦婴和他的夫人特地多买了肉和酒,连夜打扫房子,布置帷帐，准备酒宴，一直忙到天亮。天刚亮，窦婴就让府中管事的人在宅前伺候，等到中午，不见田蚡到来。窦婴对灌夫说："丞相难道忘记了这件事？"灌夫很不高兴，说："我灌夫不嫌丧服在身而应他的约，他应该来。"于是便驾车，亲自前往迎接田蚡。田蚡前一天只不过开玩笑似地答应了灌夫，实在没有打算来赴宴的意思。等到灌夫来到他家，田蚡还在睡觉。于是灌夫进门去见他，说："昨天幸蒙您答应拜访魏其侯，魏其侯夫妇备办了酒食，从早晨到现在，没敢吃一点东西。"田蚡装作惊讶地道歉说："我昨天喝得高兴时，忘记了跟您说的话。"田蚡便驾车前往，但又走得很慢，灌夫更加生气。等到喝酒喝醉了，灌夫舞蹈了一番，舞毕又邀请田蚡跳舞，田蚡竟不起身，灌夫在酒宴上用话讽刺他。窦婴赶紧扶灌夫离去，他向田蚡表示了歉意。田蚡一直喝到天黑，尽兴而去。

丞相田蚡曾经派籍福去索取魏其侯窦婴在城南的田地。窦婴大为怨恨地说："我虽然被废弃不用，将军虽然显贵，怎么可以仗势硬夺我的田地呢！"他坚决不答应。灌夫听说后，也生气，大骂籍福。籍福不愿两人有隔阂，就自己编造了好话向田蚡道歉说："魏其侯年事已高，就快死了，您还不能忍耐吗？姑且等待着吧！"不久，田蚡听说窦婴和灌夫愤怒而不肯让给田地，他也很生气地说："魏其侯的儿子曾经杀人，是我救了他的命。我服侍魏其侯没有不听从他的要求的，为什么他竟舍不得这几项田地？再说灌夫为什么要干预呢？我不敢再要这块田地了！"田蚡从此十分怨恨灌夫、魏其侯。

元光四年的春天，丞相田蚡向皇上说灌夫家住颍川，骄横霸道，百姓都受其苦，请求皇上查办。皇上说："这是丞相的职责，何必请示。"但由于灌夫也抓住了田蚡的一些把柄，诸如用非法手段谋取利益，接受了淮南王的金钱并说了些不该说的话。由两家宾客们从中调解，双方才停止互相攻击，彼此和解。

同年夏天，丞相田蚡娶燕王的女儿做夫人，太后下了诏令，叫列侯和皇族都去祝贺。魏其侯窦婴去拜访灌夫，打算同他一起去。灌夫推辞说："我多次因为酒醉失礼而得罪了丞相，丞相近来正和我有嫌隙。"窦婴说："事情已经和解了。"硬拉他一道去。酒喝到差不多时，田蚡起身敬酒，在座的宾客都离开席位，伏在地上，表示不敢当。过了一会儿，窦婴起身为大家敬酒，只有那些窦婴的老朋友们离开了席位，其余半数的人照常坐在那里，只是稍微欠了欠上身。灌夫不高兴。他起身依次敬酒，敬到田蚡时，田蚡照常坐在那里，只稍欠了一下上身说："不能喝满杯。"灌夫火了，便用嘲笑的口吻说："您是个贵人，干了这一杯！"当时田蚡不肯答应。灌夫继续敬酒敬到临汝侯的面前，临汝侯正在跟程不识附耳说悄悄话，又不离开席位。灌夫没有地方发泄怒气，便骂临汝侯说："你平时诋毁程不识不值一钱，今天长辈给你敬酒，你却像女孩子一样在那儿同程不识咬耳说话！"田蚡对灌夫说："程将军和李将军都是东西两官的卫尉，现在你当众侮辱程将军，你难道不给你所应尊敬的李将军留有余地吗？"灌夫说："今天杀我的头，穿我的胸，我都不在乎，还顾什么程将军、李将军！"座上的宾客们便起身上厕所，渐渐离去。窦婴也离去，挥手示意让灌夫出去。田蚡于是发火道："这是我平常太迁就灌夫的过错。"田蚡命令骑士扣留灌夫，灌夫想出去又出不去。籍福起身替灌夫道了歉，并按着灌夫的脖子让他道歉。灌夫越发火了，不肯道歉。田蚡便指挥骑士们捆绑灌夫放在客房中，叫来长史说："今天请宗室宾客来参加宴会，是有太后诏令的。"田蚡就让长史起草奏章弹劾灌夫，说他在宴席上辱骂宾客，是侮辱诏令，犯了"不敬"罪，把他囚禁在监狱里。接着就追查他以前的事情，派遣差吏分头追捕所有灌氏的分支亲属，都判决为杀头示众的罪名。窦婴感到非常惭愧，出钱让宾客向田蚡求情，也不能使灌夫获释。田蚡的属吏都是他的耳目，所有灌氏的人都逃跑、躲藏起来了，灌夫被拘禁，所以无法向皇上揭发田蚡的问题。

这时候魏其侯窦婴挺身而出营救灌夫。他的夫人劝他说："灌将军得罪了丞相，和太后家的人作对，怎么能营救得了呢？"窦婴说："侯爵爵位是我挣来的，现在由我把它丢掉，没有什么可遗憾的。再说我总不能让灌夫自己去死，而我独自活着。"于是就瞒着家人，私自出来上书给皇帝。皇帝马上把他召进宫去，窦婴就把灌夫因为喝醉了而失言的情况详细地说了一遍，认为不足以判处死刑。皇上认为他说得对，赏赐灌夫一同进餐，说道："明天到东宫去公开辩论清楚这件事"。

魏其侯窦婴到东宫，极力夸赞灌夫的长处，说他酒醉失言获罪，而丞相田蚡却拿别的罪来诬陷灌夫。田蚡接着又竭力诋毁灌夫，说他骄横放纵，犯了大逆不道的罪。窦婴思忖没有别的办法对付，便攻击田蚡的短处。田蚡说："天下幸而太平无事，我才得以做皇上的心腹，我所爱好的是音乐、狗马和田宅。我所喜欢的不过是歌伎艺人、巧匠这一些人，不像魏其侯和灌夫那样，招集天下的豪杰壮士，不分白天黑夜地说长道短，腹诽心谤深怀对朝廷的不满，不是抬头观天象，就是低头在地上画，窥测于东、西两宫之间，希望天下发生变故，好让他们趁机办大事。我倒不明白魏其侯他们到底要做些什么？"皇帝见两人争执不下，于是向在朝的大臣问道："他们两人的话谁的对呢？"御史大夫韩安国说："魏其侯说灌夫的父亲为国而死，灌夫手持戈戟冲入到强大的吴军中，身受创伤几十处，名冠三军，这是天下的勇士，如果不是有特别大的罪恶，只是因为喝了酒而引起口舌之争，是不值得援引其他的罪状来判处死刑的。魏其侯的话是对的。丞相又说灌夫同大奸巨猾结交，欺压平民百姓，积累家产数万，横行颍川，凌辱侵犯皇族，这是所谓'树枝比树干大，小腿比大腿粗'，不折断它，就要损害本体。丞相的话也不错。希望英明的皇上自己裁决这件事吧。"主爵都尉汲黯认为魏其侯对。内史郑当时也认为魏其侯对，但后来又不敢坚持了。其余的人都不敢回答。皇上怒斥内史道："你平日多次说到魏其侯、武安侯的长处和短处，今天当廷辩论，你却畏首畏尾地像驾在车辕下的马驹，我将一并杀掉你们这些人。"武帝马上起身罢朝，进入宫内侍奉太后进餐。太后也已经派人在朝廷上探听消息，他们把廷辩的情况详细地报告了太后。太后很生气，不吃饭，说："现在我还活着，别人竟敢都欺负我的弟弟，假若我死了以后，他们都会像宰割鱼肉那样宰割他了。再说皇帝怎么能像石头人一样自己不做主张呢！现在幸亏皇帝还在，这班大臣就随声附和，假设皇帝死了以后，这些人还有可以信赖的吗？"皇上道歉说："因为都是皇室的亲戚，所以在朝廷上辩论他们的事。不然的话，只要一个狱吏就可以解决了。"这时郎中令石建向皇上分别陈述了窦婴、田蚡两个人的事情。

武安侯田蚡退朝，出了门停车，招呼御史大夫韩安国同乘一辆车。生气地说："我和你共同对付一个老秃翁，你为什么还模棱两可，犹豫不定？"韩御史大夫过了好一会儿才对田蚡说："您怎么这样不自爱自重？他魏其侯毁谤您，您应当摘下官帽，解下印绶，归还给皇上，说：'我因为是皇帝的亲戚，侥幸得此相位，本来是不称职的，魏其侯的话都是对的'。像这样，皇上必定会称赞您有谦让的美德，不会罢免您。魏其侯一定内心惭愧，闭门咬舌自杀。现在别人诋毁您，您也诋毁人家，这样彼此互骂，好像小商贩、女人吵嘴一

般,多么不识大体!"田蚡认错说:"争辩时太性急了,没有想到应该这样做"。

于是皇上派御史按照文簿记载的灌夫的罪行进行追查,与魏其侯窦婴所说的有很多不相符的地方,责问窦婴说他犯了欺君之罪。于是,窦婴也被弹劾,被拘禁在都司空的特别监狱里。

汉景帝时,窦婴曾得到过景帝的一篇遗诏,那上面写道:"假如遇到什么不方便的事情,你可以直接把你的意见呈报给皇帝。"眼看自己被拘禁,灌夫定罪要灭族,情况一天比一天紧急,大臣们谁也不敢再向皇帝说明这件事,窦婴便让侄子上书,向皇帝报告接受遗诏的事,希望再次得到皇上的召见。奏书呈送皇上,可是查对尚书处保管的档案,却没有景帝临终的这份遗诏的存根。这道诏书只封藏在窦婴家中,是由窦婴的家臣盖印加封的。于是田蚡等人便弹劾窦婴伪造先帝的诏书,应该杀头。元光五年十月间,灌夫和他的家族全部被处决了。窦婴过了许久才听到这个消息,听到后愤慨万分,患了中风病,打算绝食而死。有人听说皇上没有杀魏其侯窦婴的意思,窦婴又开始吃饭了,开始医治疾病,后来朝廷果然决定不判处窦婴死刑了。可竟然又有流言蜚语让皇上听到,因此就在当年十二月的最后一天,窦婴在渭城大街上被斩首示众。

这年的春天,武安侯田蚡病了,嘴里老是叫喊"我有罪,我服罪",讲的都是服罪谢过的话。武帝让能看见鬼的巫师来诊视他的病,巫师看见窦婴和灌夫两个人的鬼魂共同监守着田蚡,要杀死他。结果田蚡就这样死了。儿子田恬继承了爵位。元朔三年,武安侯田恬因穿短衣进入宫中,犯了"不敬"之罪,封爵被废除。

后来淮南王刘安谋反的事被发觉了,皇上让追查此事,才发现淮南王前次来朝,田蚡担任太尉,当时到霸上来迎接淮南王说:"皇上没有太子,大王最贤明,又是高祖的孙子,一旦皇上去世,不是大王继承皇位,还应该是谁呢!"淮南王十分欢喜,送给田蚡许多金银财物。皇上自从魏其侯窦婴的事件发生时就不认为田蚡是对的,只是碍着王太后的缘故罢了。等听到淮南王曾向田蚡送金银财物时,皇上说:"假使田蚡还活着的话,该灭族了。"

太史公说:魏其侯窦婴和武安侯田蚡都凭外戚的关系身居显要职位,灌夫因为一时的英勇而名声显赫。窦婴的被重用,是由于平定吴、楚七国叛乱

有功；田蚡的显贵，则是由于利用了皇帝刚刚即位，王太后掌权的机会。然而窦婴实在是太不懂随着时势的变化而改变自己的处世态度，灌夫则是不学无术又不谦逊，不懂如何处世做人，两人互相庇护，酿成了这场祸乱。田蚡依仗显贵的地位而且喜欢玩弄权术，由于一杯酒的怨愤，陷害了两位贤人。可悲啊！灌夫迁怒于别人，以致自己的性命也不长久。灌夫受不到百姓的拥戴，终究落了坏名声。可悲啊！由此可知他们灾祸的根源！

原文

魏其侯窦婴者，孝文后从兄子也。父世观津人。喜宾客，孝文时，婴为吴相，病免。孝景初即位，为詹事。

梁孝王者，孝景弟也，其母窦太后爱之。梁孝王朝，因昆弟燕饮。是时上未立太子，酒酣，从容言曰："千秋之后传梁王。"太后欢。窦婴引卮酒进上，曰："天下者，高祖天下，父子相传，此汉之约也，上何以得擅传梁王！"太后由此憎窦婴。窦婴亦薄其官，因病免。太后除窦婴门籍，不得入朝请。

孝景三年，吴楚反，上察宗室诸窦毋如窦婴贤，乃召婴。婴入见，固辞谢病不足任。太后亦惭。于是上曰："天下方有急，王孙宁可以让邪？"乃拜婴为大将军，赐金千斤。婴乃言袁盎、栾布诸名将贤士在家者进之。所赐金，陈之廊庑下，军吏过，辄令财取为用，金无入家者。窦婴守荥阳，监齐、赵兵。七国兵已尽破，封婴为魏其侯。诸游士宾客争归魏其侯。孝景时每朝议大事，条侯、魏其侯，诸列侯莫敢与亢礼。

孝景四年，立栗太子，使魏其侯为太子傅。孝景七年，栗太子废，魏其数争不能得。魏其谢病，屏居蓝田南山之下数月，诸宾客辩士说之，莫能来。梁人高遂乃说魏其曰："能富贵将军者，上也；能亲将军者，太后也。今将军傅太子，太子废而不能争；争不能得，又弗能死。自引谢病，拥赵女，屏闲处而不朝。相提而论，是自明扬主上之过。有如两宫螫将军，则妻子毋类矣。"魏其侯然之，乃遂起，朝请如故。

桃侯免相，窦太后数言魏其侯。孝景帝曰："太后岂以为臣有爱，不相魏其？魏其者，沾沾自喜耳，多易。难以为相，持重。"遂不用，用建陵侯卫绾为丞相。

武安侯田蚡者，孝景后同母弟也，生长陵。魏其已为大将军后，方盛，蚡为诸郎，未贵，往来侍酒魏其，跪起如子姓。①及孝景晚节，蚡益贵幸，为太中大夫。蚡辩有口，学《槃盂》诸书，王太后贤之。孝景崩，即日太子立，称制，所镇抚多有田蚡宾客计策，蚡弟田胜，皆以太后弟，孝景后三年封蚡为武安侯，胜为周阳侯。

武安侯新欲用事为相，卑下宾客，进名士家居者贵之，欲以倾魏其诸将相。②建元元年，丞相绾病免，上议置丞相、太尉。籍福说武安侯曰："魏其贵久矣，天下士素归之。今将军初兴，未如魏其，即上以将军为丞相，必让魏其。魏其为丞相，将军必为太尉。太尉、丞相尊等耳，又有让贤名。"武安侯乃微言太后风上，于是乃以魏其侯为丞相，武安侯为太尉。籍福贺魏其侯，因吊曰："君侯资性喜善疾恶，方今善人誉君侯，故至丞相；然君侯且疾恶，恶人众，亦且毁君侯。君侯能兼容，则幸久；不能，今以毁去矣。"魏其不听。

魏其、武安俱好儒术，推毂赵绾为御史大夫，王臧为郎中令。迎鲁申公，欲设明堂，令列侯就国，除关，以礼为服制，以兴太平。举適诸窦宗室毋节行者，除其属籍。时诸外家为列侯，列侯多尚公主，皆不欲就国，以故毁日至窦太后。太后好黄老之言，而魏其、武安、赵绾、王臧等务隆推儒术，贬道家言，是以窦太后滋不说魏其等。及建元二年，御史大夫赵绾请无奏事东宫。窦太后大怒，乃罢逐赵绾、王臧等，而免丞相、太尉，以柏至侯许昌为丞相，武强侯庄青翟为御史大夫。魏其、武安由此以侯家居。

武安侯虽不任职，以王太后故，亲幸，数言事，多效，天下吏士趋势利者，皆去魏其归武安，武安日益横。建元六年，窦太后崩，丞相昌、御史大夫青翟坐丧事不办，免。以武安侯蚡为丞相，以大司农韩安国为御史大夫。天下士郡诸侯愈益附武安。

武安者，貌侵，生贵甚。又以为诸侯王多长，上初即位，富于春秋，蚡以肺腑为京师相，非痛折节以礼诎之，天下不肃。当是时，丞相入奏事，坐语移日，所言皆听。荐人或起家至二千石，权移主上。上乃曰："君除吏已尽未？吾亦欲除吏。"尝请考工地益宅，上怒曰："君何不遂取武库！"是后乃退。尝召客饮，坐其兄盖侯南乡，自坐东乡，以为汉相尊，不可以兄故私桡。武安由此滋骄，治宅甲诸第。田园极膏腴，而市买郡县器物相属于道。前堂

罗钟鼓，立曲旃；后房妇女以百数。诸侯奉金玉狗马玩好，不可胜数。

魏其失窦太后，益疏不用，无势，诸客稍稍自引而怠傲，唯灌将军独不失故。魏其日默默不得志，而独厚遇灌将军。

灌将军夫者，颍阴人也。夫父张孟，尝为颍阴侯婴舍人，得幸，因进之至二千石，故蒙灌氏姓为灌孟。吴楚反时，颍阴侯灌何为将军，属太尉，请灌孟为校尉。夫以千人与父俱。灌孟年老，颍阴侯强请之，郁郁不得意，故战常陷坚，遂死吴军中。军法，父子俱从军，有死事，得与丧归。灌夫不肯随丧归，奋曰："愿取吴王若将军头，以报父之仇。"于是灌夫被甲持戟，募军中壮士所善愿从者数十人。

及出壁门，莫敢前。独二人及从奴十数骑驰入吴军，至吴将麾下，所杀伤数十人。不得前，复驰还，走入汉壁，皆亡其奴，独与一骑归。夫身中大创十余，适有万金良药，故得无死。夫创少瘳，又复请将军曰："吾益知吴壁中曲折，请复往。"将军壮义之，恐亡夫，乃言太尉，太尉乃固止之。吴已破，灌夫以此名闻天下。

颍阴侯言之上，上以夫为中郎将。数月，坐法去。后家居长安，长安中诸公莫弗称之。孝景时，至代相。孝景崩，今上初即位，以为淮阳天下交，劲兵处，故徙夫为淮阳太守。建元元年，入为太仆。二年，夫与长乐卫尉窦甫饮，轻重不得，夫醉，搏甫。甫，窦太后昆弟也。上恐太后诛夫，徙为燕相。数岁，坐法去官，家居长安。

灌夫为人刚直使酒，不好面谀。贵戚诸有势在己之右，不欲加礼，必陵之；诸士在己之左，愈贫贱，尤益敬，与钧。稠人广众，荐宠下辈。士亦以此多之。

夫不喜文学，好任侠，已然诺。诸所与交通，无非豪杰大猾。家累数千万，食客日数十百人。陂池田园，宗族宾客为权利，横于颍川。颍川儿乃歌之曰："颍水清，灌氏宁；颍水浊，灌氏族。"

灌夫家居虽富，然失势，卿相侍中宾客益衰。及魏其侯失势，亦欲倚灌夫引绳批根生平慕之后弃之者。灌夫亦倚魏其而通列侯宗室为名高。两人相为引重，其游如父子然。相得欢甚，无厌，恨相知晚也。

灌夫有服，过丞相。丞相从容曰："吾欲与仲孺过魏其侯，会仲孺有服。"灌夫曰："将军乃肯幸临况魏其侯，夫安敢以服为解！请语魏其侯帐具，将军旦日早临。"武安许诺。灌夫具语魏其侯如所谓武安侯。魏其与其夫人益市牛酒，夜洒扫，早帐具至旦。平明，令门下候伺。至日中，丞相不来。魏其谓灌夫曰："丞相岂忘之哉？"灌夫不怿，曰："夫以服请，宜往。"乃驾，自往迎丞相。丞相特前戏许灌夫，殊无意往。及夫至门，丞相尚卧。于是夫入见，曰："将军昨日幸许过魏其，魏其夫妻治具，自旦至今，未敢尝食。"武安鄂谢曰："吾昨日醉，忽忘与仲孺言。"乃驾往，又徐行，灌夫愈益怒。及饮酒酣，夫起舞属丞相，丞相不起，夫从坐上语侵之。魏其乃扶灌夫去，谢丞相。丞相卒饮至夜，极欢而去。

丞相尝使籍福请魏其城南田。魏其大望曰："老仆虽弃，将军虽贵，宁可以势夺乎！"不许。灌夫闻，怒，骂籍福。籍福恶两人有郤，乃谩自好谢丞相曰："魏其老且死，易忍，且待之。"已而武安闻魏其、灌夫实怒不予田，亦怒曰："魏其子尝杀人，蚡活之。蚡事魏其无所不可，何爱数顷田？且灌夫何与也？吾不敢复求田。"武安由此大怨灌夫、魏其。

元光四年春，丞相言灌夫家在颍川，横甚，民苦之。请案。上曰："此丞相事，何请。"灌夫亦持丞相阴事，为奸利，受淮南王金与语言。宾客居间，遂止，俱解。

夏，丞相取燕王女为夫人，有太后诏，召列侯宗室皆往贺。魏其侯过灌夫，欲与俱。夫谢曰："夫数以酒失得过丞相，丞相今者又与夫有郤。"魏其曰："事已解。"强与俱。饮酒酣，武安起为寿，坐皆避席伏。已魏其侯为寿，独故人避席耳，余半膝席。灌夫不悦。起行酒，至武安，武安膝席曰："不能满觞。"夫怒，因嘻笑曰："将军贵人也，属之！"时武安不肯。行酒次至临汝侯，临汝侯方与程不识耳语，又不避席。夫无所发怒，乃骂临汝侯曰："生平毁程不识不直一钱，今日长者为寿，乃效女儿呫嗫耳语！"武安谓灌夫曰："程、李俱东西宫卫尉，今众辱程将军，仲孺独不为李将军地乎？"灌夫曰："今日斩头陷匈，何知程、李乎！"坐乃起更衣，稍稍去。魏其侯去，麾灌夫出。武安遂怒曰："此吾骄灌夫罪。"乃令骑留灌夫。灌夫欲出不得。籍福起为谢，案灌夫项令谢。夫愈怒，不肯谢。武安乃麾骑缚夫置传舍，召长史曰："今日召宗室，有诏。"劾灌夫骂坐不敬，系居室。遂按其前事，遣吏分曹逐捕诸灌氏支属，皆得弃市罪。魏其侯大愧，为资使宾客请，莫能解。武安吏皆为耳目，诸灌氏皆亡匿，夫系，遂不得告言武安阴事。

魏其锐身为救灌夫。③夫人谏魏其曰:"灌将军得罪丞相,与太后家忤,宁可救邪?"魏其侯曰:"侯自我得之,自我捐之,无所恨。且终不令灌仲孺独死,婴独生。"乃匿其家,窃出上书。立召入,具言灌夫醉饱事,不足诛。上然之,赐魏其食,曰:"东朝廷辩之。"

　　魏其之东朝,盛推灌夫之善,言其醉饱得过,乃丞相以他事诬罪之。武安又盛毁灌夫所为横恣,罪逆不道。魏其度不可奈何,因言丞相短。武安曰:"天下幸而安乐无事,蚡得为肺腑,所好音乐狗马田宅。蚡所爱倡优巧匠之属,不如魏其、灌夫日夜招聚天下豪杰壮士与论议,腹诽而心谤,不仰视天而俯画地,辟倪两宫间,幸天下有变,而欲有大功。臣乃不知魏其等所为。"于是上问朝臣:"两人孰是?"御史大夫韩安国曰:"魏其言灌夫父死事,身荷戟驰入不测之吴军,身被数十创,名冠三军,此天下壮士,非有大恶,争杯酒,不足引他过以诛也。魏其言是也。丞相亦言灌夫通奸猾,侵细民,家累巨万,横恣颍川,凌轹宗室,侵犯骨肉,此所谓'枝大于本,胫大于股,不折必披',丞相言亦是。唯明主裁之。"主爵都尉汲黯是魏其。内史郑当时是魏其,后不敢坚对。余皆莫敢对。上怒内史曰:"公平生数言魏其、武安长短,今日廷论,局趣效辕下驹,吾并斩若属矣。"即罢起入,上食太后。太后亦已使人候伺,具以告太后。太后怒,不食,曰:"今我在也,而人皆藉吾弟,令我百岁后,皆鱼肉之矣。且帝宁能为石人邪!此特帝在,即录录,设百岁后,是属宁有可信者乎?"上谢曰:"俱宗室外家,故廷辩之。不然,此一狱吏所决耳。"是时郎中令石建为上别言两人事。

　　武安已罢朝,出止车门,召韩御史大夫载,怒曰:"与长孺共一老秃翁,何为首鼠两端?"韩御史良久谓丞相曰:"君何不自喜?夫魏其毁君,君当免冠解印绶归,曰'臣以肺腑幸得待罪,固非其任,魏其言皆是'。如此,上必多君有让,不废君。魏其必内愧,杜门齰舌自杀。今人毁君,君亦毁人,譬如贾竖女子争言,何其无大体也!"武安谢罪曰:"争时急,不知出此。"

　　于是上使御史簿责魏其所言灌夫,颇不雠,欺谩。劾系都司空。

　　孝景时,魏其常受遗诏,曰"事有不便,以便宜论上"。及系,灌夫罪至族,事日急,诸公莫敢复明言于上。魏其乃使昆弟子上书言之,幸得复召见。书奏上,而案尚书大行无遗诏。诏书独藏魏其家,家丞封。乃劾魏其矫先帝诏,罪当弃市。五年十月,悉论灌夫及家属。魏其良久乃闻,闻即恚,病痱,不食欲死。或闻上无意杀魏其，魏其复食，治病，议定不死矣。乃有蜚语为恶言闻上，故以十二月晦论弃市渭城。

其春，武安侯病，专呼服谢罪。使巫视鬼者视之，见魏其、灌夫共守，欲杀之。竟死。子恬嗣。元朔三年，武安侯坐衣襜褕入宫，不敬。

淮南王安谋反觉，治。王前朝，武安侯为太尉，时迎王至霸上，谓王曰："上未有太子，大王最贤，高祖孙，即宫车晏驾，非大王立当谁哉！"淮南王大喜，厚遗金财物。上自魏其时不直武安，特为太后故耳。及闻淮南王金事，上曰："使武安侯在者，族矣。"

太史公曰：魏其、武安皆以外戚重，灌夫用一时决策而名显。魏其之举以吴楚，武安之贵在日月之际。然魏其诚不知时变，灌夫无术而不逊，两人相翼，乃成祸乱。武安负贵而好权，杯酒责望，陷彼两贤。呜呼哀哉！迁怒及人，命亦不延。众庶不载，竟被恶言。呜呼哀哉！祸所从来矣！

批注

①写魏其、武安或合或分处，经纬之妙，全在宾主历然，当细辨之。

②盖窦、田一传，事情虽多，约而论之，不过为势利所趋而已。史公写来纤悉具备，而前后线索，亦只在势力着眼，所以明其所争者甚微，而为祸最烈。使后世沾沾多易之人失其所与，而自贻伊戚者读之，而早知所以自戢也。

③叙烦重之事，而笔径轻清，情词两活，此非细故也。全要得避就之妙。如东朝一辩，言甚多矣，然先将魏其、武安之言虚叙一番，此是点清主脑法。然后用田蚡自己口中，借表出魏其所言。丞相之短，借韩安国口中代宣出。田、窦二人言灌夫长短，俱是一番话作两番叙法。惟田蚡言灌、窦二人恶处，安国口中芟去不提，即从蚡口正叙出来，此中皆有苦心经营之妙，要须识得。

〔释义〕　这一篇《魏其武安侯列传》更是别具匠心，结构非常之紧凑而又活泼，既集中而又各自突出，能将各种矛盾纠合到一起，而又各自脉络清晰，宾主之势井然有序，一向被人称之为最为"结构美"的一篇典型文章。全文本是要集中地表现田、窦二人的矛盾，而中间又插上一个灌夫，成为三角对立。由于权势的更迭起落，引起心态上的许多畸形，甚至是恶毒的对峙，而这些心态的变化,又常常通过当面对话与背后转述等复杂多变的形式表现出来,更使文章奇谲莫测,波澜起伏。应当说,每一次的表达,其方式方法都是各得其妙,不尽相同的。

补注

①三人以宾客相倾合传,此先提过,其功名不论也。传虽三人,皆以宾客相倾然。史公深信因果如此,加"呜呼哀哉"句,身毛皆竖。至后再加一个"呜呼哀哉"句,身毛俱竖;再加"呜呼哀哉"句,言如此事人世多有,亦不止是武安矣。(清·金圣叹:《评点才子全集·西汉文》)

〔释义〕 金圣叹称赞太史公语言的精致而又机巧,只在连用几个"呜呼哀哉",就把胸中的感慨以及义愤之情,皆表现出来。古人谈论文章,曾提出"一唱三叹法",意即用一句话在结尾处反复地吟唱,便能使文章的语气更加慷慨悲壮,或无限感伤。例如古人对王维之诗《送元二使安西》,常在最后的两句"劝君更尽一杯酒,西出阳关无故人"三唱之,会使行人和送行的人都产生无限的凄凉感伤。

②"灌夫有服(丧服)过丞相(武安侯田蚡)"云云,按此一大节中,马迁叙事称武安曰"丞相";魏其(魏其侯窦婴)与灌夫语称武安曰"丞相";而怨"望"武安又曰"将军虽贵";灌夫面称武安始终曰"将军",而谢魏其又曰"得过丞相"。称谓不一,非漫与也。武安固自"以为汉相尊",乃至"负贵"而骄已之兄者。灌夫与人语,亦从而"丞相"武安;乃武安对面,则持旧而不改口,未以其新贵而生新敬,若不知其已进位为相者。魏其达官谙世故,失势而肯自下,然愤激时冲口而"将军"武安,若言其不次暴擢而忘却本来者。马迁行所无事,名从主人,以头衔之一映衬称谓之不一焉。夫私家寻常酬答,局外事后只传闻大略而已,乌能口角语脉以至称呼致曲入细如是?貌似"记言",实出史家之心摹意匠。此等处皆当与小说、院本中对白等类耳。(钱钟书:《管锥编·史记会注考证》)

〔释义〕 我们仅就此处的文章来说,它是叙述魏其侯窦婴、武安侯田蚡与灌夫三人之间的事的。先是窦婴得势,官居相位;后来窦婴失势,田蚡得势,拜为丞相。因为权势与地位的变化,他们的心态都各自发生了微妙的变化。一日，窦婴服丧而居，灌、田二人去探望他时，灌夫一直称田为"将军"；好像不知道田已升为丞相似的，这就透露出灌夫对于田蚡一直心怀不满，没把田当作丞相看待；而窦婴却口口声声称田为丞相。因为窦老于世故，不敢将自己的失势与田的得势表露出来，因此无论是在人前还是人后，都称田为丞相。只有当他听到田蚡要他的城南之地时，才改口称田为"将军"。这些细微之处，都可以见到作者的精心之处与揣摩之深，不细心的人是绝对写不出来，读也读不出来的。

③《史记·魏其武安侯列传》中只写道："武安侯病，专呼服谢罪，使巫视鬼者视之，见魏其、灌夫共守欲杀之。"按《汉书·窦田灌列传》："蚡疾，一身尽痛，呼服谢罪。上使视鬼者视之，曰：'魏其侯与灌夫共守，笞欲杀之'"；《论衡·死伪》篇："其后田蚡病甚，号曰：'诺！诺！'使人视之，见灌夫、窦婴俱坐其侧。"班、王所记，皆于《史记》稍有增饰，盖行文时涉笔成趣。若遽谓其别有文献据依，足补《史记》之所未详，则刻舟求剑矣。（钱钟书：《管锥编·史记会注考证》）

〔释义〕 《史记·魏其武安侯列传》中，写到武安侯病时，皇上使巫人去探视，见有魏其侯与灌夫之鬼魂"共守欲杀之"；而班固的《汉书》中，却详其情节，说武安侯一身剧痛，巫师见有魏其侯与灌夫共同地鞭笞他，杀害他；而到了王充的《论衡·死伪》篇中，则写武安侯病得甚重，大声嗷嗷呼叫，"见灌夫、窦婴俱坐其侧"。这并不是说，班固、王充后来又发现了什么新的文献资料给予充实，实际上，都是行文时涉笔成趣而已，今天的读者不能刻舟求剑地追寻其出处。

④大家之文，于文之去路，不惟能发异光，而且长留余味，其最擅长者无若《史记》。《史记》于收束之笔不名一格。……结穴处大书彼人之罪状，句中用一"亦"字，不加议论，其义见焉，如《春申君列传》之收笔是也。有事一而人三，而每传收笔，各用似了非了之笔，雅有余味，则《魏其灌夫武安列传》之收笔是也。……此等收笔，直入神化。（清·林纾：《春觉斋论文》）

〔释义〕 文章的结尾，亦如开头一样，都是决定一篇文章高低好坏的关键之处。有的要归纳总结出文章的要旨；有的要预示事物未来的发展趋势；有的要做大声的召唤与疾呼，或者感叹事情的壮烈与凄怆。总之，都须要留

有余味，言已尽而意无穷。因为，天下事物的发展变化是多种多样的，所以反映这些事物的文章也要因事因情而异，不能拘守一格。

结尾处要留有余味，这是历代文人多所看重的事，而明代的文章大家归有光更是反复地强调要"结意有余"、"竿头进步"。林纾的这段议论文字，更是如此，他认为文章的结尾不仅要不同凡响、不落俗套地能发异光，而且要"长留余味"，认为"此等收笔，直入神化。"他列举了《史记》中许多这样的例子，而最突出的就是《春申君列传》与眼下这篇《魏其武安侯列传》。

由于这篇文章是将魏其侯窦婴、武安侯田蚡与灌夫三人合并为一传的，三个人虽各立户头写了本人的一些事迹，但有多处是三人共同一事。正如林纾所说"有事一而人三"，所以三个人又合并一起来写。临到结尾之处，三个人又各有各自不同的收场，且都采用了一些"似了非了之笔"，这又是司马迁的一处绝妙之用笔。

灌夫因为在酒席上得罪了田蚡，被拘留。窦婴奋力去救灌夫，也被田蚡嫉恨，设计将他陷害，也被逮捕入狱。灌夫是："及系，灌夫罪至族……五年十月，悉论灌夫及家属。"至魏其侯处时，则说："及有蜚语为恶言闻上，故以十二月晦，论弃市渭城。"武安侯的结尾更是诡谲怪异，跌宕波澜，先是传说了一段怪诞故事，言其为魏其侯与灌夫鬼魂报仇夺命而"竟死"。后来又补上一句说，淮南王谋反时，曾偷着赠金给田蚡。淮南王谋反之事暴露之后，皇上查到赠金之事时说："假使武安侯还活着的话，仅此一项，就可以当夷族论罪！"这就是林纾所说的"雅有余味"。

李将军列传

李广小传　李广（公元前？—前119），陇西成纪（今甘肃省静宁县治平乡）人，西汉著名军事家，做过骑郎、骁骑都尉、未央卫尉、郡太守等官。李广曾镇守边郡多年，使匈奴不敢犯，被称为"飞将军"，唐诗中"但使龙城飞将在，不教胡马度阴山"，说的就是他。他一生中，屡立卓越战功，但始终未得封侯，人们谓其时运不济，故王勃《滕王阁序》中有句曰："冯唐易老，李广难封。"公元前119年，李广随卫青出征匈奴，因为迷路失期，大将军卫青责之，令其与幕府对簿，广怀恨曰："终不能复对刀笔之吏"，引颈自刎。

　　将军李广是陇西郡成纪县人。他的先祖李信是秦朝名将，就是在灭燕后生擒了燕太子丹的那位将军。他的家原来在槐里县，后来迁到成纪。李广家世代传习射箭之术。文帝十四年，匈奴人大举侵入萧关，李广以良家子弟的身份参军抗击匈奴，因为他善于骑射，斩杀敌人很多，所以被任为汉朝廷的中郎。李广的堂弟李蔡，也被任为中郎。二人又都任武骑常侍，年俸八百石。李广曾随从皇帝出行，在冲锋陷阵、抵御敌人以及格杀猛兽中表现出无比的勇敢。文帝说："可惜啊！你没遇到时机，如果让你正赶上高祖的时代，封个万户侯那还在话下吗！"

　　到景帝即位后，李广任陇西都尉，又改任骑郎将。吴、楚七国叛乱时，李广任骁骑都尉跟着太尉周亚夫讨伐吴、楚叛军，在昌邑城下夺取了敌人的军旗，立功扬名。可是由于梁孝王私自把将军印授给李广，回朝后，朝廷没有对他进行封赏。后来朝廷调他任上谷太守，匈奴每天都来交战。典属国公孙昆邪对皇上哭着说："李广的才气，天下无双，他自己仗恃有本领，屡次和敌人正面作战，我担心会失去这员良将。"于是把他调任上郡太守。以后李广转任边境各郡太守，又调任上郡太守。他曾任陇西、北地、雁门、代郡、云中等地太守，都因奋力作战而出名。

匈奴大举入侵上郡，皇上派来一名宦官跟随李广学习军事，抗击匈奴。有一次这位宦官带领几十名骑兵，纵马驰骋，遇到三个匈奴人，就与他们交战，三个匈奴人回身放箭，射伤了宦官，几乎杀光了他的那些骑兵。宦官逃回到李广那里，李广说："这一定是匈奴的射雕能手。"

李广于是就带上一百名骑兵前去追赶那三个匈奴人。那三个人把自己的马丢了，只有徒步前行，已经走出几十里。李广命令他的骑兵左右散开，两路包抄。他亲自去射杀那三个人，结果射死了两个，活捉了一个，一审问果然是匈奴的射雕手。他们刚把俘虏捆绑上马，远远望见几千名匈奴骑兵。他们看到李广，以为是汉军派出来的诱敌之骑兵，都很吃惊，跑上山去摆好了阵势。李广的百名骑兵也都大为惊恐，想回马飞奔逃跑。李广说："这离我们的大部队有几十里，照现在这样的情况，我们这一百名骑兵只要一跑，匈奴就要来追击射杀，我们会立刻被杀光的。现在我们停留不走，匈奴一定以为我们是大军来诱敌的，必定不敢攻击我们。"李广向骑兵下令："前进！"骑兵向前进发，到了离匈奴阵地还有大约二里的地方，停下来，下令说："全体下马，解下马鞍！"骑兵们说："敌人那么多，并且又离得近，如果有了紧急情况，怎么办？"李广说："那些敌人原以为我们会逃跑，现在我们都解下马鞍表示不逃，这样就能使他们更坚定地相信我们是诱敌之兵。"这样一来匈奴骑兵果然不敢来进攻李广。

有一名骑白马的匈奴将领出阵来整理阵容，李广立即上马和十几名骑兵一起奔过去，射死了那骑白马的匈奴将领，之后又回到自己的骑兵队里，解下马鞍，让士兵们都放开马，随便躺卧。这时正值日暮黄昏，匈奴军队始终觉得奇怪，不敢进攻。到了半夜，匈奴兵更怀疑汉朝有伏兵在附近，想趁夜偷袭他们，因而匈奴就赶紧撤离了。第二天早晨，李广才回到他的大军营中，大军不知道李广的去向，所以只有在原地待命。

过了好多年，景帝去世，武帝即位。左右近臣都认为李广是名将，于是李广由上郡太守调任未央宫的禁卫军长官，程不识也出任长乐宫的禁卫军长官。程不识和李广从前都任边郡太守并兼管军队驻防。每当出兵攻打匈奴的时候，李广部队的行军没有严格的队列和阵势，在靠近水丰草茂的地方驻扎军队，停宿的地方人人都感到便利，晚上也不打更巡逻，幕府简化各种文书簿册，但他远远地布置了哨兵，所以不曾遭到过危险。程不识对队伍的编制、行军队列、驻营阵势等要求很严格，夜里打更巡逻，文书军吏处理考绩等公文簿册要到天明，军队得不到休息，但他也不曾遇到危险。程不识说："李广治兵简单随便，然而敌人如果突袭他，他就无法阻挡了，而他的士卒倒也安逸快乐，都甘心为他拼死。我的军队虽然军务劳烦忙碌，但是敌人也不敢侵犯我。"那时汉朝边郡的李广、程不识都是名将，但是匈奴人害怕李广的谋略，士兵也大多愿意跟随李广而以跟随程不识为苦。程不识在景帝时由于屡次直言进谏被封为太中大夫，为人清廉，谨守朝廷文书法令。

后来，汉朝用马邑城引诱单于，派大军在马邑两旁的山谷中埋伏，李广任骁骑将军，受护军将军韩安国统领节制。当时单于发觉了汉军的计谋，就逃跑了。汉军都没有战功。四年以后，李广由卫尉被任为将军，出雁门关进攻匈奴。匈奴兵多，打败了李广的军队，并生擒了李广。单于平时就听说李广很有才能，下令说："遇到李广一定要抓活的！"匈奴骑兵俘虏了李广后，当时李广受伤生病，就把李广放在两匹马中间，装在绳编的网兜里躺着。走了十多里，李广假装死去，斜眼看到他旁边的一个匈奴少年骑着一匹好马，李广突然一跃而起跳上匈奴少年的马，趁势把少年推下去，夺了他的弓，快马加鞭向南飞驰数十里，找到他的残部，于是带领他们进入关塞。匈奴出动骑兵几百名来追赶他，李广一边逃一边拿起匈奴少年的弓射杀追来的骑兵，因此才能逃脱。回到汉朝京城，朝廷把李广交给执法官吏。执法官判决李广损失伤亡太多，他自己又被敌人活捉，应该斩首，李广用钱物赎了死罪，削职为民。

转眼间，李广在家已闲居几年，李广在家和已故颍阴侯灌婴的孙子灌强一起隐居在蓝田，他们常到南山中打猎。曾在一天夜里李广带着一名骑士外出，和别人一起在田野间饮酒。他们回来时走到霸陵亭，霸陵尉喝醉了，大声呵斥，禁止李广通行。李广的随从说："这是前任李将军。"亭尉说："现任将军尚且不许通行，何况是前任呢！"就把李广扣留在霸陵亭下住了一宿。没过多久，匈奴入侵杀死辽西太守，打败了将军韩安国，之后韩安国迁调右北平太守，不久呕血而死。于是天子就召见李广，任他为右北平太守。李广随即请求派霸陵尉一起赴任，到了军中就把他杀了。

李广驻守右北平，匈奴听说后，称他为"汉朝的飞将军"，躲避他好几年，不敢入侵右北平。

有一次李广外出打猎，看见草里的一块石头，以为是老虎，他拔箭就射，结果，箭头都射进石头去了，过去一看，原来是石头。接着，李广重新再射，始终不能再射进石头了。李广驻守过各郡，只要听说有老虎，常常亲自去射杀。后来驻守右北平射虎时，老虎跳起来伤了李广，但李广也终于射死了这只老虎。

李广为官清廉，得到赏赐就分给他的部下，饮食总与士兵们在一起。李广一生，做二千石俸禄的官共四十多年，家中没有多余的财物，始终也不谈及家产方面的事。李广身材高大，长臂如猿，他善于射箭也是天赋，即便是他的子孙或外人向他学习，也没人能赶上他。李广口拙少言，与别人在一起常常在地上画军阵，然后比试剑法，输了喝酒。他专门以射箭为消遣，一直到死。李广带兵，遇到缺粮断水的时候，见到水，只要士兵还没有完全喝到水，李广绝不喝水；士兵还没有完全吃上饭，他绝不吃。李广对士兵宽厚和气，士兵因此爱戴他，乐于为他所用。李广射箭的时候，看见敌人逼近，如果不在数十步之内，估计射不中，就不发射。只要一发射，敌人立即应弦而倒。因此他领兵有几次被困受辱，射猛兽也曾被猛兽所伤。

没过多久，石建死了，于是皇上召见李广，让他接替石建任郎中令。元朔六年，李广又被任为后将军，跟随大将军卫青的军队从定襄出塞，征伐匈奴。许多将领因斩杀敌人首级符合规定数额，以战功被封侯，而李广却没有战功。又过了两年，李广以郎中令身份率领四千骑兵从右北平出塞，博望侯张骞率领一万骑兵与李广一同出征，分行两条路。行军约几百里，匈奴左贤王率领四万骑兵包围了李广，李广的士兵都很害怕，李广就派他的儿子李敢骑马往匈奴军中奔驰。李敢带领着几十名骑兵飞奔，直穿匈奴骑兵阵，又从其左右两翼突出，回来向李广报告说："匈奴人很容易对付啊！"士兵们这才安心。李广布成圆形兵阵，面向外，匈奴猛攻，箭如雨下。汉兵死了一半多，箭也快用光了。李广就命令士兵拉满弓，不要放箭，而李广亲自用大黄弩弓射匈奴的副将，杀死了好几个，匈奴军才纷纷后退。这时天色已晚，李广的部下都面无人色，可是李广却神态自若，他又整顿一下军队准备继续战斗。军中从此都很佩服他的勇敢。第二天，又去奋力作战，这时博望侯的军队也赶到了，匈奴军才解围退去。汉军非常疲惫，所以也无力追击。这一次李广

军几乎全军覆没,只好收兵回朝。按汉朝法律,博望侯行军迟缓,延误限期,应处死刑,张骞用钱赎罪,降为平民。李广功过相抵,没有封赏。

当初,李广的堂弟李蔡和李广一起侍奉文帝。到景帝时,李蔡累积功劳已升到年俸二千石的官位。武帝时,李蔡做到代国的国相。元朔五年李蔡被任为轻车将军,跟随大将军卫青攻打匈奴右贤王有功,达到斩杀敌人首级的规定,被封为乐安侯。元狩二年(前121),李蔡接着公孙弘任丞相。李蔡的才干在下中等,声名比李广差得很远,然而李广得不到封爵和封地,官位没超过九卿,可是李蔡却被封为侯,官位达到三公。李广属下的军官和士兵们,也有人得到了侯爵之封。有一次李广曾和望气的术士王朔私下闲谈说:"自从汉朝攻打匈奴以来,我没有一次不参加。可是各部队校尉以下的军官,才能还不如中等人,然而由于攻打匈奴有军功被封侯的有几十人。我李广不算比别人差,但是没有一点功劳用来得到封地,这是什么原因呢?难道是我的骨相就不该封侯吗?还是命里注定的呢?"王朔说:"将军自己回想一下,您曾经做过让自己悔恨的事吗?"李广说:"我曾当过陇西太守,羌人有一次反叛,我诱骗他们投降,投降的有八百多人,我用欺诈手段在同一天把他们都杀了。直到今天我最大的悔恨只有这件事。"王朔说:"杀死已投降的人,是一种最大的阴祸。这也就是将军不能封侯的原因。"

又过了两年,大将军卫青、骠骑将军霍去病率军大举出征匈奴,李广几次请求随行。皇上认为他已年老,开始时没有答应;后来才准许他前去,让他任前将军。这一年是元狩四年。

李广跟随大将军卫青出征匈奴,出边塞以后,卫青捉到敌兵,知道了单于住的地方,就自己带领精兵前往,而命令李广和右将军的队伍合并,从东路出击。东路有些迂回绕远,而且大军走在水草缺少的地方,势必加快行军速度,不可能中途停留。李广就主动请求说:"我身为前将军,如今大将军却命令我改从东路出兵,况且我从年轻时就与匈奴作战,到今天才得以与单于对阵,我愿打头阵,先和单于决一死战。"大将军卫青曾暗中受到皇上的告诫,认为李广年老,运气不好,不要让他与单于对阵,否则恐怕不能实现俘获单于的愿望。那时公孙敖刚刚丢掉了侯爵,任中将军,随从大将军出征,大将军也想让公孙敖跟自己一起与单于对敌,故意把前将军李广调开。李广当时也知道内情,所以坚决要求大将军收回调令。大将军不答应他的请求,

命令长史直接把文书发到李广的军部,并对他说:"赶快到右将军部队中去,照文书上写的办。"李广不向大将军告辞就起程了,心中非常恼怒地前往军部,领兵与右将军赵食其合兵后从东路出发。军队没有向导,有时迷失道路,结果落在大将军之后。大将军与单于交战,单于逃跑了,卫青此行一无所获。当大将军向南行越过沙漠后,遇到了前将军和右将军。李广谒见大将军之后,回到自己军中。大将军派长史带着干粮和酒送给李广,顺便向李广和赵食其询问迷失道路的情况,卫青要给皇上上书报告详细的军情。李广没有回答。大将军的长史急切责问李广部下逼着他们交代事实。李广说:"校尉们没有罪,是我自己迷失道路,我现在亲自给上头写报告。"

回到幕府,李广对他的部下说:"我从年轻起与匈奴打过大小七十多仗,如今有幸跟随大将军出征同单于军队交战。可是大将军又调我的部队去走绕远的路,偏又迷失道路,难道不是天意吗!况且我已六十多岁了,毕竟不能再受那些刀笔吏的侮辱。"于是就拔刀自刎了。李广军中的所有将士都为之痛哭。百姓听到这个消息,不论认识的还是不认识的,也不论老的少的都为李广落泪。右将军赵食其单独被交给执法官吏,判为死罪,自己用财物赎罪,降为平民。

李广有三个儿子,名叫李当户、李椒、李敢,都任郎官。一次,皇上和弄臣韩嫣在一起戏耍,韩嫣有点放肆的举动,李当户去打韩嫣,韩嫣逃跑了,于是皇上认为当户很勇敢。当户死得早,李椒被封为代郡太守,二人都比李广先死。李当户有遗腹子名叫李陵。李广死在军中的时候,李敢正跟随骠骑将军霍去病。李广死后第二年,李蔡以丞相之位侵占景帝陵园前大道两旁的空地,因而获罪,应送交法吏查办,李蔡不愿受审,也自杀了,他的封国被废除。李敢以校尉官职随从骠骑将军出击匈奴左贤王,奋力作战,夺得左贤王的战鼓和军旗,斩杀很多敌人,因而被赐封了关内侯的爵位,食邑二百户,接替李广任郎中令。不久,李敢怨恨大将军卫青使他父亲饮恨而死,就打伤了大将军,大将军把这件事隐瞒下来,没有张扬。又过了不久,李敢随从皇上去雍县,后又到甘泉宫打猎。骠骑将军霍去病和卫青有亲戚关系,就把李敢射死了。霍去病当时正受宠,皇上就隐瞒真相,说李敢是被鹿撞死的。又过一年多,霍去病死了。李敢有个女儿是太子的侍妾,很受宠爱,李敢的儿子李禹也受太子宠爱,但他贪财好利,李氏家族就逐渐败落了。

李陵长大以后,被选任为建章宫监,监管所有骑兵。他善于射箭,爱护士兵,皇上认为李家世代为将,因而让李陵率领八百骑兵。李陵曾深入匈奴境内两千多里,穿过居延海,探测地形,没有遇见敌人就回来了。后被封为骑都尉,统率丹阳的南方人五千人,在酒泉、张掖教练射箭,屯驻在那里防备匈奴。

几年后,天汉二年秋天,贰师将军李广利率领三万骑兵在祁连山进攻匈奴右贤王,武帝派李陵率领他的步兵射手五千人,出兵到居延海以北大约一千里的地方,想用此法分散敌人的兵力,不让他们集中全部兵力去对付贰师将军。李陵到预定期限就要回兵,而单于用八万大军包围截击李陵的军队。李陵军队只有五千人,箭射光了,士兵死了大半,但他们杀伤匈奴也有一万多人。李陵军边退边战,接连战斗了八天,往回走到离居延海还有一百多里的地方,匈奴兵拦在狭窄之处,截断了他们的退路。李陵军队既无粮食,也无救兵,匈奴加紧进攻,并劝诱李陵投降。李陵说:"我没脸面去回报皇帝了!"于是就投降了匈奴。他的军队几乎全军覆没,余下逃散能回到汉朝的只有四百多人。

单于招降李陵之后,因平素就听说过李陵家的名声,打仗时又很勇敢,于是就把自己的女儿嫁给李陵,使他显贵起来。汉朝知道后,就杀了李陵的母亲妻儿全家。从此以后,李家名声败落,陇西一带曾为李氏门下的士人,都以此为耻辱。

太史公说:《论语》里说"自身行为端正,即使不下命令别人也会跟着执行;自身行为不端正,发下命令也没人听从。"这就是说的李将军吧!我所看到的李将军,老实厚道像个乡下人,开口不善言语,等到他死的那天,天下不论认识他的还是不认识他的人,都为他极其哀痛。他那忠实的品格确实得到了将士们的信赖呀!谚语说:"桃李不言,下自成蹊。"这话虽然说的是浅显,但可以用来说明大道理。

原文

李将军广者,陇西成纪人也。① 其先曰李信,秦时为将,逐得燕太子丹者也。故槐里,徙成纪。广家世世受射。孝文帝十四年,匈奴大入萧关,而广

以良家子从军击胡,用善骑射,杀首虏多,为汉中郎。广从弟李蔡亦为郎,皆为武骑常侍,秩八百石。尝从行,有所冲陷折关及格猛兽,而文帝曰:"惜乎,子不遇时!如令子当高帝时,万户侯岂足道哉!"

及孝景初立,广为陇西都尉,徙为骑郎将。吴楚军时,广为骁骑都尉,从太尉亚夫击吴楚军,取旗,显功名昌邑下。以梁王授广将军印,还,赏不行。徙为上谷太守,匈奴日以合战。典属国公孙昆邪为上泣曰:"李广才气,天下无双,自负其能,数与虏敌战,恐亡之。"于是乃徙为上郡太守。后广转为边郡太守,徙上郡。尝为陇西、北地、雁门、代郡、云中太守,皆以力战为名。

匈奴大入上郡,天子使中贵人从广勒习兵击匈奴。中贵人将骑数十纵,见匈奴三人,与战。三人还射,伤中贵人,杀其骑且尽。中贵人走广。广曰:"是必射雕者也。"广乃遂从百骑往驰三人。三人亡马步行,行数十里。广令其骑张左右翼,而广身自射彼三人者,杀其二人,生得一人,果匈奴射雕者也。已缚之上马,望匈奴有数千骑,见广,以为诱骑,皆惊,上山陈。广之百骑皆大恐,欲驰还走。广曰:"吾去大军数十里,今如此以百骑走,匈奴追射我立尽。今我留,匈奴必以我为大军之诱,必不敢击我。"广令诸骑曰:"前!"前未到匈奴陈二里所,止,令曰:"皆下马解鞍!"其骑曰:"虏多且近,即有急,奈何?"广曰:"彼虏以我为走,今皆解鞍以示不走,用坚其意。"于是胡骑遂不敢击。②

有白马将出护其兵,李广上马与十余骑奔射杀胡白马将,而复还至其骑中,解鞍,令士皆纵马卧。是时会暮,胡兵终怪之,不敢击。夜半时,胡兵亦以为汉有伏军于旁欲夜取之,胡皆引兵而去。平旦,李广乃归其大军。大军不知广所之,故弗从。

居久之,孝景崩,武帝立,左右以为广名将也,于是广以上郡太守为未央卫尉,而程不识亦为长乐卫尉。程不识故与李广俱以边太守将军屯。及出击胡,而广行无部伍行陈,就善水草屯,舍止,人人自便,不击刁斗以自卫,莫府省约文书籍事,然亦远斥候,未尝遇害。程不识正部曲行伍营陈,击刁斗,士吏治军簿至明,军不得休息,然亦未尝遇害。不识曰:"李广军极简易,然虏卒犯之,无以禁也;而其士卒亦佚乐,咸乐为之死。我军虽烦扰,然虏亦不得犯我。"是时汉边郡李广、程不识皆为名将,然匈奴畏李广之略,士卒亦多乐从李广而苦程不识。程不识孝景时以数直谏为太中大夫。为人廉，谨于文法。

后汉以马邑城诱单于，使大军伏马邑旁谷，而广为骁骑将军，领属护军将军。是时单于觉之，去，汉军皆无功。其后四岁，广以卫尉为将军，出雁门击匈奴。匈奴兵多，破败广军，生得广。单于素闻广贤，令曰："得李广必生致之。"胡骑得广，广时伤病，置广两马间，络而盛卧广。行十余里，广详死，睨其旁有一胡儿骑善马，广暂腾而上胡儿马，因推堕儿，取其弓，鞭马南驰数十里，复得其余军，因引而入塞。匈奴捕者骑数百追之，广行取胡儿弓，射杀追骑，以故得脱。于是至汉，汉下广吏。吏当广所失亡多，为虏所生得，当斩，赎为庶人。

顷之，家居数岁。广家与故颍阴侯孙屏野居蓝田南山中射猎。尝夜从一骑出，从人田间饮。还至霸陵亭，霸陵尉醉，呵止广。广骑曰："故李将军。"尉曰："今将军尚不得夜行，何乃故也！"止广宿亭下。居无何，匈奴入杀辽西太守，败韩将军，后韩将军徙右北平。于是天子乃召拜广为右北平太守。广即请霸陵尉与俱，至军而斩之。

广居右北平，匈奴闻之，号曰"汉之飞将军"，避之数岁，不敢入右北平。

广出猎，见草中石，以为虎而射之，中石没镞，视之，石也。因复更射之，终不能复入石矣。广所居郡闻有虎，尝自射之。及居右北平射虎，虎腾伤广，广亦竟射杀之。

广廉，得赏赐辄分其麾下，饮食与士共之。终广之身，为二千石四十余年，家无余财，终不言家产事。广为人长，猿臂，其善射亦天性也，虽其子孙他人学者，莫能及广。广讷口少言，与人居则画地为军陈，射阔狭以饮。专以射为戏，竟死。广之将兵，乏绝之处，见水，士卒不尽饮，广不近水。士卒不尽食，广不尝食。宽缓不苛，士以此爱乐为用。其射，见敌急，非在数十步之内，度不中不发，发即应弦而倒。用此，其将兵数困辱，其射猛兽亦为所伤云。

居顷之，石建卒，于是上召广代建为郎中令。元朔六年，广复为后将军，从大将军军出定襄，击匈奴。诸将多中首虏率，以功为侯者，而广军无功。后二岁，广以郎中令将四千骑出右北平，博望侯张骞将万骑与广俱，异道。

行可数百里,匈奴左贤王将四万骑围广,广军士皆恐,广乃使其子敢往驰之。敢独与数十骑驰,直贯胡骑,出其左右而还,告广曰:"胡虏易与耳。"军士乃安。广为圆陈外向,胡急击之,矢下如雨。汉兵死者过半,汉矢且尽。广乃令士持满毋发,而广身自以大黄射其裨将,杀数人,胡虏益解。会日暮,吏士皆无人色,而广意气自如,益治军。军中自是服其勇也。明日,复力战,而博望侯军亦至,匈奴军乃解去。汉军罢,弗能追。是时广军几没,罢归。汉法,博望侯留迟后期,当死,赎为庶人。广军功自如,无赏。

初,广之从弟李蔡与广俱事孝文帝。景帝时,蔡积功劳至二千石。孝武帝时,至代相。以元朔五年为轻车将军,从大将军击右贤王,有功中率,封为乐安侯。元狩二年中,代公孙弘为丞相。蔡为人在下中,名声出广下甚远,然广不得爵邑,官不过九卿,而蔡为列侯,位至三公。诸广之军吏及士卒或取封侯。广尝与望气王朔燕语,曰:"自汉击匈奴而广未尝不在其中,而诸部校尉以下,才能不及中人,然以击胡军功取侯者数十人,而广不为后人,然无尺寸之功以得封邑者,何也?岂吾相不当侯邪?且固命也?"朔曰:"将军自念,岂尝有所恨乎?"广曰:"吾尝为陇西守,羌尝反,吾诱而降,降者八百余人,吾诈而同日杀之。至今大恨独此耳。"朔曰:"祸莫大于杀已降,此乃将军所以不得侯者也。"

后二岁,大将军、骠骑将军大出击匈奴,广数自请行。天子以为老,弗许;良久乃许之,以为前将军。是岁,元狩四年也。

广既从大将军青击匈奴,既出塞,青捕虏知单于所居,乃自以精兵走之,而令广并于右将军军,出东道。东道少回远,而大军行水草少,其势不屯行。广自请曰:"臣部为前将军,今大将军乃徙令臣出东道,且臣结发而与匈奴战,今乃一得当单于,臣愿居前,先死单于。"大将军青亦阴受上诫,以为李广老,数奇,毋令当单于,恐不得所欲。而是时公孙敖新失侯,为中将军从大将军,大将军亦欲使敖与俱当单于,故徙前将军广。广时知之,固自辞于大将军。大将军不听,令长史封书与广之莫府,曰:"急诣部,如书。"广不谢大将军而起行,意甚愠怒而就部,引兵与右将军食其合军出东道。军亡导,或失道,后大将军。大将军与单于接战,单于遁走,弗能得而还。南绝幕,遇前将军、右将军。广已见大将军,还入军。大将军使长史持糒醪遗广,因问广、食其失道状,青欲上书报天子军曲折。广未对,大将军使长史急责广

之幕府对簿。广曰:"诸校尉无罪,乃我自失道。吾今自上簿。"

至莫府,广谓其麾下曰:"广结发与匈奴大小七十余战,今幸从大将军出接单于兵,而大将军又徙广部行回远,而又迷失道,岂非天哉!且广年六十余矣,终不能复对刀笔之吏。"遂引刀自刭。广军士大夫一军皆哭。百姓闻之,知与不知,无老壮皆为垂涕。而右将军独下吏,当死,赎为庶人。

广子三人,曰当户、椒、敢,为郎。天子与韩嫣戏,嫣少不逊,当户击嫣,嫣走。于是天子以为勇。当户早死,拜椒为代郡太守,皆先广死。当户有遗腹子名陵。广死军时,敢从骠骑将军。广死明年,李蔡以丞相坐侵孝景园壖地,当下吏治,蔡亦自杀,不对狱,国除。李敢以校尉从骠骑将军击胡左贤王,力战,夺左贤王鼓旗,斩首多,赐爵关内侯,食邑二百户,代广为郎中令。顷之,怨大将军青之恨其父,乃击伤大将军,大将军匿讳之。居无何,敢从上雍,至甘泉官猎。骠骑将军去病与青有亲,射杀敢。去病时方贵幸,上讳云鹿触杀之。居岁余,去病死。而敢有女为太子中人,爱幸,敢男禹有宠于太子,然好利,李氏陵迟衰微矣。

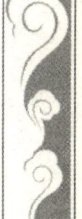

李陵既壮,选为建章监,监诸骑。善射,爱士卒。天子以为李氏世将,而使将八百骑。尝深入匈奴二千余里,过居延视地形,无所见虏而还。拜为骑都尉,将丹阳楚人五千人,教射酒泉、张掖以屯卫胡。

数岁,天汉二年秋,贰师将军李广利将三万骑击匈奴右贤王于祁连天山,而使陵将其射士步兵五千人出居延北可千余里,欲以分匈奴兵,毋令专走贰师也。陵既至期还,而单于以兵八万围击陵军。陵军五千人,兵矢既尽,士死者过半,而所杀伤匈奴亦万余人。且引且战,连斗八日,还,未到居延百余里,匈奴遮狭绝道,陵食乏而救兵不到,虏急击招降陵。陵曰:"无面目报陛下。"遂降匈奴。其兵尽没,余亡散得归汉者四百余人。

单于既得陵,素闻其家声,及战又壮,乃以其女妻陵而贵之。汉闻,族陵母妻子。自是之后,李氏名败,而陇西之士居门下者皆用为耻焉。

太史公曰:《传》曰:"其身正,不令而行;其身不正,虽令不从。"其李将军之谓也?余睹李将军悛悛如鄙人,口不能道辞。及死之日,天下知与不知,皆为尽哀。彼其忠实心诚信于士大夫也?谚曰"桃李不言,下自成蹊。"此言虽小,可以谕大也。

批注

①广之胜人处,只是"才气无双"四字尽之。然才气既胜,则未有肯引绳切墨而轨于法之正者,则其一生数奇,亦才气累之也。篇中首载公孙昆邪一语,褒贬皆具,史公虽深爱李广,而卒亦未尝不并著其短,所以为良史之才,他人不能及也。

②史公甚爱李广,而独不满于卫青。青之传中"会有天幸",此语亦颇不厌人意。至如广之任情孤往,败处每多于胜处,然略其败而详其出奇制胜之勇,令人读之,满腔都是奇特意思,则文字生色不少。如射雕一段,精神更自烁烁可爱。

〔释义〕 善于写人物传记的作者,必须懂得选材与炉冶之法。因为人的一生事迹很多,涉及方方面面,如果不做一番选材,就像写日记一般逐年逐月地写下去,或者是事无巨细方方面面尽都排列出来,那样的传记必然是不堪一读的,它不是一部年谱表,便是一篇豆腐账。所以要注意选择其一生中最有代表性,也最有普遍意义的事情,然后放在思考的熔炉中加以陶冶熔炼,才能够写出足以反映其人精神面貌的文字来。

司马迁是善于选材与炉冶的。李广一生打了许多的仗,打败仗的时候也有,甚至比打胜仗的次数还多。但此传里只写他几次最为精彩的出奇制胜和飞身腾上敌骑的争夺,就把这位飞将军的孤胆勇进的英雄气概写出来了,文字烁烁闪光,人物活灵活现,这便是史公的非凡文字功夫。

匈奴列传

冒顿小传 冒顿（公元前？—前174），为匈奴单于（首领）。他曾于秦二世元年，随父亲入侵河套地区。公元前203年，杀其父头曼单于而自立。他夺取单于之位后，使匈奴逐渐强盛起来，统一了整个蒙古草原，建立起一个强大的匈奴帝国。冒顿单于自任该帝国的最高统帅，总揽军政及一切对外交往之大权，疆域不断拓宽外延，匈奴帝国的版图，在当时的政治格局中，已成为世界上疆域最辽阔的帝国之一了。

单于头曼有位太子叫冒顿，后来头曼所爱的阏氏生了个小儿子。头曼就想废除冒顿而立小儿子为太子，于是便派冒顿到月氏去当人质。当冒顿在月氏当人质的时候，而头曼却猛烈进攻月氏，月氏王欲杀冒顿，冒顿偷了月氏王的骏马，骑着它逃回匈奴。头曼认为他勇猛，就命令他统领一万骑兵。冒顿制造了一种响箭，训练他的部下骑马射箭的本领，下令说："凡是我的响箭所射的目标，如果谁不跟着我全力去射击它，就斩首。"首先射猎鸟兽，有人不射响箭所射的目标，冒顿就把他杀了。不久，冒顿以响箭射击自己的骏马，左右将士有不敢射击的，冒顿立即杀了他们。过了些日子，冒顿又用响箭射击自己心爱的妻子，左右将士有感到恐惧的，不敢射击，冒顿又把他们杀了。过些日子，冒顿出去打猎，用响箭射击单于的骏马，左右将士都跟着射。于是冒顿知道他左右将士都是可以用的人。他跟随单于头曼去打猎，用响箭射击头曼，他左右将士也都跟随响箭射死了单于头曼，接着冒顿又把他的后母及弟弟和不服从的大臣全部杀死。冒顿自立为单于。

冒顿当了单于后，这时东胡强大兴盛，听说冒顿杀父自立，就派使者对冒顿说，想得到头曼时的千里马。冒顿问群臣给不给，群臣都说："千里马是匈奴的宝马，不要给。"冒顿说："怎可同人家作邻居却吝惜一匹马呢？"于是就把千里马给了东胡。过了一段时间，东胡以为冒顿怕他，就派使者对冒顿说，想要单于的一个阏氏。冒顿又询问左右大臣，左右大臣皆发怒说："东胡没有道理，竟然想要阏氏，请出兵攻打他。"冒顿说："怎可同人家为邻国却吝惜一个女人呢？"于是就把自己喜爱的阏氏送给了东胡王。东胡王愈来愈骄横，向西进犯侵扰。东胡与匈奴之间有一块地千余里无人居住，双方各自在自己的边境上修筑防御工事。东胡派使者对冒顿说："匈奴同我们之间有的中间地带，你们匈奴不能去，我们想占有它。"冒顿征求群臣意见，群臣中有人说："这是无人居住的不毛之地，给他们也可以，不给他们也可以。"于是冒顿大怒，说："土地，是国家的根本，怎可给他们！"那些说给东胡空地的人都被杀了。冒顿上马，命令国内的人如有后退者就杀头，于是向东袭击东胡。东胡最初轻视匈奴，没做防备。等到冒顿领兵到来，一开战就大败东胡，消灭了东胡王，而且俘虏了东胡百姓和掠夺了牲畜财产。冒顿获胜归来后，又打跑了西边的月氏，吞并了南边的楼烦和白羊两个部落，并完全收复了被蒙恬夺去的土地，与汉朝以原来的河南塞为界，直到朝㐰和肤施两地，进而侵犯燕国和代地。这时汉军正与项羽的大兵相互抗争，中原地区被战争搞得疲惫不堪，所以冒顿才趁机强大起来，拥有能拉弓射箭的军队三十余万。

从淳维到头曼有一千多年，匈奴势力时大时小，经常离散分化，因为年代久远，所以他们的世系不得而知。但是到了冒顿当单于时，匈奴势力最强大，使北方夷人完全服从他的统治，向南匈奴则与汉朝分庭抗礼。此后，匈奴的世系、管制等就比较清楚，可以载入史册了。

匈奴设置了左右贤王，左右谷蠡王，左右大将，左右大都尉，左右大当户，左右骨都侯等官位。匈奴人把"贤"称为"屠耆"，所以常常让太子做左屠耆王。从左右贤王以下直到当户，官职大的拥有万名骑兵，小的也有数千骑兵，共有二十四位长官，确定名号称"万骑"。诸位大臣的官职是世袭的。呼衍氏、兰氏，后来又有须卜氏，这三姓是世袭贵族。诸位称"左"的王和将居住在东方，对着汉朝上谷郡以东地区，东边与秽貉和朝鲜接壤。凡是称"右"方的王和将居住在西方，对着汉上郡以西地区，和月氏、氐、羌接壤。而单于的王庭所在地正对着汉朝的代和云中两郡。他们各有自己的领地，随着水草而迁徙住地。左右贤王和左右谷蠡王是最大的官职，左右骨都侯辅佐单于治国。二十四长也各自设置千长、百长、什长、裨小王、相封、都尉、当户、且渠等属官。

每年正月，各部首领在单于王庭有小的聚会，举行祭祀。五月，在茏城有大的聚会，祭祀祖先、天地、鬼神。秋天，马肥壮之时，在蹛林有大的集会，清点统计人口和牲畜的数目。匈奴的法律规定，为了私斗并将刀剑拔出刀鞘一尺的就判死刑，犯盗窃罪的没收他的全部家产；犯小罪的判压碎骨节的刑罚，犯大罪的处死。坐牢最久者不过十天，一国的犯人不过几人而已。单于在早晨走出营地，去拜初升的太阳，傍晚拜月亮。就座时，年长的在左边，而且要面朝北方。人们习惯把"戊"、"己"两日视为良辰。他们安葬死者，有棺椁、金银和衣裘，但却没有坟和丧服礼仪。死者所宠幸的近臣妻妾被陪葬的，多至数十乃至上百人。准备打仗时，要先观察月亮，如果月亮圆满就去进攻，月亮亏缺就退兵。战斗中，凡是斩敌一人者，都要赏赐一壶酒，所缴获的战利品归他所有，俘虏们则沦为奴婢。所以在打仗时，每个人都自动地去寻求自己的利益，善于埋伏军队以突然迎击敌人。所以他们见到敌兵就去一拥而上，如同鸟儿为食而集。如果遇到危难失败，队伍就会瓦解，如同云雾消散。战争中谁能将战死的同伴尸体运回来，就可得到死者的全部家财。

后来，单于冒顿又征服了北方的浑庾、屈射、丁零、鬲昆、薪犁诸国。所以匈奴的贵族、大臣都折服，认为冒顿是少有的好君主。

原文

单于有太子名冒顿。后有所爱阏氏，生少子，而单于欲废冒顿而立少子，乃使冒顿质于月氏。冒顿既质于月氏，而头曼急击月氏。月氏欲杀冒顿，冒顿盗其善马，骑之亡归。头曼以为壮，令将万骑。冒顿乃作为鸣镝，习勒其骑射，令曰："鸣镝所射而不悉射者，斩之。"行猎鸟兽，有不射鸣镝所射者，辄斩之。已而冒顿以鸣镝自射其善马，左右或不敢射者，冒顿立斩不射善马者。居顷之，复以鸣镝自射其爱妻，左右或颇恐，不敢射，冒顿又复斩之。居顷之，冒顿出猎，以鸣镝射单于善马，左右皆射之。于是冒顿知其左右皆可用。从其父单于头曼猎，以鸣镝射头曼，其左右亦皆随鸣镝而射杀单于头曼，遂尽诛其后母与弟及大臣不听从者。冒顿自立为单于。

冒顿既立，是时东胡强盛，闻冒顿杀父自立，乃使使谓冒顿，欲得头曼时有千里马。冒顿问群臣，群臣皆曰："千里马，匈奴宝马也，勿与。"冒顿曰："奈何与人邻国而爱一马乎？"遂与之千里马。居顷之，东胡以为冒顿畏之，乃使使谓冒顿，欲得单于一阏氏。冒顿复问左右，左右皆怒曰："东胡无道，乃求阏氏！请击之。"冒顿曰："奈何与人邻国爱一女子乎？"遂取所爱阏氏予东胡。东胡王愈益骄，西侵。与匈奴间，中有弃地，莫居，千余里，各居其边为瓯脱。东胡使使谓冒顿曰："匈奴所与我界瓯脱外弃地，匈奴非能至也，吾欲有之。"冒顿问群臣，群臣或曰："此弃地，予之亦可，勿予亦可。"于是冒顿大怒曰："地者，国之本也，奈何予之！"诸言予者，皆斩之。冒顿上马，令国中有后者斩，遂东袭击东胡。东胡初轻冒顿，不为备。及冒顿以兵至，击，大破灭东胡王，而虏其民人及畜产。既归，西击走月氏，南并楼烦、白羊河南王。悉复收秦所使蒙恬所夺匈奴地者，与汉关故河南塞，至朝𩰚、肤施，遂侵燕、代。是时汉兵与项羽相距，中国罢于兵革，以故冒顿得自强，控弦之士三十余万。

自淳维以至头曼千有余岁，时大时小，别散分离，尚矣，其世传不可得而次云。然至冒顿而匈奴最强大，尽服从北夷，而南与中国为敌国，其世传国官号乃可得而记云。

置左右贤王，左右谷蠡王，左右大将，左右大都尉，左右大当户，左右骨都侯。匈奴谓贤曰"屠耆"，故常以太子为左屠耆王。自如左右贤王以下至当户，大者万骑，小者数千，凡二十四长，立号曰"万骑"。诸大臣皆世官。呼衍氏，兰氏，其后有须卜氏，此三姓其贵种也。诸左方王将居东方，直上谷以往者，东接秽貉、朝鲜；右方王将居西方，直上郡以西，接月氏、氐、羌；而单于之庭直代、云中：各有分地，逐水草移徙。而左右贤王、左右谷蠡王最为大，左右骨都侯辅政。诸二十四长亦各自置千长、百长、什长、裨小王、相封、都尉、当户、且渠之属。

岁正月，诸长小会单于庭，祠。五月，大会茏城，祭其先、天地、鬼神。秋，马肥，大会蹛林，课校人畜计。其法，拔刃尺者死，坐盗者没入其家；有罪小者轧，大者死。狱久者不过十日，一国之囚不过数人。而单于朝出营，拜日之始生，夕拜月。其坐，长左而北乡。日上戊己。其送死，有棺椁金银衣裳，而无封树丧服；近幸臣妾从死者，多至数千百人。举事而候星月，月盛壮则攻战，月亏则退兵。其攻战，斩首虏赐一卮酒，而所得卤获因以予之，得人以为奴婢。故其战，人人自为趣利，善为诱兵以冒敌。故其见敌则逐利，如鸟之集；其困败，则瓦解云散矣。战而扶舆死者，尽得死者家财。

后北服浑庾、屈射、丁零、鬲昆、薪犁之国。于是匈奴贵人大臣皆服，以冒顿单于为贤。

卫霍列传

卫青霍去病小传

卫青（公元前？—前105），字仲卿，河东平阳（今山西省临汾市西南）人，是汉武帝时期重臣，著名军事家，为当时抗击匈奴的主要将领。

霍去病（公元前140—前117），西汉名将，著名的军事家。他也是河东郡平阳人，是卫青的外甥，善于骑射，尤善于长途奔袭。他用兵灵活，注重方略，不拘古法，勇猛果断，每战皆胜，深得武帝信任。他元狩六年病卒，年仅24岁。

　　元狩四年春天，武帝命令大将军卫青、骠骑将军霍去病各率五万骑兵，几十万步兵和转运物资的人跟随其后，而那些勇猛善战，敢拼敢打的将士都隶属于骠骑将军。骠骑将军开始要从定襄出兵，迎击单于。后来捕到的匈奴俘虏说单于向东而去，于是武帝就改令骠骑将军从代郡出兵，命令大将军卫青从定襄出兵。郎中令李广做前将军，太仆公孙贺任左将军，主爵都尉赵食其任右将军，平阳侯曹襄任后将军，他们都隶属于大将军。大军随即越过沙漠，连人带马共五万骑兵，同骠骑将军等都攻打匈奴的单于。这时赵信给单于出谋划策说："汉军已越过沙漠，人困马乏，匈奴可以坐收汉军俘虏了。"于是把他们的粮草辎重全部运到遥远的北方，把全部精兵安排在大漠以北等待汉军。大将军卫青的军队开出塞外一千多里，看见单于的军队排成阵势等在那里，于是大将军下令让武刚车排成环形营垒，又命五千骑兵纵马去冲击匈奴阵营。匈奴也有大约一万骑兵奔驰而来。恰巧太阳将落，刮起大风，沙石打在人们的脸上，两军都无法看见对方，汉军又命左右两翼急驰向前，包抄单于。单于看到汉朝军队很多，而且战士和战马还很强大，若是交战，对匈奴不利。因此，在傍晚时单于就乘着六头骡马拉的车子，同大约几百名壮健的骑兵，径直冲开汉军包围圈，向西北奔驰而去。这时，天已黄昏，汉朝军队和匈奴人相互扭打,杀伤人数大致相同。汉军左校尉捕到匈奴俘虏,说单于在天未黑时已离去,于是卫青就派出轻骑兵连夜追击,大将军亲率军队也跟随其后。匈奴的兵士四散奔逃。直到天快亮时,汉军已追出二百余里,没有追到单于,却俘获和斩杀敌兵一万多人,这时,部队已经到达了窴颜山下的赵信城,获得匈奴积存的粮食,补充了自己的军粮。汉军在那里休息一天就返回,把城中剩余的粮食全部烧掉才归来。

在大将军卫青同单于会战时,前将军李广和右将军赵食其的军队从东方的道路进军,因为迷了路,没能如期同卫青同攻单于。直到大将军卫青领兵回到大漠以南时,才遇到前将军和右将军。大将军想派使者回京报告天子,就命令长史去责问前将军李广,李广自杀。右将军回到京城,被交给法官,赵食其交了赎金,成为平民百姓。大将军卫青进入边塞,此次总共斩获敌兵一万九千人。这时,匈奴的臣民们十多天找不到单于的下落,右谷蠡王听到这消息后,就自己当了单于。单于后来又与他的部众相会合,右谷蠡王就去掉自立的单于之名。

当时骠骑将军也率领五万骑兵,所带军需物资也与大将军卫青的相同,但却没有副将。他就任用李敢等人做大校,充当副将,从代郡、右北平出兵一千余里,遇上左贤王的军队,战斗中,他们杀死和俘虏的敌人比大将军卫青多得多。出征的大军全部归来时,武帝说:"骠骑将军霍去病率领军队出征,又亲自率领所俘虏的匈奴士兵,轻装前进,越过大沙漠,渡河捕获单于近臣章渠,诛杀匈奴小王比车耆,转而攻击匈奴左大将,斩杀敌将,夺取其军旗和战鼓。翻越离侯山,渡过弓闾河,俘虏匈奴屯头王和韩王等三人,以及将军、相国、当户、都尉等八十三人。然后在狼居胥山祭天,在姑衍山祭地,并且登上高山远望大漠。共捕获俘虏和杀敌七万零四百四十三人,汉军大概减员十分之三。他们从敌人那里取得粮食,所以能够行军到极远的地方而没有断绝军粮。划定五千八百户加封骠骑将军霍去病。"右北平太守路博德隶属于骠骑将军,按时与骠骑将军在与城会师,跟随骠骑将军打到梼余山,俘虏和斩杀匈奴二千七百人,因此封路博德为符离侯一千六百户。北地都尉邢山随骠骑将军捕获匈奴小王,为此封邢山为义阳侯一千二百户。从前投降汉朝的匈奴因淳王复陆支、楼专王伊即靬皆随骠骑将军攻匈奴有功,为此封复陆支为壮侯,赐食邑一千三百户,为此伊即靬为众利侯,赐食邑一千八百

户封。从骠侯赵破奴、昌武侯赵安稽都跟随骠骑将军打匈奴有功,各增封三百户。校尉李敢夺取了敌军的军旗战鼓,封为关内侯,赐食邑二百户。校尉徐自为被授予大庶长的爵位。另外骠骑将军霍去病属下的小吏士兵当官和受赏的人很多。而大将军卫青没能得到加封,他部下的官员和士兵没有被封侯的。

当卫青和霍去病所率领的两支大军出塞时,根据边塞上的统计,共带出官府和私人马匹十四万匹,而他们重回塞内时,所剩战马不满三万匹。于是朝廷增置大司马官位,大将军和骠骑将军都当了大司马,而且定下法令,让骠骑将军的官阶和俸禄同大将军相等。从此以后,大将军卫青的权势日日减退,而骠骑将军霍去病一天比一天显贵。昔日卫青的老友和门客多半离开了他,而去侍奉霍去病,很多人得到了官职爵位,只有任安不肯这样做。

骠骑将军霍去病为人寡言少语,性格内向,有气魄,敢作敢为。武帝曾想教他孙子和吴起的兵法,他回答说:"关键在于临时制宜,不必学习古代兵法。"武帝为霍去病修盖府第,让他去看看,他回答说:"匈奴还没有消灭,无心考虑小家的事情。"从此以后,武帝更加重用和喜爱骠骑将军霍去病。但是,霍去病从少年时代起,就在宫中侍候皇帝,地位高贵,所以从不关心下层人。他出兵打仗时,天子派遣太官赠送他几十车食物,待他回来时,辎重车上丢弃了许多剩余的米和肉,而他的士兵还有忍饥挨饿的。他在塞外打仗时,士兵们缺粮,有的人饿得站不起来,而骠骑将军还喜欢划场地踢球。类似的事情很多。而大将军卫青的为人却是仁爱善良,恭敬谦让,以宽和柔顺取悦皇上,但是天下人却没有称赞他的。

原文

元狩四年春,上令大将军青、骠骑将军去病将各五万骑,①步兵转者踵军数十万,而敢力战深入之士皆属骠骑。骠骑始为出定襄,当单于。捕虏言单于东,乃更令骠骑出代郡,令大将军出定襄。郎中令为前将军,太仆为左将军,主爵赵食其为右将军,平阳侯襄为后将军,皆属大将军。兵即度幕,人马凡五万骑,与骠骑等咸击匈奴单于。②赵信为单于谋曰:"汉兵既度幕,人马罢,匈奴可坐收虏耳。"乃悉远北其辎重,皆以精兵待幕北。而适值大将军军出塞千余里，见单于兵陈而待，于是大将军令武刚车自环为营，而纵五千骑往当匈奴。匈奴亦纵可万骑。会日且入，大风起，沙砾击面，两军不相见，汉益纵左右翼绕单于。单于视汉兵多，而士马尚强，战而匈奴不利，薄暮，单于遂乘六骡，壮骑可数百，直冒汉围西北驰去。时已昏，汉匈奴相纷挐，杀伤大当。汉军左校捕虏言单于未昏而去，汉军因发轻骑夜追之，大将军军因随其后。匈奴兵亦散走。迟明，行二百余里，不得单于，颇捕斩首虏万余级，遂至窴颜山赵信城，得匈奴积粟食军。军留一日而还，悉烧其城余粟以归。

大将军之与单于会也，而前将军广、右将军食其军别从东道，或失道，后击单于。大将军引还过幕南，乃得前将军、右将军。大将军欲使使归报，令长史簿责前将军广，广自杀。右将军至，下吏，赎为庶人。大将军军入塞，凡斩捕首虏万九千级。是时匈奴众失单于十余日，右谷蠡王闻之，自立为单于。单于后得其众，右王乃去单于之号。

骠骑将军亦将五万骑，车重与大将军军等，而无裨将。悉以李敢等为大校，当裨将，出代、右北平千余里，直左方兵，所斩捕功已多大将军。军既还，天子曰："骠骑将军去病率师，躬将所获荤粥之士，约轻赍，绝大幕，涉获章渠，以诛比车耆，转击左大将，斩获旗鼓，历涉离侯。济弓闾，获屯头王、韩王等三人，将军、相国、当户、都尉八十三人，封狼居胥山，禅于姑衍，登临翰海。执卤获丑七万有四百四十三级，师率减什三，取食于敌，逴行殊远而粮不绝。以五千八百户益封骠骑将军。"右北平太守路博德属骠骑将军，会与城，不失期，从至梼余山，斩首捕虏二千七百级，以千六百户封博德为符离侯。北地都尉邢山从骠骑将军获王，以千二百户封山为义阳侯。故归义因淳王复陆支、楼专王伊即靬皆从骠骑将军有功，以千三百户封复陆支为壮侯，以千八百户封伊即靬为众利侯。从骠侯破奴、昌武侯安稽从骠骑有功，益封各三百户。校尉敢得旗鼓，为关内侯，食邑二百户。校尉自为爵大庶长。军吏卒为官，赏赐甚多。而大将军不得益封，军吏卒皆无封侯者。③

两军之出塞，塞阅官及私马凡十四万匹，而复入塞者不满三万匹。乃益置大司马位，大将军、骠骑将军皆为大司马。定令，令骠骑将军秩禄与大将军等。自是之后，大将军青日退，而骠骑日益贵。举大将军故人门下多去事骠骑，辄得官爵，唯任安不肯。

骠骑将军为人少言不泄，有气敢任。天子尝欲教之孙吴兵法，对曰："顾方略何如耳，不至学古兵法。"天子为治第，令骠骑视之，对曰："匈奴未灭，无以家为也。"由此上益重爱之。然少而侍中，贵，不省士。其从军，天子为遣太官赍数十乘，既还，重车余弃粱肉，而士有饥者。其在塞外，卒乏粮，或不能自振，而骠骑尚穿域蹋鞠。事多此类。大将军为人仁善退让，以和柔自媚于上，然天下未有称也。

短评

卫、霍一传，叙伐胡功烈屡矣，莫奇于元狩四年之役。两军分出，彼此各叙，而虚实详略，一一对针，极尽笔力之奇，无一毫零赘也。杨升庵云："自'日且入'，至'行二百余里'，写得如画。"唐诗"胡沙猎猎吹人面，汉虏相逢不相见"，又"月黑雁飞高，单于夜遁逃。欲将轻骑逐，大雪满弓刀"，皆用此事，实千秋之绝调也。

批注

①以卫将军、李广相提而论，则抑卫而右李；以霍骠骑与卫青相提而论，则右卫而贬霍。史公笔补造化，卓识超空，迥非班、范所得梦见也！

②史公偏于青之一战，胪次极其详尽，使千古以下，犹若身在行间，闻鼓鼙而搏髀者；于去病之功，悉削之不书，而惟以诏书代叙事，则炙手之势，偏引重于王言，而里革之忠，自铭劳于幕府。其轻其重，文人代握其权矣。但写景之工，开却唐人许多沙场佳句也。

③叙功之状，繁而不杀，正史公笔力大处。若入后人手，必有许多芟除归并之法，不古甚矣！然史公他文颇有可省处，惟此诏备载得体，一字不可去，须味之。

〔释义〕司马迁写重要人物和重大战役，亦不忘风光景物的状描，正因为有了这典型环境的衬托，人物的典型性格才跃然纸上。像他写两军在大漠上相遇，于文章极紧迫之处又及时地点染了当时的景物："大风起，沙砾击面，两军不相见"等等，这样，就使大漠之上两军相搏时的壮烈场面跃然纸上，使读者如同身临其境一般。唐代许多边塞诗人就是根据《史记》所载的这些壮烈场面和环境描写，而渲染刻画出万古不磨的壮丽诗篇来。姚公所指出的令狐楚的《从军行》，是一个明显的例子，而其他如王昌龄的"秦时明月汉时关，万里长征人未还。但使龙城飞将在，不教胡马度阴山"等《出塞》诗；还有高适的"大漠穷秋塞草衰，孤城落日斗兵稀"；岑参的"北风卷地白草折，胡天八月即飞雪"、"轮台九月风怒吼，一川碎石大如斗，随风满地石乱走"，等等，莫不都是根据《史记》文中所创设下的风沙满地之景象，而借古喻今地吟唱出来的。

补注

集散者，或以振纲领，或以争关纽，或奇特形于比附，或指归示于牵连，或错出以表全神，或补述以完风裁。是故集则有势有事，而散则有纵有横。……《史记》廉颇将军矜功争利，与避车连文，以美震悔之忠；长平侯（卫青）重揖客，讳击伤，于本传不详，以叹尊容之广，是横散者也。……士君子能深思天下所以化成者，求诸古，验诸事，发诸文，则庶乎言有物而不囿于藻采雕绘之末技也夫！（清·包世臣：《艺舟双楫》）

〔释义〕　文章讲究集与散。我们已在《蔺相如传》里说过了，这里就不再重复了。

卫青击匈奴有大功，其姊卫皇后又得宠，因之群臣莫不尊敬回避，而惟有汲黯却敢于与他争衡抗礼。有人劝汲黯说："自天子欲群臣下大将军，大将军尊重益贵，君不可以不拜！"黯曰："夫以大将军有揖客，反不重耶？"卫青听了，不但不怪罪汲黯，反而更加器重他。在《李将军列传》中，写李广与卫青同去朔北击匈奴。卫青责李广迷路误期之事，李广自杀，李广的儿子李敢因此而怨恨卫青，找了个机会击伤卫青，卫青不但没有杀李敢，反而将此事隐瞒起来，不让任何人知道。这两件事，都是极写卫青的宽宏大度，深有容人之量。但是，史公却都不在《卫青霍去病列传》中写，而是散列到《汲郑列传》与《李将军列传》之中，散落得有情有致，这是很为独到的布局安排，足可以令后人仔细揣摩的。

司马相如列传

司马相如小传

司马相如（公元前179—前118），西汉时著名辞赋家，字长卿，蜀郡成都（今四川省成都市）人。他少年时好读书击剑，景帝时入京，官武骑常侍。景帝不好辞赋，他称病免官，来到梁国，与梁孝王的文学侍从邹阳、枚乘等人同游，连续写出《子虚赋》等名篇。梁孝王死，相如归蜀，结识商人卓王孙之寡女卓文君，卓文君喜音乐，慕相如之才，相如以琴心挑之，文君遂与相如私奔，同归成都。他因为家贫，无以为生，只得与文君返临邛，以卖酒为生。二人的婚恋故事，自此成为千古佳话，不断地为后世之文学艺术创作所采撷。

司马相如是蜀郡成都人，字长卿。他少年时喜欢读书，也学习剑术，他父母给他起了个小名叫"犬子"。司马相如完成学业后，很仰慕蔺相如的为人，就改名相如。最初，他凭借家中富有的资财而被授予郎官之职，侍卫孝景帝，做了武骑常侍，然而他不喜欢这个官职。景帝不喜欢辞赋，这时梁孝王前来京城朝见景帝，跟他来的善于游说的人，有齐郡人邹阳、淮阴人枚乘、吴县人庄忌先生等。相如见到这些人就喜欢上了，因此就借生病为由辞掉官职，到梁孝王那里做了门客。梁孝王让相如这些读书人一同居住，一直过好几年，这期间司马相如写了《子虚赋》。

后来梁孝王去世，司马相如只好返回成都。然而他家境贫寒，几乎无法谋生。司马相如与临邛县令王吉有交情，王吉说："长卿，你长期离乡在外也没有求得官职，没办法的时候，可以来我这里。"于是，司马相如前往临邛，暂住在城内的客馆里。王吉为了抬高司马相如的身份，故意作出对他十分恭敬的样子，每天都来拜访司马相如。最初几天，司马相如还出来会见王吉。后来，司马相如就谎称有病，让随从去拒绝王吉的拜访。然而，王吉却对司马相如更加谨慎恭敬。临邛县里富人多，像卓王孙家就有家奴八百人，程郑家也有几百人。二人相互商量说："县令有贵客，我们备办酒席，请请他。"一并把县令也请来。当县令王吉到了卓家后，卓家的客人已经上百了。到了中午，去请司马相如，相如却推托有病，不肯前来。王吉见相如没来，绝不动筷，于是亲自前去迎接相如。司马相如不得已，勉强来到卓家，满座的客人无不惊羡他的风采。酒兴正浓时，王吉走上前去，把琴放到司马相如面前，说："我听说长卿特别喜欢弹琴，希望聆听一曲，以助酒兴。"司马相如辞谢一番，便弹奏了一两支曲子。

这时，卓王孙有个女儿叫文君，刚守寡不久，很喜欢音乐。所以司马相如表面上抚琴是为了县令王吉，而实际上是用琴声来诱发文君的爱恋之情。司马相如来临邛时，车马跟随其后，仪表堂堂，举止典雅。等到来卓王孙家喝酒、弹奏琴曲时，卓文君从门缝里偷偷看他，心中高兴，特别喜欢他，只怕自己配不上他。宴会完毕，司马相如托人以重金赏赐文君的侍者，以此向她转达倾慕之情。于是，卓文君当夜就跑到司马相如那里，司马相如就带着文君急忙赶回成都。进家所见，空无一物，只有四面墙壁立在那里。卓王孙得知女儿私奔之事，大怒道："这个女儿极不成材，我不忍心伤害她，但也不会分给她一文钱。"有的人劝说卓王孙，但他始终不肯听。过了好长一段时间，文君感到不快乐，说："长卿，只要你同我一起去临邛，向兄弟们借贷也完全可以维持生活，何至于让自己困苦到这个样子！"司马相如就同文君来到临邛，把自己的车马全部卖掉，买下一家酒店，做卖酒生意。文君站在柜台前卖酒，而司马相如则系着围裙，与雇工们一起操作忙活，在闹市中洗涤酒器。

卓王孙听到这件事后，感到很耻辱，因此闭门不出。有些兄弟们和长辈们一轮番劝说卓王孙，说："你有一个儿子两个女儿，家中所缺少的不是钱财。如今，文君已经成了司马长卿的妻子，长卿虽然没有做官，那是他厌烦官场，不是他无能，虽然贫穷，但他确实是个人才，完全可以依靠。况且他又是县令的贵客，为什么偏偏这样轻视他呢！"卓王孙不得已，只好分给文君家奴一百人，钱一百万，以及她第一次出嫁时的衣服被褥和各种财物。于是文君就同司马相如回到成都，买了田地房屋，成为富有的人家。

过了较长一段时间，蜀郡人杨得意担任狗监，侍奉汉武帝。一天，武帝读《子虚赋》，大为赞赏，说："我偏偏不能与这个作者同时代。"杨得意说：

"我的同乡人司马相如自称是他写了这篇赋。"武帝大吃一惊,就召来司马相如询问。司马相如说:"有这件事。但是,这赋只写诸侯之事,不值得看。请让我写篇天子游猎赋,赋写成后就进献皇上。"武帝答应了,并命令尚书给他笔和木简。相如用"子虚"这虚构的人物,是为了陈述楚国的排场;"乌有先生"就是没有此事,让他来夸耀齐国贬斥楚国;"无是公"就是没有此人,让他来代表天子的立场以阐明做天子的道理。所以假借这三个人写成文章,用以推演天子和诸侯的苑囿美盛情景。赋的最后一章主旨归结到节俭上去,借以规劝皇帝。司马相如把赋进献给武帝后,武帝特别高兴。

原文

　　司马相如者,蜀郡成都人也,字长卿。少时好读书,学击剑,故其亲名之曰犬子。相如既学,慕蔺相如之为人,更名相如。以赀为郎,事孝景帝,为武骑常侍,非其好也。会景帝不好辞赋,是时梁孝王来朝,从游说之士齐人邹阳、淮阴枚乘、吴庄忌夫子之徒,相如见而说之,因病免,客游梁。梁孝王令与诸生同舍,相如得与诸生游士居数岁,乃著子虚之赋。

　　会梁孝王卒,相如归,而家贫,无以自业。素与临邛令王吉相善,吉曰:"长卿久宦游不遂,而来过我。"于是相如往,舍都亭。临邛令缪为恭敬,日往朝相如。相如初尚见之,后称病,使从者谢吉,吉愈益谨肃。临邛中多富人,而卓王孙家僮八百人,程郑亦数百人,二人乃相谓曰:"令有贵客,为具召之。"并召令。令既至,卓氏客以百数。至日中,谒司马长卿,长卿谢病不能往,临邛令不敢尝食,自往迎相如。相如不得已,强往,一坐尽倾。酒酣,临邛令前奏琴曰:"窃闻长卿好之,愿以自娱。"相如辞谢,为鼓一再行。

　　是时卓王孙有女文君新寡,好音,故相如缪与令相重,而以琴心挑之。①相如之临邛,从车骑,雍容闲雅甚都;及饮卓氏,弄琴,文君窃从户窥之,心悦而好之,恐不得当也。既罢,相如乃使人重赐文君侍者通殷勤。文君夜亡奔相如,相如乃与驰归成都。家居徒四壁立。卓王孙大怒曰:"女至不材,我不忍杀,不分一钱也。"人或谓王孙,王孙终不听。文君久之不乐,曰:"长卿第俱如临邛,从昆弟假贷犹足为生,何至自苦如此!"相如与俱之临邛,尽卖其车骑,买一酒舍酤酒,而令文君当炉。相如身自著犊鼻裈,与保庸杂作，涤器于市中。

卓王孙闻而耻之，为杜门不出。昆弟诸公更谓王孙曰："有一男两女，所不足者非财也。今文君已失身于司马长卿，长卿故倦游，虽贫，其人材足依也，且又令客，独奈何相辱如此！"卓王孙不得已，分予文君僮百人，钱百万，及其嫁时衣被财物。文君乃与相如归成都，买田宅，为富人。

居久之，蜀人杨得意为狗监，侍上。上读《子虚赋》而善之，曰："朕独不得与此人同时哉！"得意曰："臣邑人司马相如自言为此赋。"上惊，乃召问相如。相如曰："有是。然此乃诸侯之事，未足观也。请为天子游猎赋，赋成奏之。"上许，令尚书给笔札。相如以"子虚"，虚言也，为楚称；"乌有先生"者，乌有此事也，为齐难；"无是公"者，无是人也，明天子之义。故空藉此三人为辞，以推天子诸侯之苑囿。其卒章归之于节俭，因以风谏。奏之天子，天子大说。

批注

①以相如之才，且又令客，车骑雍容，亦久为富人所瞩目，则以令为蹇修，文君不患不归相如矣。而乃必挑以琴心，奔于亡命何哉？盖相如、文君，千古之佳俪也，使以令为媒，以势相合，以利相随，则亦贾儿、贩妇之常径耳，何以见两人之自具锦心、自留青眼乎？彼挑此奔，所以明此段风流，绝不缘势利作合耳。君王后之识法章，红拂之识李药师，皆是一腔雄警心事，虽不得为正，而亦胡可浪訾？史公娓娓写之，固欲传其奇耳，岂以著其丑哉！具只眼者，须别有识以处此。

〔释义〕　《史记》一书因为讲的都是安邦治国、经邦济世之大业，故而无处可言及婚恋之事；但婚恋又是文章中不可或缺的部分，有人说："爱和死，是文学的永恒主题。"金圣叹在批注《西厢记》时也说："自古至今，有韵之文，吾见大抵十七皆儿女此事。此非以此事真是妙事，故中心爱之，而定欲为文也；亦诚以为文必为妙文，而非此一事则文不能妙也。夫为文必为妙文，而妙文必借此事，然则此事其真妙事也。何也？事妙，故文妙；今文妙，必事妙也。若此事真为妙事，而为文竟非妙文，然则此事亦不必定其妙事也。何也？文不妙，必事不妙；今事不妙，故文不妙也。"

司马迁因《史记》一书中竟无一处可以置放这一妙文妙事，因此便揪住了司马相如这个机会。为了于此处可以置放妙文妙事，故而专门地为相如立一专传。按说，相如既不是开疆拓土的战将，亦不是修治国事的功臣大吏，顶多也不过是一个词臣而已，而西汉时候像他这样的文人正很多呢，如前边已提到的贾谊，还有与其同伍的枚乘、邹阳、桓宽等等，那许多的人，有的连合传都没有，而惟他一人却设立了独传？其中一个重要的原因，就是史公觑定相如有这么一段才子佳人的风流韵事，便决心捉住这个机会，补足此书中有关婚恋的不可或缺之事，并加以着力描绘，使其有声有色。

对于这一行文手法，金圣叹也有专门的诠释，他说："文章最妙，是此一刻被灵眼觑见，便于此一刻放灵手捉住。盖于略前一刻亦不见，略后一刻便亦不见，恰恰不知何故，却于此一刻忽然觑见。若不捉住，便更寻不出。"（见其《读第六才子书〈西厢记〉法》）

淮南列传

淮南王刘安小传　刘安（公元前179—前122），是汉高祖之孙。其父刘长，本为高祖的少子，受封为淮王厉王，后因有反迹，汉文帝不忍加诛于其弟，赦其死罪，而废除王位。刘长一向骄恣刚愎，受此重罚，绝食而死。后来，汉文帝深悔其举未免施法过严，于是便又立刘长之子刘安为淮南王。刘安好读书鼓琴，招纳四方文人，编著《淮南子》一书，广泛传播自己名声。刘安后来闻听文帝无子，自度自己是高祖的嫡亲孙子，便久蓄不轨之心，日夜与家臣伍被、左吴等人谋。后因有迹泄漏，刘安被削去封地二个县，从而更加激怒他的反心，时时准备举兵反叛。但他终因势单力孤，致使事败被囚，自杀于狱中，受牵连者达数千人。

　　淮南王被削地之后，更加积极地策划反叛的阴谋。诸位使者从长安来，谣言，说皇上没有儿子，汉家天下不太平的，淮南王听了就高兴；如果说汉王朝太平，皇上有儿子，淮南王就恼怒，认为是胡言乱语，不可信。

　　淮南王日夜和伍被、左吴等察看地图，部署进军的路线。淮南王说："皇上没有太子，一旦过世，宫中大臣必定征召胶东王，或者常山王即位，诸侯王一齐争夺皇位，我可以不预先做没有准备吗？况且我是高祖的亲孙，亲行仁义之道，当今陛下待我不薄，我能忍受他的统治；陛下万世之后，我岂能向那些小子北面称臣呢！"

　　有一天淮南王坐在东宫，召见伍被一起议事，招呼他说："将军上殿。"伍被不高兴地说："皇上刚刚宽恕赦免了大王，您怎能又说这亡国之话呢！臣听说当年伍子胥劝谏吴王，吴王不听忠告，于是伍子胥说'臣仿佛看见麋鹿在姑苏台上奔跑了'。现在臣也将看到宫中遍生荆棘，露水沾湿衣裳了。"淮南王大怒，囚禁起伍被和她的父母，关押了三个月。然后淮南王又把伍被召来问道："将军答应寡人吗？"伍被回答："不，我只是来为大王筹划而已。臣听说听力好的人能在无声时听出动静,视力好的人能在未成形前看出征兆,所以大圣人做事总是万无一失。从前周文王举事,他的功勋就被万语流传了,使周朝继夏、商之后,列入'三代',这就是所谓顺从天意而行动的结果,因此四海之内的人都不约而同地追随响应他。这是千年前有目共睹的事情。至于百年前的秦王朝,近代的吴楚两国,也足以说明国家存亡的道理。臣不敢逃避像伍子胥那样被杀害的厄运,希望大王不要重蹈吴王不听忠谏的覆辙。过去秦朝灭绝圣人之道,坑杀儒生,焚烧《诗》《书》,抛弃礼义,崇尚诈伪和暴力,凭借严厉刑罚,强迫百姓把东部沿海的粮食运送到关中去。在那个时候,男子奋力耕作却填不饱肚子,女子织布绩麻却仍衣不蔽体。秦皇派蒙恬修筑长城,东西绵延数千里,长年戍边、风餐露宿的士兵常常有数十万人,死者不可胜数,僵尸倒伏千里,血流遍地,百姓气力耗尽,想造反的十家有五。秦始皇又派徐福入东海访求神仙和灵药,徐福归来编造假话说:'臣见到海中大神,他问道:"你是西方皇帝的使臣吗?"臣答道:"是的。""你来寻求何物?"臣答:"希望求得延年益寿的仙药。"海神说:"你们秦王礼品太薄,仙药可以观赏却不能拿取。"当即海神让我跟他向东南行至蓬莱山,看到了用灵芝长成的宫殿,有个使者肤色如铜身形似龙,光辉上照天空。于是臣拜了两次而问,说:"应该拿什么礼物来敬献?"海神说:"献上良家童男和童女以及擅长各种手艺的工匠,就可以得到仙药了。"'皇帝大喜,遣发童男童女三千人,并五带上谷种籽和各种工匠前往东海。结果徐福出去后觅得一徒弟平潭水草丰茂的地方,便留居那里自立为王不再回朝。这件事又害得百姓万分悲痛,思念亲人,想造反的十家有六家。秦皇又派南海郡尉尉佗越过五岭攻打百越。赵佗知道中原疲敝已极,就留居南越称王不归,并派人上书,要求朝廷给他派遣无婆家的妇女三万人,来替士兵缝补衣裳。秦皇帝同意并给他派去一万五千名妇女。这样一来百姓人心离散犹如土崩瓦解,想造反的十家有七家。宾客对高皇帝说:'时机到了。'高皇帝说:'等等看,当有圣人起事于东南方。'不到一年,陈胜吴广揭果然竿造反了。接着高皇帝自丰邑沛县起事,结果振臂一呼,全天下不约而同的响应者便不可胜数。这就是善于寻找机会,借秦朝危亡的趋势而采取行动。百姓个个拥护他,犹如干旱盼望雨水,所以他能起于军伍而被拥立为天子,功业高于夏禹、商汤和周文王,他的恩德将永远传给后世。如今大王只看到了高皇帝得天下的容易,却偏偏看不到吴、楚七国叛乱的下场呢？那吴王刘濞被称为刘氏的祭酒，颇受尊宠，又被恩准不必依例入京朝见，他掌管着四郡的民众，地域纵横数千里，在国内可自行冶铜铸造钱币，在东方可烧煮海水贩卖食盐，溯江而上能采江陵木材建造大船，一船所载抵得上中原数十辆车，因而他国又富民又多。于是吴王拿珠玉金帛贿赂诸侯王、宗室贵族和朝中大臣，唯独不给皇戚窦氏。反叛之计划已经完成，吴王便发兵西进。但吴军在大梁大败，又在狐父被击败，吴王奔走东逃，跑到丹徒，让越人俘获，身死国亡，令天下人耻笑。为什么吴楚有那样众多的军队而不能成功？因为他违背了天道而不识务的缘故。如今大王兵力不及吴楚的十分之一，天下安宁却比秦皇帝时代好万倍，希望大王听从臣下的意见。若大王不听臣的劝告，恐怕不等大事成功您的计划却已泄露。臣听说微子路过殷朝故都时心中很悲伤，于是作《麦秀之歌》，这首歌就是哀痛纣王不听从王子比干的劝谏而亡国。所以《孟子》说'纣王活着时虽贵为天子，死时竟不及平民'。这是因为纣王生前早已自绝于天下人，而不是死到临头天下人才背弃他。现在臣也暗自悲哀大王若抛弃了诸侯国君的尊贵而造反，朝廷必将赐给你绝命之书，令您比所有淮南大臣更早地自尽于东宫。"刘安一听，哀怨之气郁结胸中，神色黯然，热泪盈眶涕泗横流，即刻站起身，快步入后宫而去。

原文

淮南王削地之后，其为反谋益甚。诸使道从长安来，为妄妖言，言上无男，汉不治，即喜；即言汉廷治，有男，王怒，以为妄言，非也。

王日夜与伍被、左吴等案舆地图，部署兵所从入。王曰："上无太子，宫车即晏驾，廷臣必征胶东王，不即常山王。诸侯并争，吾可以无备乎！且吾高祖孙，亲行仁义，陛下遇我厚，吾能忍之；万世之后，吾宁能北面臣事竖子乎！"

王坐东宫，召伍被与谋，曰："将军上。"被怅然曰："上宽赦大王，王复安得此亡国之语乎！臣闻子胥谏吴王，吴王不用，乃曰'臣今见麋鹿游姑苏之台也'。今臣亦见宫中生荆棘，露沾衣也。"王怒，系伍被父母，囚之三月。复召曰："将军许寡人乎？"被曰："不，直来为大王画耳。臣闻聪者听于无声，明者见于未形，故圣人万举万全。昔文王一动而功显于千世，列为三代，此所谓因天心以动作者也,故海内不期而随。此千岁之可见者。夫百年之秦,近世之吴楚,亦足以喻国家之存亡矣。臣不敢避子胥之诛,愿大王毋为吴王之听。昔秦绝圣人之道,杀术士,燔《诗》《书》,弃礼义,尚诈力,任刑罚,转负海之粟致之西河。当是之时,男子疾耕不足于糟糠,女子纺绩不足于盖形。遣蒙恬筑长城,东西数千里,暴兵露师常数十万,死者不可胜数,僵尸千里,流血顷亩,百姓力竭,欲为乱者十家而五。又使徐福入海求神异物,还为伪辞曰:'臣见海中大神,言曰:"汝西皇之使邪?"臣答曰:"然。""汝何求?"曰:"愿请延年益寿药。"神曰:"汝秦王之礼薄,得观而不得取。"即从臣东南至蓬莱山,见芝成宫阙,有使者铜色而龙形,光上照天。于是臣再拜问曰:"宜何资以献?"海神曰:"以令名男子若振女与百工之事,即得之矣。"'秦皇帝大说,遣振男女三千人,资之五谷种种百工而行。徐福得平原广泽,止王不来。于是百姓悲痛相思,欲为乱者十家而六。又使尉佗逾五岭攻百越。尉佗知中国劳极,止王不来,使人上书,求女无夫家者三万人,以为士卒衣补。秦皇帝可其万五千人。于是百姓离心瓦解,欲为乱者十家而七。客谓高皇帝曰:'时可矣。'高皇帝曰:'待之,圣人当起东南间。'不一年,陈胜、吴广发矣。高皇始于丰沛,一倡天下不期而响应者不可胜数也。此所谓蹈瑕候间,因秦之亡而动者也。百姓愿之,若旱之望雨,故起于行陈之中而立为天子,功高三王,德传无穷。今大王见高皇帝得天下之易也,独不观近世之吴楚乎?夫吴王赐号为刘氏祭酒,复不朝,王四郡之众,地方数千里,内铸消铜以为钱,东煮海水以为盐,上取江陵木以为船,一船之载当中国数十两车,国富民众。行珠玉金帛赂诸侯宗室大臣,独窦氏不与。计定谋成,举兵而西。破于大梁,败于狐父,奔走而东,至于丹徒,越人禽之,身死绝祀,为天下笑。夫以吴楚之众不能成功者何?诚逆天道而不知时也。方今大王之兵众不能十分吴楚之一,天下安宁有万倍于秦之时,愿大王从臣之计。大王不从臣之计,今见大王事必不成而语先泄也。臣闻微子过故国而悲,于是作《麦秀之歌》,是痛纣之不用王子比干也。故《孟子》曰'纣贵为天子,死曾不若匹夫'。是纣先自绝于天下久矣,非死之日而天下去之。今臣亦窃悲大王弃千乘之君,必且赐绝命之书,为群臣先,死于东宫也。"于是王气怨结而不扬,涕满匡而横流,即起,历阶而去。

卷六

汲郑列传

汲黯郑当时小传　汲黯,字长孺,生卒年不详,为官于汉景帝与武帝年间,当为公元前170—前120年之际,濮阳(今河南省濮阳县)人,其先人于春秋战国期间,曾有宠于卫国国君,有几代人做过卫国的士大夫。汲黯在汉景帝时,任太子洗马,武帝时改任谒者,后迁升为荥阳令、中大夫、东海太守。此人因有政名,升都尉,位列九卿。

郑当时,字庄,亦为官于汉景帝与武帝年间,与汲黯为同时代人。景帝时,任太子舍人;武帝时,任鲁中尉、济南太守、江都相,后迁升为右内史,位列九卿。后因武安侯事触上怒,被贬官为詹事、大农令、汝南太守。

汲黯字长孺,濮阳县人。他的祖先曾受古卫国国君恩宠。到他已是第七代,代代都官至公卿大夫。靠父亲保举,孝景帝时汲黯当了太子洗马,因为人严正而被人敬畏。景帝死后,太子继位,任命他做为皇上掌管收发传达的谒者。不久,东越人互相攻打起来,皇上派汲黯前往视察。他未到达东越,行至吴地便折返而归,禀报说:"东越人互相攻击,是他们的常事,不值得烦劳天子的使臣去过问。"后来河内郡发生了火灾,绵延烧及一千余户人家,皇上又派汲黯去视察。他回来报告说:"那里普通人家不慎失火,蔓延到了邻近的房屋,不必多忧。我路过河南时,眼见当地贫民饱受水旱灾害之苦,灾民多达万余家,有的竟至于父子相互吃,我就趁便凭所持的符节,下令发放了河南郡官仓的储粮,赈济当地灾民。现在我请求缴还符节,承受假传圣旨的罪责。"皇上认为汲黯贤良,免他无罪,调任为荥阳县令。

汲黯认为当县令耻辱,便称病辞官还乡。皇上闻讯,召汲黯任朝中大夫。由于屡次向皇上直言谏诤,他不能长期留在朝中,被外放当了东海郡太守。汲黯崇仰道家学说,治理官府和处理民事,喜好清静无为,把事情都交托自己挑选出的得力郡丞和书史去办。他处理郡务,不过是督察下属按大原则行

事罢了,并不苛求小节。他体弱多病,经常躺在卧室内休息不出门。一年多的时间,东海郡便十分清明太平,人们都很称赞他。皇上得知后,召汲黯回京任主爵都尉,享受九卿的待遇。他为政力求无为而治,办事只抓大的方面,不拘守法令条文。

汲黯性情高傲,不讲究礼数,当面驳回别人的意见,容不得别人的过错。与自己心性相投的,他就亲近友善;与自己合不来的,就不耐烦相见,士人也因此不愿依附他。但是汲黯好学,又好仗义行侠,时时不忘自身的修养,喜欢直言劝谏,屡次触犯皇上,他仰慕傅柏和袁盎的为人。他与灌夫、郑当时和宗正刘弃是好朋友。他们也因为多次直谏而不得久居其官位。

就在汲黯任主爵都尉而位列九卿的时候,太后的弟弟武安侯田蚡做了宰相。年俸中二千石的高官来谒见时都行跪拜之礼,田蚡竟然不予还礼。而汲黯见田蚡时从不下拜,经常向他拱手作揖完事。这时汉武帝正在招揽儒生,他刚说:"我想……",汲黯便接着说道:"陛下心里欲望很多,只在表面上施行仁义,怎么能真正仿效唐尧、虞舜治理国家呢!"武帝无言以对,心中恼怒,脸色一变就宣布罢朝,公卿大臣都为汲黯捏着一把汗。武帝退朝后,对左右的人说:"太过分了,汲黯太愚直!"群臣中有人责怪汲黯,汲黯说:"天子设置公卿百官这些辅佐之臣,难道是让我们一味阿谀奉迎,专门看着皇帝的脸色行事,让皇上犯错误吗?况且我已身居其位,总是想要爱惜自己的身体和官位,可辱没了国家又当如何呢?"

汲黯体弱多病,病了将满三个月的时候,武帝多次恩准他延长休假养病,他的病体却始终不愈。最后一次病得很厉害,庄助替他请假,武帝问道:"汲黯这个人怎么样?"庄助说:"让汲黯做一个一般的官,他没有过人之处。然而他能辅佐年少的君主,坚守已成的事业,以利诱之他不会来,以威驱之他不会去,即使有人自称像孟贲、夏育一样的人也不能改变他的志向。"武帝说:"是的。古代有所谓安邦保国的忠臣,像汲黯就很近似他们了。"

大将军卫青在宫中侍应,武帝曾蹲在厕所内接见他。丞相公孙弘平时有事求见,武帝有时连帽子也不戴。要是汲黯进见,武帝不戴好帽子是不会接见他的。一次武帝曾经坐在威严的武帐中,适逢汲黯前来启奏公事,武帝没戴帽,望见他就连忙躲避到帐后,派近侍代为批准他的奏议。汲黯被武帝尊敬礼遇到了这种程度。

当时，张汤刚以更改制定刑律法令做了廷尉，汲黯就曾多次在武帝面前质问指责张汤，说："你身为正卿，却对上不能弘扬先帝的功业，对下不能遏止天下人的邪念。或是安国富民，或是使监狱中犯人减少，这两方面你都一事无成。相反，有些事明知不对，可是你还非干不可，错事你竭力去做，大肆破坏律令，以成就自己的私利，尤为甚者，你怎么竟敢把高祖皇帝定下的规章制度也乱改一气呢？你日后恐怕为这个要祸灭九族。"汲黯时常和张汤争辩，张汤辩论起来，总爱故意深究条文，苛求细节。汲黯则出言刚直严肃，志气昂奋，不肯屈服，他怒不可遏地骂张汤说："天下人都说绝不能让刀笔之吏身居公卿之位，果真如此。如果非依张汤之法行事不可，必令天下人恐惧得谁也不敢动，谁也不敢正眼看人！"

这时，汉朝正在征讨匈奴，招抚各地少数民族。汲黯希望国家事情越少越好，常借向武帝进言的机会建议与匈奴和亲，不要兴兵打仗。武帝正倾心于儒家学说，重用公孙弘，对此不以为意。及至国内事端纷起，下层官吏和不法之民都想尽各种办法来钻国家政策的空子，为整治这种混乱局面，武帝就增订法律，严明法纪，张汤等人也便不断进奏所审判的要案，以此博取皇上的宠幸。而汲黯常常诋毁儒学，当面抨击公孙弘等人奸诈虚伪，以狡猾的手段，阿谀皇上取得欢心；刀笔吏专门苛究深抠法律条文给人无线上纲，巧言加以诋毁，构陷他人有罪，使事实真相不得昭示，并把整倒别人作为邀功的资本，于是武帝越发地重用公孙弘和张汤，公孙弘、张汤心中则深恨汲黯，就连皇上也不喜欢他，想借故杀死他。公孙弘做了丞相，向武帝建议说："右内史管界内多有达官贵人和皇室宗亲居住，很难管理，不是素来有声望的大臣不能当此重任，请调任汲黯为右内史。"汲黯当了几年右内史，任中各种政事都处理得很好。

当时，大将军卫青已经越发地尊贵了，他的姐姐卫子夫做了皇后，但是汲黯仍与他行平等之礼。有人劝汲黯说："连皇上都想让群臣居于大将军之下，大将军如今受到皇帝的尊敬和器重，地位更加显贵，你不可不行跪拜之礼。"汲黯答道："因为大将军有拱手行礼的客人，就反倒使他不受敬重了吗？"大将军听到他这么说，更加认为汲黯贤良，多次向他请教国家与朝中的疑难之事，对待他的态度比平素所结交的人都好。

淮南王刘安阴谋反叛，畏惧汲黯，说："汲黯敢于提意见，能坚持节义，宁死不屈，很难用不正当的事情诱惑他。至于游说丞相公孙弘，就像揭掉盖东西的蒙布或者把快落的树叶振掉那么容易。"武帝已经多次征讨匈奴大获胜利，汲黯主张与匈奴和亲而不必兴兵征讨的话，他就更加听不进去了。

当初汲黯享受九卿待遇时，公孙弘、张汤不过还是一般小吏而已。等到公孙弘、张汤日渐显贵，和汲黯官位相当时，汲黯又责难诋毁他们。不久，公孙弘升为丞相，封为平津侯；张汤官至御史大夫；昔日汲黯手下的丞史、书史也都和汲黯同级了，有的被重用，地位甚至还超过了他。汲黯心胸狭窄，性情急躁，不可能没有一点儿怨言，朝见皇上时，他走上前说道："陛下使用群臣就像堆柴垛一样，后来的堆在上面。"皇上沉默不语。一会儿，汲黯退了下去，皇上说："一个人确实不可以没有学识，听汲黯这番话，他简直是越来越没有教养了。"

时隔不久，匈奴浑邪王率部众降汉，朝廷征发两万辆车前去接运。官府无钱，便向百姓借马。有的人把马藏起来，马无法凑齐。汉武帝大怒，要杀长安县令。汲黯说："长安县令没有罪，只要杀了我，百姓就肯献出马匹了。况且匈奴将领背叛他们的君主来投降汉朝，朝廷可以慢慢地让沿途各县准备车马把他们顺序接运过来，何至于让全国骚扰不安，使我国人疲于奔命地去侍奉那些匈奴的降兵降将呢！"武帝沉默无言。等浑邪王率部到长安以后，商人因与匈奴人做买卖，被判处死罪的有五百多人。

汲黯请求见汉武帝，武帝在未央宫的高门殿接见了他，他说："匈奴攻打我们的要塞，断绝和亲的友好关系，我国发兵征讨他们，死伤的人数不胜数，而且耗费了数以百亿计的巨资。臣我愚蠢，以为陛下抓获匈奴人，会把他们都作为奴婢赏给从军而死的家属，并将缴获来的财物也送给他们，以此慰藉天下人付出的辛劳，满足百姓的心愿。这一点现在即使做不到，浑邪王率领几万部众前来归降，也不该倾尽国家府库的财物赏赐他们，征调老实本分的百姓去伺候他们，把他们捧得如同宠儿一般。无知的百姓哪里懂得让匈奴人购买长安城中的货物，就会被酷吏们将财物非法走私的罪名而判罪呢？陛下纵然不能缴获匈奴的物资来慰劳天下人，又要用苛严的法令杀戮五百多无知的老百姓，这就是所谓'保护树叶而损害树枝'的做法，我认为陛下此举是不可取的。"武帝沉默，但心里不予赞同，而后说："我很久没听到汲黯的话了，今日他又一次信口胡说。"事后数月，汲黯因犯小法被判罪，不过正好赶上皇上大赦，他仅遭免官。于是汲黯回家隐居田园。

过了几年，遇上国家改铸五铢钱，民间有很多人私铸钱币，楚地尤其严重。汉武帝认为淮阳郡是通往楚地的交通要道，就征召汲黯任他为淮阳郡太守。汲黯趴在地上推辞，不肯接印，但武帝屡下诏令强令他去，他才领命。武帝下诏召见汲黯，汲黯哭着对武帝说："我自以为将要身死沟壑之中，再也见不到陛下了，想不到陛下又起用我。我常年有病，体力难以胜任太守之职的辛劳。我希望当中郎，出入宫禁之门，随时做拾遗补的事。这就是我的愿望。"武帝说："你看不上淮阳郡太守这个职位吗？过些时候我会召你回来的。只因淮阳地方官民关系紧张，我只好借助你的威望，你去了即使躺在床上不动，那里也会变好的。"汲黯向皇上告别后，又去探望大行令李息，他说："我被打发到淮阳郡，不能参与朝廷的议政了。可是，御史大夫张汤他的智巧足以驳回他人的批评，奸诈足以文饰自己的过失，他专用机巧谄媚之语，强辩挑剔之词，不肯公正地替天下人说话，而一心去迎合皇上的心思。皇上不想要的，他就顺其心意诋毁；皇上想要的，他就跟着夸赞。他喜欢无事生非，搬弄法令条文，在朝中他深怀欺诈以逢迎皇上的旨意，在朝外挟制为害社会的官吏来加强自己的威势。您位居九卿之列，若不及早向皇上进言，您将和他一道受到惩处。"李息害怕张汤，始终不敢向皇上进谏。汲黯治理郡务，一如往昔作风，淮阳郡政治清明起来。后来，张汤果然身败名裂。皇上得知汲黯当初对李息说的那番话后，判李息有罪，诏令汲黯享受诸侯国相的俸禄待遇，依旧掌管淮阳郡。七年后汲黯逝世。

汲黯死后，皇上因为汲黯的关系，让他的弟弟汲仁官至九卿，儿子汲偃官至诸侯国相。汲黯姑表兄弟司马安年轻时也与汲黯同为太子洗马，但司马安为人酷苛，善于向上爬，其官位四次做到九卿，在河南郡太守任上去世。他的弟兄们由于他的缘故，同时官至二千石职位的有十人。濮阳人段宏起初侍奉盖侯王信，王信保举段宏，段宏也两次官至九卿。但是由卫地出来做官的人都很敬畏汲黯，甘居其下。

郑当时，字庄，陈县人。他的祖先郑君曾做项羽手下的将领，项羽死后，就归顺了汉朝。高祖下令所有项羽的旧部下在提到项羽时都要直呼其名，郑君偏偏不服从诏令。高祖下旨把那些肯直呼项羽名讳的人都拜为大夫，而赶走了郑君。郑君死于孝文帝时。

郑庄喜好仗义行侠，曾解救张羽于危难之中，声名传遍梁、楚之间。孝景帝时，他做太子舍人。每逢五天一次的休假日，他经常在长安郊外置备马匹，骑着马去看望各位老友，拜访宾朋，夜以继日通宵达旦，还总是担心有所疏漏。郑庄喜爱道家学说，仰慕年长者，唯恐错过机会见不到人家。尽管他年纪轻，官职卑微，但交游的相知友都是祖父一辈天下名士。武帝即位后，郑庄由鲁国中尉、济南郡太守、江都国相，一步步地升到九卿中的右内史。在武安侯田蚡和魏其侯窦婴当朝辩论时由于不敢大胆发表意见他被贬为詹事，又调任大农令。

郑庄身居高位，告诫属下官吏说："有来访者，不论贵或贱，一律不得让人滞留门口等候。"他敬执主人待客之礼，以自己的高贵身份待人谦恭。郑庄廉洁，又不添置私产，仅依靠俸禄和赏赐所得供给各位友人，而所馈送的礼物，只不过是用竹器盛的一些食品。每逢上朝，他总是趁皇上空闲的时候，他推荐天下的德高望重的人。他推举士人和属下的丞、史诸官吏时，委实津津乐道，饶有兴味，言语中时常称赞他们比自己贤能。他对自己属下的官吏从不直呼其名，与属下谈话时，唯恐伤害了对方。听到别人好的建议，便马上报告皇上，唯恐延迟误事。因此，殽山以东广大地区的人们都众口一词称赞他的美德。

郑庄被派遣视察黄河决口，他请求给五天时间准备行装。武帝说："我听说'郑庄远行，千里不带粮'，为什么还要请求准备行装的时间？"郑庄在外人缘虽好，但在朝中常常顺从附和皇上之意，不敢明确表示自己的态度。到他晚年，汉朝征讨匈奴，招抚各地少数民族，天下耗费财物很多，国家财力物力更加匮乏。郑庄保举的人及其宾客，替大司农承办运输，亏欠钱款甚多。司马安任淮阳郡太守，检举此事，郑庄因此获罪，赎罪后成为平民。不久，他入丞相府代行长史之职。武帝认为他年事已高，让他去做汝南郡太守。几年后，郑庄死在任上。

郑庄、汲黯当初位列九卿，为政清廉，注重自身的品行修养。这两人中途都曾被罢官，家境清贫，宾客也就都走了。待到做到郡守，死后家中没有剩余的财物。郑庄的兄弟子孙因他的缘故，官至二千石者有六七人。

太史公说：凭着汲黯、郑当时为人那样贤德，有权势时宾客盈门，无权势时宾客四散，他们尚且如此，更何况一般人呢！下邽县翟公曾说过，起初他做廷尉，家中宾客盈门；待到一丢官，便门可罗雀。他复官后，宾客们又想回来，翟公就在大门上写道："一死一生，乃知交情。一贫一富，乃知交态。一贵一贱，交情乃见。"汲黯、郑庄也是如此，真是可悲啊！

原文

汲黯字长孺，濮阳人也。①其先有宠于古之卫君。至黯七世，世为卿大夫。黯以父任，孝景时为太子洗马，以庄见惮。孝景帝崩，太子即位，黯为谒者。东越相攻，上使黯往视之。不至，至吴而还，报曰："越人相攻，固其俗然，不足以辱天子之使。"河内失火，延烧千余家，上使黯往视之。还报曰："家人失火，屋比延烧，不足忧也。臣过河南，河南贫人伤水旱万余家，或父子相食，臣谨以便宜，持节发河南仓粟以振贫民。臣请归节，伏矫制之罪。"上贤而释之，迁为荥阳令。

黯耻为令，病归田里。上闻，乃召拜为中大夫。以数切谏，不得久留内，迁为东海太守。黯学黄老之言，治官理民，好清静，择丞史而任之。其治，责大指而已，不苛小。黯多病，卧闺阁内不出。岁余，东海大治。称之。上闻，召以为主爵都尉，列于九卿。治务在无为而已，弘大体，不拘文法。

黯为人性倨，少礼，面折，不能容人之过。合己者善待之，不合己者不能忍见，士亦以此不附焉。然好学，游侠，任气节，内行修洁，好直谏，数犯主之颜色，常慕傅柏、袁盎之为人也。善灌夫、郑当时及宗正刘弃。亦以数直谏，不得久居位。

当是时，太后弟武安侯蚡为丞相，中二千石来拜谒，蚡不为礼。然黯见蚡未尝拜，常揖之。天子方招文学儒者，上曰吾欲云云，黯对曰："陛下内多欲而外施仁义，奈何欲效唐虞之治乎！"上默然，怒，变色而罢朝。公卿皆为黯惧。上退，谓左右曰："甚矣，汲黯之戆也！"群臣或数黯，黯曰："天子置公卿辅弼之臣，宁令从谀承意，陷主于不义乎？且已在其位，纵爱身，奈辱朝廷何！"

黯多病，病且满三月，上常赐告者数，终不愈。最后病，庄助为请告。上曰："汲黯何如人哉？"助曰："使黯任职居官，无以逾人。然至其辅少主，守城深坚，招之不来，麾之不去，虽自谓贲、育亦不能夺之矣。"上曰："然。

古有社稷之臣,至如黯,近之矣。"

大将军青侍中,上踞厕而视之。丞相弘燕见,上或时不冠。至如黯见,上不冠不见也。上尝坐武帐中,黯前奏事,上不冠,望见黯,避帐中,使人可其奏。其见敬礼如此。

张汤方以更定律令为廷尉,黯数质责汤于上前,曰:"公为正卿,上不能褒先帝之功业,下不能抑天下之邪心,安国富民,使囹圄空虚,二者无一焉。非苦就行,放析就功,何乃取高皇帝约束纷更之为?公以此无种矣。"黯时与汤论议,汤辩常在文深小苛,黯伉厉守高不能屈,忿发骂曰:"天下谓刀笔吏不可以为公卿,果然。必汤也,令天下重足而立,侧目而视矣!"

是时,汉方征匈奴,招怀四夷。黯务少事,乘上间,常言与胡和亲,无起兵。上方向儒术,尊公孙弘。及事益多,吏民巧弄。上分别文法,汤等数奏决谳以幸。而黯常毁儒,面触弘等徒怀诈饰智以阿人主取容,而刀笔吏专深文巧诋,陷人于罪,使不得反其真,以胜为功。上愈益贵弘、汤,弘、汤深心疾黯,唯天子亦不说也,欲诛之以事。弘为丞相,乃言上曰:"右内史界部中多贵人宗室,难治,非素重臣不能任,请徙黯为右内史。"为右内史数岁,官事不废。

大将军青既益尊,姊为皇后,然黯与亢礼。人或说黯曰:"自天子欲群臣下大将军,大将军尊重益贵,君不可以不拜。"黯曰:"夫以大将军有揖客,反不重邪?"大将军闻,愈贤黯,数请问国家朝廷所疑,遇黯过于平生。

淮南王谋反,惮黯,曰:"好直谏,守节死义,难惑以非。至如说丞相弘,如发蒙振落耳。"天子既数征匈奴有功,黯之言益不用。

始黯列为九卿,而公孙弘、张汤为小吏。及弘、汤稍益贵,与黯同位,黯又非毁弘、汤等。已而弘至丞相,封为侯;汤至御史大夫;故黯时丞相史皆与黯同列,或尊用过之。黯褊心,不能无少望,见上,前言曰:"陛下用群臣如积薪耳,后来者居上。"上默然。有间黯罢,上曰:"人果不可以无学,观黯之言也日益甚。"

居无何,匈奴浑邪王率众来降,汉发车二万乘。县官无钱,从民贳马。民或匿马,马不具。上怒,欲斩长安令。黯曰:"长安令无罪,独斩黯,民乃肯出马。且匈奴畔其主而降汉,汉徐以县次传之,何至令天下骚动,罢弊中国而以事夷狄之人乎!"上默然。及浑邪至,贾人与市者,坐当死者五百余人。

　　黯请间，见高门，曰："夫匈奴攻当路塞，绝和亲，中国兴兵诛之，死伤者不可胜计，而费以巨万百数。臣愚以为陛下得胡人，皆以为奴婢以赐从军死事者家；所卤获，因予之，以谢天下之苦，塞百姓之心。今纵不能，浑邪率数万之众来降，虚府库赏赐，发良民侍养，譬若奉骄子。愚民安知市买长安中物而文吏绳以为阑出财物于边关乎？陛下纵不能得匈奴之资以谢天下，又以微文杀无知者五百余人，是所谓'庇其叶而伤其枝'者也，臣窃为陛下不取也。"上默然，不许，曰："吾久不闻汲黯之言，今又复妄发矣。"后数月，黯坐小法，会赦免官。于是黯隐于田园。

　　居数年，会更五铢钱，民多盗铸钱，楚地尤甚。上以为淮阳，楚地之郊，乃召拜黯为淮阳太守。黯伏谢不受印，诏数强予，然后奉诏。② 诏召见黯，黯为上泣曰："臣自以为填沟壑，不复见陛下，不意陛下复收用之。臣常有狗马病，力不能任郡事，臣愿为中郎，出入禁闼，补过拾遗，臣之愿也。"上曰："君薄淮阳邪？吾今召君矣。顾淮阳吏民不相得，吾徒得君之重，卧而治之。"黯既辞行，过大行李息，曰："黯弃居郡，不得与朝廷议也。然御史大夫张汤智足以拒谏，诈足以饰非，务巧佞之语，辩数之辞，非肯正为天下言，专阿主意。主意所不欲，因而毁之；主意所欲，因而誉之。好兴事，舞文法，内怀诈以御主心，外挟贼吏以为威重。公列九卿，不早言之，公与之俱受其僇矣。"息畏汤，终不敢言。黯居郡如故治，淮阳政清。后张汤果败，上闻黯与息言，抵息罪。令黯以诸侯相秩居淮阳。七岁而卒。

　　卒后，上以黯故，官其弟汲仁至九卿，子汲偃至诸侯相。黯姑姊子司马安亦少与黯为太子洗马。安文深巧善宦，官四至九卿，以河南太守卒。昆弟以安故，同时至二千石者十人。濮阳段宏始事盖侯信，信任宏，宏亦再至九卿。然卫人仕者皆严惮汲黯，出其下。③

　　郑当时者，字庄，陈人也。其先郑君尝为项籍将。籍死，已而属汉。高祖令诸故项籍臣名籍，郑君独不奉诏。诏尽拜名籍者为大夫，而逐郑君。郑君死孝文时。

　　郑庄以任侠自喜，脱张羽于厄，声闻梁楚之间。孝景时，为太子舍人。每五日洗沐，常置驿马安诸郊，存诸故人，请谢宾客，夜以继日，至其明旦，常恐不遍。庄好黄老之言，其慕长者如恐不见。年少官薄，然其游知交皆其

大父行,天下有名之士也。武帝立,庄稍迁为鲁中尉、济南太守、江都相,至九卿为右内史。以武安侯魏其时议,贬秩为詹事,迁为大农令。

庄为太史,诫门下:"客至,无贵贱无留门者。"执宾主之礼,以其贵下人。庄廉,又不治其产业,仰奉赐以给诸公。然其馈遗人,不过算器食。每朝,候上之间,说未尝不言天下之长者。其推毂士及官属丞史,诚有味其言之也,常引以为贤于己。未尝名吏,与官属言,若恐伤之。闻人之善言,进之上,唯恐后。山东士诸公以此翕然称郑庄。

郑庄使视决河,自请治行五日。上曰:"吾闻'郑庄行,千里不赍粮',请治行者何也?"然郑庄在朝,常趋和承意,不敢甚引当否。及晚节,汉征匈奴,招四夷,天下费多,财用益匮。庄任人宾客为大农僦人,多逋负。司马安为淮阳太守,发其事,庄以此陷罪,赎为庶人。顷之,守长史。上以为老,以庄为汝南太守。数岁,以官卒。

郑庄、汲黯始列为九卿,廉,内行修絜。此两人中废,家贫,宾客益落。及居郡,卒后家无余赀财。庄兄弟子孙以庄故,至二千石六七人焉。

太史公曰:夫以汲、郑之贤,有势则宾客十倍,无势则否,况众人乎!下邳翟公有言,始翟公为廷尉,宾客阗门;及废,门外可设雀罗。翟公复为廷尉,宾客欲往,翟公乃大署其门曰:"一死一生,乃知交情。一贫一富,乃知交态。一贵一贱,交情乃见。"汲、郑亦云,悲夫!

批注

①汲长孺,武帝朝第一直臣而不相;李将军,武帝朝第一名将而不得侯,史公盖深惜之。故两传皆用零零碎碎写法,须眉毕著,性情皆活。然黯之为人,几于至诚动物,忌之者不能伤,骄之者不能折,爱之者不能私,短之者不能损。危言危行,如蹈康庄,真西汉第一流人物也。

②黯传毕矣,治濮阳不过"如故"二字尽之。史公偏于受诏之时、去国之际,极力写出其一腔忠诚恻怛之意,蓬勃慷慨,生气凛然,其意中固以黯为第一流人物,须以第一副笔墨写之。或谓实政少而文章不能出色者,岂非妄哉!

③篇首既云"濮阳人",又云"其先有宠于古之卫君",至篇末遂牵连卫

人仕宦者,而以"皆严惮汲黯,出其下"结之。史公作文,虽闲句冷字,无一处无著落如此。

〔释义〕 汲黯是历史上有名的清官廉吏,与宋代的包公齐名,民间常有"包拯再世,汲黯重生"的对联。他最受太史公的重视,于这篇文章中下了最大力气,施用了为文之道的全部方法,所以写得非常生动出色,"蓬勃慷慨,生气凛然"。姚公于此处批得也很准确,是"其意中固以黯为第一流人物,须以第一幅笔墨写之。"

补注

汲、郑传中,并不说及宾客势利,不过《赞》尾略带一语,而全《赞》乃独发此,恐嫌未尽情事,故特挽入下邽翟公,补写教畅。苏长公纯写《东方朔传》《赞李太白》,其法却出于此。(清·金圣叹:《评点才子全集·西汉文》)

〔释义〕 此文是一种"补叙法",即将某件重要事情有意隐藏下来,在内文并不论及,只在结尾处突然闪现,其实也是一种伏笔法。清人林纾称其为"伏脉",即其所谓"有形者纲目,无形者血脉。善于文者,一题到手,须将全篇谋过,必先安顿埋伏,在要处下一关键,到发明时即可收为根据。"(见其《春觉斋论文》)此篇文章亦是如此,在讲述汲黯与郑当时的平生时,丝毫没有提及宾客势利的地方,只是到了结尾该发出赞叹时,忽然借用下邽翟公一段话,"一死一生,乃知交情。一贫一富,乃知交态。一贵一贱,交情乃见",极力地描绘了官场上的世态炎凉。后来这几句话,已成了千古的名言警句。这种笔法真如一场风雨雷电过后,突于乌云缝隙之中望见了龙爪一般。

酷吏列传

郅都张汤小传

郅都，扬城（今山西省洪洞县）人，生卒年不详，其政治活动主要是在文、景二帝之时，当为公元前200—前150年左右。他在文帝时任侍卫，后晋升至中郎将、郡守、廷尉、中尉，素以忠直果敢而闻名。在治理地方上，郅都敢于打击豪强，镇压邪恶，从而收到了路不拾遗的政绩，后来，因功升迁为中尉。临江王谋反案发，郅都奉旨严审此案，一丝不肯宽容，以致临江王畏罪自杀。窦太后因而迁怒于郅都，使他免官归家。后匈奴犯边，景帝知郅勇敢，复起用郅为雁门太守。匈奴惧郅，直到郅死都不敢靠近雁门。但是，窦太后还是千方百计地寻找一些不相干的法令条文，陷害郅都于死地。

张汤，汉时杜（今陕西省西安市郊的杜陵）人，稍晚于郅都，主要活动于景帝和武帝时期，约为公元前190—前120年间。初，他继其父任长安县吏，因援救周阳侯出狱有功，得到推举，升任茂陵尉，复补任御史。因治陈皇后案能够深究党羽，张汤迁升至太中大夫。后因严审淮南王、衡山王、江都王谋反案有功，他升迁为御史大夫。

在地方治理上，张汤主张垄断盐铁之利，集聚天下之财富，以便于举兵征伐匈奴。他对于求亲请和之人，斥之为"愚儒无知"，故而深受武帝宠爱，帝曾亲自登其门探病。

汤为人孤傲，对于上司和曾经做过他上司的人，从不随和，更不肯俯就。如果发现谁有过错，毫不通融松动，从而遭犯众怒，后来果然众人共同谋划冤案，将其陷害致死。

孔子说："用政法令来引导百姓，用刑罚来约束百姓，百姓可以免于犯罪，但却没有羞耻之心。如果用道德来引导百姓，用礼仪来约束百姓，那么百姓就会有羞耻之心，并能自觉修身。"老子说："具有高尚道德的人，不表

现在形式上的道德，因此才是真正的道德；道德低下的人，执守着形式上的道德，因此没有实际的道德。""法令越是严酷，盗贼反而更多。"太史公说：这些话说得多好啊！法令是政治的工具，而不是管理政治清浊的根本办法。从前秦国的法网是很严密的，但是奸邪诈伪的事情却产生出来，这情况发展到最严重的时候，官吏和百姓竟然相互欺骗，国家到了一蹶不振的地步。在这个时候，官吏管理政事就像抱薪救火、扬汤止沸一样，如果不用强硬严酷的手段，怎么能解决问题呢？如果让倡言道德的人来干这些事，一定会失职的。所以孔子说："审理诉讼，我同别人一样；一定不要再发生诉讼的事为好。"老子说："愚蠢浅陋的人听到道德之言，就会大笑起来。"这些话并不是虚妄之言。汉朝建立后，就像把有棱角的变成圆形的一样，对秦朝法律作了较大变动，如同砍掉外部的雕饰，露出质朴自然的本质一样，法律由繁苛而至宽简，就像可以漏掉吞舟之鱼的鱼网，然而国家的秩序太平良好，谁也不敢为非作歹，百姓也都平安无事。由此可见，治理国家，在于讲道德，而不在法律的严酷。

高后时代，酷吏只有侯封，他苛刻欺压刘氏宗族，侵犯侮辱有功之臣。诸吕彻底失败后，朝廷就杀了侯封的全家。孝景帝时代，晁错执法苛刻严酷，多用法家之术来施展他的才能，因而吴、楚等七国叛乱，把愤怒发泄到晁错身上，晁错因此被杀。这以后有郅都和宁成等人。

郅都是杨县人，以郎官的身份服侍孝文帝。景帝时代，郅都当了中郎将，敢于向朝廷直言进谏，在朝廷上敢当面驳斥一些大臣的意见。他曾经跟随天子到上林苑，贾姬到厕所去，野猪突然闯进厕所。皇上用眼示意郅都去救贾姬，郅都不肯行动。皇上想亲自拿着武器去救贾姬，郅都跪在皇上面前说："失掉一个姬妾，还会有个姬妾进宫，天下难道会缺少贾姬这样的人吗？陛下纵然看轻自己，那么国家和太后怎么办呢？"皇上回转身来，野猪也离开了。太后听说了这件事，赏赐郅都黄金百斤，从此重视郅都。

济南姓瞷的宗族共有三百多家，强横奸猾，济南太守不能治服他们，于是汉景帝就任命郅都当济南太守。郅都来到济南郡，就把瞷氏家族首恶分子的全家都杀了，其余姓瞷的人都吓得大腿发抖。过了一年多，济南郡路不拾遗。周围十多个郡的郡守畏惧郅都就像畏惧高层长官一样。

郅都为人勇敢，有魄力，公正廉洁，不翻开私人求情的信，谁送礼，他

都不接受，不接受任何人的说情。他常常自勉说："已经背离父母而来当官，我就应当在官位上奉公尽职，以身殉职，终究不能顾念妻子儿女。"

后来，郅都调升中尉，丞相周亚夫官位最高而又为人傲慢，而郅都见到他只是作揖，并不跪拜。这时，百姓质朴，怕犯罪，都守法自重，郅都却率先施行严酷的刑法，他执法不畏避权贵和皇亲，连列侯和皇族之人见到他，都要侧目而视，称呼他为"苍鹰"。

当临江王被召到中尉府受审问时，临江王想要刀笔给皇上写信说明情况，郅都却告诉官吏不给他刀笔。魏其侯派人暗中给临江王送去刀笔。临江王给皇上写了谢罪的信后就自杀了。窦太后听到这个消息，发怒了，用险恶的罪名强加给郅都，郅都被免官归家。而汉景帝却派使者拿着符节任命郅都为雁门太守，并让他从家中走便道，直接去雁门上任，并授予他根据实际情况独立处理政事的特权。匈奴人早听说郅都有操节，现在由他守卫边境，所以匈奴人便领兵离开汉朝边境，直到郅都死去时，一直没敢靠近雁门。匈奴甚至做了像郅都模样的木偶人，让骑兵们练习射击，没有人能射中，害怕郅都到了如此的程度。匈奴人把郅都视为心腹大患。窦太后最后竟以汉朝法律陷害郅都，景帝说："郅都是忠臣。"想释放他。窦太后说："临江王难道就不是忠臣吗？"于是景帝就把郅都杀了。

宁成是穰县人，开始以郎官谒者的身份服侍汉景帝。他为人好胜，做人家的小官时，一定要欺凌他的长官；做了人家的长官，控制下属就像捆绑湿柴一样治得服服帖帖。他狡猾凶残，好耍威风，逐渐升官，当了济南都尉，这时郅都是济南太守。在此之前的几个都尉都是步行走入太守府，通过下级官吏传达，然后进见太守，就像县令进见太守一样，他们对郅都怕成这个样子。等到宁成前来，他却径直进去，比郅都还威风。郅都早就听说过他的名声，于是很好地对待他，同他结成好友。过了好久，郅都死去，长安附近宗族贵戚中的好多人横行不法，于是皇上召来宁成当了中尉，他的治理办法仿效郅都，他的廉洁不如郅都，但是皇族豪强人人都怕他。

汉武帝即位，宁成改任内史。外戚们多诽谤宁成的缺点，他被依法判处剃去头发和以铁圈缚脖子的刑罚，这时九卿犯罪该处死的就处死，很少遭受一般刑罚，而宁成却遭受极重的刑罚，他自己认为朝廷不会再用他当官，于是就解脱刑具，伪造了一份出关证明逃回老家。宁成扬言说："当官做不到二千石一级的高官,经商挣不到一千万贯钱,怎能同别人相比呢?"于是他借钱买了一千多顷可灌溉的土地,出租给贫苦的百姓,给他种地受奴役的有几千家。几年以后,遇上大赦。他已有了几千斤黄金的家产。宁成好行侠仗义,手中掌握官吏们的短处,出门时有几十个骑马的人跟随,他驱使百姓的权威比郡守还大。

周阳由的父亲赵兼因为是淮南王刘长的舅父被封为周阳侯,所以改姓周阳。周阳由因为是外戚,被任命为郎官,服侍过孝文帝和孝景帝。景帝时,周阳由已做到了郡守。汉武帝即位后,官员处理政事,崇尚遵循法度,谨慎行事,然而周阳由在二千石一级的官员中,是最暴虐残酷、骄傲放纵的人。周阳由所喜爱的人,如果犯了死罪,就曲解法律使那人活下来;他所憎恶的人,他就歪曲法令把他杀死。周阳由在哪个郡当官,就一定要消灭那个郡的豪门。周阳由当郡太守,就把都尉视同下属的县令一般。周阳由当都尉,必定欺凌太守,侵夺他的权力。周阳由和汲黯都属于强狠之人,他与司马安一样善用法令条文害人,他们三人都身居二千石官员的行列,但是若与周阳由同车,汲黯与司马安都不敢和他平起平坐。

周阳由后来当了河东郡的都尉,经常同郡太守申屠公争权,互相告状,结果申公被判决有罪,不肯接受刑罚而自杀,周阳由被处以弃市之刑,死在街头。

从宁成、周阳由之后,国家各种案件越来越多,百姓用巧诈的手段对付法律,多数官吏治理政事都像宁成和周阳由一样了。

赵禹是斄县人,以佐史的身份补任京城官府的官员,因为廉洁升为令史,服侍周亚夫。周亚夫当丞相,赵禹当丞相史,丞相府中的人都称赞他廉洁公平。但周亚夫不重用他,说:"我很知道赵禹有杰出无比的才干,但他执法深重严酷,不能在丞相府管大事。"武帝时代,赵禹因功逐渐升为御史,皇上认为他能干,又升到太中大夫。赵禹和张汤共同制定各种法令,制订惩办知情不报的"见知法",让官吏互相监视,相互检举。汉朝法律越发严厉,大概就从这时开始。

张汤是杜县人。他父亲当长安县丞,有一次出门去,张汤当时是小孩,父亲就让他在家看门。父亲回家后,看到老鼠偷了肉,他就很生气,用鞭子打了张汤。张汤掘开鼠洞,找到偷肉的老鼠和没吃完的肉,他对老鼠加以拷打审问，记录审问过程，反复审问，把判决的罪状报告上级，并且把老鼠和剩肉取来，当堂最后定案，把老鼠分尸处死。他父亲看到这情景，又看到那判决辞就像老练的狱吏所写，特别惊讶，于是就让他学习断案的狱律之事。父亲死后，张汤长安当了小吏，做了很长一段时间。

周阳侯田胜开始做九卿之官时，曾经被拘禁在长安，张汤尽其全力为他奔走。待田胜出狱封了侯，与张汤密切交往，并把当朝权贵一一介绍给张汤。张汤在内史任职，做宁成的属官，因为张汤才华无比，宁成就向上级官府推荐，被调升为茂陵尉，主持陵墓土建工程。

武安侯田蚡当了丞相，征召张汤做丞相史，经常向天子推荐他，让他补御史的缺，让他处理案件。他主持处理陈皇后巫蛊案件时，深入追究同党。于是汉武帝认为他有办事能力，逐步提拔他当了太中大夫。他与赵禹一起制定各种法律条文，务求苛刻严峻，约束在职的官吏。不久，赵禹提升为中尉，又改任少府，而张汤当了廷尉，两人友好交往，张汤以对待兄长的礼节对待赵禹。赵禹为人廉洁傲慢，当官以来，家中不养食客。三公九卿多有前来府上拜访的，赵禹却始终不回访答谢，务求断绝朋友和宾客的任何请托，独自一心一意地处理自己的公务。他看到狱词符合法令条文就定案，也不去复查，以求追究从属官员隐秘的罪过。张汤为人多诈，善施智谋控制别人。他开始当小吏时，就喜欢以权谋私，曾与长安富商田甲、鱼翁叔等人私下交往。待到升任九卿之官时，便结交天下名士大夫，自己内心虽然同他们不合，但表面却装出仰慕他们的样子。

这时，汉武帝搞尊儒，张汤每判决大案，就要引用古代经典的条文，因此就请研究《尚书》《春秋》的博士弟子们担任廷尉史，请他们讨论疑难案件。每次上报判决的疑难案件，都预先给皇上分析事情的原委，皇上倾向怎么处理，他就写成案例，作为判案的法规，以廷尉的名义加以公布，颂扬皇上的圣明。如果奏事遭到谴责，张汤就认错谢罪，顺着皇上的心意，一定要举出自己下属的廷尉正、廷尉监或者某个贤能的属吏，说："他们本来向我提议过，就像皇上责备我的那样，我没采纳，我愚蠢到这种地步。"因此，他的罪常被皇上宽恕不究。他有时向皇上呈上奏章，皇上认为好，他就说："臣我不知道写这奏章，是自己下属的廷尉正、廷尉监或者某个贤能的属吏写的。"他想推荐官吏，表扬人家的好处，掩蔽别人的过失，常常这样做。他所处理的案件，如果是皇上想要加罪的人，他就交给执法严酷的属吏去办理；要是皇上想宽恕的，他就交给执法轻而公平的属吏去办理。他所处理的如果是豪强，则一定要玩弄法律条文，巧妙地进行诬陷。如果是平民弱者，则常常用口向皇上陈述，虽然按法律条文应当判刑，但请皇上量刑裁定。于是，皇上往往就宽释了张汤所说的人。张汤虽做了大官，自身修养很好，他自己的饮食和门下的宾客一样；他对于老朋友子弟以及本族贫穷的兄弟们，照顾得尤其周到。他拜访三公，不论寒暑。所以张汤虽然执法严酷，阴狠不公平，却得到好名声。那些执法酷烈刻毒又能与儒学之士相互配合的官吏都被他用为属吏，又都依从于儒学之士。丞相公孙弘屡次称赞他的美德。待到他处理淮南王、衡山王、江都王谋反的案件，都能穷追到底。对于严助和伍被，皇上本想宽恕他们，但张汤争辩说："伍被本来是策划谋反的人，严助是皇上亲近宠幸的人，是出入宫廷禁门的护卫之臣，竟然这样私交诸侯，如不杀他，以后就不好管理臣下了。"于是，皇上同意对他们的判决。张汤处理案子经常排除其他大臣的意见，而使自己的意见得到实行，他办事大多如此。于是，张汤更加受到尊宠和信任，升为御史大夫。

正赶上匈奴浑邪王等率兵投降汉朝，汉朝出动大军讨伐匈奴，山东遇到水涝和干旱的灾害，贫苦百姓流离失所，这些都依靠政府供应衣食，国库因此空虚。于是张汤按皇上旨意，提出铸造白金和五铢钱，垄断天下的盐铁经营权，打击富商大贾，发布告缗令，铲除豪强兼并之家的势力，他们玩弄法律条文巧言诬陷，来辅助法律的推行。张汤每次上朝奏事，谈论国家的财用情况，一直谈到傍晚，天子也忘记了吃饭时间。丞相虚有其位，天下的事情都取决于张汤。百姓不能安心生活，骚动不宁，政府兴办的事情，得不到利益，而奸官污吏却一起侵夺公财，于是张汤只好用严刑酷法来惩办他们。从三公九卿以下，直到平民百姓，都指责张汤。张汤曾经生病，天子亲自前去看望他，可见他受宠到何种地步。

匈奴来汉朝请求和亲，群臣都到天子跟前议论此事。博士狄山说："和亲有利。"皇上问他有利在何处？狄山说："武器是凶险的东西，不可以动用。当年刘邦想讨伐匈奴，被围在平城，就和匈奴结成和亲之好。孝惠、高后时期，天下安定快乐。待到孝文帝时，想征讨匈奴，结果北方骚扰不安、百姓苦于战争。孝景帝时，吴、楚七国叛乱，景帝不断往来于未央宫和长乐宫之间商讨对策，忧心了几个月，吴楚七国叛乱平定后，直到景帝去世不再谈论战争，天下却富裕殷实。如今自从陛下发兵攻打匈奴，国内因此而财用空虚，边境百姓极为困苦。由此可见，打仗不如和亲。"皇上又问张汤，张汤说："这是愚蠢的儒生，无知。"狄山说："我固然是愚忠，像御史大夫张汤却是假装忠诚。像张汤处理淮南王和江都王的案子，用严酷的刑法，放肆地诋毁诸侯，离间陛下骨肉之亲，使各封国之臣自感不安。所以我说张汤是假装忠诚。"于是皇上变了脸色，说："我派你驻守一个郡，你能不让匈奴进京来抢掠吗？"狄山说："不能。"皇上说："驻守一个县呢？"狄山回答说："不能。"皇上又说："驻守一个边境要塞呢？"狄山自己想到，如果辩论到无话回答，皇上就要把自己交给法官治罪，因此说："能。"于是皇上就派遣狄山据守一个边塞城堡。过了一个多月，匈奴斩下狄山的头就离开了。从此以后，群臣震惊恐惧。

张汤的门客田甲虽是商人，却有贤良的品行。张汤开始做小官时，他与张汤有钱财上的往来，待张汤当了大官，他责备张汤品德道义方面的过错，很有忠义之士的风度。

张汤当了七年御史大夫后，终于要垮塌了。

河东人李文曾经同张汤有矛盾，以后他当了御史中丞，心中怨恨张汤，屡次从张汤与朝廷上下往来的文书里寻找可以用来伤害张汤的材料，不留余地。鲁谒居是张汤所喜爱的下属叫，他知道张汤对此心中不满，就让人向皇上密告李文图谋不轨，而这个案件正好交给张汤处理，张汤就判决李文死罪，把他杀了，他也知道这事是鲁谒居干的。皇上问道："匿名上告李文的事是怎样发生的？"张汤假装惊讶地说："这大概是李文的老朋友怨恨他吧。"后来鲁谒居病倒在自己租的房子里，张汤亲自去看望他的病情，替鲁谒居按摩脚。当时，赵国人的冶炼铸造业很发达，赵王屡次同朝廷派来主管铸铁的官员打官司，张汤常常打击压制赵王。赵王寻找张汤的隐私之事。鲁谒居曾经审问过赵王，赵王怨恨他，于是就上告他们二人，说："张汤是大臣，其属官鲁谒居有病，张汤竟然给他按摩脚，我怀疑两人必定一同做了大的坏事。"

这事交给廷尉处理，鲁谒居病死了，事情牵连到他的弟弟，就把他弟弟拘禁在导官署。有一次，张汤也到导官署审理别的囚犯，看到鲁谒居的弟弟，想暗中帮助他，所以假装不察看他。鲁谒居的弟弟不知道这个情况，怨恨张汤,因此就让人上告张汤和鲁谒居搞阴谋,共同匿名诬告了李文。这事交给减宣处理。减宣曾同张汤有矛盾,待他接受了这案子后,把案情查得水落石出,但还没有上报。正巧有人偷挖了孝文帝陵园里的殉葬的钱,丞相庄青翟上朝,同张汤约定一同去谢罪,到了皇上面前,张汤想只有丞相必须按四季巡视陵园,丞相应当谢罪,与我张汤没关系,不肯谢罪。丞相谢罪后,皇上派御史查办此事。张汤想按法律条文判丞相明知故纵的罪过,丞相忧虑此事。丞相手下的三个长史都忌恨张汤,想陷害他。

最初,长史朱买臣是会稽人,攻读《春秋》。庄助托人向皇帝推荐朱买臣,朱买臣因为熟悉《楚辞》的缘故,同庄助都得到皇上的宠幸,任侍中,后升为太中大夫,有些权利。那时张汤只是个在朱买臣等面前下跪行礼听候差遣小官。不久,张汤当了廷尉,办理淮南王案件,排挤庄助,为此,朱买臣心里早已怨恨张汤。待张汤当了御史大夫,朱买臣从会稽太守的职位上调任主爵都尉,位列九卿之中。几年后,朱买臣因犯法罢官,代理长史,去拜见张汤,张汤坐在日常所坐的椅子上接见朱买臣,他的属官也不以礼对待朱买臣。朱买臣是楚地士人,深深怨恨张汤,常想把他整死。王朝是齐地人,凭着精通儒家学说当了右内史。边通,学习纵横家的思想学说,是个性格刚强暴戾的强悍之人。曾两次做济南王的丞相。以前,他们都比张汤的官大,不久都丢了官,代理长史,都屈居张汤之下。张汤屡次兼任丞相的职务,知道这三个长史原来地位很高,就常常欺负压制他们。因此,三位长史合谋说:"开始张汤同我们丞相约定一起向皇上谢罪,紧接着就出卖了我们丞相;现在又用宗庙之事控告我们丞相,这是想代替我们丞相的职位。我们知道张汤干的那些见不得人的事。"于是就派属吏逮捕并审理张汤的同案犯田信等人,说张汤将要向皇上奏请政事,田信则预先就知道,然后囤积物资,发财致富,同张汤分赃,还有其他坏事。有关此事的消息被皇上听到了,皇上向张汤说:"我所要做的事,有的商人则预先知道此事,越发囤积那些货物,这好像有人把我的想法告诉了他们一样。"张汤不谢罪,却又假装惊讶地说:"应该说一定有人这样做了。"这时减宣也上奏书报告张汤和鲁谒居的犯法之事。天子果然以为张汤心怀奸诈,当面欺骗君王,派八批使者按记录在案的罪证审问张汤。张汤自己说没有这些罪过,不服。于是皇上派赵禹审问张汤。赵禹来了以后,责备张汤说:"你太不顾自己的身份了。你办理案件时,被你宣判杀头

灭族的人有多少呢？如今人家告你的罪状都有证据，皇帝不忍将你下狱，想让你自己自杀，何如此反复申说呢？"张汤就写信谢罪说："张汤没有尺寸之功，起初只当文书小吏，陛下宠幸我，让我位列三公之位，无法推卸罪责，然而阴谋陷害张汤的罪人是三位长史。"张汤于是就自杀了。

张汤死时，家产总值不超过五百金，都是所得的俸禄和皇上的赏赐，没有其他的产业。张汤兄弟和儿子们仍想厚葬张汤，他母亲说："张汤是天子的大臣，遭受恶言诬告而死，何必厚葬呢？"于是就用牛车拉着棺材，没有外椁。武帝听到这情况后，说："没有这样的母亲，就生不出这样的儿子。"就穷究此案，把三个长史全都杀了。丞相庄青翟也自杀。田信被释放出去。武帝惋惜张汤的死，逐渐提拔他的儿子张安世。

和张汤一起制订法令的赵禹，中途曾一度被罢官，后来又当了廷尉。最初，条侯周亚夫认为赵禹残酷阴谋，不肯重用。后来，赵禹当了少府位列九卿。赵禹做事严酷急躁，到晚年时，国家事情越来越多，官吏致力于施行严刑峻法，而他却执法宽和，因此落了个判案公平的名声。王温舒等人是后起之官，执法比赵禹严酷。因为赵禹年老，改任燕国丞相。几年后，犯有昏聩悖逆之罪，赵禹被免官。在张汤死后十余年，赵禹老死在家中。

义纵是河东人。少年时代，曾与张次公一块抢劫，结为强盗团伙。义纵有个姐姐叫姁，凭医术受到太后的宠幸。王太后问姁说："你有儿子和兄弟当官吗？"义纵的姐姐说："有个弟弟，行为不端，不能当官。"王太后就告诉武帝，任义姁的弟弟义纵为中郎，后改任上党郡中某县的县令。义纵敢说敢干，从不宽容，县里一切该办的事情没有一件遗漏，被推荐为第一。后来改任长陵和长安的县令，依法办理政事，对贵族和皇亲从不通融。因为逮捕审讯太后的外孙脩成君的儿子仲，武帝认为他有能力，任为河内都尉。到任后，他就把当地豪强穰氏之流灭了族，使河内出现道不拾遗的局面。当年与义纵一块抢劫的张次公，也当了郎官，因为作战勇敢，深入敌军，立下军功，封为岸头侯。

宁成在家闲居时，武帝想起用他当郡太守。御史大夫公孙弘说："我在山东当小官时，宁成做济南都尉，他处理政事就像狼牧羊一样凶狠。宁成不能当地方官。"武帝就派宁成当把守武关的都尉。一年以后，关东各郡国的官吏往来过关的人，都扬言说："宁肯碰到母老虎，也不要遇到宁成发怒。"这时，义纵从河内郡调任南阳郡太守,听说宁成在南阳家中闲居,等到义纵到达南阳关口,宁成侧着身子,往来迎送,但是义纵却盛气凌人,不以礼相待。到了郡府,义纵就审理宁氏家的罪行,搞得他们家破人亡,宁成也被诛连有罪,和孔姓和暴姓等豪门一同逃亡而去,南阳的官吏百姓都吓得动也不敢动。平氏县的朱强、杜衍县的杜周都是义纵的得力属官,受到重用,升为廷史。这时汉朝军队屡次从定襄出兵打匈奴,定襄的官吏和百姓人心散乱、世风败坏,朝廷于是改派义纵做定襄太守。义纵到任后,捕取定襄狱中没有戴刑具的重罪犯人二百人,以及他们的宾客兄弟私自探监的也有二百余人。义纵把他们全部逮捕起来加以审讯,罪名是"为死罪解脱"。于是一天之内把四百余人上报处决了。这之后郡中人都不寒而栗,连刁猾之民也辅佐官吏治理政事。

这时,赵禹、张汤都因执法严酷而当了九卿之官,但是他们的治理办法还算宽松,都以法律辅助行事,而义纵却像苍鹰猛虎一样凶狠治理政事。后来正赶上五铢钱和白金起用,有的人乘机制造假钱,京城尤其严重,朝廷就任命义纵为右内史,王温舒当中尉。王温舒极凶恶,他所做的事若不预先告知义纵,义纵也找茬欺凌他,破坏他干的事。义纵治理政事,杀的人很多,结果成效不大,反而作奸犯科的人越来越多,因而朝廷派出的直指之官开始出现了。这时,官吏治理政事以抓人和杀人为主要任务,阎奉因凶恶被任用。义纵廉洁,他治理政事仿效郅都。武帝驾幸鼎湖,病了好长一段时间,病好了突然驾幸甘泉宫,所行之路多半没有修好,武帝发怒说:"义纵以为我不再走这条路了吧?"心中怀恨义纵。到了冬天,杨可正受命主持处理"告缗"案件,义纵以为这将扰乱百姓,部署官吏逮捕那些替杨可出去干事的人。天子听说了这件事,派杜式去处理,认为义纵的做法,是抗拒皇命,将义纵斩首示众。过了一年,张汤也死了。

王温舒是阳陵人。年轻时做盗墓等坏事。不久,当了县里的亭长,屡次被免职。后来当了小官,因善于处理案件升为廷史。跟随张汤,升为御史。他缉捕盗贼,这期间杀死杀伤的人很多,后来升为广平都尉。他选择郡中胆大敢干的十余人当属官,以他们为得力帮手。王温舒掌握他们每个人隐秘的重大罪行,从而派他们去缉捕盗贼。如果谁捕获盗贼使王温舒很满意,此人虽然有百种罪恶也不加惩治;如果不尽心干,就依据他过去所犯的罪行杀死他,甚至灭其家族。因为这个原因,齐地和赵地一带的盗贼不敢接近广平郡,

广平郡有了路不拾遗的好名声。武帝听说后,升任王温舒为河内太守。王温舒以前居住在广平时,完全熟悉河内的豪强奸猾的人家。他是九月份到达河内的。他下令郡府准备私马五十匹,从河内到长安设置了驿站,部署手下的官吏就像在广平时所用的办法一样,逮捕郡中豪强奸猾之人,郡中豪强奸猾相连坐犯罪的有一千余家。只要他上书请示皇上,罪大者灭族,罪小者处死,家中财产完全没收,偿还从前所得到的赃物。他每次呈报公文不过两三日,就得到皇上答复。而后处决罪犯竟是流血十余里。河内人都奇怪王温舒的奏书,为什么如此神速。到十二月结束了,郡里没有人敢说话,也无人敢夜晚行走,郊野没有因盗贼引起狗叫的现象。那少数没抓到的罪犯,逃到附近的郡国去了,待到把他们追捕抓回来,正赶上禁止行刑的春天了,王温舒跺脚叹道:"唉!如果冬季再延长一个月,我的事情就办完了。"他喜欢杀伐、施展威武及不敬爱百姓就是这个样子。但是武帝听说了,认为他有才能,升为中尉。他治理政事还是效仿河内的办法,调来那些奸诈刻毒的官吏同他一起共事,河内的有杨皆、麻戊,关中的有杨赣、成信等。因为义纵当内史,王温舒怕他,因此还未敢恣意地实行严酷之政。等到义纵被杀,张汤垮台之后,王温舒改任廷尉,尹齐当了中尉。

尹齐是东郡茌平人,从文书小吏逐渐升为御史,跟随张汤,张汤屡次称赞他廉洁勇敢,派他督捕盗贼,所要斩杀的人不回避权贵皇亲。他升为关内都尉,名声超过宁成。武帝认为他有才能,升他为中尉,而官吏和平民生活更加困苦不堪。尹齐处世死板,缺乏文采,一些强悍凶恶的官吏隐藏起来,而善良的官员又不能独自有效地去处理政事,因此政事多半都耽误了,尹齐因此被判了罪。武帝又改任王温舒为中尉,而杨仆凭借他的严峻酷烈当了主爵都尉。

杨仆是宜阳人,以千夫的身份当了小官。河南太守考核并推荐他,认为他有才能而升为御史,派到关东去缉捕盗贼。他治理政事仿效尹齐,被认为做事凶猛而有胆量。逐渐升为主爵都尉,位列九卿。武帝认为他有才能,在南越反叛时,他被任命为楼船将军,因征讨有军功,被封为将梁侯,后在征朝鲜时被荀彘所袭捕。过了些年,他得病而死。

王温舒又当了中尉,他为人缺少文才,任别的官职,就昏昏沉沉,不辨是非,到他当中尉以后,则心情开朗。王温舒原来熟悉关中习俗,知道哪些衙役凶残狡诈，所以这些恶吏都愿意为他出力，为他出谋划策。这些人苛刻狠毒，他们设置了检举箱，鼓励人们揭发检举，设置伯格长监督那些奸邪之人和盗贼。

王温舒为人谄媚，善于巴结有权势的人，若是没有权势的人，他对待他们就像对待奴仆一样。有权势的人家，虽然作恶多端，他也不去触犯。无权势的，就是高贵的皇亲，他也一定要欺侮。他玩弄法令条文巧言诋毁奸猾的平民，而警告豪强大奸。王温舒当中尉时就这样处理政事，对于奸猾之民，必定穷究其罪，大多都被打得皮开肉绽，烂死狱中，被判决有罪的，没有一个人活着走出狱中。王温舒的得力部下都像戴着帽子的猛虎一样，于是在他管辖范围的中等以下的奸猾之人，都隐伏不敢出来，有权势的都替他宣扬名声，称赞他的政绩。王温舒治理了几年，他的属官多靠着手中的权利而富有。

王温舒攻打东越回来后，因发表不合天子的旨意的言论，因微小的违法行为被判罪免官。这时，天子正想修建通天台，还没人主持这事，王温舒建议清查中尉部下逃避兵役的人，查出几万人可去参加劳动。皇上很高兴，任命他为少府，又改任右内史，处理政事同从前一样，奸邪之事稍被禁止。后来他又犯法丢掉官职，不久又被任命为右辅，代理中尉的职务，处理政事同原来的做法一样。

一年多以后，正赶上征讨大宛的军队出发，朝廷下令征召豪强官吏，王温舒把他的属官华成隐藏起来。待到有人告发王温舒接受在册骑兵的贿赂和其他的坏事，罪当灭族，他就自杀了。这时，他的两个弟弟以及两个姻亲之家，各自都犯了其他的罪行而被灭族。光禄勋徐自为说："可悲啊，自古只有灭三族的事，而王温舒犯罪竟至于同时夷灭五族！"

王温舒死后，他的家产价值累积有一千金。过了好几年，尹齐也在淮阳都尉的任上病死，他的家产价值不足五十金。尹齐所杀的淮阳人很多，待到他死了，那些仇家想烧他的尸体，家属扬言尸体不翼而飞，实际上偷偷地把他的尸体运回来安葬。

自从王温舒用严酷凶恶手段处理政事，其后那些郡守、都尉、诸侯和二千石的官员想要处理好政事，他们的办法大都效法王温舒，然而官吏和百姓犯法的人越来越多，盗贼越来越多起来。南阳有梅免、白政，楚地有殷中、杜少，齐地有徐勃，燕赵地区有坚卢、范生等人。大的团伙多达数千人，擅

卷六

自称王称霸，攻打城邑，夺取武器库中的兵器，释放监狱里的犯人，捆缚侮辱郡太守、都尉，杀二千石的官员，公然发布檄文，催促各县为他们准备粮食。小的团伙有几百人，抢劫乡村的数也数不过来。于是天子开始派御史中丞、丞相长史督办剿灭之事。但还是不能禁止，就派光禄大夫范昆、三辅的都尉及曾经做过九卿的张德等人，穿着特制的绣衣，拿着符节和虎符，发兵攻击盗贼，对于大的团伙杀头的竟多至一万多人，以及按法律杀死那些给作乱者送去饮食的人。往往株连数郡县、被杀的多达数千人。有的几年后，才捕到他们的大首领。但是被打散的喽啰逃跑了，又聚集成党，占据险要的山川作乱，往往群居一处，官府对他们无可奈何。于是朝廷颁行"沈命法"，规定群盗产生而官吏没有发觉的，或发觉却没有捕捉到规定的数额有关的二千石以下至小衙役，都要被处死。这以后，小官员怕被诛杀，纵然有盗贼也不敢上报，又因为害怕捕不到，这样犯法被判刑又连累上级官府，上级官府也让他们不要上报。所以盗贼更加多起来，上下互相隐瞒，大家都作官样文章来逃避法律制裁。

减宣是杨县人，因为当佐史无比能干，被调到河东太守府任职。有一次将军卫青派人到河东买马，看到减宣做事没有暇疵，就向皇上推荐，于是被征召到京城当了大厩丞。他当官做事很公平，逐渐升任御史和御史中丞。武帝派减宣处理主父偃和淮南王造反的案件，他深抠条文，严加重判，所以被杀的人很多，被称赞为能断疑案。减宣屡次被免官又屡次被起用，前后当御史及中丞之官差不多有二十年。王温舒免去中尉的时候，减宣当左内史，他处理政务非常琐碎，无论事大或事小都要亲自经手，甚至自己安排县中各具体部门的具体事务，官吏和下属的县令和县丞也不得擅自改动，不听话的就从重惩处。当官几年，其他各郡都小有成效，但是唯独减宣却能用小力而成大功，当然他的办法也难以普遍推行。减宣中途被罢官，后来又当了右扶风，因为怨恨他的属官成信，成信逃走藏到上林苑中，减宣派郿县县令带人击杀成信。吏卒们在射杀成信时，射中了上林苑的门，减宣被下狱，并被宣判为大逆不道的罪，判定为灭族，减宣就自杀了。杜周受到任用。

杜周是南阳杜衍人。义纵当南阳太守，把杜周当作得力助手，荐举他当廷尉史。他在张汤手下效力，张汤屡次说他能干，官职升到御史。武帝派他审理边境在敌进攻时损伤兵力与物资财产的情况，被判死刑的很多。杜周上奏的事情合乎皇上的心意，被任用，同减宣交叉轮流做御史中丞十多年。

杜周治理政事与减宣相仿，但是处世慎重，决断迟缓，外表宽松，但内心却苛刻到了极点。减宣当左内史，杜周当廷尉，他治理政事仿效张汤，而善于猜测迎合皇上的意图。皇上想要排挤的，就趁机加以陷害；皇上想要宽释的，就长期囚禁待审，暗中显露他的冤情。门客有人责备杜周说："你为皇上公平断案，不遵循法律，却专以皇上的意旨来断案。法官应当这样吗？"杜周说："法律是怎样产生的？前代的皇帝认为对的就写成法律，当今的皇帝认为对的就记载为法令。适合当时的情况就是正确的、何必要遵循古法呢？"

待到杜周当了廷尉，皇上命令办的案子也越发多了。二千石一级的官员被拘捕的接连不断，人数上百。各郡国官员和丞相府送交廷尉办的案件，一年中多达一千多个。每个奏章所举报的案子，大的要逮捕有关人数百，小的也要逮捕数十人；这些人，远的从几千里以外押解京城，近的有几百里。案犯被押到京师审判时，官吏就逼着犯人像奏章上说的那样来招供，如不服，就用刑具拷打，直到承认为止。于是人们听到逮捕人的消息，都逃跑和藏匿起来。有的案件拖得久的，甚至经过几次大赦，十多年后还会被告发，大多数都以大逆不道以上的罪名向上呈报。廷尉及中都官奉诏办案所逮捕的人多达六七万，两处的衙役又增加十多万。

杜周曾中途被罢官，后来当了执金吾，负责追捕盗贼。在逮捕查办桑弘羊和卫皇后兄弟子侄时，他执法严苛酷烈，武帝认为他尽职而无私，升任御史大夫。杜周的两个儿子，分别当了河内郡和河南郡太守。杜周治理政事残暴酷烈比王温舒等更厉害。杜周开始当廷史时，只有一匹马，连鞍辔都不齐全；等到他长久当官，位列三公，子孙都当了高官，家中钱财多达几万万。

太史公说：从郅都到杜周十个人，都以严酷暴烈而闻名。但郅都刚烈正直，辩说是非，都关系到国家大计。张汤因为懂得观察皇帝的心思而投其所好，皇上与他上下配合，屡次辩论国家大事的得失，国家靠他而得到益处。赵禹时常依据法律坚持正道。杜周则顺从上司的意旨、阿谀奉承，以少说话为重要原则。从张汤死后，法网严密，诋毁诬告的事情越来越多，国家的事情越来越没人管。九卿大臣碌碌无为，只求保护官职，他们连自救都来不及，谁去法律以外的事情呢？但是在这十个人中，虽然有的廉洁的完全可以成为人们的表率，有的污浊的足以做人们的鉴戒。但他们治民办事，在惩处坏人

上都还能做到礼法结合，头头是道。执法虽然严酷，但这与他们的职务是相称的。至于像蜀郡太守冯当那样凶暴地摧残人，广汉郡太守李贞擅自肢解百姓，东郡太守弥仆锯断人的脖子，天水郡太守骆璧椎击犯人逼供定案，河东郡太守褚广滥杀百姓，京兆的尹无忌、冯翊殷周的凶狠，以及水衡都尉阎奉拷打逼供勒索，就不值得一提了！

原文

孔子曰："导之以政，齐之以刑，民免而无耻。导之以德，齐之以礼，有耻且格。"老氏称："上德不德，是以有德；下德不失德，是以无德。法令滋章，盗贼多有。"①太史公曰：信哉是言也！法令者治之具，而非制治清浊之源也。昔天下之网尝密矣，然奸伪萌起，其极也，上下相遁，至于不振。当是之时，吏治若救火扬沸，非武健严酷，恶能胜其任而愉快乎！②言道德者，溺其职矣。故曰："听讼，吾犹人也，必也使无讼乎。""下士闻道大笑之。"非虚言也。汉兴，破觚而为圆，斫雕而为朴，网漏于吞舟之鱼，而吏治烝烝，不至于奸，黎民艾安。由是观之，在彼不在此。高后时，酷吏独有侯封，刻轹宗室，侵辱功臣。吕氏已败，遂夷侯封之家。孝景时，晁错以刻深颇用术辅其资，而七国之乱，发怒于错，错卒以被戮。其后有郅都、宁成之属。

郅都者，杨人也。以郎事孝文帝。孝景时，都为中郎将，敢直谏，面折大臣于朝。尝从入上林，贾姬如厕，野彘卒入厕。上目都，都不行。上欲自持兵救贾姬，都伏上前曰："亡一姬复一姬进，天下所少宁贾姬等乎？陛下纵自轻，奈宗庙太后何！"上还，彘亦去。太后闻之，赐都金百斤，由此重郅都。

济南瞯氏宗人三百余家，豪猾，二千石莫能制，于是景帝乃拜都为济南太守。至则族灭瞯氏首恶，余皆股栗。居岁余，郡中不拾遗。旁十余郡守畏都如大府。

都为人勇，有气力，公廉，不发私书，问遗无所受，请寄无所听。常自称曰："已倍亲而仕，身固当奉职死节官下，终不顾妻子矣。"

郅都迁为中尉。丞相条侯至贵倨也，而都揖丞相。是时民朴，畏罪自重，而都独先严酷，致行法不避贵戚，列侯宗室见都侧目而视，号曰"苍鹰"。

临江王征诣中尉府对簿,临江王欲得刀笔为书谢上,而郅禁吏不予。魏其侯使人以间与临江王。临江王既为书谢上,因自杀。窦太后闻之,怒,以危法中都,都免归家。孝景帝乃使使持节拜都为雁门太守,而便道之官,得以便宜从事。匈奴素闻郅都节,居边,为引兵去,竟郅都死不近雁门。匈奴至为偶人象郅都,令骑驰射莫能中,见惮如此,匈奴患之。窦太后乃竟中都以汉法。景帝曰:"都忠臣。"欲释之。窦太后曰:"临江王独非忠臣邪?"于是遂斩郅都。

宁成者,穰人也。以郎谒者事景帝。好气,为人小吏,必陵其长吏;为人上,操下如束湿薪。滑贼任威。稍迁至济南都尉,而郅都为守。始前数都尉皆步入府,因吏谒守如县令,其畏郅都如此。及成往,直陵都出其上。都素闻其声,于是善遇,与结欢。久之,郅都死,后长安左右宗室多暴犯法,于是上召宁成为中尉。其治效郅都,其廉弗如,然宗室豪桀皆人人惴恐。

武帝即位,徙为内史。外戚多毁成之短,抵罪髡钳。是时九卿罪死即死,少被刑,而成极刑,自以为不复收,于是解脱,诈刻传出关归家。称曰:"仕不至二千石,贾不至千万,安可比人乎!"乃贳贷买陂田千余顷,假贫民,役使数千家。数年,会赦。致产数千金,为任侠,持吏长短,出从数十骑。其使民威重于郡守。

周阳由者,其父赵兼以淮南王舅父侯周阳,故因姓周阳氏。由以宗家任为郎,事孝文及景帝。景帝时,由为郡守。武帝即位,吏治尚循谨甚,然由居二千石中,最为暴酷骄恣。所爱者,挠法活之;所憎者,曲法诛灭之。所居郡,必夷其豪。为守,视都尉如令。为都尉,必陵太守,夺之治。与汲黯俱为忮,司马安之文恶,俱在二千石列,同车未尝敢均茵伏。

由后为河东都尉,时与其守胜屠公争权,相告言罪。胜屠公当抵罪,义不受刑,自杀,而由弃市。

自宁成、周阳由之后,事益多,民巧法,大抵吏之治类多成、由等矣。

赵禹者,斄人。以佐史补中都官,用廉为令史,事太尉亚夫。亚夫为丞相,禹为丞相史,府中皆称其廉平。然亚夫弗任,曰:"极知禹无害,然文深,不可以居大府。"今上时,禹以刀笔吏积劳,稍迁为御史。上以为能,至太中大夫。与张汤论定诸律令,作见知,吏传得相监司。用法益刻,盖自此始。

张汤者，杜人也。其父为长安丞，出，汤为儿守舍。还而鼠盗肉，其父怒，笞汤。汤掘窟得盗鼠及余肉，劾鼠掠治，传爰书，讯鞫论报，并取鼠与肉，具狱磔堂下。其父见之，视其文辞如老狱吏，大惊，遂使书狱。父死后，汤为长安吏，久之。

　　周阳侯始为诸卿时，尝系长安，汤倾身为之。及出为侯，大与汤交，遍见汤贵人。汤给事内史，为宁成掾，以汤为无害，言大府，调为茂陵尉，治方中。

　　武安侯为丞相，征汤为史，时荐言之天子，补御史，使案事。治陈皇后蛊狱，深竟党与。于是上以为能，稍迁至太中大夫。与赵禹共定诸律令，务在深文，拘守职之吏。已而赵禹迁为中尉，徙为少府，而张汤为廷尉，两人交欢，而兄事禹。禹为人廉倨，为吏以来，舍毋食客。公卿相造请禹，禹终不报谢，务在绝知友宾客之请，孤立行一意而已。见文法辄取，亦不覆案，求官属阴罪。汤为人多诈，舞智以御人。始为小吏，干没，与长安富贾田甲、鱼翁叔之属交私。及列九卿，收接天下名士大夫，已心内虽不合，然阳浮慕之。

　　是时上方乡文学，汤决大狱，欲附古义，乃请博士弟子治《尚书》《春秋》补廷尉史，亭疑法。奏谳疑事，必豫先为上分别其原，上所是，受而著谳决法廷尉絜令，扬主之明。奏事即谴，汤应谢，乡上意所便，必引正、监、掾史贤者，曰："固为臣议，如上责臣，臣弗用，愚抵于此。"罪常释。间即奏事，上善之，曰："臣非知为此奏，乃正、监、掾史某为之。"其欲荐吏，扬人之善蔽人之过如此。所治即上意所欲罪，予监史深祸者；即上意所欲释，与监史轻平者。所治即豪，必舞文巧诋；即下户羸弱，时口言，虽文致法，上财察。于是往往释汤所言。③汤至于大吏，内行修也。通宾客饮食。于故人子弟为吏及贫昆弟，调护之尤厚。其造请诸公，不避寒暑。是以汤虽文深意忌不专平，然得此声誉。而刻深吏多为爪牙用者，依于文学之士。丞相弘数称其美。及治淮南、衡山、江都反狱，皆穷根本。严助及伍被，上欲释之。汤争曰："伍被本画反谋，而助亲幸出入禁闼爪牙臣，乃交私诸侯如此，弗诛，后不可治。"于是上可论之。其治狱所排大臣自为功，多此类。于是汤益尊任，迁为御史大夫。

　　会浑邪等降，汉大兴兵伐匈奴，山东水旱，贫民流徙，皆仰给县官，县官空虚。于是丞上指，请造白金及五铢钱，笼天下盐铁，排富商大贾，出告缗令，锄豪强并兼之家，舞文巧诋以辅法。汤每朝奏事，语国家用，日晏，天子忘食。丞相取充位，天下事皆决于汤。④百姓不安其生，骚动，县官所兴，未获其利，奸吏并侵渔，于是痛绳以罪。则自公卿以下，至于庶人，咸指汤。汤尝病，天子至自视病，其隆贵如此。

匈奴来请和亲，群臣议上前。博士狄山曰："和亲便。"上问其便，山曰："兵者凶器，未易数动。刘邦欲伐匈奴，大困平城，乃遂结和亲。孝惠、高后时，天下安乐。及孝文帝欲事匈奴，北边萧然苦兵矣。孝景时，吴楚七国反，景帝往来两宫间，寒心者数月。吴楚已破，竟景帝不言兵，天下富实。今自陛下举兵击匈奴，中国以空虚，边民大困贫。由此观之，不如和亲。"上问汤，汤曰："此愚儒，无知。"狄山曰："臣固愚忠，若御史大夫汤乃诈忠。若汤之治淮南、江都，以深文痛诋诸侯，别疏骨肉，使蕃臣不自安。臣固知汤之为诈忠。"于是上作色曰："吾使生居一郡，能无使虏入盗乎？"曰："不能。"曰："居一县？"对曰："不能。"复曰："居一障间？"山自度辩穷且下吏，曰："能。"于是上遣山乘鄣。至月余，匈奴斩山头而去。自是以后，群臣震慑。

汤之客田甲，虽贾人，有贤操。始汤为小吏时，与钱通，及汤为大吏，甲所以责汤行义过失，亦有烈士风。

汤为御史大夫七岁，败。

河东人李文尝与汤有隙，已而为御史中丞，恚，数从中文书事有可以伤汤者，不能为地。汤有所爱史鲁谒居，知汤不平，使人上蜚变告文奸事，事下汤，汤治论杀文，而汤心知谒居为之。上问曰："言变事纵迹安起？"汤详惊曰："此殆文故人怨之。"谒居病卧闾里主人，汤自往视疾，为谒居摩足。赵国以冶铸为业，王数讼铁官事，汤常排赵王。赵王求汤阴事。谒居尝案赵王，赵王怨之，并上书告："汤，大臣也，史谒居有病，汤至为摩足，疑与为大奸。"

事下廷尉。谒居病死，事连其弟，弟系导官。汤亦治他囚导官，见谒居弟，欲阴为之，而详不省。谒居弟弗知，怨汤，使人上书告汤与谒居谋，共变告李文。事下减宣。宣尝与汤有隙，及得此事，穷竟其事，未奏也。会人有盗发孝文园瘗钱，丞相青翟朝，与汤约俱谢，至前，汤念独丞相以四时行园，当谢，汤无与也，不谢。丞相谢，上使御史案其事。汤欲致其文丞相见知，丞相患之。三长史皆害汤，欲陷之。

始长史朱买臣，会稽人也。读《春秋》。庄助使人言买臣，买臣以《楚辞》与助俱幸，侍中，为太中大夫，用事；而汤乃为小吏，跪伏使买臣等前。已而汤为廷尉，治淮南狱，排挤庄助，买臣固心望。及汤为御史大夫，买臣以会稽守为主爵都尉，列于九卿。数年，坐法废，守长史，见汤，汤坐床上，丞史遇买臣弗为礼。买臣楚士，深怨，常欲死之。王朝，齐人也。以术至右内史。边通，学长短，刚暴强人也，官再至济南相。故皆居汤右，已而失官，守长史，诎体于汤。汤数行丞相事，知此三长史素贵，常凌折之。以故三长史合谋曰："始汤约与君谢，已而卖君；今欲劾君以宗庙事，此欲代君耳。吾知汤阴事。"使吏捕案汤左田信等，曰汤且欲奏请，信辄先知之，居物致富，与汤分之，及他奸事。事辞颇闻。上问汤曰："吾所为，贾人辄先知之，益居其物，是类有以吾谋告之者。"汤不谢。汤又详惊曰："固宜有。"减宣亦奏谒居等事。天子果以汤怀诈面欺，使使八辈簿责汤。汤具自道无此，不服。于是上使赵禹责汤。禹至，让汤曰："君何不知分也。君所治夷灭者几何人矣？今人言君皆有状，天子重致君狱，欲令君自为计，何多以对簿为？"汤乃为书谢曰："汤无尺寸功，起刀笔吏，陛下幸致为三公，无以塞责。然谋陷汤罪者，三长史也。"遂自杀。

汤死，家产直不过五百金，皆所得奉赐，无他业。昆弟诸子欲厚葬汤，汤母曰："汤为天子大臣，被污恶言而死，何厚葬乎！"载以牛车，有棺无椁。天子闻之，曰："非此母不能生此子。"乃尽案诛三长史。丞相青翟自杀。出田信。上惜汤。稍迁其子安世。

赵禹中废，已而为廷尉。始条侯以为禹贼深，弗任。及禹为少府，比九卿。禹酷急，至晚节，事益多，吏务为严峻，而禹治加缓，而名为平。王温舒等后起，治酷于禹。禹以老，徙为燕相。数岁，乱悖有罪，免归。后汤十余年，以寿卒于家。

义纵者，河东人也。⑤为少年时，尝与张次公俱攻剽为群盗。纵有姊姁，以医幸王太后。王太后问："有子兄弟为官者乎？"姊曰："有弟无行，不可。"太后乃告上，拜义姁弟纵为中郎，补上党郡中令。治敢行，少蕴藉，县无逋事，举为第一。迁为长陵及长安令，直法行治，不避贵戚。以捕案太后外孙脩成君子仲，上以为能，迁为河内都尉。至则族灭其豪穰氏之属，河内道不拾遗。而张次公亦为郎，以勇悍从军，敢深入，有功，为岸头侯。

宁成家居，上欲以为郡守。御史大夫弘曰："臣居山东为小吏时，宁成为济南都尉，其治如狼牧羊。成不可使治民。"上乃拜成为关都尉。岁余，关东吏隶郡国出入关者，号曰"宁见乳虎，无值宁成之怒"。义纵自河内迁为南阳太守，闻宁成家居南阳，及纵至关，宁成侧行送迎，然纵气盛，弗为礼。至郡，遂案宁氏，尽破碎其家。⑥成坐有罪，及孔、暴之属皆奔亡，南阳吏民重足一迹。而平氏朱强、杜衍、杜周为纵牙爪之吏，任用，迁为廷史。军数出定襄，定襄吏民乱败，于是徙纵为定襄太守。纵至，掩定襄狱中重罪轻系二百余人，及宾客昆弟私入相视亦二百余人。纵一捕鞠，曰"为死罪解脱"。是日皆报杀四百余人。其后郡中不寒而栗，猾民佐吏为治。

是时赵禹、张汤以深刻为九卿矣，然其治尚宽，辅法而行，而纵以鹰击毛挚为治。后会五铢钱白金起，民为奸，京师尤甚，乃以纵为右内史，王温舒为中尉。温舒至恶，其所为不先言纵，纵必以气凌之，败坏其功。其治，所诛杀甚多，然取为小治，奸益不胜，直指始出矣。吏之治以斩杀缚束为务，阎奉以恶用矣。纵廉，其治放郅都。⑦上幸鼎湖，病久，已而卒起幸甘泉，道多不治。上怒曰："纵以我为不复行此道乎？"嗛之。至冬，杨可方受告缗，纵以为此乱民，部吏捕其为可使者。天子闻，使杜式治，以为废格沮事，弃纵市。后一岁，张汤亦死。

王温舒者，阳陵人也。少时椎埋为奸。已而试补县亭长，数废。为吏，以治狱至廷史。事张汤，迁为御史。督盗贼，杀伤甚多，稍迁至广平都尉。择郡中豪敢任吏十余人，以为爪牙，皆把其阴重罪，而纵使督盗贼，快其意所欲得。此人虽有百罪，弗法；即有避，因其事夷之，亦灭宗。以其故齐赵之郊盗贼不敢近广平，广平声为道不拾遗。上闻，迁为河内太守。

素居广平时，皆知河内豪奸之家，及往，九月而至。令郡具私马五十匹，为驿自河内至长安，部吏如居广平时方略，捕郡中豪猾，郡中豪猾相连坐千余家。上书请，大者至族，小者乃死，家尽没入偿臧。奏行不过二三日，得可事。论报，至流血十余里。河内皆怪其奏，以为神速。尽十二月，郡中毋声，毋敢夜行，野无犬吠之盗。其颇不得，失之旁郡国，黎来，会春，温舒顿足叹曰："嗟乎，令冬月益展一月，足吾事矣！"其好杀伐行威不爱人如此。

天子闻之，以为能，迁为中尉。其治复放河内，徙诸名祸猾吏与从事，河内则杨皆、麻戊，关中杨赣、成信等。义纵为内史，惮未敢恣治。及纵死，张汤败后，徙为廷尉，而尹齐为中尉。

尹齐者，东郡茌平人。以刀笔稍迁至御史。事张汤，张汤数称以为廉武，使督盗贼，所斩伐不避贵戚。迁为关内都尉，声甚于宁成。上以为能，迁为中尉，吏民益凋敝。尹齐木强少文，豪恶吏伏匿而善吏不能为治，以故事多废，抵罪。上复徙温舒为中尉，而杨仆以严酷为主爵都尉。

杨仆者，宜阳人也。以千夫为吏。河南守案举以为能，迁为御史，使督盗贼关东。治放尹齐，以为敢挚行。稍迁至主爵都尉，列九卿。天子以为能。南越反，拜为楼船将军，有功，封将梁侯。为荀彘所缚。居久之，病死。

而温舒复为中尉。为人少文，居廷惛惛不辩，至于中尉则心开。督盗贼，素习关中俗，知豪恶吏，豪恶吏尽复为用，为方略。吏苛察，盗贼恶少年投缿购告言奸，置伯格长以牧司奸盗贼。

温舒为人谄善事有势者；即无势者，视之如奴。有势家，虽有奸如山，弗犯；无势者，贵戚必侵辱。舞文巧诋下户之猾，以焄大豪。其治中尉如此。奸猾穷治，大抵尽靡烂狱中，行论无出者。其爪牙吏虎而冠。于是中尉部中中猾以下皆伏，有势者为游声誉，称治。治数岁，其吏多以权富。

温舒击东越还，议有不中意者，坐小法抵罪免。是时天子方欲作通天台而未有人，温舒请覆中尉脱卒，得数万人作。上说，拜为少府。徙为右内史，治如其故，奸邪少禁。坐法失官。复为右辅，行中尉事。如故操。

岁余，会宛军发，诏征豪吏，温舒匿其吏华成，及人有变告温舒受员骑钱，他奸利事，罪至族，自杀。其时两弟及两婚家亦各自坐他罪而族。光禄徐自为曰："悲夫，夫古有三族，而王温舒罪至同时而五族乎！"

温舒死，家直累千金。后数岁，尹齐亦以淮阳都尉病死，家直不满五十金。所诛灭淮阳甚多，及死，仇家欲烧其尸，尸亡去归葬。

自温舒等以恶为治，而郡守、都尉、诸侯二千石欲为治者，其治大抵尽放温舒，而吏民益轻犯法，盗贼滋起。南阳有梅免、白政，楚有殷中、杜少，齐有徐勃，燕、赵之间有坚卢、范生之属。大群至数千人，擅自号，攻城邑，取库兵，释死罪，缚辱郡太守、都尉，杀二千石，为檄告县趣具食；小群以百数，掠卤乡里者，不可胜数也。于是天子始使御史中丞、丞相长史督之。

犹弗能禁也，乃使光禄大夫范昆、诸辅都尉及故九卿张德等衣绣衣，持节，虎符发兵以兴击，斩首大部或至万余级，及以法诛通饮食，坐连诸郡，甚者数千人。数岁，乃颇得其渠率。散卒失亡，复聚党阻山川者，往往而群居，无可奈何。于是作"沈命法"，曰群盗起不发觉，发觉而捕弗满品者，二千石以下至小吏主者皆死。其后小吏畏诛，虽有盗不敢发，恐不能得，坐课累府，府亦使其不言。故盗贼寖多，上下相为匿，以文辞避法焉。

减宣者，杨人也。以佐史无害给事河东守府。卫将军青使买马河东，见宣无害，言上，征为大厩丞。官事辨，稍迁至御史及中丞。使治主父偃及治淮南反狱，所以微文深诋，杀者甚众，称为敢决疑。数废数起，为御史及中丞者几二十岁。王温舒免中尉，而宣为左内史。其治米盐，事大小皆关其手，自部署县名曹实物，官吏令丞不得擅摇，痛以重法绳之。居官数年，一切郡中为小治辨，然独宣以小致大，能因力行之，难以为经。中废。为右扶风，坐怨成信，信亡藏上林中，宣使郿令格杀信，吏卒格信时，射中上林苑门，宣下吏诋罪，以为大逆，当族，自杀。而杜周任用。

杜周者，南阳杜衍人。义纵为南阳守，以为爪牙，举为廷尉史。事张汤，汤数言其无害，至御史。使案边失亡，所论杀甚众。奏事中上意，任用，与减宣相编，更为中丞十余岁。

其治与宣相放，然重迟，外宽，内深次骨。宣为左内史，周为廷尉，其治大放张汤而善候伺。上所欲挤者，因而陷之；上所欲释者，久系待问而微见其冤状。客有让周曰："君为天子决平，不循三尺法，专以人主意指为狱。狱者固如是乎？"周曰："三尺安出哉？前主所是著为律，后主所是疏为令，当时为是，何古之法乎？"

至周为廷尉，诏狱亦益多矣。二千石系者新故相因，不减百余人。郡吏大府举之廷尉，一岁至千余章。章大者连逮证案数百，小者数十人；远者数千，近者数百里。会狱，吏因责如章告劾，不服，以笞掠定之。于是闻有逮皆亡匿。狱久者至更数赦十有余岁而相告言，大抵尽诋以不道以上。廷尉及中都官诏狱逮至六七万人，吏所增加十万余人。

周中废，后为执金吾，逐盗，捕治桑弘羊、卫皇后昆弟子刻深，天子以为尽力无私，迁为御史大夫。家两子，夹河为守。其治暴酷皆甚于王温舒等矣。杜周初征为廷史，有一马，且不全；及身久任事，至三公列，子孙尊官，家訾累数巨万矣。⑧

太史公曰：自郅都、杜周十人者，此皆以酷烈为声。然郅都伉直，引是非，争天下大体。张汤以知阴阳，人主与俱上下，时数辩当否，国家赖其便。赵禹时据法守正。杜周从谀，以少言为重。自张汤死后，网密，多诋严，官事寖以秏废。九卿碌碌奉其官，救过不赡，何暇论绳墨之外乎！然此十人中，其廉者足以为仪表，其污者足以为戒，方略教导，禁奸止邪，一切亦皆彬彬质有其文武焉。虽惨酷，斯称其位矣。至若蜀守冯当暴挫，广汉李贞擅磔人，东郡弥仆锯项，天水骆璧推咸，河东褚广妄杀，京兆无忌、冯翊殷周蝮鸷，水衡阎奉朴击卖请，何足数哉！何足数哉！

批注

①西汉之初，多颂法黄、老之言，其与孔、孟之书醇驳，固未暇辨也。起处所引《老子》"上德不德"云云，正所谓德其所德，而非吾所谓德者。今但约举大旨，不必深解，即是解人。

〔释义〕 本传杂然聚十人之众而合成为一传，虽然其中有个别的人实属于巧宦和佞臣，但就其人其事而皆概之为"酷吏"，亦无不可。细究起来，他们确实皆有公廉强干之才，因之而个个都受到武帝的器重与厚爱，尤以张汤最甚，皇上亲自去其家探病与进汤药，这是自古未有如此恩深似海的。之所以能够如此，皆因为武帝为着开疆括利，强化修治，正极需要这些强干之臣为之践行其志。至于是否因之而又恢复了秦时严酷法令，也就不管不顾了。酷吏如此之多之酷，正是武帝使然，司马迁如此淋漓尽致地大写这些酷吏，实际上正是在讽渝武帝推行这些政策之酷。这里边也有前面我们所指出的激射隐显之法，即国学大师钱子泉所说的"事隐于此而著于彼，激射映发，以见微旨。"姚祖恩在批注中所言，"由是观之，在彼不在此，"也是这个意思。

②武帝之用酷吏也，皆以为能而任之，而酷吏又实有公廉强干之才。当武帝开边括利之际用之，亦往往有成效，故借亡秦吏治、武健严酷之风，而赞其胜任愉快，此明是刺讥武帝本旨。下即以"由是观之，在彼不在此"，微明尚德之意。又随引两酷吏之被诛，以为炯戒。讽谏微情，盎然可掬，此极用意之文字也。

③汤立意亦要锄豪强，振贫弱，收恤故旧、荐扬吏属。及弘奖经术，敦尚廉耻，皆是美事。惟一以诈行之，遂觉无往不阴邪暧昧。史公尽力雕绘，所谓虽百世可知也。

④群酷吏非无暴过于汤者，然用事之专，且久得君之深且笃，则未有及汤者也。所以烦酷之气，溢于四海，上自公卿，下及黎庶，无不被其毒。汤即煦煦于故人昆弟，亦何益矣！宛转写来，不留余力也如此。

⑤从义纵以下，残恶糜烂，无复人理。回视郅都、赵禹诸人，又如祥麟威凤矣。史公用彼此形击之法，相推相效，相忮相灭，如造蛊者聚百毒于一器，恣其吞噬。劫运至此，正何必阎、吴诸公绘《焰摩变相》也！

⑥前宁成以髡钳抵罪，豪于间里。其传未毕，又见《义纵传》中方结成案；犹《张汤传》中，归结赵禹之法也。若他手，则传各为起结，岂有此离奇出没之妙！

⑦杜周非酷吏，直巧宦耳。张汤亦然，惟二人行径相似。故汤之后有安世，周之后有延年。班史遂将此两人别立传，盖亦不为无见。但史迁十人合传，只作一篇文字，其中结构灵妙，固亦缺一不得。

⑧惟《纵传》，历举群酷吏相并而集其成，如破碎宁成，折服王温舒，治放郅都，远过张汤、赵禹，盖萃众人之恶为一人之恶，而超轶绝伦者也。恣肆写来，笔有余怒。

〔释义〕 详考一部《史记》，还从没有将十人合成一传的，一般至多也就是三四个人，像《老庄申韩列传》《樊郦滕灌列传》等等，然而史公却于酷吏处将十个人列一传中，尽管他们十人之中有的并不是酷吏，而是巧宦，但司马迁还是将他们列到一传中，这也是精心谋划的结果。他秉着物以类聚、人以群分的原则，将这些别有用心的人都放到一起，且又含有相推相效、相忮相灭的意思在内，这也是他布局谋篇的一番苦心，都是人们需要认真仔细揣摩的。

补注

对于《酷吏列传》开篇的一段序言，金圣叹作批注曰："短幅却作三段文字。第一段，引孔、老本论，以'信哉是言'结；第二段，痛亡秦密网，以

'非虚言也'结;第三段,颂汉兴尚宽,以'由是观之'结。笔态奇特之甚。总赞孔、老本论,既然有味其言。'昔天下'秦天下也。自此至'非虚言也'乃是一气转落成句,并无正反曲折。下'胜任'字,已可恨,又下'愉快'字,写尽秦吏治之惨酷。言当秦时,孔、老之言,岂复信哉?杂引二圣人语,合作一句,妙!犹言说无讼,便大笑之也。盖当秦时,真有如此。此言'道之以德','上德不德',妙、妙!言宁漏大奸,此汉之宽,然终别至于无奸,妙,妙,言有尽而味无穷!孔、老本论,胡可忽耶?"(清·金圣叹:《评点才子全集·西汉文)》

〔释义〕 汉兴之初的几十年里,有鉴于秦朝严刑密法的残酷统治,残害民众极苦;又加之于楚汉相争之际的连年战争,使民力消耗殆尽,为了恢复民力,教民休养生息,故而在文帝、景帝之朝,都施行道家无为而治的方针。道家的根本指导思想,即史公在开篇处所引用的《老子》中几句话:"上德不德,是以有德;下德不失德,是以无德。法令滋章,盗贼多有。"到了武帝之时,罢黜百家,独尊儒术,开始废弃了多年以来行之有效的无为而治的黄老思想,采用了儒家的以仁义道德精神来强化国家的治理手段。儒家治理国家的基本思路,即史公开篇时引用孔子的几句话:"导之以政,齐之以刑,民免而无耻。导之以德,齐之以礼,有耻且格。"孔子的基本指导思想与老子的基本思想是有着很大的差别的,但是,史公却将二位圣人的本论,相提并论地放在一起来作为吏治的基本指导思想,是有其隐喻与苦衷的。因为他本人就是受到这严刑密法残害的一个受害者,他的思想感情和内心世界,是非常赞成老子无为而治的思想的。但是,因为他身在武帝之朝,又要以儒家思想来从事太史之职,因之便也不能不接受孔子的"导之以政,齐之以刑"的思想。因此,他巧妙地将两种本论合成在一起,让人们看了无可厚非,而于归结之处,却还是突出了汉兴时的"网漏于吞舟之鱼,而吏治蒸蒸,不至于奸,黎民艾安";这亦即是金圣叹最终点评的几句话:"言宁漏大奸,此汉之宽,然终驯至于无奸。"

游侠列传

朱家郭解小传

朱家，鲁（今山东省曲阜市）人，与汉高祖同时代，当为公元前220—前180年前后。朱家为人行侠仗义，济人危难，舍身救人，不求回报，故为游侠所祖。

郭解，字翁伯，轵（今河南省新乡市以东）人，活跃于景帝与武帝年间，当为公元前160—前110年间。其父为游侠，解承父业，从少年时起便自任为侠，以德报怨，厚施薄望。名声高，追随者甚多。有少年杂入其间，冒郭解之名报私仇，累过于解，因而被捕。御史大夫议罪，认为杀人报私仇之事，虽是追随者所为，郭不知情，但郭纵容此辈，亦是大逆不道，于是族灭其家。

韩非子说："儒生用文章来破坏国家法度，而游侠凭借武力违犯法令。"韩非对这两种人都加以批评，但儒生却多被世人所称扬。但那些用儒术取得宰相卿大夫的职位，辅助当代天子，功名都被记载在史书之中的，这本来没有什么可说的。至于像季次、原宪，是平民百姓，用功读书，谨守君子的德操，坚守道义，不与世俗同流合污，当代人也嘲笑他们。所以季次、原宪一生住在空荡荡的草屋之中，穿着粗布衣服，连粗饭都吃不饱。他们死了四百余年了，而他们的世代相传的弟子们，却仍然不停地怀念着他们。现在的游侠，他们的行为虽然不符合道德法律的准则，但是他们言必信，行必果，已经答应的必定兑现，以示诚实，肯于牺牲生命，去救助别人的危难。既已出生入死，却不夸耀自己的本领，也不好意思夸耀自己的功德，大概这也是很值得赞美的地方吧！

况且危急之事，是人们时常能遇到的。太史公说："从前虞舜在淘井和修仓库时遇到了危难，伊尹曾背负鼎俎当厨师，傅说曾藏身傅险服苦役，吕尚曾在棘津遭困厄，管仲曾经当过俘虏，百里奚曾经喂牛当奴隶，孔子曾经在匡地遭围困,在陈国、蔡国遭遇饥饿。这些人都是儒生所赞扬的有道德的仁人,尚且遭遇这样的灾难,何况是中等才能而又遇到乱世的人呢?他们遇到的灾难怎么可以说得完呢?"

俗话说:"何必去区别仁义与否,谁对我有好处,我就说谁是好人。"所以尽管伯夷以吃周粟为耻,竟饿死在首阳山,但文王和武王却没有因此而损害声誉。盗跖和庄蹻凶暴残忍,而他们的党徒却长久歌颂他们的功德。由此可见,"偷盗衣带钩的要杀头,窃取国家政权的却被封侯,哪里有王侯之家,哪里就有仁义了",这话并非虚假不实之言。

现在拘泥于所学的人,有的死守着狭隘的道理,长久地孤立于世俗之外,哪能比得上降低自己的姿态,随波逐流去猎取功名富贵的人呢?而平民百姓,他们谨慎对待取舍,重承诺,千里之外的人都称赞他们的道义,为道义而死却不顾世俗的责难,这也是他们的长处,并非随便就可做到的。所以士人处在穷困窘迫的情况下,愿意托身于他,这难道不就是人们所说的英雄好汉吗?如果真能让民间游侠与季次、原宪比较权势和力量,比对当今社会的贡献,是不能同日而语的。总之,从办事见效果和言必有信的角度来看,侠客的行为又怎么可以缺少呢!

古代的平民侠客,没有听说过。近代延陵季子、孟尝君、春申君、平原君、信陵君这些人,都因为是君王的亲属,依仗封地及卿相的雄厚财富和地位,招揽天下的贤才,在各诸侯国中名声显赫,不能说他们不是贤才。这就比如顺风呼喊,声音没有加强,但风势却使声音传得很远。至于平民的布衣侠客,靠修行品德,提高名节,使好的名望传布天下,无人不称赞他的贤德,这是难以做到的。然而儒家和墨家都排斥他们,不在他们的文献中加以记载,使秦朝以前的平民侠客的事迹,已经被埋没而不能见到,我深感遗憾。据我所知,汉朝开国以来,有朱家、田仲、王公、剧孟、郭解这些人,他们虽然时常违犯汉朝的法律禁令,但是他们个人的行为符合道义,廉洁谦让的人品,有值得称赞的地方。他们的名声并非凭空树立起来的,读书人也不是没有根据地依附他们的。至于那些结成帮派的豪强,互相勾结,依仗财势奴役穷人,凭借豪强暴力欺凌孤独势弱的人,肆无忌惮,为所欲为,这也是游侠之士所不耻的。我感叹世人不能明察这其中的真意,却错误地把朱家和郭解等人与暴虐豪强之流的人混在一起,加以嘲笑。

鲁国的朱家与高祖是同一时代的人。鲁国人都喜欢以儒家思想进行教育，而朱家却因为是侠士而闻名。他所藏匿和救活的豪杰有几百个，其余普通人被救的也无法计算。但他始终不夸耀自己的才能，不自我欣赏他对别人的恩德，那些他曾经救助过的人，他都尽量避免再见到他们。他救济别人，首先从最贫贱的开始。他家中没有剩余的钱财，衣衫褴褛，每顿饭只吃一样菜，乘坐的不过是牛车。他一心救援别人的危难，超过自己的一切。他曾经暗中使季布将军摆脱了被杀的厄运，待到季布将军地位尊贵之后，他却终身不肯与季布相见。因此，从函谷关往东，人们没有一个不仰慕他，盼望同他交朋友。

楚地的田仲因为是侠客而闻名，他喜欢剑术，象服侍父亲那样对待朱家，他认为自己的操行赶不上朱家。田仲死后，洛阳出了个剧孟。洛阳人靠经商为生，而剧孟因为好打抱不平而名扬于各诸侯。吴、楚七国叛乱时，条侯周亚夫当太尉，乘坐着驿站的车子，将到洛阳时路上遇见剧孟，高兴地说："吴、楚七国发动叛乱而不求剧孟相助，我知道他们是无所作为的。"当时，天下动乱，太尉得到他就像得到了一个与自己势均力敌的国家一样。剧孟的行为大致类似朱家，却喜欢博棋，他所做的多半是少年人的游戏。但是剧孟的母亲死时，从远方来奔丧的，大概有上千辆车子。等到剧孟死时，家中连十金的钱财也没有。这时符离人王孟也因为行侠闻名于长江和淮河之间。

当时，济南姓瞯的人家，陈地的周庸也因为豪侠而闻名。汉景帝听说后，派使者把这类人全都杀死了。这以后，代郡姓白的、梁地的韩无辟、阳翟的薛兄、陕地的韩孺，又纷纷出现了。

郭解是轵县人，字翁伯。他是善于给人相面的许负的外孙子。郭解的父亲因为行侠，在汉文帝时被杀。郭解为人个子矮小，精明强悍，不喝酒。他少年时残忍狠毒，稍有不如意就动手杀人，亲手杀的人很多。他不惜牺牲生命去替朋友报仇，藏匿亡命徒犯法抢劫，停下来就私铸钱币，盗挖坟墓，他的不法活动数也数不清。但却能遇到上天保佑，在窘迫危急时常常脱身，或者遇到大赦。等到郭解年龄大了，就改变行为，变成一个谨慎守法的人，以德报怨，给别人的多而希望取得的少。但他自己喜欢行侠的思想越来越强烈。他已经救了别人的生命，却不自夸功劳，但其内心仍然残忍狠毒，为小事突然行凶的事依然如故。当时的少年仰慕他的行为，也常常为他报仇，却不让

他知道。郭解姐姐的儿子依仗郭解的势力,同别人喝酒,让人家干杯。人家喝不了,他却强行灌酒。那人被逼急了,拔刀刺死了郭解姐姐的儿子,就逃跑了。郭解姐姐发怒说道:"以弟弟翁伯的名气,人家杀了我的儿子,凶手却捉不到。"于是她把儿子的尸体丢弃在道上,不埋葬,想以此羞辱郭解。郭解派人暗中探知凶手的去处。凶手没有办法,主动回来把真实情况告诉了郭解。郭解说:"你杀了他是应该的,我的孩子无理。"于是放走了那个凶手,把罪责归于姐姐的儿子,并收尸埋葬了他。人们听到这消息,都称赞郭解的道义行为,归附他的人越来越多。

郭解每次外出或归来,人们都给他让路,表示尊敬,只有一个人傲慢地坐在地上看着他,郭解派人去问他的姓名。门客中有人要杀那个人,郭解说:"居住在乡里之中,竟至于不被人尊敬,这是我自己道德修养得还不够,他有什么罪过。"于是他就暗中嘱托尉史说:"这个人是我最关心的,轮到他服役时,请加以免除。"以后每到服役时,有好多次,县中官吏都没找这个人。他感到奇怪,问其中的原因,原来是郭解使人免除了他的差役。于是,他就袒露身体,去找郭解谢罪。当地青年们听到这消息,越发仰慕郭解的行为。

洛阳有两个人结仇,城中有十几个贤人豪杰从中调解,两方面始终不听劝解。门客们就来拜见郭解,说明情况。郭解晚上去会见结仇的人家,两个仇家出于对郭解的尊重,勉强听从了劝告,准备和好。郭解就对仇家说:"我听说洛阳诸公为你们调解过,你们都不肯接受。如今你们幸而听从了我的劝告,我怎能从别的县跑来侵夺人家城中贤豪大夫们的调解权呢?"于是郭解当夜离去,不让人知道,说:"暂时不要听我的调解,待我离开后,让洛阳豪杰从中调解,你们就听他们的。"

郭解保持着恭敬待人的态度,出门从不骑马,不敢乘车进县衙。他到旁的郡国去替人办事,事能办成的,一定把它办成,办不成的,也要使有关方面都满意,然后才吃得下饭去。因此大家都特别尊重他,争着为他效力。城中少年及附近县城的贤良豪杰,半夜上门拜访郭解的常常有十多辆车子,请求把郭解家的门客接回自家供养。

等到朝廷要将各郡国的豪富人家迁往茂陵居住,郭解家贫,不符合搬迁标准,但迁移名单中有郭解的名字,因而官吏害怕,不敢不让郭解搬迁。当时卫青将军替郭解向皇上说:"郭解家贫,不符合搬迁的标准。"但是皇上说:

"一个平民百姓的权势竟能使将军替他说话,这就可见他家不穷。"郭解于是被迁徙到茂陵。人们为郭解送行共出钱一千余万。轵人杨季主的儿子在县里为吏,是他提名迁徙郭解一家的。郭解哥哥的儿子砍掉县这个县吏的头。从此杨家与郭家结了仇。

郭解迁移到关中,关中的贤人豪杰无论从前是否认识郭解,如今听到他的名声,都争着与郭解结为好朋友。后来又有人杀死杨季主。杨季主的家人上书状告郭解,有人又把告状的在宫门下给杀了。皇上听到这消息,就下令捕捉郭解。郭解逃跑,他把他母亲安置在夏阳,自己逃到临晋。临晋籍少公平素不认识郭解,郭解冒然来投,请求出关。籍少公就把郭解送出关,郭解转移到太原,他所到之处,常常把自己的情况告诉留他食宿的人家。官吏追查郭解,追踪到籍少公家里。籍少公无奈自杀,线索断绝了。过了很久,官府才捕到郭解,并彻底深究他的犯法罪行,发现一些人被郭解所杀的事,都发生在大赦之前。这时,轵县有个儒生陪同前来查办郭解案件的使者闲坐,有人称赞郭解,儒生说:"郭解专爱做奸邪犯法的事,怎能说他是贤人呢?"郭解门客听到这话,就杀了这个儒生,割下他的舌头。官吏以此责问郭解,令他交出凶手,而郭解确实不知道杀人的是谁。杀人的人始终没查出来,不知道是谁。官吏只好向皇上报告,说郭解无罪。御史大夫公孙弘说:"郭解以平民身份行侠弄权,因为小事而杀人,郭解自己虽然不知道,这个罪过比他自己杀人还严重。应该判处郭解大逆不道的罪。"于是郭解被满门抄斩。

从此以后,行侠的人特别多,但都傲慢无礼没有值得称道的,只有关中长安的樊仲子、槐里的赵王孙,长陵的高公子,西河的郭公仲,太原的卤公孺,临淮的兒长卿,东阳的田君孺,他们虽然是游侠却能有谦虚退让的君子风度。至于像北方的姚氏,西方的一些姓杜的,南方的仇景,东方的赵他、羽公子,南阳赵调等人,这些都是处在民间的盗跖罢了,哪里值得一提呢!这都是从前朱家那样的人引以为耻的。

太史公说:我见过郭解,体貌赶不上中等人,语言上也不引人注意。但是天下的人们,无论是贤人还是不贤之人,无论是认识他还是不认识他,都仰慕他的名声,谈论游侠的人都标榜郭解以提高自己的名声。谚语说:"人要是以声誉作为自己的容貌,那就可以永世长存了。"唉,可惜呀!

原文

韩子曰:"儒以文乱法,而侠以武犯禁。"二者皆讥,而学士多称于世云。至如以术取宰相卿大夫,辅翼其世主,功名俱著于春秋,固无可言者。①及若季次、原宪,闾巷人也,读书怀独行君子之德,义不苟合当世,当世亦笑之。故季次、原宪终身空室蓬户,褐衣疏食不厌。死而已四百余年,而弟子志之不倦。今游侠,其行虽不轨于正义,然其言必信,其行必果,已诺必诚,不爱其躯,赴士之厄困,既已存亡死生矣,而不矜其能,羞伐其德,盖亦有足多者焉。②

且缓急,人之所时有也。太史公曰:"昔者虞舜窘于井廪,伊尹负于鼎俎,傅说匿于傅险,吕尚困于棘津,夷吾桎梏,百里饭牛,仲尼畏匡,菜色陈、蔡。此皆学士所谓有道仁人也,犹然遭此灾,况以中材而涉乱世之末流乎?其遇害何可胜道哉!"

鄙人有言曰:"何知仁义,已飨其利者为有德。"故伯夷丑周,饿死首阳山,而文、武不以其故贬王;跖、蹻暴戾,其徒诵义无穷。由此观之,"窃钩者诛,窃国者侯,侯之门仁义存",非虚言也。

今拘学或抱咫尺之义,久孤于世,岂若卑论侪俗,与世沉浮而取荣名哉!③而布衣之徒,设取予然诺,千里诵义,为死不顾世,此亦有所长,非苟而已也。故士穷窘而得委命,此岂非人之所谓贤豪间者邪?诚使乡曲之侠,予季次、原宪比权量力,效功于当世,不同日而论矣。要以功见言信,侠客之义又曷可少哉!

古布衣之侠,靡得而闻已。近世延陵、孟尝、春申、平原、信陵之徒,皆因王者亲属,藉于有土卿相之富厚,招天下贤者,显名诸侯,不可谓不贤者矣。比如顺风而呼,声非加疾,其势激也。至如闾巷之侠④,修行砥名,声施于天下,莫不称贤,是为难耳。然儒、墨皆排摈不载。自秦以前,匹夫之侠,湮灭不见,余甚恨之。以余所闻,汉兴有朱家、田仲、王公、剧孟、郭解之徒,虽时扞当世之文罔,然其私义廉洁退让,有足称者。名不虚立,士不虚附。至如朋党宗强比周,设财役贫,豪暴侵凌孤弱,恣欲自快,游侠亦丑之。余悲世俗不察其意,而猥以朱家、郭解等令与暴豪之徒同类而共笑之也。

鲁朱家者，与高祖同时。鲁人皆以儒教，而朱家用侠闻。所藏活豪士以百数，其余庸人不可胜言。然终不伐其能，歆其德，诸所尝施，唯恐见之。振人不赡，先从贫贱始。家无余财，衣不完采，食不重味，乘不过牛。专趋人之急，甚己之私。既阴脱季布将军之厄，及布尊贵，终身不见也。自关以东，莫不延颈愿交焉。

楚田仲以侠闻，喜剑，父事朱家，自以为行弗及。田仲已死，而雒阳有剧孟。周人以商贾为资，而剧孟以任侠显诸侯。⑤吴楚反时，条侯为太尉，乘传车将至河南，得剧孟，喜曰："吴楚举大事而不求孟，吾知其无能为已矣。"天下骚动，宰相得之若得一敌国云。剧孟行大类朱家，而好博，多少年之戏。然剧孟母死，自远方送丧盖千乘。及剧孟死，家无余十金之财。而符离人王孟亦以侠称江淮之间。

是时济南瞷氏、陈周庸亦以豪闻，景帝闻之，使使尽诛此属。其后代诸白、梁韩无辟、阳翟薛兄、陕韩孺纷纷复出焉。

郭解，轵人也，字翁伯，善相人者许负外孙也。解父以任侠，孝文时诛死。解为人短小精悍，不饮酒。少时阴贼，慨不快意，身所杀甚众。以躯借交报仇，藏命作奸剽攻，休乃铸钱掘冢，固不可胜数。适有天幸，窘急常得脱，若遇赦。及解年长，更折节为俭，以德报怨，厚施而薄望。然其自喜为侠益甚。既已振人之命，不矜其功，其阴贼著于心，卒发于睚眦如故云。而少年慕其行，亦辄为报仇，不使知也。解姊子负解之势，与人饮，使之嚼。非其任，强必灌之。人怒，拔刀刺杀解姊子，亡去。解姊怒曰："以翁伯之义，人杀吾子，贼不得。"弃其尸于道，弗葬，欲以辱解。解使人微知贼处。贼窘自归，具以实告解。解曰："公杀之固当，吾儿不直。"遂去其贼，罪其姊子，乃收而葬之。诸公闻之，皆多解之义，益附焉。

解出入，人皆避之。有一人独箕倨视之，解遣人问其名姓。客欲杀之。解曰："居邑屋至不见敬，是吾德不修也，彼何罪！"乃阴属尉史曰："是人，吾所急也，至践更时脱之。"每至践更，数过，吏弗求。怪之，问其故，乃解使脱之。箕踞者乃肉袒谢罪。少年闻之，愈益慕解之行。

洛阳人有相仇者，邑中贤豪居间者以十数，终不听。客乃见郭解。解夜见仇家，仇家曲听解。解乃谓仇家曰："吾闻洛阳诸公在此间，多不听者。今子幸而听解,解奈何乃从他县夺人邑中贤大夫权乎!"乃夜去,不使人知,曰:"且无用,待我去,令洛阳豪居其间,乃听之。"

解执恭敬,不敢乘车入其县廷。之旁郡国,为人请求事,事可出,出之;不可者,各厌其意,然后乃敢尝酒食。诸公以故严重之,争为用。邑中少年及旁近县贤豪,夜半过门常十余车,请得解客舍养之。

及徙豪富茂陵也,解家贫,不中訾,吏恐,不敢不徙。卫将军为言:"郭解家贫不中徙。"上曰:"布衣权至使将军为言,此其家不贫。"解家遂徙。诸公送者出千余万。轵人杨季主子为县掾,举徙解。解兄子断杨掾头。由此杨氏与郭氏为仇。

解入关,关中贤豪知与不知,闻其声,争交欢解。解为人短小,不饮酒,出未尝有骑。已又杀杨季主。杨季主家上书,人又杀之阙下。上闻,乃下吏捕解。解亡,置其母家室夏阳,身至临晋。临晋籍少公素不知解,解冒,因求出关。籍少公已出解,解转入太原,所过辄告主人家。吏逐之,迹至籍少公。少公自杀,口绝。久之,乃得解。穷治所犯,为解所杀,皆在赦前。轵有儒生侍使者坐,客誉郭解,生曰:"郭解专以奸犯公法,何谓贤!"解客闻,杀此生,断其舌。吏以此责解,解实不知杀者。杀者亦竟绝,莫知为谁。吏奏解无罪。御史大夫公孙弘议曰:"解布衣为任侠行权,以睚眦杀人,解虽弗知,此罪甚于解杀之。当大逆无道。"遂族郭解翁伯。

自是之后,为侠者极众,敖而无足数者。然关中长安樊仲子,槐里赵王孙,长陵高公子,西河郭公仲,太原卤公孺,临淮儿长卿,东阳田君孺,虽为侠而逡逡有退让君子之风。至若北道姚氏,西道诸杜,南道仇景,东道赵他、羽公子,南阳赵调之徒,此盗跖居民间者耳,曷足道哉!此乃乡者朱家之羞也。

太史公曰:吾视郭解,状貌不及中人,言语不足采者。然天下无贤与不肖,知与不知,皆慕其声,言侠者皆引以为名。谚曰:"人貌荣名,岂有既乎!"于戏,惜哉!

批注

①逐段承接,文法斩斩不乱,史公才大,而心未尝不细,如此密寻之,

方见其妙。

②先言游侠之义足多,又言缓急时,有以见世实少不得此辈人。此进一步法。

③排宕处正在黏而不黏,脱而不脱。

④通篇长峡,在此一段中,有绝妙经营。

⑤《朱家传》虚矣,而《剧孟传》更虚。盖《朱家传》尚从正面著笔,而《剧孟传》皆从四面八方著笔也。始言"宰相得之若得敌国",则其倾动公卿,隐然操朝宁之重何如?次言母死而送者千乘,则其风靡四海,俨然驾王公之上何如?终言死无余财,则其振人之急,不遗余力何如?盖因孟之行事大类朱家,则不容更复一语,故除却死法,更寻活法也。古人文字金针,亦大可识矣。

〔释义〕 这篇文章的写作方法,与书中其他各篇皆不同。它不是从传主的身世品行说起,而是逶逶迤迤、洋洋洒洒、纵横捭阖地畅谈游侠之事来。先是从《韩非子》等经典论述中引出游侠之事;后来又说,缓急危难是人所难免之事,即使大圣大贤,也难免有罹于困厄之中之时,所以世上很需要有见义勇为、拔刀相助的游侠之辈。他们的济世之功,比之于那些治国安邦的大人物自然是微不足道的,但是他们能够立见之于行,能够拔刀相助人于危难,甚至于借躯而行仗义,不能不为世人所传诵。接下来,他又掉转笔头来,说古代因行豪侠、施义举而闻名的,都是孟尝君,信陵君等贵族豪门,他们"借于有士卿相之富厚"才显名诸侯,而那些民间闾巷之侠要修行义名,可就难了。所以古来的游侠皆都湮没了,史公对此抱有长恨,所以这才下定决心要为当世的朱家,郭解等游侠立传。最后,他又将行仁义之侠与那些以行侠为名而实为"设财役贫"之辈区分开,使人们不要鱼目混珠,将这些丑类混入到游侠之列,从而损害到朱家等大侠之美名。他在序言中将这些都交代清楚之后,这才逐次地讲出朱家、郭解等人的事迹来。

开头的那几个段落,表面上看起来,似乎都不相接,也不相连,好像每一段都各自成篇似的,但是你如果仔细推敲它的义理的话,就会发现到,它们又是互相衔接的。《庄子》之文中多用此法,例如他写的《逍遥游》,忽而说起大鹏,忽而又说起蜩与鸠等鸟虫之类的事,初看起来,以为是各讲各的故事,互不相干,但下面突起一句说:"此大小之辨也",这样一来,上下文的断处皆都联系起来了。这种文法,叫做"断处皆续法"。其实,不止是庄子,在荀子、韩非子的著作中也都常见。司马迁在此处也使用了这一写作方法。

补注

《游侠列传》,言郭解"以躯借交,报仇藏命";《货殖列传》亦言侠少"借躯报仇",则马迁自铸伟词。《水浒》十五回"阮小五和阮小七把手拍着脖项道:'这腔热血只要卖与识货的!'""许身"、"卖血",似皆不如"借躯"之语尤奇也。(见钱钟书:《管锥编·史记会注考证》)

〔**释义**〕　钱钟书先生认为,《史记》中屡见"借躯"一词,这是司马迁创造一个生动逼人的伟词,它正如《水浒传》第十五回书中,阮小五、阮小七哥俩对着晁盖等人拍着自己的脖子说:"这腔热血只要卖与识货的"一样,真是惟妙惟肖,比一般书中所常用的"许身"、"卖血",要深刻得多。

货殖列传

老子说:"天下大治的极点是,虽然邻近的国家互相望得见,鸡鸣狗吠之声互相听得到,而各国人民各自认为自己的饮食最甘美,自己的服装最漂亮,习惯于本地的习俗,喜爱自己所事行业,以至于年老死也不互相往来。"追求这种生活方式,就是堵塞人民的耳目,那就几乎是无法行得通的。

太史公说:神农氏以前的情况,我不了解。至于像《诗》《书》所述虞舜、夏禹以来的情况则是人们耳目总要听到最好听的,看到最好看的,总想尝遍最好吃的美味,身体追求最好的享受,精神上追求最大的权势和最高的荣耀。这种风气浸染百姓,已经很久了,即使用老子的这些妙论挨门逐户地去劝说开导,终不能感化谁。所以,最好的办法是顺其自然,其次是随势引导,其次是加以教诲,再次是制定规章制度加以约束,最坏的做法是与民争利。

山西盛产木材、竹子、穀枝、野麻、旄牛尾、玉石;山东盛产鱼、盐、漆、丝、美女;江南出产楠木、梓树、生姜、桂花、金、锡、铅、朱砂、犀牛、玳瑁、珍珠、象牙、皮革;龙门、碣石山以北地区盛产马、牛、羊、毡裘、兽筋、兽角;铜和铁则分布在周围千里远近山中的矿山星罗棋布,有如棋子满布。这是关于各地物产分布的大致情况。这些都是中国人民所喜好的,是俗话说的穿着饮食、养生送死之物。因此,人们要靠农民耕种来获取粮食,要靠管理山林湖海的虞人去开发它,要靠工匠制造,取得器具,要靠商人贸易,流通货物。这难道是有什么命令把他们征调安排得这么好吗?人们都凭自己的才能,竭尽自己的力量,来满足自己的欲望。所以,一种东西价格太贱就会逐渐变贵,太贵就要逐渐变贱。人们各自努力经营自己的本业,乐于从事自己的工作,就像水日夜不停地从高处流向低处那样,不用召唤便会自动前来,不用请求便会生产出来。这难道不是符合规律而得以自然发展的证明吗?

卷六

《周书》里说:"农民不种田,粮食就会缺乏;工匠不做工生产,器具就会缺少;商人不做买卖,吃的、用的和钱财就无法流通;虞人不开发山泽,资源就会短缺,资源匮乏了,许多事情就无法进行了。"农、工、商、虞这四个方面,是人民衣食的来源。这些行业开展得好则社会富裕,这些行业开展得不好则社会贫困;这些行业,上可以富国,下可以富家。或贫或富,没有谁能剥夺或施予,但机敏的人总是财富有余,而愚笨的人却往往衣食不足。

范蠡既已协助越王洗雪了会稽被困之耻,便长叹道:"计然的策略有七条,越国只用了五条,就实现了雪耻的愿望。既然把它用于治国很有效,我要把它用于治家上。"于是,他便离开越国乘坐小船漂泊江湖去了,他改名换姓,到齐国改名叫鸱夷子皮,到了陶邑改名叫朱公。朱公认为陶邑居于天下中心,四通八达,货物贸易十分便利。于是就在这里经商,囤积居奇,随机应变,看准时机买进卖出,而不责求他人。所以,一个善于经营致富的人,不要眼睛盯着人,而要善于把握时机。十九年期间,他三次赚得千金之财,两次把财产分散给贫穷的朋友和远房同姓的兄弟。这就是所谓富人容易做好事吧。范蠡后来年老力衰就放手让他的孩子们干,他的子孙继承了他的事业并有所发展,最终有了上亿家财。所以,后世谈论富翁时,都称颂陶朱公。

天下物产各地不均,有少有多,民间习俗各有不同,山东地区吃海盐,山西地区吃池盐,岭南和大漠以北本来也有许多地方出产盐,这方面情况大体如此。

总的看来,楚越地区,地广人稀,人们以稻米为主食,以鱼类为菜,人们习惯于刀耕火种,水耨除草,瓜果螺蛤,不用钱买,便能自给自足。地形有利使食物丰富,人们不用担心挨饿,因此人们养成了苟且懒惰的习惯,家里没有什么积蓄,多为贫穷人家。所以,江淮以南既无挨饿受冻之人,也无千金富户。沂水、泗水以北地区,适合种植五谷桑麻,饲养六畜,地少人多,屡次遭受水旱灾害,百姓喜好积蓄财物,所以秦、夏、梁、鲁一带的统治者们也都爱好农业而重视劳力。三河地区以及宛、陈等地也是这样,不过这里要再加上经商贸易。齐、赵地区的居民聪明灵巧,靠投机求财利谋利。燕、代地区的居民能种田、畜牧,并且养蚕为生。

由此看来,贤能之人在朝廷上出谋划策,论辩争议,死守节义的隐士隐居深山追求高名,他们究竟都是为着什么呢?都是为了财富。因此,为官清廉就能长久做官，时间长了，便会更加富有；做商人也一样，越不贪心，就越能多赚钱而致富。求富，是人们的本性，不用学习就会。所以，士兵在军队中，打仗时攻城抢先登攀，遇敌时冲锋陷阵，斩将夺旗，冒着箭射石击，赴汤蹈火，是因为重赏的驱使。那些住在民间里巷的青少年，杀人抢劫，盗掘坟墓，私铸钱币，伪托侠义，兼并财物，代朋友报仇，在幽暗隐蔽的地方逃避追捕，不避法律禁令，往死路上跑，其实都是为了钱财罢了。如今赵地、郑地的女子，打扮得漂漂亮亮，琴弹鼓瑟，舞动长袖，踩着轻便舞鞋，挑逗勾引，出外不远千里，不择年老年少，招来男人，不也是为了钱吗？游手好闲的贵族公子，帽子宝剑装饰讲究，外出时高车大马，前呼后拥，也是为大摆富贵的架子。猎人渔夫，起早贪黑，冒着霜雪，不怕深山大谷，不避猛兽伤害，为的是获得各种野味。赌博赛马，斗鸡走狗，个个争得面红耳赤，自我夸耀，必定要争取胜利，不就是怕输钱吗？医生方士及各种靠技艺谋生的人，他们花心思钻研技术，极尽其能，是为了得到更多的报酬。官府的刀笔吏们，舞文弄法，私刻公章，伪造文书，不避斫脚杀头，就是为了他人的贿赂。至于农、工、商、贾储蓄增殖，原本就是为了谋求增添个人的财富。这些人都是绞尽脑汁，用尽力量地索取，终究是为了不遗余力地获取钱财。

　　谚语说："贩柴的不出一百里，贩粮的不出一千里。"如果在某地住上一年，就要种植谷物；如果住上十年，就要栽种树木；如果住上一辈子，就应该用德行和声望来感召人。所谓德，就是人的才德名望和财物。现在有些人，虽然没有官职俸禄或爵位封地收入，但实际的生活享受可与有官爵者相比，这被称做"素封"。有封地的人享受领地上的租税，每户每年缴入二百钱。享有千户的封君，每年租税收入才二十万钱，朝拜天子、访问诸侯和祭祀馈赠，都要从这里开支。普通百姓如农、工、商、贾，家有一万钱，每年利息可得二千钱，拥有一百万钱的人家，每年也可得利息二十万钱，当然徭租赋的费用要从这里支出。这种人家，就能随心所欲地吃喝玩乐了。所以说陆地牧马五十匹，养牛一百六、七十头，养羊二百五十只，草泽里养猪二百五十口，水中占有年产鱼一千石的鱼塘，山里拥有成材大树一千株。安邑有千株枣树；燕、秦有千株栗子树；蜀郡、汉水、江陵地区有千株橘树；淮北、常山以南和黄河、济水之间有千株楸树；陈郡、颍川一带有千亩漆树；齐、鲁地区有千亩桑麻；渭水流域有千亩竹子；还在一个万户人家的都城的郊外有亩产一

卷六

钟的千亩良田，或者千亩栀子、茜草，千畦生姜、韭菜：诸如此类的人，其财富都可与千户侯的财富相等。这些都是获得富足的来源，这些人不用到市上去察看，不用到外地奔波，坐在家中等待收成，身有隐士之名，而又取用丰足。至于那些贫穷人家，父母年老，妻子儿女瘦弱不堪，逢年过节无钱祭祀祖宗鬼神、赠人路费、聚集饮食，吃喝穿戴都难以自足，如此贫困，还不感到羞愧，那就没有什么可比拟的了。所以，没有钱财的人只能出卖劳力，稍有钱财的人便玩弄智巧，已经富足的人便把握时机和行情，这是常理。如今谋求生计，不冒生命危险，即可取得所需物品，那就应受到贤人的追捧。所以，靠从事农业生产而致富为上，靠从事商工而致富次之，靠玩弄智巧、甚至违法而致富是最低下的。倘若没有深居山野不肯做官的隐士操行，而长期处于贫贱地位，妄谈仁义，这种人也足够可耻了。

凡是编户的百姓，对于财富比自己多出十倍的人就会低声下气，多出百倍的就会惧怕人家，多出千倍的就会被人役使，多出万倍的就会为人奴仆，这是事物的常理。要从贫穷达到富有，务农不如做工，做工不如经商，刺绣织锦不如门市卖货，这里所说的经商末业，是穷人致富凭借的手段。贪心的商人获利三分之一，廉正的商人获利五分之一。这些人都是由于心志专一而致富的。

由此看来，致富并不靠固定的行业，而财货也没有一定的主人，有本领的人能够集聚财货，没有本领的人则会破败家财。有千金的人家可以比得上一个都会的封君，有巨万家财的富翁便能同国君一样的享乐。这是否是所谓的"素封"？难道不是吗？

原文

老子曰："至治之极，邻国相望，鸡狗之声相闻，民各甘其食，美其服，安其俗，乐其业，至老死不相往来。"必用此为务，挽近世涂民耳目，则几无行矣。

太史公曰：夫神农以前，吾不知已。至若《诗》《书》所述虞夏以来，耳目欲极声色之好，口欲穷刍豢之味，身安逸乐，而心夸矜势能之荣。使俗之渐民久矣，虽户说以眇论，终不能化。故善者因之，其次利道之，其次教海之，其次整齐之，最下者与之争。

夫山西饶材、竹、谷、纑、旄、玉石；山东多鱼、盐、漆、丝、声色；江南出楠、梓、姜、桂、金、锡、连、丹沙、犀、玳瑁、珠玑、齿革；龙门、碣石北多马、牛、羊、旃裘、筋角；铜、铁则千里往往山出棋置：此其大较也。皆中国人民所喜好，谣俗被服饮食奉生送死之具也。故待农而食之，虞而出之，工而成之，商而通之。此宁有政教发征期会哉？人各任其能，竭其力，以得所欲。故物贱之征贵，贵之征贱，各劝其业，乐其事，若水之趋下，日夜无休时，不召而自来，不求而民出之。岂非道之所符，而自然之验邪？

《周书》曰："农不出则乏其食，工不出则乏其事，商不出则三宝绝，虞不出则财匮少。"财匮少而山泽不辟矣。此四者，民所衣食之原也。原大则饶，原小则鲜。上则富国，下则富家。贫富之道，莫之夺予，而巧者有余，拙者不足。

范蠡既雪会稽之耻，乃喟然而叹曰："计然之策七，越用其五而得意。既已施于国，吾欲用之家。"①乃乘扁舟浮于江湖，变名易姓，适齐为鸱夷子皮，之陶为朱公。朱公以为陶天下之中，诸侯四通，货物所交易也。乃治产积居。与时逐而不责于人。故善治生者，能择人而任时。十九年之中三致千金，再分散与贫交疏昆弟。此所谓富好行其德者也。后年衰老而听子孙，子孙修业而息之，遂至巨万。故言富者皆称陶朱公。

夫天下物所鲜所多，人民谣俗，山东食海盐，山西食盐卤，领南、沙北固往往出盐，大体如此矣。

总之，楚越之地，地广人希，饭稻羹鱼，或火耕而水耨，果隋蠃蛤，不待贾而足，地势饶食，无饥馑之患，以故砦窳偷生，无积聚而多贫。是故江、淮以南，无冻饿之人，亦无千金之家。沂、泗水以北，宜五谷桑麻六畜，地小人众，数被水旱之害，民好畜藏，故秦、夏、梁、鲁好农而重民。三河、宛、陈亦然，加以商贾。齐、赵设智巧，仰机利。燕、代田畜而事蚕。

由此观之，贤人深谋于廊庙，论议朝廷，守信死节隐居岩穴之士设为名高者安归乎？归于富厚也。是以廉吏久，久更富，廉贾归富。富者，人之情性，所不学而俱欲者也。故壮士在军，攻城先登，陷阵却敌，斩将搴旗，前蒙矢石，不避汤火之难者，为重赏使也。其在闾巷少年，攻剽椎埋，劫人作奸，掘冢铸币，任侠并兼，借交报仇，篡逐幽隐，不避法禁，走死地如骛者，其实皆为财用耳。今夫赵女郑姬，设形容，揳鸣琴，揄长袂，蹑利屣，目挑心招，出不远千里，不择老少者，奔富厚也。游闲公子，饰冠剑，连车骑，亦为富贵容也。弋射渔猎，犯晨夜，冒霜雪，驰坑谷，不避猛兽之害，为得味也。博戏驰逐，斗鸡走狗，作色相矜，必争胜者，重失负也。医方诸食技术之人，焦神极能，为重糈也。吏士舞文弄法，刻章伪书，不避刀锯之诛者，没于赂遗也。农工商贾畜长，固求富益货也。此有知尽能索耳，终不余力而让财矣。

谚曰："百里不贩樵，千里不贩籴。"居之一岁，种之以谷；十岁，树之以木；百岁，来之以德。德者，人物之谓也。今有无秩禄之奉，爵邑之入，而乐与之比者。命曰"素封"。封者食租税，岁率户二百。千户之君则二十万，朝觐聘享出其中。庶民农工商贾，率亦岁万息二千，百万之家则二十万，而更徭租赋出其中。衣食之欲，恣所好美矣。故曰陆地牧马二百蹄，牛蹄角千，千足羊，泽中千足彘，水居千石鱼陂，山居千章之材。安邑千树枣；燕、秦千树栗；蜀、汉、江陵千树橘；淮北、常山已南，河济之间千树萩；陈、夏千亩漆；齐、鲁千亩桑麻；渭川千亩竹；及名国万家之城，带郭千亩亩钟之田，若千亩卮茜，千畦姜韭：此其人皆与千户侯等。然是富给之资也，不窥市井，不行异邑，坐而待收，身有处士之义而取给焉。若至家贫亲老，妻子软弱，岁时无以祭祀进醵，饮食被服不足以自通，如此不惭耻，则无所比矣。是以无财作力，少有斗智，既饶争时，此其大经也。今治生不待危身取给，则贤人勉焉。是故本富为上，末富次之，奸富最下。无岩处奇士之行，而长贫贱，好语仁义，亦足羞也。

凡编户之民，富相什则卑下之，伯则畏惮之，千则役，万则仆，物之理也。夫用贫求富，农不如工，工不如商，刺绣文不如倚市门，此言末业，贫者之资也。贪贾三之，廉贾五之。此皆诚壹之所致。

由是观之，富无经业，则货无常主，能者辐凑，不肖者瓦解。千金之家比一都之君，巨万者乃与王者同乐。岂所谓"素封"者邪？非也？

批注

①范大夫一传，分见于《货殖传》及《越世家》。然《越世家》亦详居

陶之事，而特以长男不能弃财为谋吴余劲；此传却只虚举与时逐而不责于人，为治生总持。文各有针路，非偶然也。

〔**释义**〕 这里，也有个集散的问题。大夫范蠡是兴越灭吴的关键人物，在《吴越世家》里自然要大讲特讲的；而在这篇《食货志》里，因他是行商贾、治货财的始祖，市面上常有对联曰："陶朱事业，子贡生涯"，那就是说，陶朱公（即范蠡）与孔子的学生子贡，都是古代兴财理货最为优异的之人，所以，后来世上的商贾皆视他们为商家鼻祖，因而《货殖传》中自然少不了要提到他。为了避免文字重复，这里只简单地提到他灭吴后要继续施行古代经济学家计然的致富之策，说治越国时用了计然的五条策算便已使国富强，而今要用余下的两条策略来富家，于是十九年中间三致千金。最后，文章又强调一下地指出：他致富不是目的，而是为了济贫扶危或分散给昆弟们，他是要以财富为手段来继续修行其德。后一句话，实际上是起了画龙点睛的作用。司马迁如此这般地大书特书这许多发财致富的能人高手，都是在于强调要用集聚货财来富国利民或济人危困，犹如游侠的借躯和洒热血来济人于危困一样。司马迁的这一番材料集散的运作，正如清人包世臣在《艺舟双楫》中所指出的："或以振纲领，或以争关纽"。济危扶困，富国利民，正是史公所要着重振作之纲领，所要强力争求之关纽。

滑稽列传

淳于髡小传

淳于髡，战国时齐都稷下（今山东省淄博市）人，生卒年不详，主要活动于齐威王时期，当是公元前378—前340年期间，以博学多才、滑稽善辩而著称。齐威王在稷下招徕学者，得淳于髡后任其为大夫。髡尝以隐语讽谏齐威王，使其择善而行，髡数次出使各诸侯国，从来未曾有辱于使命。

孔子说："六经对于治理国家来讲，都是有用的。《礼》是用来规范人的生活方式的，《乐》是用来促进人们和谐团结的，《书》是用来记述往古事迹和典章制度的，《诗》是用来抒情达意的，《易》是用来窥探天地万物的神奇变化的，《春秋》是用来通晓微言大义、衡量是非曲直的。"太史公说："世上的道理广阔无垠，难道不伟大么！言谈委婉而能切中事理，也是能排解不少纷扰的。"

淳于髡是齐国的一个上门女婿。身高不足七尺，为人滑稽，能言善辩，屡次出使诸侯之国，从未受过屈辱。齐威王在位时，喜好说隐语，又好彻夜宴饮，逸乐无度，陶醉于饮酒之中，不管政事，把政事委托给卿大夫。文武百官荒淫放纵，各国都来侵犯，国家危亡，就在旦夕之间。齐王身边近臣都不敢进谏。淳于髡用隐语来规劝讽谏齐威王，说："都城中有只大鸟，落在了大王的庭院里，三年不飞又不叫，大王知道这只鸟是怎么一回事吗？"齐威王说："这只鸟不飞则已，一飞就直冲云霄；不叫则已，一叫就使人惊异。"于是就诏令全国七十二个县的长官全来入朝奏事，奖赏一人，诛杀一人；又发兵御敌，诸侯十分惊恐，都把侵占的土地归还齐国。齐国的声威竟维持达三十六年。这些话全记载在《田完世家》里。

齐威王八年（前371），楚国派遣大军侵犯齐境。齐王派淳于髡出使赵国请求救兵，让他携带礼物黄金百斤，驷马车十辆。淳于髡一看，仰天大笑，将系帽子的带子都笑断了。威王说:"先生是嫌礼物太少么?"淳于髡说:"怎么敢嫌少!"威王说:"那你笑,难道有什么说辞吗?"淳于髡说:"今天我从东边来时,看到路旁有个祈祷田神的人,拿着一个猪蹄、一杯酒,祈祷说:'高地上收获的谷物盛满筐笼,低田里收获的庄稼装满车辆;五谷繁茂丰熟,米粮堆积满仓。'我看见他拿的祭品很少,而所祈求的东西太多,所以笑他。"于是齐威王就把礼物增加到黄金千镒、白璧十对、驷马车百辆。淳于髡告辞起行,来到赵国。赵王拨给他十万精兵、一千辆战车。楚国听到这个消息,连夜退兵而去。

齐威王非常高兴,在后宫设置酒宴,召见淳于髡,赐他酒喝。问他说:"先生能够喝多少酒才醉?"淳于髡回答说:"我喝一斗酒也能醉,喝一石酒也能醉。"威王说:"先生喝一斗就醉了,怎么能喝一石呢?能把这个道理说给我听听吗?"淳于髡说:"比如大王当面赏酒给我,执法官站在旁边,御史站在背后,我心惊胆战,低头伏地地喝,喝不了一斗就醉了。假如家里长辈有尊贵的客人来家,我卷起袖子,弓着身子,奉酒敬客,客人不时赏我残酒,屡次举杯敬酒应酬,喝不到两斗就醉了。假如老朋友好久不曾见面,忽然间相见了,高兴地讲述以往情事,倾吐衷肠,大约喝五六斗就醉了。如果是乡里之间的聚会,男女杂坐,彼此敬酒,没有时间的限制,又作六博、投壶一类的游戏,呼朋唤友,相邀成对,握手言欢不受处罚,眉目传情不遭禁止,面前有女人落下的耳环,背后有男人丢掉的发簪,在这种时候,我最开心,可以喝上八斗酒,也不过两三分醉意。天黑了,酒也快完了,把残余的酒并到一起,大家促膝而坐,男女同席,鞋子木屐混杂在一起,杯盘杂乱不堪,堂屋里的蜡烛已经熄灭,主人单留住我,而把别的客人送走,女人的绫罗短袄的衣襟已经解开,略略闻到她们肌肤的阵阵香味,这时我心里最为高兴,能喝下一石酒。所以说,酒喝得过多就容易出乱子,欢乐到极点就会发生悲痛之事。所有的事情都是如此。"淳于髡以此来婉转地劝说齐威王。威王说:"好。"于是,威王就停止了彻夜欢饮之事,并任用淳于髡为接待诸侯宾客的宾礼官。齐王宗室设置酒宴都要请淳于髡在一旁加以节制。

在淳于髡之后一百多年,楚国出了个优孟。

优孟原是楚国的乐工。他身高八尺,富有辩才,时常用说笑方式劝诫楚王。楚庄王时,他有一匹心爱的马,给它穿上华美的绣花衣服,养在富丽堂

皇的屋子里，睡在没有帐幔的床上，用蜜饯的枣干来喂它。马因为得肥胖病而死了。庄王很伤心，派群臣给马办丧事，要用棺椁盛殓，依照大夫那样的礼仪来葬埋死马。左右近臣争论此事，认为不可以这样做。庄王下令说："有谁再敢以葬马的事来进谏，一律处以死刑。"优孟听到此事，走进殿门，仰天大哭。庄王吃惊地问他哭的原因。优孟说："马是大王所喜爱的，就凭楚国这样强大的国家，有什么事情办不到，却用大夫的礼仪来埋葬它，太亏待了，请用国君的礼仪来埋葬它。"庄王问："那怎么办？"优孟回答说："我请求用雕刻花纹的美玉做棺材，用细致的梓木做套材，用楩、枫、豫、樟等名贵木材做护棺的木块，派大批士兵给它挖掘墓穴，让老人儿童背土修陵，让齐国、赵国的使臣在前面陪祭，让韩国、魏国的使臣在后面护卫，为它建立祠庙，用牛羊猪祭祀，划出万户大邑来供奉它。诸侯各国君臣听到这件事，就都知道大王轻视人而看重马了。"庄王歉疚地说："我的过错竟到这种地步吗？现在该怎么办呢？"优孟说："请大王准许按埋葬牲畜的办法来葬埋它：在地上堆个土灶当做套材，用大铜锅当做棺材，用姜枣来调味，用香料来解腥，用稻米作祭品，用火作衣服，最后把它安葬在人的肚肠中。"于是庄王派人把马交给了主管宫中膳食的太官，并让大家不再传扬此事。

楚国宰相孙叔敖知道优孟是位贤人，待他很好。孙叔敖患病临终前，叮嘱他的儿子说："我死后，你一定会很贫困。到那时，你就去拜见优孟，说'我是孙叔敖的儿子。'"过了几年，孙叔敖的儿子果然十分贫困，有一天，他背着柴草在路上遇到优孟，就对优孟说："我是孙叔敖的儿子。父亲临终前，嘱咐我贫困时就去拜见您。"优孟说："你不要到远处去。"于是，他就立即缝制了孙叔敖的衣服帽子穿戴起来，模仿孙叔敖的言谈举止，音容笑貌。过了一年多，模仿得活像孙叔敖，连楚庄王左右近臣都分辨不出来。一天，楚庄王设置酒宴，优孟上前为庄王敬酒祝福。庄王大吃一惊，以为孙叔敖又复活了，想要让他做楚相。优孟说："请允许我回去和妻子商量此事，三日后再来就任楚相。"庄王答应了他。三日后，优孟又来见庄王。庄王问："你妻子怎么说的？"优孟说："妻子说千万别做楚相，楚相不值得做。像孙叔敖那样地做楚相，忠正廉洁地治理楚国，并辅佐楚王成为一代霸主。如今孙叔敖死了，他的儿子竟无立锥之地，贫困到每天靠打柴谋生。如果要像孙叔敖那样做楚相，还不如自杀的好。"优孟接着唱道："住在山野耕田辛苦，难以获得食物。

出外做官，自身贪赃卑鄙的，积有余财，不顾廉耻。自己死后家室虽然富足，但又恐惧贪赃枉法，干非法之事，犯下大罪，自己被杀，家室也遭诛灭。贪官哪能做呢？想要做个清官，遵纪守法，忠于职守，到死都不敢做非法之事。唉，清官又哪能做呢？像楚相孙叔敖，一生坚持廉洁的操守，现在妻儿老小却贫困到靠打柴为生。清官实在不值得做啊！"庄王听到此，立即感谢优孟的提醒，当即召见孙叔敖的儿子，把寝丘这个四百户之邑封给他，以供祭祀孙叔敖之用。自此之后，供奉之物十年没有断绝。优孟的这种聪明才智，可以说是正得其宜，抓住了进谏的时机。

在优孟以后二百多年，秦国出了个优旃。

优旃是秦国的歌舞艺人，个子非常矮小。他擅长说笑话，然而都能合乎大道。有一次，秦始皇时，在宫中设置酒宴，正遇上天下雨，殿阶下执循站岗的卫士都淋着雨，受着风寒。优旃看见了十分怜悯他们，对他们说："你们想要休息吗？"卫士们都说："非常希望。"优旃说："如果我叫你们，你们要很快地答应我。"过了一会儿，宫殿上向秦始皇祝酒，高呼万岁。优旃靠近栏杆旁大声喊道："卫士！"卫士答道："有。"优旃说："你们虽然长得高大，有什么好处？只有幸站在露天淋雨。我虽然长得矮小，却有幸在屋里休息。"秦始皇一听，马上让卫士减半值班，轮流接替。

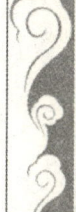

秦始皇曾经和大臣商议要扩大射猎的区域，东到函谷关，西到雍县和陈仓。优旃说："好。多养些禽兽在里面，敌人从东面来侵犯，让麋鹿用角去抵触他们就足以应付了。"秦始皇听了这话，就停止了扩大猎场的计划。

秦二世皇帝即位，又想用漆涂饰城墙。这时，优旃说："好。皇上即使不讲，我本来也要请您这样做的。漆城墙虽然给百姓带来愁苦和耗费，可是很美呀！城墙漆得油光光的，敌人来了也爬不上来。要想成就这件事，涂漆倒是容易的，但是难办的是要找一所大房子，把漆过的城墙搁进去，使它阴干。"秦二世一听，笑了起来，因而取消了这个计划。不久，二世皇帝被杀死，优旃归顺了汉朝，又过了几年才死。

太史公说：淳于髡仰天大笑，齐威王因而称霸横行天下。优孟摇头歌唱，打柴为主的人因而受到封赏。优旃靠近栏杆大喊一声，阶下卫士因而得以减半值勤，轮流倒休。这些人难道不都是伟大而可颂扬的吗！

原文

孔子曰:"六艺于治一也。《礼》以节人,《乐》以发和,《书》以道事,《诗》以达意,《易》以神化,《春秋》以义。"太史公曰:天道恢恢,岂不大哉!谈言微中,亦可以解纷。

淳于髡者,齐之赘婿也。长不满七尺,滑稽多辩,数使诸侯,未尝屈辱。齐威王之时喜隐,好为淫乐长夜之饮,沉湎不治,委政卿大夫。百官荒乱,诸侯并侵,国且危亡,在于旦暮,左右莫敢谏。淳于髡说之以隐曰:"国中有大鸟,止王之庭,三年不蜚又不鸣,王知此鸟何也?"王曰:"此鸟不飞则已,一飞冲天;不鸣则已,一鸣惊人。"于是乃朝诸县令长七十二人,赏一人,诛一人,奋兵而出。诸侯振惊,皆还齐侵地。威行三十六年。语在《田完世家》中。

威王八年,楚大发兵加齐。齐王使淳于髡之赵请救兵,赍金百斤,车马十驷。淳于髡仰天大笑,冠缨索绝。王曰:"先生少之乎?"髡曰:"何敢!"王曰:"笑,岂有说乎?"髡曰:"今者臣从东方来,见道傍有禳田者,操一豚蹄,酒一盂,祝曰:'瓯窭满篝,污邪满车,五谷蕃熟,穰穰满家。'臣见其所持者狭而所欲者奢,故笑之。"于是齐威王乃益赍黄金千溢,白璧十双,车马百驷。髡辞而行,至赵,赵王与之精兵十万,革车千乘。楚闻之,夜引兵而去。

威王大说,置酒后宫,召髡赐之酒。问曰:"先生能饮几何而醉?"对曰:"臣饮一斗亦醉,一石亦醉。"威王曰:"先生饮一斗而醉,恶能饮一石哉!其说可得闻乎?髡曰①:"赐酒大王之前,执法在傍,御史在后,髡恐惧俯伏而饮,不过一斗径醉矣。若亲有严客,髡帣韝鞠䠆,侍酒于前,时赐余沥,奉觞上寿,数起,饮不过二斗径醉矣。若朋友交游,久不相见,卒然相睹,欢然道故,私情相语,饮可五六斗径醉矣。若乃州闾之会,男女杂坐,行酒稽留,六博投壶,相引为曹,握手无罚,目眙不禁,前有堕珥,后有遗簪,髡窃乐此,饮可八斗而醉二参。日暮酒阑,合尊促坐,男女同席,履舄交错,杯盘狼藉,堂上烛灭,主人留髡而送客,罗襦襟解,微闻芗泽,当此之时,髡心最欢,能饮一石。故曰酒极则乱,乐极则悲。万事尽然,言不可极,极之而衰。"以讽谏焉。齐王曰："善。"乃罢长夜之饮，以髡为诸侯主客。宗室置酒，髡尝在侧。

其后百余年，楚有优孟。

优孟，故楚之乐人也。长八尺，多辩，常以谈笑讽谏。楚庄王之时，有所爱马，衣以文绣，置之华屋之下，席以露床，啖以枣脯。马病肥死，使群臣丧之，欲以棺椁大夫礼葬之。左右争之，以为不可。王下令曰："有敢以马谏者，罪至死。"优孟闻之，入殿门。仰天大哭。王惊而问其故。优孟曰："马者王之所爱也，以楚国堂堂之大，何求不得，而以大夫礼葬之，薄，请以人君礼葬之。"王曰："何如？"对曰："臣请以雕玉为棺，文梓为椁，楩枫豫章为题凑，发甲卒为穿圹，老弱负土，齐赵陪位于前，韩魏翼卫其后，庙食太牢，奉以万户之邑。诸侯闻之，皆知大王贱人而贵马也。"王曰："寡人之过一至此乎！为之奈何？"优孟曰："请为大王六畜葬之。以垄灶为椁，铜历为棺，赍以姜枣，荐以木兰，祭以粮稻，衣以火光，葬之于人腹肠。"于是王乃使以马属太官，无令天下久闻也。

楚相孙叔敖知其贤人也，善待之。病且死，属其子曰："我死，汝必贫困。若往见优孟，言我孙叔敖之子也。"居数年，其子穷困负薪，逢优孟，与言曰："我，孙叔敖子也。父且死时，属我贫困往见优孟。"优孟曰："若无远有所之。"即为孙叔敖衣冠，抵掌谈语。岁余，像孙叔敖，楚王及左右不能别也。庄王置酒，优孟前为寿。庄王大惊，以为孙叔敖复生也，欲以为相。优孟曰："请归与妇计之，三日而为相。"庄王许之。三日后，优孟复来。王曰："妇言谓何？"孟曰："妇言慎无为，楚相不足为也。如孙叔敖之为楚相，尽忠为廉以治楚，楚王得以霸。今死，其子无立锥之地，贫困负薪以自饮食。必如孙叔敖，不如自杀。"因歌曰："山居耕田苦，难以得食。起而为吏，身贪鄙者余财，不顾耻辱。身死家室富，又恐受赇枉法，为奸触大罪，身死而家灭。贪吏安可为也！念为廉吏，奉法守职，竟死不敢为非。廉吏安可为也！楚相孙叔敖持廉至死，方今妻子穷困负薪而食，不足为也！"于是庄王谢优孟，乃召孙叔敖子，封之寝丘四百户，以奉其祀。后十世不绝。此知可以言时矣。

其后二百余年，秦有优旃。

优旃者，秦倡侏儒也。善为笑言，然合于大道。秦始皇时，置酒而天雨，陛楯者皆沾寒。优旃见而哀之,谓之曰:"汝欲休乎?"陛楯者皆曰:"幸甚。"优旃曰:"我即呼汝,汝疾应曰诺。"居有顷,殿上上寿呼万岁。优旃临槛大呼曰:"陛楯郎!"郎曰:"诺。"优旃曰:"汝虽长,何益,雨中立。我虽短也,幸休居。"于是始皇使陛楯者得半相代。

始皇尝议欲大苑囿,东至函谷关,西至雍、陈仓。优旃曰:"善。多纵禽兽于其中,寇从东方来,令麋鹿触之足矣。"始皇以故辍止。

二世立,又欲漆其城。优旃曰:"善。主上虽无言,臣固将请之。漆城虽于百姓愁费,然佳哉!漆城荡荡,寇来不能上。即欲就之,易为漆耳,顾难为荫室。"于是二世笑之,以其故止。居无何,二世杀死,优旃归汉,数年而卒。

太史公曰:淳于髡仰天大笑,齐威王横行。优孟摇头而歌,负薪者以封。优旃临槛疾呼,陛楯得以半更。岂不亦伟哉!

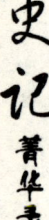

短评

《滑稽传》所载三人,一层深一层。髡语"劝百而讽一"者也,舌辩之雄,而不必有裨于国。孟语笃友谊于死生,明功臣于没世,节侠之流也。旃语惜陛楯之沾寒,警寇机于未至,忠厚之发也。史公特写讽谏立传,非徒以谈锋调笑见长,褚先生不得其旨而妄续之,则夸而无当矣。

批注

①史公雄于文,而未尝为赋,惟此段错综妍妙,绝有赋心其中。或用赋,或用排,精能之至,几令子云、相如欲衽退舍!盖千古慧业间人,其腕下定无所不有,偶然露颖,而终以文单行者,不欲分其力也。

〔释义〕 自唐代韩愈、柳宗元等散文大家提倡恢复先秦散文体的古文运动之后,汉魏六朝以来的赋体和骈体文风,便都遭到排挤与非议。这种赋骈体文章一味铺陈华辞丽句,竭力排比珠联无数似是而非的事物,确有以辞害义、因形式而损内容的弊端;但是,也不能将这种文体看得一无是处,它在深化一种观感和理念,偶尔用之,也会起到不可多得的效应。晋代陆机的《演连珠》中就说:"臣闻因云洒润,则芬泽易流;乘风载响,则音微自远。"钱钟书先生也说:"枚乘《七发》铺展为八字:'于是使博辨之士,原本山川,极命草木,比物属事,离辞连类。'"(见其《管锥篇·史记·鲁仲连邹阳列传》)。

但是,好的文章大家不管是在哪个时代里,即使是在汉魏六朝时期,也都能在使用这种赋体时而不受其形式的拘泥,能够突破它那极尽排比对仗的格局而随文势的发展任意驰骋的。司马迁就是这样一位文章高手。他写《史记》也好,写《报任安书》也好,都是采用洁雅的散文体,但在这篇《滑稽列传》中写到淳于髡谈论饮酒时又突然使用起排比联珠的赋体来,而且又写得有声又色,声情并茂,真就如同陆机所说的"芬泽易流,乘风载响"。所以,姚祖恩说史公是"慧业间人,其腕下定无所不有"。但是,司马迁用赋也好,用骈也好,总能不受格式的拘泥,在一定形式下总是力求有所突破,使一种文风发生破体。钱钟书先生对此给予很高的评价说:"故能废前法者乃为雄。足见名家名篇,往往破体,而文体亦因以恢弘焉。"(见其《管锥篇·全汉文》)

太史公自序

司马迁小传

司马迁（公元前145—前87），字子长，夏阳（今陕西省韩城市）人。汉武帝元封三年（公元前108年）他继承父职接任太史令，曾随武帝巡行各地，参与塞河工程与封禅典礼，后因替李陵降匈奴事辩护而下狱受腐刑，忍辱发愤，著述《史记》一书，成为千古不朽之名著，被鲁迅誉之为"无韵之离骚"。

司马谈当太史令的时候，职掌天文，不管民事，他的儿子叫司马迁。

司马迁生于龙门，曾在龙门山南过了一段耕种放牧的生活，十岁时开始习诵古文，二十岁开始南游江淮地区，登会稽山，探察禹穴，观览九嶷山，泛舟于沅水湘水之上；北渡汶水、泗水，在齐鲁的旧都临淄、曲阜游学，考察孔子的遗风，在邹县、峄山参加过乡射之礼；路经鄱、薛、彭城遇到过一些麻烦，经过梁、楚之地回到家乡。回来不久，司马迁出任郎中，后来又奉命西征巴蜀以南，往南经略邛都、笮都以及昆明国，然后归来向朝廷复命。

这一年，汉武帝第一次东巡，并将举行泰山封禅大典，太史公司马谈随行，但因有病走到洛阳时，只好留下来。司马谈不能参与其事，所以心中愤懑，他的儿子司马迁适逢出使归来，在黄河、洛水之间拜见了父亲。司马谈握着司马迁的手哭着说："我们的先祖是周朝的太史。远在上古虞夏之世便显扬功名，职掌天文之事。后世衰落，今天会断绝在我手里吗？你继做太史，就会接续我们祖先的事业了。现在皇上接续已绝千年的大典，将在泰山举行封禅典礼，而我不能随行，这是命啊，是命啊！我死之后，你必定要做太史令；做了太史令，不要忘记我想要撰写的著述啊。再说孝道始于奉养双亲，进而侍奉君主，最终在于立身扬名。扬名后世来显耀父母，这是最大的孝道。天下称道歌颂周公，说他能够论述歌颂文王、武王的功德，使自己和召公的风尚普行于天下，他通晓太王、王季的思想，乃至于公刘的功业，并尊崇始祖后稷。周幽王、厉王以后，王道衰败，礼乐衰颓，孔子研究整理旧有的典籍，修复振兴被废弃破坏的礼乐，论述《诗经》《书经》，写作《春秋》，学者至今把它视为行为的准则。自鲁哀公获麟以来到如今已经四百余年，诸侯相互兼并，史书丢弃殆尽。如今汉朝兴起，海内统一，明主贤君忠臣死义之士的事迹很多，我作为太史都未能予以论评载录，断绝了天下的修史传统，对此我甚感惶恐，你可要记在心上啊！"司马迁低下头流着眼泪说："儿子虽然驽劣，但我会详述先人所整理的历史旧闻，不敢稍有缺漏。"

司马谈去世三年后，司马迁任太史令，于是他开始缀集历史书籍及国家收藏的档案文献。司马迁任太史令五年，即汉太初元年，十一月甲子朔旦冬至，汉朝开始改用新历法，汉武帝在明堂举行实施新历法的仪式，各地诸侯都一体遵照执行。

司马迁说："我父亲说过：'自周公死后五百年而有孔子。孔子死后到现在五百年了，有能继承清明之世，正定《易传》，接续《春秋》，阐释《诗》《书》《礼》《乐》本意的人吗？'其用意就在于此，在于此吧！我又怎敢推辞呢？"

上大夫壶遂问："从前孔子为什么要作《春秋》呢？"司马迁说："我听董仲舒先生讲：'周朝王道衰败废弛，孔子担任鲁国司寇，诸侯嫉恨他，卿大夫阻挠他。孔子知道自己的意见不被采纳，政治主张无法实行，便褒贬评定二百四十二年间的是非，作为天下评判是非的标准，贬抑无道的天子，斥责为非的诸侯，声讨乱政的大夫，为使国家政事通达而已。'孔子说：'我与其载述空洞的说教，不如举出具体在位者的所作所为以见其是非美恶，这样就更加深切显明了。'《春秋》这部书，上阐明夏、商、周三代开国的王道，下辨别人事的纲纪，辨别嫌疑，判明是非，论定犹豫不决之事，褒善怨恶，尊重贤能，贱视不肖，使灭亡的国家存在下去，断绝了的世系继续下去，补救衰敝之事，振兴废弛之业，这是最大的王道。《易》载述天地、阴阳、四时、五行，所以在说明变化方面见长；《礼》规范人伦，所以在行事方面见长；《书》记述先王事迹，所以在政治方面见长；《诗》记山川溪谷、禽兽草木、牝牡雌雄，所以在风土人情方面见长；《乐》是论述音乐立人的经典，所以在和谐方面见长；《春秋》论定是非，所以在治人方面见长。由此可见《礼》是用来节制约束人的，《乐》是用来诱发人心平和的，《书》是来述说政事的，《诗》是用来表达情意的，《易》是用来讲变化的，《春秋》是用来论述道义的。平定乱世，使之复归正道，没有什么著作比《春秋》更切近有效。《春秋》不过数万字，而其要旨就有数千条。万物的离散聚合都在《春秋》之中。在《春秋》一书中，记载弑君事件三十六起，被灭亡的国家五十二个，诸侯出奔逃亡不能保其国家的数不胜数。考察其变乱败亡的原因，都是因为丢掉了作为立国立身根本的春秋大义。所以《易》中讲'失之毫厘，差以千里。'说'臣弑君，子弑父，并非一朝一夕的缘故，其原因是由来已久的'。因此，做国君的不可以不读《春秋》，否则就是谗佞之徒站在面前也看不见，奸贼之臣紧跟在后面也不会发觉。做人臣者不可以不读《春秋》，否则就只会株守常规之事却不懂得因事制宜，遇到突发事件则不知如何灵活对待。做人君、人父若不通晓《春秋》的要义，必定会蒙受首恶之名。做人臣、人子如不通晓《春秋》要义，必定会陷于篡位犯上而被诛伐的境地，并蒙死罪之名。也许当初他们还是想做好事，只因为不懂得《春秋》大义，而蒙受史家的口诛笔伐，却不知道如何防患于未然。如不明了礼义的要旨，就会弄得君不像君，臣不像臣，父不像父，子不像子的地步。君不像君，就会被臣下干犯，臣不像臣就会被诛杀，父不像父就会昏聩无道，子不像子就会忤逆不孝。这四种恶行，是天下最大的罪过。把天下最大的罪过加在他身上，也只得接受而不知道防范，这难道不可悲吗？所以《春秋》这部经典是礼义根本之所在。礼是禁绝坏事于发生之前，法规施行于坏事发生之后；法施行的作用显而易见，而礼禁绝的作用却隐而难知。"

壶遂说："孔子时候，上没有圣明君主，下面的贤人又得不到任用，所以撰写《春秋》，以它来裁断礼义得失，当做一代帝王的法典。现在先生上遇圣明天子，下能当官供职，万事已经具备，而且全部各得其所，井然相宜，先生所述想要阐明的是什么呢？"

司马迁说："是，是啊，不不，不完全是这么回事。我听我的父亲说过：'伏羲最为纯厚，作《易》八卦。尧舜的强盛，《尚书》做了记载，礼乐在那时兴起。商汤周武时代的隆盛，诗人予以歌颂。《春秋》扬善贬恶，推崇夏、商、周三代盛德，褒扬周王室，并非仅仅讽刺讥斥呀。'汉朝兴建以来，至当今英明天子，获见符瑞，举行封禅大典，改订历法，变换服色，受命于上天，恩泽流布无边，海外不同习俗的国家，辗转几重翻译到中国边关来，请求进献朝见的不可胜数。臣下百官竭力颂扬天子的功德，仍不能完全表达出他们的心意。再说士贤能而不被任用，是做国君的耻辱；君主明圣而功德不能广泛传扬使大家都知道，是有关官员的罪过。况且我曾担任史官，若弃置天子圣明盛德而不予记载，埋没功臣、世家、贤大夫的功业而不予载述，违背先父的临终遗言，罪过就实在太大了。我所说的缀述旧事，整理有关人物的家世传记，并非所谓著作呀，而您把它与《春秋》相比，那就不对了。"

于是司马迁开始编排史料，评述成文。写到了第七年，司马迁因李陵案获罪，被囚禁狱中，他伤心地感叹道："这是我的罪过啊！这是我的罪过啊！身体残毁没有用了。"又转念深思道："《诗》《书》含义隐微而言辞简约，是作者想要表达他们的心志和情绪。从前周文王被拘禁羑里，推演了《周易》；孔子遭遇陈蔡的困厄，作有《春秋》；屈原被放逐，著了《离骚》；左丘明双目失明，才编撰了《国语》，孙膑的腿受了膑刑，却论述兵法；吕不韦被贬徙蜀郡，世上才流传《吕览》；韩非被囚禁在秦国，才写有《说难》《孤愤》；《诗》三百篇，大都是圣人贤士抒发愤懑而作的。这些人都是胸怀报国之志，而理想主张又不得实现，因而追述往事，寄希望于未来。"于是，司马迁记述了唐尧以来一直到汉武帝获得麒麟为止的历史，再往前则追溯到了黄帝。

原文

太史公既掌天官，不治民。有子曰迁。

迁生龙门，耕牧河山之阳。年十岁则诵古文。二十而南游江、淮，上会稽，探禹穴，窥九疑，浮于沅、湘；北涉汶、泗，讲业齐、鲁之都，观孔子之遗风，乡射邹、峄；厄困鄱、薛、彭城，过梁、楚以归。于是迁仕为郎中，奉使西征巴、蜀以南，南略邛、笮、昆明，还报命。

是岁天子始建汉家之封，而太史公留滞周南，不得与从事，故发愤且卒。而子迁适使反，见父于河、洛之间。太史公执迁手而泣曰："余先周室之太史也。自上世尝显功名于虞夏，典天官事。后世中衰，绝于予乎？汝复为太史，则续吾祖矣。今天子接千岁之统，封泰山，而余不得从行，是命也夫，命也夫！余死，汝必为太史；为太史，无忘吾所欲论著矣。且夫孝始于事亲，中于事君，终于立身。扬名于后世，以显父母，此孝之大者。夫天下称诵周公，言其能论歌文武之德，宣周邵之风，达太王、王季之思虑，爰及公刘，以尊后稷也。幽、厉之后，王道缺，礼乐衰，孔子修旧起废，论《诗》《书》，作《春秋》，则学者至今则之。自获麟以来四百有余岁，而诸侯相兼，史记放绝。今汉兴，海内一统，明主贤君忠臣死义之士，余为太史而弗论载，废天下之史文，余甚惧焉，汝其念哉！"迁俯首流涕曰："小子不敏，请悉论先人所次旧闻，弗敢阙。"

卒三岁而迁为太史令，䌷史记石室金匮之书。五年而当太初元年，十一月甲子朔旦冬至，天历始改，建于明堂，诸神受纪。

太史公曰："先人有言：'自周公卒五百岁而有孔子。孔子卒后至于今五百岁，有能绍明世，正《易传》，继《春秋》，本《诗》《书》《礼》《乐》之际？'意在斯乎！意在斯乎！小子何敢让焉。"

上大夫壶遂曰[①]："昔孔子何为而作《春秋》哉？"太史公曰："余闻董生曰：'周道衰废，孔子为鲁司寇，诸侯害之，大夫壅之。孔子知言之不用，道之不行也，是非二百四十二年之中，以为天下仪表，贬天子，退诸侯，讨大夫，以达王事而已矣。'子曰：'我欲载之空言，不如见之于行事之深切著明也。'夫《春秋》，上明三王之道，下辨人事之纪，别嫌疑，明是非，定犹豫，善善恶恶，贤贤贱不肖，存亡国，继绝世，补敝起废，王道之大者也。《易》著天地阴阳四时五行，故长于变；《礼》经纪人伦，故长于行；《书》记先王之事，故长于政；《诗》记山川溪谷禽兽草木牝牡雌雄，故长于风；《乐》乐所以立，故长于和；《春秋》辩是非，故长于治人。是故《礼》以节人，《乐》以发和，《书》以道事，《诗》以达意，《易》以道化，《春秋》以道义。拨乱世反之正，莫近于《春秋》。《春秋》文成数万，其指数千。万物之散聚皆在《春秋》。《春秋》之中，弑君三十六，亡国五十二，诸侯奔走不得保其社稷者不可胜数。察其所以，皆失其本已。故《易》曰'失之豪厘，差以千里'。故曰'臣弑君，子弑父，非一旦一夕之故也，其渐久矣'。故有国者不可以不知《春秋》，前有谗而弗见，后有贼而不知。为人臣者不可以不知《春秋》，守经事而不知其宜，遭变事而不知其权。为人君父而不通于《春秋》之义者，必蒙首恶之名。为人臣子而不通于《春秋》之义者，必陷篡弑之诛，死罪之名。其实皆以为善，为之不知其义，被之空言而不敢辞。夫不通礼义之旨，至于君不君，臣不臣，父不父，子不子。夫君不君则犯，臣不臣则诛，父不父则无道，子不子则不孝。此四行者，天下之大过也。以天下之大过予之，则受而弗敢辞。故《春秋》者，礼义之大宗也。夫礼禁未然之前，法施已然之后；法之所为用者易见，而礼之所为禁者难知。"

壶遂曰："孔子之时，上无明君，下不得任用，故作《春秋》，垂空文以断礼义，当一王之法。今夫子上遇明天子，下得守职，万事既具，咸各序其宜，夫子所论，欲以何明"

太史公曰："唯唯，否否，不然。余闻之先人曰：'伏羲至纯厚，作《易》八卦。尧舜之盛，《尚书》载之，礼乐作焉。汤武之隆，诗人歌之。《春秋》采善贬恶，推三代之德，褒周室，非独刺讥而已也。'汉兴以来，至明天子，获符瑞，封禅，改正朔，易服色，受命于穆清，泽流罔极，海外殊俗，重译款塞，请来献见者，不可胜道。臣下百官力诵圣德，犹不能宣尽其意。且士贤能而不用，有国者之耻；主上明圣而德不布闻，有司之过也。且余尝掌其官，废明圣盛德不载，灭功臣世家贤大夫之业不述，堕先人所言，罪莫大焉。余所谓述故事，整齐其世传，非所谓作也，而君比之于《春秋》，谬矣。"

于是论次其文。七年而太史公遭李陵之祸，幽于缧绁。乃喟然而叹曰："是余之罪也夫！是余之罪也夫！身毁不用矣。"退而深惟曰："夫《诗》《书》隐约者，欲遂其志之思也。昔西伯拘羑里，演《周易》；孔子厄陈、蔡，作《春秋》；屈原放逐，著《离骚》；左丘失明，厥有《国语》；孙子膑脚，而论《兵法》；不韦迁蜀，世传《吕览》；韩非囚秦，《说难》《孤愤》；《诗》三百篇，大抵贤圣发愤之所为作也。此人皆意有所郁结，不得通其道也，故述往事，思来者。"于是卒述陶唐以来，至于麟止，自黄帝始。

批注

①假壶遂一问，发明作《史》之由。前一段，专指孔子于隐、桓以下，定、哀以上二百四十二年之作言；后一段，则通论邃古以来，下极无穷之世。总之，不可一日无史笔以维持于三纲五常之际也。从迁以前，如董狐、楚倚

之属,号称良史,而其书俱不传。《春秋》幸经圣人笔削,又得《三传》发明,遂为万古史家鼻祖。至史迁创年表以续《经》,为纪、传、书、志以续《传》,合《经》《传》而出一人之手笔,以垂劝戒于后,实为继往开来第一部书。即无尔许奇笔,尚不可挑;况奇伟恢廓,无所不备如此乎?其惓惓自拟《春秋》,有以也夫?

〔释义〕 本文采用问答手法,为文章启开了头。先由壶遂大夫的一句提问,便引发出他为什么要写这部《史记》的目的和意义,其宗旨就是用记录史实之法以维系三纲五常。古代的良史如董狐,楚倚等人,惜其书已不传,孔子以鲁国国史为纲,谱写了春秋242年的历史,纲纪古今,垂示先王之道,成为史家的鼻祖。司马迁继承孔子作《春秋》的本意,既以年表、纪传、书志等形式,扩延与充实了先秦时期的实事,又依孔子作《春秋》的笔法,犁耕了春秋之后五百余年的历史,所以我们可以十分肯定地说,《史记》实在是继往开来的第一部史书,在我国上下绵延五千年、卷帙浩繁达数百册、乃至于上千册的堂堂廿四史中,便是以《史记》为嚆矢的,同时也是最为精彩的一部。

补注

此篇于《史记》为序,于太史公便是自己列传也。故其大旨,只须前两行已尽,后与壶遂两番复毕,却又忽然叙事者,还是其列传体也。推尊孔子,却从周公起者,孔子空言,周公实事。空言,本即实事也。妙,犹言实本为善,而不知其义,则陷于谷也。读此,方悟周公制礼,乃《春秋》粉本。此言《春秋》与众经一体,俱为至纯厚、至隆盛之书,非先刺讥之文。妙、妙!只得一句话矢口出,便是一篇文字已毕。下乃与壶大夫反覆尔。叠用"唯唯,否否,不然"妙!唯唯,姑应之也;否否,略折之也;不然,重特申明之也。(清·金圣叹《评点才子全集·西汉文》)

〔释义〕 《太史公自序》这篇文章,对一部《史记》来说,便是一篇序文;而对于司马迁本人来说,它又是一篇自传。开头的两句,已经明确了写作本书的旨义与志趣,按说,有前边这两句就足够了,但是,他却用壶遂大夫的两次提问与拮、抗,从而引发出对于孔子修国史、作《春秋》以明千秋大义的深邃理解,今天他所以要承前启后,继往开来,续写那由古通今的史书的目的，亦即是为了要秉承孔子作《春秋》之意。文章采用了这一问一答的方式，便使文章生动活泼起来，既不显得那么呆板平直，而且又将恢宏的议论放在实人实事的叙述里面，从而将这篇文章与全书通用的列传体例统一起来，丝毫不显得它是排列于全书之外的一篇纯议论性文章。史公不是不会作那种纵横捭阖，像贾谊《过秦论》那样议论性的文章，他之所以这样写，完全是为了使得全书的风格与格调统一起来。